국사교육의 편제와 한국근대사 탐구

김태웅(金泰雄)

서울대학교 사범대학 역사교육과를 졸업하고 같은 대학교 대학원 국사학과에서 문학석사 · 문학박사 학위를 받았다. 정부기록보존소 학예연구관과 군산대학교 조교수를 거쳐 서울대학교 사범대학 역사교육과 교수로 재직 중이다. 학문 연구와 교육 현장의 거리를 좁히고자 한국근대사를 자료에 입각하여 탐구할 수 있는 『뿌리 깊은 한국사 샘이 깊은 이야기 6(근대)』을 펴냈다. 그 밖에 『한국근대 지방재정 연구』, 『한국통사』(역해), 『우리 학생들이 나아가누나』, 『전라감영연구』(공저), 『서울재정사』(공저), 『우리 역사, 어떻게 읽고 생각할까 : 국사자료 탐구활동 길잡이』(공저), 『현장 검증 우리 역사』(공저) 등 다수의 논저를 저술하였다.

국사교육의 편제와 한국근대사 탐구

초판 1쇄 발행   2014년 5월 20일

지은이 | 김태웅
펴낸이 | 윤관백
펴낸곳 | 돌선 선인

표지 | 박애리

등록 | 제5-77호(1998.11.4)
주소 | 서울시 마포구 마포대로 4다길 4(마포동 324-1) 곳마루 B/D 1층
전화 | 02)718-6252 / 6257
팩스 | 02)718-6253
E-mail | sunin72@chol.com
Homepage | www.suninbook.com

정가 35,000원
ISBN 978-89-5933-728-6 93370

· 잘못된 책은 바꿔 드립니다.

국사교육의 편제와
한국근대사 탐구

김태웅 저

도서출판 선인

머리말

　이 책은 교육과정, 교과서 서술 체계, 탐구활동 방법론을 중심으로 해방 후 국사교육의 발자취와 오늘날 당면 과제를 재조명한 것이다. 여기에 수록된 글들 중에는 그때그때 역사교육계의 현안과 관련하여 정리한 글이 있는가 하면 역사 관련 여러 학회의 요청에 응하여 한국 근대사 연구 동향을 정리·소개한 글도 있다. 따라서 이 책은 전체 구상 아래 순차적으로 정리해 온 체계적인 연구 저서라기보다는 오늘날 국사교육이 처한 상태와 주변 여건의 변화를 판단하는 진단서에 가깝다. 그럼에도 불구하고 필자는 한국근대사 전공자의 처지에서 학계의 연구 성과에 바탕을 두되, 대학의 자유로운 역사 강의와 달리 교육과정에 의거하여 이루어지는 중등학교 역사교육과 소통하면서 학문과 교육의 접점을 넓혀가고자 하는 바람에서 이 책을 감히 세상에 내놓게 되었다.

　1945년 8월 15일 일제로부터의 해방은 우리 민족 스스로 우리 학생들에게 우리글과 우리 역사를 가르칠 수 있는 계기가 되었다. 이 중 일제하에서 가장 학대를 받아온 국사교육의 자주성을 회복하는 일이 무엇보다 시급한 과제였다. 그러나 한반도의 남북분단과 외국 문물의 범람 속에서 남북한의 국사교육은 각각 미국식·소련식 교육 체제 아래 제자리를 찾지 못하였다. 이 가운데 미군정기에 제정된 교수요목(敎授要目)은 국사교과를 미국식 시민 양성에 중점을 둔 사회과에 부속시킴으로써 초·중등학교 국사교육은 험난한 길을 걸어야 했다. 물론 정치 이념을 우선시하는 북한의 국사교육도 사정은 마찬가지였다. 오늘날 국사교육이 여전히 정상화의 길에 들어서지 못하는 까닭은 여기에 있다고 단정하여도 과언이 아니다.

한편, 해방 후 좌우의 대립·갈등과 분단 체제의 고착화로 말미암아 비대해진 국가권력이 학문·교육의 전문성과 자율성을 침해하는 현실에서 대한민국의 국사교육은 늘 태풍 한가운데에 놓여 있었다. 특히 국사교육은 미국식 세계화의 거센 물결과 정치이념적 공세 앞에 그대로 노출된 나머지 주체적인 자세에서 세계사적인 안목을 가지고 국사를 인식하도록 교수·학습해야 하는 본연의 책무를 다하지 못하고 정치·사회 주도세력의 정치적·이념적 요구에 부응하여 몰주체적·백과사전적 역사지식의 주입으로 일관되었다. 오늘날 국사교육의 향방과 지표가 끊임없이 흔들리는 까닭은 국사교육의 이러한 내력에서 유래되었다.

이에 이 책에 수록된 글들은 해방 후 오늘날까지 중등학교 교육과정과 교과서 서술 체계의 발자취를 되짚어 보는 가운데 국사교육 위기의 원인을 찾아 해결 방안을 모색하는 데 중점을 두었다. 아울러 역사교육과 역사학이 결코 분리될 수 없는 관계임을 전제한 가운데 한국근대사의 이해 체계를 정리·소개하는 한편 문헌사료(文獻史料)·시각자료(視覺資料)·문학작품(文學作品)을 활용한 탐구학습방법론을 사례로 제시하였다. 따라서 이 책은 크게 3부로 구성되고 각각 여기에 부합하는 논고들이 배치되었다. 다만 필자는 각각의 집필 시점에 부딪

했던 학계·교육 현장의 고민을 고스란히 드러내기 위해 최근의 연구 성과를 반영하여 기존의 논고를 수정하기보다는 표현상의 오류를 바로잡고 문장을 다듬는 수준에서 이 작업을 마무리했다. 이 점 관련 연구자의 혜량을 구한다.

제1부는 교육과정과 교과서 발행제도, 교과서 서술 체제를 중심으로 국사교육의 위기에 대하여 검토하였다. 여기에는 사회과와의 차별화, 세계사교육과의 관계 설정 문제가 포함되어 있다. 비록 각 논고마다 검토 대상과 서술 방식이 다르지만 이들 대상은 결코 분리될 수 없는 유기적인 관계에 있기 때문에 국사교육의 위기에 대하여 형식과 내용 양 측면에서 입체적으로 접근할 수 있으리라 본다.

제2부는 국사 탐구학습에서 역사적 맥락과 사회구조에 대한 이해가 선행 과제라고 판단하여 한국근대사의 주요 흐름을 정리하였다. 아울러 연구 성과의 외화 과정이라 할 국사 대중화의 의미를 점검하여 이러한 대중화 노력이 국사교육에 미치는 영향을 전망하였다. 이 가운데 근대개혁기 위로부터의 주권 건설 운동을 떠받치는 정부의 경제정책 및 〈대한국국제(大韓國國制)〉 제정(制定)의 방향과 의미를 정리·소개하였다. 또한 구체 사실의 실증과 내용의 체계화에 앞서 사관(史觀)과 해석(解釋)을 둘러싼 논란이 극심하게 전개되는 양상과 의미를 되짚어 국사교육의 위기를 학문·교육 외적 측면에서 고찰하였다.

제3부는 역사학과 역사교육의 핵심이라 할 자료의 특성을 고려하여 활용하는 탐구 방법을 시론상에서 제시하였다. 이러한 시도는 교육 현장에 대한 필자의 통찰이 수반되지 않아 여전히 열악한 교육 현장과 동떨어질 수 있다. 그럼에도 이후 역사수업의 방향을 전망하면서 재미있고 의미 있는 수업을 만들기 위해서는 자료의 특성을 이해하고 체계적인 탐구 방안을 강구할 필요가 있다.

　이 책에 수록된 글들은 학계의 선학(先學)과 동학(同學), 역사교육
현장에서 묵묵히 가르치는 교사들의 성과와 질정에 힘입은 바가 크
다. 또한 학부와 대학원 수업에서 학생들이 보여준 역사교육에 대한
애정 어린 관심과 열띤 토론이 큰 힘이 되었다. 그러나 이 책의 한계
는 오로지 필자의 몫이다. 이러한 한계는 추후 학계와 교육 현장의
거리가 좁혀질수록 점차 극복되리라 믿으며 필자 역시 양자의 끊임
없는 대화와 소통에 미력이나마 보태고자 한다. 나아가 오늘날 역사
과목을 비롯한 사회탐구 과목과 과학탐구 과목은 후속 세대 국민으로
서 배워야 할 기본 과목임에도 불구하고 학생의 선택을 가장(假裝)한
강자의 독식 논리 아래 선택의 범주에서 한참 벗어나 있다는 점을 감
안할 때, 국사교육의 정상화는 세계사 과목을 비롯한 이른바 비주류
기본 과목들의 활성화를 염두에 두고 진행되어야 할 것이다.

　끝으로 필자의 출간 제의를 쾌히 받아들인 윤관백 사장님과 편집
및 출간에 만전을 기한 편집진 여러분께 깊이 감사드린다. 이 책이
이론과 방법으로 대표되는 역사교육의 진면목을 다루기보다는 교육
과정, 서술 체계 및 탐구활동 등에 중점을 두었다는 점에서 출판사로
서는 필자의 원고를 선뜻 단행본으로 출간하기가 만만치 않았기 때
문이다. 우리의 뿌리 깊은 역사교육이 거센 외풍에 시달려도 꿋꿋하
게 자리 잡으며 학생들이 역사를 좀 더 재미있고 의미 있게 체계적으
로 공부하는 날이 오기를 학수고대한다.

2014년 2월 25일
관악산 앞자락 연구실에서
저자(著者)

차례

제1부

국사 교육과정 논의와 서술 체계

제1장

해방 후 역사교육 논의의 궤적과 역사교과의 위기

1. 서언

2004년 현재 역사교과는 커다란 위기를 맞이하고 있다. 중고등학교 국사 수업 시수의 축소가 단적인 예일 것이다. 그리고 세계사가 선택과목으로서 인근 사회, 지리 과목과 힘겨운 경쟁을 벌이고 있다. 물론 국사의 경우, 한국근·현대사 과목이 제7차 교육과정에 따라 새로이 선택과목으로 설정되어 있다. 그러나 이 과목도 다른 선택과목과 마찬가지로 힘겨운 경쟁을 벌여야 함은 물론이고 국사교과서의 파행을 불러일으키고 있다. 즉 많은 학생들이 국민공통교과목인 국사만 학습함으로써 한국근·현대사에 무지한 학생들을 양산할 수 있다. 세계사의 경우, 그 심각성은 더하다. 방대한 지식과 복잡한 체계로 인해 매력 없는 입시 과목으로 비치고 있는 것이다. 그러나 무엇보다 세계사든 국사든 교과서는 존재하나 사회과 영역의 한 과목일 뿐이어서 역사교육 고유의 목표가 사회과 목표의 하부 차원으

로 취급되어 설정되어 있는 실정이다.[1] 그리하여 "역사교육은 역사를
그 주체·계통·정서 및 발전 논리에서 가르치는 것이 아니라 생활교
육의 방편으로 역사상의 사실을 자료로서 가공하여 그 범주에서 교
습하여야 하는" 형국에 이르렀다.[2] 또한 매년 교사임용시험에서 통합
사회 과목 정원은 늘어나고 있으나 역사 과목 정원은 축소 내지 정체
상태에 있다. 이런 추세라면 십 년도 안되어 역사전공 교사보다 통합
사회전공 교사가 더 많을 수도 있다. 그리하여 이러한 방향은 후속 세
대들이 자기 역사를 주체적으로 이해할뿐더러 각국사·외국사를 객
관적으로 이해할 수 있는 기회를 봉쇄하는 결과를 초래할 것이다.[3]
　물론 해방 후 통합사회 문제를 비롯한 여러 사안이 결정될 때마다
역사과의 대응이 없었던 것은 아니었다. 1946년 사회생활과 도입에
대한 역사학계의 비판을 위시하여 교육과정 개편 시에 대책 방안들
이 제시되었다. 그러나 그러한 노력은 일시적인 대응일뿐더러 역사교
육 담당자의 몫으로만 인식되어 역사학계 전체의 지속적이고 내실
있는 대응은 없었다고 해도 과언이 아니다. 특히 일본 역사 교과서
왜곡이라든가 재야 국수주의 학자들의 비판에 직면하여 수동적으로
이끌려 다녔다. 또한 그러한 노력마저 역사학계 내부의 차원에 머물
러 정책 담당자나 대중들을 설득하는 데 많은 한계를 감내해야 했다.

---

[1] 사회과는 사회 현상을 올바르게 인식하고, 사회 지식 습득과 사회생활에 필요한
　기능을 익히며, 민주 사회구성원에게 요청되는 가치와 태도를 지님으로써 민주 시민
　으로서의 자질을 육성하는 교과이다(교육부, 『제7차 교육과정』, 사회과 교육과정,
　1997).

[2] 李景植, 「韓國에서 歷史學과 歷史敎育의 隔遠問題」, 『歷史敎育의 方向과 國史敎育』
　(尹世哲敎授停年紀念歷史學論叢刊行委員會 編), 솔, 2001, 104쪽.

[3] 현재 한국과 중국 사이에서 벌어지고 있는 고구려사 귀속 논란은 1차적으로는 중국
　의 동북공정에 담겨 있는 정치적 의도에서 연유하지만 우리 스스로 자국의 역사를
　제대로 가르치지 않는 가운데 중국사에 대한 객관적 이해가 부족한 상황에서 초래되
　었음도 주시해야 한다.

그 결과 역사교과의 위기가 가중되어 오늘날 이런 지경에까지 도달하고 말았다.

이 글은 해방 후 역사교육을 둘러싸고 전개된 역사학·역사교육계의 대응 과정을 검토하는 데 초점을 두었다. 이를 통해 그동안에 진행된 논의의 방향과 성격을 이해하는 실마리를 찾으면서 이후 역사학계·역사교육계가 오늘의 문제를 어떻게 풀어가야 하는가에 대한 방안의 출발로 삼고자 한다.

2. 사회과교육의 도입 논란과 역사교육의 부유(浮遊)(1945~1962)

1945년 8월 15일 해방은 역사학계·역사교육계에도 새로운 출발을 알리는 계기였다. 한국인의 처지에서 자국어로 자국의 역사, 이웃 나라의 역사, 먼 나라의 역사를 배울 수 있게 된 것이다. 그러나 1946년 사회생활과 도입을 계기로 역사교과는 그 운명을 예감해야 했다. 당시 미군정청(美軍政廳)과 오천석(吳天錫)을 비롯한 미국 유학생 출신들을 중심으로 '민주주의적(民主主義的) 교육(敎育)'이라는 명분 아래 사회생활과 도입이 강행되었다.[4] 이것은 역사와 지리가 그 영역의 일부로 편입되는 것을 의미했다. 당시 황의돈(黃義敦) 등 역사 담당 편수관을 비롯하여 서울대학교 사범대 교수들과 여타 대학 교수들의 격렬한 반대가 전개되었다. 우선 황의돈의 경우, "크게 교육 내용이 달라지는 것도 아니고 거저 지리(地理), 역사(歷史), 공민(公民)을 합쳐서

---

[4] 이에 관해서는 朴光熙, 「韓國社會科의 成立過程과 그 過程變遷에 관한 硏究」, 서울大學校 碩士學位論文, 1966, 34~41쪽 ; 洪雄善, 「美軍政下 社會生活科 出現의 經緯」, 『敎育學硏究』 30-1, 120~121쪽 ; 趙美暎, 「해방 후 國史敎科의 社會科化 問題와 '國史科'의 置廢」, 『歷史敎育』 98, 2006, 37~38쪽 참조.

미국식을 본떠 보려고 하는『사회생활과』라는 과목을 둔다면 이것은 우리의 역사를 팔아먹는 것이나 다름없다. 순수한 우리의 것이 엄연히 존치하고 있는데 무엇 때문에 외국의 것을 수입해 와서 잡탕을 만들려고 하느냐? 우리의 문화를 매장하려는 짓이지 무엇이냐? 나는 국사를 팔아먹지 못하겠다."라고 할 정도였다. 그 밖에 일부 대학교수들은 통합교과의 필요성은 인정하나 우리나라 실정에서 그에 적의한 내용 편성의 교과서 저작이 어렵고 가르칠 교사도 없다고 주장하였다.

그러나 미군정청과 사회과통합론자들은 사회생활과를 관철하려 노력한 끝에 국민학교에서는 통합하고, 중등학교에서는 다음으로 미루되 사회과통합 정신은 고수하기로 하였다. 이런 원칙은 1949년 12월 31일 교육법에도 그대로 나타나 국민학교는 물론 중고등학교에서도 사회과의 성격과 내용이 더욱 뚜렷해졌다. 역사교과목은 내용 구성과 학습 시간 배당이 사회과 속에서 결정되어야 했다.

이런 추세 속에서 서양사 연구자였던 김성근(金聲近)은 1954년 교육과정 시간 배당안표 역사교과목 시간수에 의하면 역사과가 적어도 명목만으로는 말소되어 버렸다고 지적하면서 통합사회과를 냉정하게 비판하였다.[5] 우선 공민, 역사, 지리 등 3학과 통폐합의 정당성과 가능성이 충분히 논의되지 않았다는 것이다. 더욱이 이것은 세계적인 미해결의 문제임을 강조하였다. 그리하여 역사교과의 강화를 다음과 같이 주장하였다.

첫째, 국민의식(國民意識)의 확립(確立)을 들고 있다. 이러한 국민의식은 그 자신도 언급하였듯이 고루한 국가주의(國家主義)가 아니라 현하의 위기를 극복하는 차원에서 민족적 공동운명의식(共同運命意識)과 운영연대의식(運營連帶意識)을 내실로 하고 있어 역사적인 이

---

[5] 金聲近, 「統合社會科와 歷史教育」, 『教育』 1, 1954.

해와 성찰을 도외하고는 파악될 수 없다고 본 것이다. 둘째, 후진성 (後進性)의 극복을 강조하면서 세계사적 통찰과 우리의 역사적 현실에 대한 엄정한 자기비판에서 출발해야 하며 이것이 역사교육이 담당해야 할 주요한 임무라고 주장하였다. 즉 주체성의 확립, 국제정치와 사회에 대한 객관적인 이해와 서방문화의 본질에 대한 이해가 필요하다는 것이다.

물론 그 역시 사회과 입안 취지에서 강조한 민주화의 촉진을 인정한다. 그러나 그는 민주화의 촉진에서 중요한 것은 민주주의에 대한 신념일 것이며 민주주의적 신념은 민주주의 제도 자체에 대한 지식이나 이해라기보다 민주주의에 대한 진정한 역사적 이해와 달관에서 비롯한 것이라 보고 있다. 그리고 사회교과 교육의 기능과 역사교과의 기능이 다르다고 주장하였다. 즉 사회과는 생도의 체험영역에 치중하여서 현실사회의 조직기능과 그 속에 있어 인간의 상호의존관계를 이해함에 학과의 기본 성격이 있는 반면에 역사과는 현재를 과거와 현재와 미래에의 시간적 인과의 계열 중에서 이해하려 하며 무릇 사회사상과 문화 제 현상을 역사적 전체의 연관 중에서 종관적(縱貫的) 발전적(發展的)으로 파착(把捉)하려 함에 특성이 있다고 설파하였다. 또한 사회과에서 주장하는 바 교재의 선택과 단원 설정에 따라 이것을 얼마든지 역사적으로 지리적으로 다룰 수 있지 않느냐 하는 매우 신묘한 듯한 의견이 실제에서 기술적으로 해결되느냐 라고 반박하였다. 나아가 구체적 예를 들면서 통합사회과의 허구를 신랄하게 비판하였다. 역사적 이해의 본질인 통일적 이해의 체계가 통합사회과에서는 엉뚱하게 착란(錯亂)된다는 것이다. 특히 그는 통합사회는 대세이고 진보라는 통합사회과론자의 주장에 대해 1951년 유네스코 역사교육연구회 회의에 제시된 보고서에 의거하여 통합사회과가 세계 각국에서 적용되는 예는 많지 않다고 비판하였다. 오히려 계통적(系統的)인 국민사(國民史)가 많으며 역사과가 독립교과로 존재한다는 것이다.

한편, 역사학계와 역사교육계는 해방 후 여전히 일제 식민사관(植民史觀)을 극복하지 못한 점과 함께 교육 현장과 학계의 격원(隔遠)을 반성하면서 시대적 사회적 요구에 부합할 새로운 역사교육의 정립에 매진하고자 하였다. 그리하여 역사학자와 역사교사들이 중심이 되어 1955년 7월 17일 역사교육연구회(歷史教育研究會)를 발족시키고 1956년 10월에 학술지인 『역사교육(歷史教育)』을 발간하였다.[6]

그러나 교육주도층은 6·25 전쟁 이후 심화된 대미의존(對美依存)과 체제보수경향(體制保守傾向)에 편승하여 학문적 계통과 역사적 조건에 근거한 이러한 논의를 아예 무시하고 사회과 체제 고수에 진력하였다. 자기 사회의 내적 전통과 보편적 발전 방향에 대한 성찰보다는 기능적이고 실용적인 지식의 습득을 중시하였기 때문이다.

3. 사회과 체제의 강화와 「사회Ⅱ」 교과서를 둘러싼 논란(1962. 2~1973. 7)

1960년 4·19 혁명을 계기로 민족 자주의 구호가 만발하면서 교육과정에도 변화의 조짐이 보였다. 그리하여 문교부는 교육과정면에서 '교육과정지침(教育課程指針)'을 발간하였다. 그러나 이는 시대적 요구에 대한 근본적 대안이라기보다는 미봉책에 지나지 않았다. 즉 민족 자주에 입각한 교육 체제 확립의 구상이나 목표를 제시하지 않은 가운데 기존의 '생활중심', '경험중심'을 구호로 내세우면서 제2차 교육

---

6) 『歷史教育』1, 彙報, 1956, 101~102쪽 ; 이에 관해서는 李景植, 앞의 논문, 95쪽 참조.

과정을 제정하였다.[7] 나아가 문교부는 인간생활의 공간적 영역(지리적 내용), 시간적 영역(역사적 내용)과 사회적 영역(일반 사회적 내용)을 연쇄시키고 그것을 새로운 단일 과목처럼 제시하는 형태를 요구하였다. 즉 종래 사회생활과에서 공민, 역사, 지리라는 개별 과목으로 편성된 것을 「사회Ⅰ」, 「사회Ⅱ」, 「사회Ⅲ」이라고 하여 단일교과의 명칭으로 묶고 분리하였다.[8] 물론 일반계 고등학교에서 국사는 공통필수, 세계사는 선택 필수과목으로 사실상 모든 학생들이 국사와 세계사를 배웠다. 그리고 역사 과목의 단위수는 국사 6단위, 세계사 6단위로 사회 과목 중에서 가장 높았다.

그러나 중학교 「사회Ⅱ」에서는 국사와 세계사를 통합하여 한 단원에 서술하였다. 즉 국사와 세계사의 구획 부분을 철폐하고 시대별로 함께 기술하는 병행형(竝行形)으로 구성하였다. 이러한 내용 편성은 폭넓은 역사 성찰을 통해 역사의식과 역사적 판단 능력 향상에 도움을 준다는 취지에 근거하였다. 나아가 소위 통합사회과의 원칙을 제2차 교육과정에서 한층 강화한다는 데서 연유하였다. 그러나 이런 취지는 단지 통합사회과 강화를 위한 명분일 뿐이었다. 왜냐하면 단순한 연대사적(年代史的) 방법으로 세계사를 우리나라 역사의 전개순에 맞추어 배열함으로써 역사의 구조적 특정이나 사회적 성격을 비교하고 이해하는 데 별로 도움을 주지 못한 채, 오히려 역사를 체계적으로 파악하는 데 어려움을 주었기 때문이다.[9] 이 점에서 문교부의 이런 시도는 통합사회과를 강화하기 위해 역사교과를 실험 대상으로 삼았다고 하겠다.

---

7) 金興洙, 『韓國歷史敎育史』, 大韓敎科書, 1992, 187~189쪽.

8) 文敎部, 『敎育課程(1946~1981)總論』, 大韓敎科書, 1986, 305~309쪽 ; 趙美暎, 앞의 논문, 42~43쪽 참조.

9) 김한종, 「한국역사교육의 변천」, 『역사교육의 이해』(정선영 외), 삼지원, 2001, 286쪽.

한편, 역사교육계는 문교부의 이러한 시도를 정면 비판하면서 역사
교육의 발전을 위한 학계의 분발을 촉구하였다. 우선 역사교육 내부
에서 식민사학(植民史學) 극복을 위한 학계의 연구 성과를 교과서에
적극 반영하려는 노력들이 경주되었다.[10] 나아가 단위 배정 등 교육
과정 문제, 교사의 시간·교과배당 문제, 학습자료 문제, 입학시험과
역사교육의 관계 등을 들어 중고등학교 '역사교육의 정상화'를 강조
하였다.[11]

이에 역사교육계와 함께 역사학계도 관심을 기울였다. 1971년 제14회
전국역사학대회 심포지엄의 공동 주제인 「역사교육(歷史教育)의 과제
(課題)와 방향(方向)」은 그 절정이었다. 역사교육연구회 회장인 김성
근은 개회사에서 다음과 같이 말하였다.

> 근래에 와서 民族的 主體性의 確立이 교육의 주요 목표로서 등장하고
> 그 책임이 주로 역사교육에 負荷되고 있음에도 불구하고 역사교육 자체가
> 과연 이 중책을 감당할 만한 태세를 갖추고 있는가 하면 그렇지 못하다고
> 할 수밖에 없는 실정입니다. 역사교육이 이렇듯 제구실을 못하는 데는 우
> 리나라 역사학자들의 역사교육에 대한 무관심 내지 과소평가에 일부의 책
> 임이 있지 않을까. …… 지식의 효용이나 학문의 대중화라는 견지에서 교
> 육면에도 적극 참여, 그 영향력을 행사하여 국민의 교화와 계몽에 이바지
> 할 수 있다면 그것도 학자로서 보람 있는 일이 될 수 있을 것입니다. 이번
> 대회에서 역사교육 문제를 주제로 한 심포지엄을 계획한 것은 이와 같은
> 시기적인 요청에 따른 것입니다.[12]

이처럼 1971년 심포지엄은 역사학자들이 역사학과 역사교육의 관계

---

10) 李元淳,「歷史教育 심포지엄 開會辭」,『歷史教育』13, 1970.

11) 歷史教育研究會,「歷史教育 심포지엄」,『歷史教育』13, 1970 ; 이에 관해서는 조미영,
   앞의 논문, 46쪽 참조.

12) 歷史教育研究會 제14회 전국역사학대회 심포지엄,「歷史教育의 課題와 方向」,『歷史
   教育』14, 1971.

를 중시하고 역사교육 문제에 적극 관여하는 계기를 마련하였다. 특
히 여기서는 「사회Ⅱ」교과서가 논란의 대상이었다. 그리하여 국사학
계뿐만 아니라 동양사학계와 서양사학계도 참가하여 「사회Ⅱ」를 정면
비판하였다. 한마디로 국사·세계사 병행형에 대한 반대였다.

우선 변태섭(邊太燮)은 우리 민족이 어떻게 발전하고 현재 우리가
처해 있는 역사적 조건은 어떠하며 장차 우리 민족이 하여야 할 과제
가 무엇인가를 알기 위하여 한국사교육이 중요함을 강조하였다.[13] 아
울러 그는 국가주의(國家主義)의 입장에서 한국사를 우대하지 말 것
을 언급하면서 이러한 우대를 '강요된 중시'라고 표현하였다. 즉 그는
국사교과서 독립의 필요성을 강조하면서도 국가 권력 일방에 의한
국사 중시를 우려하였다.

다음 전해종(全海宗)은 문교부의 강력한 통제를 비판하면서 주체
성(主體性), 민족성(民族性)을 너무 강조하고 있는 게 아닌가 의문을
제기하고 있다.[14] 특히 중학교 「사회Ⅱ」에서 역사교과목을 일원화한
것을 비판하였다. 즉 동양사와 국사가 깊이 관련이 있다는 사실을 잊
어서는 안 되겠지만, 역사의 이해에 있어서 시간적 계기라는 문제는
매우 중요하여 동양사도 하나의 지식 체계로서 이루어져야 한다는
것이다. 시간적 계기와 사실의 연관을 중시해야 한다는 주장이다. 나
아가 동양사(東洋史)의 독립을 강조하였다.

끝으로 노명식(盧明植)의 경우도 서양사교육의 중요성을 강조하면
서 중학교 「사회Ⅱ」를 비판하였다.[15] 서양사교육의 약화를 우려했던
것이다. 나아가 통일성의 부재를 이유로 들어 중학교의 역사교육을

---

13) 邊太燮, 「國史教育의 問題와 方向」, 『歷史教育』 14, 1971.
14) 全海宗, 「東洋史教育의 問題와 方向」, 『歷史教育』 14, 1971.
15) 盧明植, 「西洋史教育의 問題와 方向」, 『歷史教育』 14, 1971.

국사와 세계사로 분리하기를 요청하였다.

이처럼 역사학계에서도 「사회Ⅱ」를 정면 비판하면서 개별 교과서로 독립시킬 것을 요구하였다. 물론 이러한 주장의 저의에는 각 전공 분야의 중요성을 강조하고 비중을 높이려는 의도가 담겨 있다. 그럼에도 한국사가 지니는 개별성, 특수성과 함께 동양사, 서양사 각각이 지니는 여러 특성을 감안한 끝에 내린 판단이 깔려 있다.

또한 이 자리에서 전국역사학대회 주관단체가 중심이 되어 실천적인 방안을 마련하고 공동으로 대응해 나갈 것을 결의하였다.[16] 이 가운데 문교부에 그 개선책을 강력하게 촉구한다는 내용이 포함되었다. 나아가 각 학회가 대표자들을 보내 역사교육 문제에 관하여 기간을 두고 본격적으로 연구하고 그것을 실천에까지 추진할 수 있는 기구를 설치해야 한다고 결의하였다.

4. 역사교과의 이중 구조를 둘러싼 논란(1973. 8〜1992. 5)

정부는 1960년대 후반부터 역사학계와 역사교육계의 사회과 문제 제기에 귀를 기울였다. 그리하여 국사의 경우 중학교 「사회Ⅱ」에서 세계사와 같은 단원에서 서술하였던 것을 분리하였고 1960년대 이후의 한국사 연구 성과들을 교과서 내용에 포함시켰다.[17] 물론 현대사 부문에서는 박정희 정권의 치적을 미화하는 기술 내용이 중심이 되었다. 그러나 이러한 시도는 지나치게 왜소화되어 있는 국사교육을

---

16) 歷史敎育硏究會, 「歷史敎育의 課題와 方向 共同討論」, 『歷史敎育』 14, 1971.
17) 趙美暎, 「解放 後 國史敎科의 社會科化 問題와 國史科 設定의 始末」, 서울大學校 碩士學位論文, 2003, 23쪽.

강화하는 한편 민족 자주·주체를 강조하기 위한 노력이었다는 점에서 역사교육의 새로운 시작을 의미했다.

우선 1972년 정부는 국사교육강화위원회(國史敎育强化委員會)를 조직한 뒤 5월 첫 회의를 가졌다.[18] 여기에는 정부의 주요 고위 인사뿐만 아니라 이선근(李瑄根), 김성근(金聲近), 고병익(高炳翊), 한우근(韓沽劤), 이우성(李佑成), 강우철(康宇哲), 김용섭(金容燮), 김철준(金哲埈), 이기백(李基白), 이광린(李光麟), 이원순(李元淳), 최창규(崔昌圭), 이현종(李鉉淙) 등 학계 중진들이 대거 참가하였다. 그 결과 이들 학자를 중심으로 국사교육 강화를 위한 건의문이 만들어졌다. 즉 '주체적(主體的)인 민족사관(民族史觀)의 확립'에 입각하여 '시대사적 특성'과 세계사의 관계 그리고 '전통'을 강조하는 교육이었다.

그런데 여기에 이르는 과정은 단지 문교부의 의도로만 진행되지는 않았다. 학계도 일찍부터 국사교육 강화의 필요성을 절감하고 역사용어(歷史用語)와 표기법(表記法) 문제, 미해결 주제 등을 집중 검토하여 시안들을 준비해 왔다.[19] 따라서 국사교육의 강화는 국가 일방에 의해 주도되었다기보다는 역사학계 특히 국사학계가 시대적·사회적 요청에 적극 부응하여 참여한 결과였다.

그러나 1972년 이른바 10월 유신 선포 이후 국사교육강화의 방향은 학계의 의도와는 다른 방향으로 진행되었다. 우선 국사교육강화의 취지와 달리 국사만 사회과에서 분리·독립하였을 뿐 세계사는 여전히 사회과 속에 남아 있게 됨으로써 국사과와 사회과 속의 세계사라는 이중적인 기형(奇形) 구조를 지니게 되었다. 이는 이미 변태섭이 예

---

18) 이에 관해서는 윤종영, 「국사교육강화정책」, 『문명연지』 2-1, 한국문명학회, 2001 참조.
19) 이에 관해서는 趙美暎, 앞의 논문, 2003, 30~31쪽 참조.

견했던 상황으로 국사가 정권에 의해 '강요된 중시'를 당했고 국사와 세계사의 간극이 벌어지는 계기가 되었다

　물론 역사학계와 역사교육계는 이런 문제의 폐해를 막기 위해 노력하였다. 1975년 역사교육연구회 심포지엄에서 차하순(車河淳), 민두기(閔斗基), 최양호(崔敭鎬) 등이 세계사교육의 문제점을 토론하며 그 개선안을 제시하였다. 차하순의 경우, 이러했다.[20] 먼저 국민학교에서 대학에 이르기까지의 역사교육이란 것이 유기적인 연관성을 갖고 이루어져야 한다. 둘째, 세계사를 일반 사회에 포함시키고 있는 것은 잘못 편성된 교과과정이므로 국사와 함께 역사과라는 독립된 단위에 편성해야 한다. 셋째, 교과서의 분량을 증가시켜야 한다. 끝으로 교과서 내용의 오류를 시정한다. 민두기의 경우, 세계사교육의 목표를 자기확충과 자기충실이라는 면에서 그 중요성을 강조하고 교과서의 구성과 내용 오류를 지적하였다.[21] 최양호의 경우, 역사사실의 상호관계, 인과관계, 역사의 통찰력, 역사 인식 등을 예로 들면서 학교 현장에서의 세계사교육의 중요성을 강조하였다.[22] 특히 세계사를 사회과가 아니라 단독 과목으로 독립시킬 것을 주장하였다. 요컨대 동·서양학계와 역사교육계는 역사교과가 사회과에서 완전 독립되지 못하고 국사만 분리됨으로써 세계사교육이 약화되었음을 지적하면서 세계사를 독립교과로 편제할 것을 주장하였다. 한편, 국사학계와 역사교육계도 국사교육강화에 동참하면서도 국사의 국정화(國定化)는 반대하였다. 그것은 국사학계와 역사교육계가 1971년 역사학대회에서 이미 주장한 내용이었다. 그리고 이원순을 비롯하여 관련 학자들

[20] 車河淳, 「西洋史와 世界史敎育」, 『歷史敎育』 19, 1976.
[21] 閔斗基, 「東洋史와 世界史敎育」, 『歷史敎育』 19, 1976.
[22] 崔敭鎬, 「現場에서의 世界史敎育」, 『歷史敎育』 19, 1976.

도 수시로 국정화 반대 의견을 표명하였다.[23] 즉 이들 학자는 국정교과서가 교육을 통제하는 수단이 될뿐더러 국사교육강화나 국민정신교육에도 궁극적으로는 부정적인 요소로 작용하리라 우려하였던 것이다.

그러나 세계사의 역사교과화 주장과 국사의 국정화 반대 요구는 유신 체제가 붕괴된 뒤에도 반영되지 않았다. 이에 역사학계와 역사교육계는 이전의 주장을 되살려 적극 의견을 표명하였다. 그리하여 역사교육연구회는 1981년 6월 제4차 교육과정을 앞두고 세계사교육의 제문제를 주제로 심포지엄을 개최하였다. 여기서 이인호(李仁浩)는 역사교육의 정치도구화(政治道具化)와 세계사교육의 약화를 지적하면서 그 개선책을 언급하였다.[24] 그런데 그는 사회과 문제에 초점에 두기보다는 국사, 정치경제, 사회문화, 국토지리의 편중을 지적하였다.

이러한 주장은 1960 · 70년대 주장과는 그 의미가 달랐다. 후자의 경우, 역사교과의 분리 독립을 전제하면서 세계사교육의 강화를 주장했다면, 전자의 경우는 사회과 체제의 문제를 도외시한 채 정치경제, 사회문화, 국토지리와 함께 국사의 비중만을 집중 비판하였다. 이는 교과서의 비율배정에 중점을 둔 반면에 통합사회과의 문제가 간과되어 역사과의 독립 문제가 소홀하게 다뤄진 게 아닌가 한다.

즉 이전만 하더라도 역사학과 역사교육을 함께 전문으로 하는 역사가뿐만 아니라 일반 역사가들도 역사의 계통화(系統化)와 민족교

---

[23] 邊太燮,「國定國史의 問題點」,『讀書新聞』, 1973년 7월 15일 ; 姜萬吉,「특집－國定「국사」教科書의 問題點」,『創作과批評』, 1974년 여름호 ; 李元淳,「歷史科教育의 敎材論」,『歷史科 敎育』, 教科教育全書6, 能力開發社, 1977, 228~233쪽 ; 板井俊樹,『現代韓國에서 歷史敎育의 成立과 葛藤』, 御茶の水書房, 2003, 143~151쪽.
[24] 李仁浩,「世界史敎育의 方向」,『歷史敎育』29, 1981.

육의 정상화(正常化)를 역사학의 과제로 여기고 역사교과의 독립 문제에 골몰하였던 데 반해, 80년대 들어와서는 사회과 체제 문제보다는 역사 각 분과 학문의 영역과 비중 문제에 초점을 두기 시작하였다. 이는 역사교육을 역사의 실천성, 현재성, 유용성에서 접근하지 않고 역사 개별 분과 학문의 영역 확대를 위한 도구로만 파악함으로써 국사·세계사 사이의 지분 경쟁으로 치닫는 결과를 재촉하였다. 따라서 동·서양사학계는 국사교육의 강화가 세계사교육의 약화를 야기할 것이라고 우려하는 반면 국사학계는 세계사교육의 강조가 국사교육의 약화를 초래할 것이라고 전망하는 지경에 이르렀다. 더군다나 역사교육계도 역사학과의 연계에 주안을 두기보다는 일부를 중심으로 미국식 교육학 이론을 역사학에 적용하는 수준으로 떨어지면서 역사학계와 역사교육계의 거리는 더욱 멀어졌다.[25] 이후 제6차 교육과정에서 역사교육이 위기를 맞이함에도 불구하고 역사교육과 역사학, 역사학 각 분야 학문 간의 공조는 사실상 절름발이 상태로 들어갔다.

5. 국사과의 폐지와 학계의 혼돈(1992. 6~1997.12)

국사교과는 1980년대 말 '민주화'라는 정치적 변수와 맞물려 제6차 교육과정을 마련하는 과정에서 독립적인 교과로서의 지위를 상실하고 사회과에 다시 통합되었다. 여기에는 사회, 지리 등 관련 각종 교과의 이해관계가 작동하였다. 물론 이들 교과 학문은 국사교육을 '정치(政治)의 시녀(侍女)'로 몰아세우는 한편 현대사회의 이해를 위한 역사적 시각과 사회과학적 시각의 통합을 내세웠다. 그러나 이러한

---

25) 이에 관해서는 李景植, 앞 논문, 2001, 110~113쪽 참조.

주장은 구실일 뿐 실제로는 자신의 영역을 확대하기 위한 표면적 발언에 지나지 않았다.

더군다나 동·서양 사학계의 일부도 이런 비판에 관여하였다. 왜냐하면 국사교육이 지나치게 강조됨으로써 세계사교육이 약화되었다고 여기고 있던 터였기 때문이다. 그렇다고 이후 세계사교육이 강화되지는 않았다. 사회과 통합 체제가 강화되면 될수록 역사교육의 위기가 가중될뿐더러 세계사교육에도 영향을 미쳤기 때문이다.

역사교육계는 역사교육의 이러한 위기를 맞아 국사교과를 지키기 위해 1991년 9월 특별발표회를 가졌다. 주제는 「소위 사회과 교육통합의 문제와 역사교육(歷史敎育)의 진로」였다.[26] 논의의 주된 대상은 사회과 통합 문제였다. 당시 문교부가 중고등학교를 불문하고 국사교과를 폐지하고 국사를 통합사회과 교과서에 편입시킨다든가 선택과목으로 만들려고 하였기 때문이다.

여기서 윤세철(尹世哲)은 도구과목과 내용과목의 단위 비율 타당성에 의문을 제기하면서 역사를 포함한 사회과가 차지하는 비중의 적절성 문제를 제기하였다. 둘째, 고등학교 통합사회과의 이론 및 실천에서 충분한 근거 문제를 제기하였다. 셋째, 통합사회과 내용구성과 현장교사의 문제를 제기하였다. 그 밖에 통합사회과는 학문 간의 원칙 없는 나열이란 비난을 받을 수 있음을 지적하였다. 또 사회과학과 그 학문적 성격이 많이 다른 역사과의 위상 문제를 지적하였다.[27]

유재택(柳裁澤)은 외국의 교육과정에서 역사교과의 비중을 다루면서 통합사회과의 구성 방식을 비판하였다.[28] 특히 통합사회과의 전

---

26) 歷史敎育硏究會, 「소위 사회과 교육통합의 문제와 歷史敎育의 진로」, 『歷史敎育』 50, 1991.
27) 尹世哲, 「社會科 敎育統合의 本質」, 『歷史敎育』 50, 1991.
28) 柳裁澤, 「外國의 敎育課程에서 歷史敎科의 比重」, 『歷史敎育』 50, 1991.

범이라 할 미국의 사회과 성격을 소개하였다. 미국의 사회과는 하나
의 교과목이 아니고 영어, 수학, 사회, 과학과 같이 학문 영역의 큰
범위를 지칭하는 용어이며, 이 안에서 많은 관련 교과목이 독립적으
로 존재하여 교수되고 있다는 것이다. 또한 사회과 가운데 미국사, 세
계사, 세계지리 등이 강조되어 있음을 주장하였다. 그 밖에 영국의 경
우는 세계사는 물론 자국사가 거의 필수 교과이며, 독일의 경우도 전
공선택임에도 불구하고 사회과 선택과목에서 역사 과목이 큰 비중을
차지하고 있음을 덧붙였다.

그러나 여기에 참석한 발표자는 1980년대 이전과 달리 역사교육에
관련된 전공자들이 중심이 되었다. 이전의 경우에는 역사학자와 역사
교육자들이 자리를 같이하여 역사 교육의 문제를 심도 있게 다루면
서 공동 대처하였다면 이제는 역사학계가 역사교육의 위기를 역사 교
육 내부의 문제로 국한시키는 경향을 보인 것이라 하겠다.

반면에 조선일보, 재야 역사역자들은 국사 과목의 선택화라든가 교
과서의 통합사회안을 비판하였다. 그 결과 국사는 교과서로서는 존재
할 수 있게 되었다. 아이러니였다. 역사학계 자구의 노력만으로 되지
않은 셈이다. 대신에 국사교과는 폐지되어 사회과에 통합되었다.

국사교과의 소멸은 역사교과의 소멸을 의미하였다. 물론 국사는
여전히 고등학교에서도 필수과목으로 남아 있다. 그러나 국사든 세계
사든 사회과 내용의 한 영역이므로 교육과정상 상위 개념인 사회과
라는 교과 전체의 성격과 목표에 입각하여 운영하도록 되어 있다. 특
히 제7차 교육과정을 계기로 중학교 국사의 경우, 수업시수가 줄었을
뿐더러 정치사 중심으로 수업이 이루어지고 있는 한편 고등학교『국
사』의 경우는 전근대사만 다루도록 하고 있으며『한국근·현대사』는
선택과목에 불과하다. 더군다나 세계사의 경우는 치열한 입시 경쟁

체제 속에서 내용이 방대하다는 이유로 선택과목에서도 가장 열악한 처지로 몰리고 있다.

그러나 역사학계와 역사교육계는 아직 이 문제를 정면으로 다루고 있지 못하다. 특히 역사학계는 역사교육의 위기를 개별 학문의 연장선 속에서 파악할 뿐 사회과 체제의 문제를 근본적으로 인식하는 데 이르지 못하고 있다.

역사학은 역사교육과 격리된 채 존재할 수 없다. 실천성이 담보되지 않는 학문은 사상누각에 지나지 않기 때문이다. 특히 중고등학교 역사교육의 차원에서는 민족교육이 추구할 바를 깊이 고민하면서 세계사의 보편성에 접근해야 한다.

6. 결어

해방 후 역사학계는 역사현장의 고민을 적극 담아내지 못하고 수동적으로 끌려오면서 역사교육의 위기라는 상황에 처했다. 특히 미국식 사회과 체제의 확대재생산은 한국의 역사교육과 역사학의 위기를 초래한 주된 요인이었다. 그럼에도 불구하고 1980년대 이래 역사학계는 역사교육의 위기를 근본상에서 인식하지 못하고 역사학 내부 개별학문의 이해관계와 연계하여 자기 영역의 확장에 주안을 두었다. 또한 1990년대 국사교과의 침몰에 대한 동·서양사학계의 침묵은 역사교육의 위기를 가중시켰다. 물론 국사의 국정화가 야기한 폐해가 적지 않아 국사가 정치권력의 도구로 전락했다는 비판이 제기되었다. 그리하여 독재 정권의 몰락과 함께 국사교육이 파국을 맞고 사회과 교육이 부활하기에 이르렀다.

그러나 이러한 국정화의 폐해를 이유로 들어 국사교육의 정상화를 막아서는 안 된다. 국사교육의 정상화는 4·19 혁명 이래 학계와 민인의 줄기찬 요구에 근간하였기 때문이다. 또한 세계사교육을 민족교육을 갉아먹는 장애 요소로 파악해서는 안 된다. 자국사의 특수성과 함께 세계사의 보편성을 과학적으로 인식해야만 우리가 처한 현실을 역사적이고 지구적인 관점에서 이해할 수 있기 때문이다.

따라서 이를 위해서는 선학들이 이미 언급했듯이 역사교과의 독립이라는 공동 목표 아래 국사와 동양사, 서양사, 역사교육 연구자들이 현실을 직시하고 단합하여 공동으로 매진해야 한다. 국사, 동양사, 서양사는 공히 시간적 인과(因果)의 계열(系列) 중에서 이해하는 학문이며 역사교육과 한 몸이기 때문이다. 또한 역사교육 협의체 같은 상설기구를 설치하여 역사학계 내부의 이견을 조율하고 역사학과 역사교육의 거리를 좁힘으로써 정책 당국과 대중들을 적극 설득할 수 있는 논리를 개발할 수 있을 것이다.

양호환 편, 『세계화 시대의 한국역사교육의 방향과 과제』, 2004 所收, 2014 補.

제2장

신국가건설기 **교과서** 정책과 운용의 실제

1. 서언

*교*과서 정책은 교과서의 편찬, 심의, 인쇄, 채택, 공급, 활용, 개정 등의 방식과 절차에 관련된 제반 의사의 결정이다. 현재 우리나라의 교과서 정책은 국정(國定)·검인정제(檢認定制) 병용(併用)에 근간하고 있다.[1] 그중 이른바 국정교과서가 차지하는 비중이 점차 줄어드는 추세여서 사실상 검인정 발행 체제로 접어들고 있다고 해도 과언이 아니다. 그러나 최근 제7차 교육과정의 교과서 검정을 둘러싸고 일부 언론매체가 특정 교과서의 내용을 시비하여 정치 문제로 비약시키면서 검정위원들의 명단이 공개되고 급기야는 검정위원이 사퇴하기에 이르렀다.[2] 이는 교과서 정책의 근간이자 집행

[1] 大統領令 第8660號, '敎科用 圖書에 관한 規程', 1977년 8월 22일.
[2] 2002년 역사교과서 파문에 관해서는 조동근, 「'신용-비어천가'인가 '하이에나의 물어뜯기'인가－역사교과서 파문을 돌이켜보며」, 『역사교육』 58, 전국역사교사모임, 2002 참조.

의 근거를 흔드는 사태였다. 학문·교육 내부의 논리는 온데간데없고
오직 정치 논리만이 횡행하였던 것이다.

물론 교과서가 교육 현장에서 차지하는 비중이 크기 때문에 후속
세대에게 끼치는 영향도 적지 않을뿐더러 사회의 지대한 관심을 끄
는 것은 당연하다. 그러나 일부 집단의 견해를 유일한 잣대로 삼아
정치 논리로 접근한다거나 지엽적인 문제를 과대 포장하여 왜곡한다
면 그것은 후속 세대 교육을 가로막는 처사일 수 있다. 따라서 이러
한 독단과 폐해를 예방하기 위해 자유발행제(自由發行制)가 대안으
로 제시되곤 한다. 그러나 교사의 전문성이 확보되지 않거나 채택 과
정의 자율적 규제방식이 확립되지 않고 시장의 논리에만 따른다면
이 역시 많은 폐해를 야기하리라는 우려가 전자에 못지않게 나올 수
있다. 그만큼 광복 이래 교과서 정책이 정치 사회적 변동에 흔들려
자기중심을 잡지 못했기 때문이다.

이 점에서 교과서 정책의 근간이 마련되는 신국가건설기의 제반
문제를 집중 검토할 필요가 있다.[3] 즉 이 시기에 교과서 정책을 둘러
싼 논의의 방향, 내용, 수립 과정 및 교과서 발행의 실태를 구체적으
로 해명할 때 이후 교과서 정책의 전개 과정을 역사적인 맥락에서 정
리할 수 있겠다.

본고는 이런 문제를 염두에 두고 이 시기의 교과서 정책과 운용의
실제를 해명하고자 한다.[4] 이런 제반 여건이 이후 교과서 정책에 어

---

[3] 본고에서 지칭하는 '新國家建設期'는 1945년 8월 15일부터 남북분단이 6·25 전쟁과
휴전으로 고착되는 1953년 7월까지로 여러 정치 세력이 국가 건설을 둘러싸고 다양
한 정치노선에 입각하여 왕성하게 활동하던 시기이다. 이 시기는 교육과정상 대체
로 미군정기와 교수요목기에 해당한다.

[4] 그동안 교과서 연구자들이 갑오개혁 이후 교과서 정책의 변천 과정을 고찰하거나
개별 과목의 교과서 내용을 분석하였다. 그러나 전자의 경우, 자료의 한계로 말미암
아 개설적인 연구에 머물렀고 후자의 경우, 특정 과목을 중심으로 분석된 나머지

떻게 영향을 끼쳤고 역사적 기반으로 자리 잡아갔는가를 파악할 수 있기 때문이다.[5]

2. 임시 교과서 발행과 공급 실태

1945년 8월 15일 해방 후 다른 부문과 마찬가지로 교육 문제가 시급한 과제로 떠올랐다. 즉 학교 및 교사의 부족과 함께 우리말 교과서의 전무로 말미암아 교육문제가 일각을 다투는 민족적 문제가 되었다.[6] 그리하여 이제까지 일본어로 황국신민교육(皇國臣民敎育)을 받은 학생들이 우리말로 된 교과서를 가지고 학습함으로써 일제 식민지 교육을 청산하고 이른바 민족, 민주 교육을 실현하고자 하였다. 이에 조선어학회(朝鮮語學會)는 미군이 진주하기 이전인 1945년 8월 25일 회의를 열고 임시 국어 교재를 엮기로 결의한 뒤[7] 9월 2일에는 '국어교과서(國語敎科書) 편찬위원회(編纂委員會)'를 조직하고 초·중

이 시기 교과서 정책의 역사적·사회적 의미를 담아내고 있지 못하다. 다만 최근에 한국교과서연구재단의 연구보고서인『한국편수사연구(1)』이 미군정기부터 제7차 교육과정기에 걸쳐 교과서의 편찬·발행을 역사적으로 추적하여 총정리하고 있다 (한국교과서연구재단,『한국편수사연구(1)』, 2000 ;『한국편수사연구(2)』, 2001). 그 밖에 동 연구재단의『한국의 검인정 교과서 변천에 관한 연구』가 이를 부분적으로 논급하고 있다(한국교과서연구재단,『한국의 검인정 교과서 변천에 관한 연구』, 2002). 그러나 해방 후 현재에 걸쳐 교과서 제도의 변화와 그 내용 정리에 초점을 둔 나머지 이 시기 교과서 정책이 가지는 역사적·사회적 의미를 파악하고 있지 못하다.

5) 본고에서는 교과서 정책의 추이와 그 의미에 초점을 두고 있어 이 시기 개별 교과서의 체제와 내용 문제를 본격적으로 다루지 못하였다. 이 문제는 별고로 다룰 예정이다.

6) 해방 직후 교육 실태에 관해서는 鄭泰秀 編著,『美軍政期 韓國敎育史資料集 (1945~1948)』 1-4 '미군 점령하의 한국 교육의 발전'(1947. 2), 弘芝苑, 1992, 148쪽 참조.

7) 조선어학회,『한글』96, 1946, 31쪽.

등학교 국어교과서 편찬에 들어갔다.[8] 또한 조선학술원(朝鮮學術院)
도 8월 31일 문화과학부(文化科學部) 회의에서 교과서에 적용될 학술
용어의 채택에 관한 방책을 세울 것을 논의하였다.[9]

한편, 국민학교와 중학교가 각각 9월 24일과 10월 1일에 개교하는
까닭에 교과서 편찬은 매우 시급하였다. 당시 교과서가 배부되지 않
아 교사들은 개교 이후에도 2주일간은 교과서 없이 매일 4시간씩의
국민강좌를 실시하여 한국문화사, 국사개요, 한글철자법 및 일상 회
화, 애국가와 기타 창가를 교수하기도 하였고, 학생들은 교사가 작성
한 등사물이나 판서에 의존하여 학습하기도 하였다.[10]

미군정도 이런 사태를 타개하기 위해 한국민의 요구에 부응하여
교과서 편찬에 박차를 가했다. 그 시발은 1945년 9월 17일 일반 명령
제4호로 산수, 이과 이외는 일본 교과서를 사용할 수 없도록 한 점이
었다.[11] 곧 이어 미군정은 9월 29일 군정 법령 제6호 '교육조치'에 입
각하여 교과서 발행 시책의 근거로 삼았다.[12]

우선 국어교과서의 경우, 교육조치 공포 이전에 조선어학회에서 편
찬하고 미군정 당국이 관리 인쇄하기로 되어 있었다.[13] 이때 저작권
은 미군정이 아니라 조선어학회가 소유하게 되었다. 그 결과 초·중

---

8) 『每日申報』, 1945년 9월 3일 ; 조선어학회, 『한글』 96, 1946, 31쪽.

9) 朝鮮學術院, 「學術院日誌」, 『學術解放記念論文集』 1, 1946, 247쪽.

10) 『每日申報』, 1945년 9월 22일 ; 鄭泰秀, 앞의 책 6-3, 學務通牒 제352호, '학교에 대한 설명과 지시'(1945. 10.21) ; 송춘영, 「사회생활과 교수요목의 분석적 연구」, 『大邱教育大學校論文集』 35, 2000, 113쪽 ; 한국교과서연구재단, 앞의 책, 2000, 85쪽.

11) 鄭泰秀, 앞의 책, 6-1 일반명령 제4호, 교육의 조치 및 군정법령 제6호(1945. 9.17), 818~822쪽 ; 『서울신문』, 1945년 9월 18일.

12) 美軍政廳, 法令 第6號, '教育措置', 1945년 9월 29일.

13) 『每日申報』, 1945년 9월 17일.
   崔鉉培의 회고에 따르면 조선어학회에서는 원고료 1전도 받지 않았다. 최현배, 「한 글을 위한 受難과 鬪爭」, 『現代韓國隨想錄』(金星出版社 編), 1984, 171쪽.

등교과서 4백만 부, 일반용(초등3년 이상) 2백만 부, 중등용 2백만 부 인쇄에 착수하였다. 인쇄회사는 조선서적인쇄주식회사(朝鮮書籍印刷株式會社)였다. 그리하여 11월 20일에 조선어학회 이름으로『한글첫거름』(중등 일이학년)과『초등국어교본』(초등학교 일이학년) 상권이 처음으로 우리말 교본으로 편찬되었고 1945년 12월 중순에 각각 100만 부, 60만 부를 **인쇄**하여 12월 말 안으로 배부하였다.14) 해방 후 우리말로 된 최초의 교과서가 세상에 나온 것이다.

　역사·지리교과서도 마찬가지였다. 진단학회가 1945년 9월 17일 미군정청과 협의하여 국사교과서와 지리교과서 편찬을 위촉받았다.15) 그리하여 1945년 10월 현재 역사교과서는 중등학생용과 초등학생용으로 나누어 탈고하여 인쇄에 부쳤고 지리교과서 중등용도 탈고되었고, 초등과용도 거의 완성되어 가고 있었다.16)

　국어와 역사, 지리 교과서가 이처럼 인쇄에 들어갈 즈음 학술계에서는 교과서 편찬 문제가 본격 제기되었다. 즉 학무국이 먼저 문화건설중앙협의회(文化建設中央協議會)에 교과서 편찬과 관련되는 재료를 요청하였고 문화건설중앙협의회는 1945년 10월 29일 관련 학회를 소집하여 교육심의회에 대한 대책과 함께 국정교과서 편찬에 관한 건을 안건으로 상정하여 논의하였다.17) 여기서 국정교과서편찬연구위원회(國定敎科書編纂硏究委員會)가 출석 단체를 중심으로 구성되었다. 출석 단체는 조선학술원(朝鮮學術院), 조선어학회(朝鮮語學會),

14)『東亞日報』, 1945년 12월 15일.
15) 震檀學會,「彙報」,『震檀學報』15, 1947. 5. 이와 관련하여 文鳳珠,「解放 直後의 文化建設運動과『國史敎本』」, 高麗大學校 碩士學位論文, 1987 참조.
16)『每日申報』, 1945년 10월 5일.
17)『自由新聞』, 1945년 11월 9일. 이에 관해서는 이응호,『미 군정기의 한글 운동사』, 성청사, 1974, 29~34쪽 참조.

진단학회(震檀學會), 조선지리학회(朝鮮地理學會), 한국사회과학연구회(韓國社會科學研究會), 조선교육혁신동맹(朝鮮教育革新同盟), 조선사회교육협회(朝鮮社會教育協會), 영어학회(英語學會), 조선문화건설본부(朝鮮文化建設本部) 등 좌우 진영을 막론하였다. 그리고 조선학술원, 진단학회, 조선지리학회, 조선사회과학연구소(朝鮮社會科學研究所), 조선교육혁신동맹, 조선사회교육협회, 조선중등교육협회(朝鮮中等教育協會), 영어학회, 미술교육연구회(美術教育研究會), 조선문화건설중앙협의회(朝鮮文化建設中央協議會), 조선문학건설본부(朝鮮文學建設本部), 조선신문기자회(朝鮮新聞記者會) 등은 다시 교과서편찬연구위원회(教科書編纂研究委員會)를 구성하여[18] 11월 7일 군정청 학무국에 건의서를 제출하였다.[19] 이 위원회는 교육대책의 확립을 신국가 건설의 중대 과제로 인식하는 가운데 미군정 학무국에 근무하는 수 명의 편수관리가 국정교과서를 편찬함에 문교 당국의 독자 견해안으로 실행할 것을 우려하였기 때문이다. 이 건의서의 내용은 이러하였다.

먼저 초·중등학교의 각 과정에 걸쳐 학무 당국과 민간 각 학술문화교육 및 개인의 전문가들을 광범한 범위로 망라하여 공동위원회를 조직하고 교과서 편찬의 기본 방침을 대중적으로 토의 결정한다. 다음 이를 이어 다시 각 전문위원회를 조직해 당해 전문과목의 편집에 임한다.[20] 이는 학술계가 학무국과 함께 공동위원회를 구성하여 국정교과서를 편찬하겠다는 의지를 보인 것이다.

---

[18] 위원회 명칭의 이러한 변경은 관련 자료가 없어 그 이유를 확인할 수 없다. 다만 검인정 교과서를 염두에 두고 명칭을 바꾼 게 아닌가 한다. 그 밖에 조선어학회의 불참도 그 이유가 명확하지 않다.

[19] 각주 17) 참조.

[20] 위와 같음.

이에 미군정 당국에서는 건의안을 수용하여 100명가량의 위원으로 교과서 편찬에 들어갔다.[21] 이 점에서 국정교과서안(國定敎科書案)이 일찍부터 교과서 정책의 근간으로 마련되었음을 확인할 수 있다. 그러나 이런 국정교과서안은 국가가 편찬권과 발행권을 모두 소유하는 방식이 아닐뿐더러 이전 시기 조선총독부가 교과서에 대한 엄격한 통제를 통해 동화정책(同化政策)을 실현하려는 교과서 정책과도 전혀 달랐다.[22] 즉 학술계, 민간과 국가가 편찬권과 발행권을 각각 소유하여 상호 견제함으로써 교과 내용의 수준을 제고하고 학술계·교육계의 일반적 견해를 적극 반영하면서 공급 물량을 안정적으로 확보하고자 하는 데 중점을 두었다.[23]

공민교과서의 편찬도 1945년 12월 각 위원회를 마치고 원안을 결정하였다. 이 교과서는 자주독립 정신을 고취하는 데 주안을 두었으며 사정된 교과서는 초등공민(초등 3, 4학년용), 중등공민 상하(상권은 중등 1~2학년, 하권은 3~4학년용)의 도합 세 권인데 10과로 나누어 있

---

21) 『서울신문』, 1945년 11월 29일.

22) 일제의 교과서 정책에 관해서는 韓基彦, 李啓鶴, 『日帝의 敎科書政策에 관한 硏究』, 韓國精神文化硏究院, 1993, 129~189쪽 참조.

23) 『國史敎本』最近世史의 필자이자 조선학술원의 역사철학부장이었던 李丙燾의 경우 (朝鮮學術院, 앞의 책, 「學術院委員錄」, 230쪽), 본인의 우익 경향과 달리 光州學生運動과 新幹會運動을 다음과 같이 서술하고 있다.
"西紀 一九二九年 十一月에는 光州에서 汽車 通學을 하던 朝·日 中學生間에 싸움이 일어나 이것이 端緖가 되어 마침내 全朝鮮學生의 集團的 示威運動이 벌어지고 때를 타서 社會主義 先輩들의 指導로 萬歲運動이 全國的으로 일어나 百二十九校의 젊은 生徒가 이에 가담하여 그 이듬해 二月까지 계속하였다.
그동안 社會主義의 地下活動도 눈부시게 展開되어 部分的인 經濟的 鬪爭에서 政治運動으로 옮기고 民族主義와 社會主義는 合同하여 民族單一戰線으로서 新幹會의 創立을 보게 되어 三萬餘의 會員을 가지게 되었다."(震檀學會, 『國史敎本』, 1946, 173~174쪽).
이에 관해서는 金正仁, 「解放 以後 國史 敎科書의 '正統性' 인식─日帝 强占期 民族運動史 서술을 중심으로─」, 『歷史敎育』 85, 2003, 75~76쪽 참조.

다. 따라서 내용 역시 '개천절', '한국기념일', '내일은 내가 한다'는 등
이었다.[24] 국사, 지리의 교안도 12월 현재 진단학회, 조선지리학 회원
으로 조직된 위원회에서 심의하였다.[25]

국어, 국사, 공민 등의 교과서가 이처럼 배부될 즈음에 미군정 당국
은 전국 초·중등교육의 대표자를 모아 1945년 12월 21일~30일간 교육
이념, 교육제도, 교과서 내용 및 각 교과서의 편찬취지의 취급법 등을
재교육시키는 강습회를 열었다.[26] 강습회의 강사는 장지영(張志暎),
황의돈(黃義敦), 이호성(李浩盛), 최재희(崔載喜) 등이었다. 그리고 이
듬해 1월 황의돈 편으로 국사 초등용이 배부되었고 공민교과서와 음
악교과서 초등용, 국어교본 중 하 2권도 탈고되었으며 교수용으로 국
어교수지침도 인쇄되고 있었다.[27]

한편, 1945년 11월 14일에는 조선교육심의회(朝鮮敎育審議會)가 구
성되었다. 여기서도 원래 없던 교과서분과회가 추가되었다.[28] 교과
서 정책 수립이 시급하였기 때문이다. 교과서위원(敎科書委員)은 조
진만(趙鎭滿), 조윤제(趙潤濟), 김성달(金性達), 피천득(皮千得), 황신
덕(黃信德), 월취 중위(中尉), 편수과장 최현배(崔鉉培)였다.[29] 11월
23일 회의에서는 제9분과에서 교과서준비위원 문제, 교과서검사에 관
한 제도, 표준출판 배부 방법, 교과서 한문폐지 문제, 교과서의 무료
제공 문제 등 교과서 문제를 연구하여 결정하도록 하였다.[30] 여기에

---

24) 『東亞日報』, 1945년 12월 15일.
25) 위와 같음.
26) 『自由新聞』, 1945년 12월 19일.
27) 『서울신문』, 1946년 1월 22일.
28) 『中央新聞』, 1945년 11월 16일.
29) 최현배의 경우, 미군정기에 편수과장을 두 번 역임하며 교과서 편수에서 중심적인
    구실을 하였다. 그 자신의 말대로 그는 재임 3년 동안에 교과서 편찬 사무로 사무실
    에서 신문 한 장을 읽는 일이 없었다 한다(최현배, 앞의 글).

는 조진만, 조윤제, 김성태(金星泰), 피천득 그리고 미군정 웰취 대위, 편수국장 최현배가 참여하였다. 교과서 정책 결정을 총괄하는 기구였던 셈이었다.

이듬해 1946년 1월 7일과 1월 8일 양일간에 걸쳐 각도 학무과장 및 사범학교장 회의에서 교과서 편찬과 여러 사항이 논의되었다.[31] 임정(臨政)도 교과서 정책에 큰 관심을 보였다. 이는 1946년 1월 8일에 발표된 「대한민국건국강령(大韓民國建國綱領)」에서 보인다. 즉 임정은 교과서의 편집과 인쇄발행을 국영(國營)으로 하고 학생에게 무료로 분급할 것을 강령으로 제시하였다.[32] 일종의 국영제(國營制)였다.[33]

이런 가운데 미군정 당국의 교과서 정책 수립 작업이 본격화하였다. 1946년 1월 24일에 개최된 제8회 조선교육심의회에서 제9분과회에서 올라온 국정교과서안(國定教科書案)과 한자폐지안(漢字廢止案)을 심의하였다.[34] 그러나 여기서는 심의에 그쳤을 뿐 결정하지는 않았다. 비록 이들 안건이 의결되지는 않았으나 제9분과회의 교과서 정책 방향이 국정제에 기반을 두고 있음을 확인할 수 있다.[35] 이러한

---

30) 『서울신문』, 1945년 12월 2일.

31) 『서울신문』, 1946년 1월 8일.

32) 「大韓民國建國綱領」은 임시정부가 1941년 11월 重京에서 이미 발표하였으며 해방 후 임정이 귀국하여 다시 발표하였다(國史編纂委員會, 『資料大韓民國史』 1, 1946년 1월 8일, 1968, 792~797쪽).

33) 이런 논의는 편수과 내에서도 진행되었다. 편수과는 교과서를 발행하기 위해 조선교과서주식회사 인수 문제를 미군정청과 협의하였던 것이다(鄭泰秀, 앞의 책 2-3, 주간보고서(1945.11.12), 284쪽).

34) 『東亞日報』, 1946년 1월 25일.

35) 漢字廢止案의 경우, 1월 24일에 심의되었고, 3월 7일에 의결되었다(『朝鮮日報』, 1946년 3월 8일). 이는 조선교육심의회가 한글專用論者이자 편수과장 최현배의 주장을 받아들인 결과가 아닌가 한다. 이와 달리 國定教科書案은 이후에도 의결되지 않았다. 이는 심의회 내부에서 국정교과서안을 반대하는 의견이 적지 않았음을 짐작할 수 있겠다.

국정교과서안은 교과서연구위원회가 이미 제시한 방안을 적극 수용한 것으로 보인다.[36]

그러나 미군정의 이런 작업들은 상당한 시일을 요하였다. 교과서 편찬의 경우, 국어, 국사, 지리, 공민, 음악 이외의 교과서는 편찬되지 못하였다. 따라서 경기도 학무과에서는 미군정과는 별개로 임시교재 연구회를 조직하여 1946년 4월 중순부터 3백만 원 예산으로 교과서를 인쇄하여 1946년 5월 10일~22일 사이에 경기도 각급 학교에 30만 권을 배부하였다. 여기에는 지리부도, 이과, 산수, 체조요목, 도화, 공작, 가사, 재봉 요목 등 10과목이 포함되었다.[37]

이에 미군정은 이미 편찬된 교과서를 중심으로 추가로 인쇄하고 공급하는 데 진력하였다. 〈표 1〉은 1946년 11월 14일에 배부한 교과서의 현황이다. 총 5,823,350권이다.

〈표 1〉 교과서 배부 현황

교과서명	수량	교과서명	수량
한글첫걸음	1,031,728	셈본	260,987
한글독본	1,787,249	국사	192,983
공민독본	1,308,034	공예(재봉 및 수공)	455,260
음악교본	738,109	교수용 교본	49,000

* 출전 : 『朝鮮日報』, 1946년 11월 14일.

그 밖에 1945~1948년 민간에서 발행한 임시교과서의 현황은 〈표 2〉와 같다.

---

36) 각주 17) 참조.
37) 『東亞日報』, 1946년 5월 25일.

〈표 2〉 1945~1948년 민간의 임시교과서 발행 현황

교과	교과명	학년	출판사	저자
문법	중등조선말본(45)		정음사	최현배
	중등조선말본(46)		정음사	최현배
	조선어표준말모음(46)		조선교학도서주식회사	조선어학회
	글자의 혁명(47)		조선교학도서주식회사	최현배
	중등새말본(48)		교재연구사	장하일
역사 / 지리 / 사회	국사교본(46)	국민1	군정청문교부	진단학회
	가정과 학교(46)	국민2	동지사	신의섭
	고장생활(46)	국민3	동지사	이상선
	여러곳의 사회생활(46)		동지사	김진하
	중등국사(47)		동명사	최남선
	중등역사 동양사(47)	국민6	동지사	이동윤
	중등사회생활(47)		창인사	이준하, 이원학
	중등사회생활과이웃나라(47)	중학1	동방문화사	오준영
	중등조선지리(46)		정음사	정흥헌
	이웃나라(47)	중학3	을유문화사	정갑
	먼나라(47)		동방문화사	이학연, 오준영
	중등서양사(47)		세문사	중등교재연구회
	서양사(47)		동지사	김홍주, 임병림
	중등서양사(47)		동아문화사	노도양
	동양사(47)		동지사	이동윤
	중등지리이웃나라(47)		동지사	박노식
	중등지리우리나라(47)		동지사	육지수
	이웃나라(47)	국민6	정음사	김성칠
	우리나라의 발달(47)	국민5	동지사	신동엽
	다른나라의 생활(47)		동지사	이봉수
	중등조선사(48)		동지사	김성칠
	고장생활(48)	국민	동지사	이상선
	우리나라의 발달(48)		금융도서	이상선
	중등지리먼나라(48)		동지사	박노식
	중등우리나라지리(48)		동지사	육지수
	신독본서양사(48)		동지사	조의설
	지리먼나라(48)		동지사	육지수

	국어(48)	중학1	정음사	정인승, 이극노
국어	신편중등국어(48)	중학1	고려서적	김병제
	신편중등국어(48)	중학2	고려서적	김병제
	신편중등국어(48)	중학3	고려서적	김병제
	고급국어(47)		고려문화사	정학모
	고급국어(47)		범인사	사범대국문회의
	고등국어(47)		문교당	이창식
	고전문학교본(48)		고려서적	최창국

* 출전 : 국립중앙도서관,『한국교과서목록』, 1979 ; 李鍾國,『大韓教科書史 : 1948~1998』,
  大韓教科書株式會社, 1998, 103~104쪽 ; 이대의,『나와 검인정교과서』, 中央出版公社,
  2002, 19~20쪽에 의거하여 재작성.
* 비고 : 수학, 과학, 음악, 미술, 한문, 영어, 가정, 작문, 물리, 상업, 농업, 화학 등은
  이후에도 검인정이어서 제외.
* 괄호 안 숫자는 연도를 가리킴.

그러나 교과서의 발행 수량은 당시 교과서 수요에 크게 미치지 못
하였다. 국민학생의 경우, 1945년 12월에 1,600,000명을 이미 넘었고
1947년 5월에는 2,200,000명에 근접하고 있었으며, 중학생의 경우,
1945년 12월말 71,000여 명이었고 1947년 5월에는 159,000명을 넘을
정도였다.[38] 더욱이 남북분단과 대외무역의 악화로 펄프 공급이 두
절되면서 종이 부족이 심각하여 교과서 공급은 매우 열악하였다.[39]
1948년 1월 현재 발행 교과서의 수량이 국민학교와 중등학교의 경우,
각각 수요량의 5%와 2%에 불과하다는 지적이 나올 정도였다.[40] 그리
하여 일부를 제외하고는 대부분의 교과서가 선화지를 사용하게 되어

---

[38] 朝鮮通信社,『朝鮮年鑑』, 1948, 298~299쪽.
[39] 『朝鮮日報』, 1946년 12월 10일.
　　종이 사정에 관해서 출판사 同志社를 설립한 이대의는 다음과 같이 회고하고 있다
　　(이대의, 앞의 책, 29쪽).
　　"용지는 '群山 更紙'가 가장 많이 사용되었고, 그 외에 선화지가 있었으며, 거의가
　　수입으로 충당했다. 마카오 갱지가 주로 수입되었는데, 수입 용지가 품절되면 책의
　　생산도 지연되었다."
[40] 『서울신문』, 1948년 1월 28일 ;『京鄕新聞』, 1948년 1월 28일.

인쇄가 선명하지 못하고 군데군데 구멍이 뚫어져 문장이 끊어져 읽지 못할 정도였다.[41] 따라서 학교 현장에서는 미군정이 교과서 전부를 인쇄해 공급해 줄 것을 요청하였다. 이처럼 용지난, 출판난이 가중됨으로써 교과서 발행·공급은 차질을 빚었다.

그러나 이러한 공급 문제는 단지 여기에서만 비롯되는 문제가 아니었다. 교수요목 제정부터 교과서 발행·공급에 이르기까지 교과서를 둘러싼 제반 문제에 관한 정책이 미처 수립되지 못하였기 때문이다. 당시 교수요목이 없어 지방학교는 학교마다 교재를 만들고 경기도는 6백여 만 원이나 들여 교재를 편하(編下)하고 있을 정도였다.[42] 따라서 미군정은 교과서 공급 문제와 함께 교수요목 제정 및 교과서 정책 수립에 골몰하였다.

3. 국정(國定)·검인정제(檢認定制) 병용(倂用)과 교과서 정책의 난맥

미군정도 일찍부터 교수요목의 제정에 서둘렀다. 우선 교과목을 개편하는 가운데 미국의 사회생활과를 도입하고자 하였다.[43] 그러나 1946년 6월 당시 편수관과 대학교수들의 반발에 부딪히면서 이러한 시도는 난관에 봉착하였다. 사회생활과가 조선의 실정과 맞지 않다는 비판이었다.[44] 즉 황의돈과 고석균(高碩均)은 편수관회의에서 사회

---

[41] 『朝鮮日報』, 1946년 12월 10일.

[42] 『東亞日報』, 1946년 6월 15일.

[43] 社會生活科 도입을 위한 최초 시도의 시점은 명확하지 않다. 다만 『東亞日報』, 1946년 6월 15일자 보도 기사를 통해 추정하면 1946년 6월 이전에 도입 논의가 활발하게 전개되었음을 확인할 수 있다. 社會科의 도입 과정에 관해서는 朴光熙, 「韓國社會科의 成立過程과 그 過程變遷에 關한 硏究」, 서울大學校 碩士學位論文, 1966, 34~41쪽 ; 洪雄善, 「美軍政下 社會生活科 出現의 經緯」, 『敎育學硏究』 30-1, 120~121쪽 참조.

과는 미국 학제의 무비판적 도입이며, 학문의 체계에도 맞지 않는다
고 주장하는 한편 서울대학교 사범대학을 비롯한 전국 각 대학 현직
교수들이 교사 재교육의 필요성과 사회과의 통합교과적 특성에 맞는
교과서의 미비를 들어 반대하였다.[45] 그러나 미군정은 사회과 도입
찬성론자들의 주장에 힘입어 교수요목 제정을 강행하여 초등학교는
역사와 지리를 사회과에 통합하고 중학교는 다음으로 미루되 그 정
신은 고수하기로 하였다.[46] 결국 사회과의 정신과 원리가 관철된 셈
이었다.

곧이어 미군정은 1946년 11월 교수요목제정위원회(敎授要目制定委
員會)를 설치하여 교과서 편찬을 위한 준비에 들어갔다. 미군정은 12월
7일 교수요목을 공포하고 1947년 1월과 1948년 1월에 『국민학교 교수
요목집』과 『중학교 교수요목집』을 발간하였다.[47] 실업 전문교과목은
교과목수의 방대와 전문가의 부족으로 말미암아 1948년 10월에 가서
야 교수요목을 낼 수 있었다.[48] 이처럼 미군정 당국은 교수요목 제정
을 통해 교과서 편찬의 근간을 마련하고자 하였다.

미군정 당국은 교수요목 제정을 서두르는 가운데 1946년 후반에는
국정·검인정제 병용의 근간을 마련하였다.[49] 이는 비슷한 사정에 있

---

[44] 『東亞日報』, 1946년 6월 15일.
[45] 이에 관해서는 朴光熙, 앞의 논문, 50~51쪽 ; 洪雄善, 앞의 논문, 122~124쪽 ; 이진석,
  「한국과 일본의 미군정 초기 교육정책과 사회과 도입에 관한 연구」, 『시민교육연구』
  35-2, 2003, 100~104쪽; 朴振東, 「韓國의 敎員養成體系의 樹立과 國史敎育의 新構成
  : 1945~1954」, 서울大學校 博士學位論文, 2004, 175~180쪽 참조.
[46] 朴光熙, 위의 논문, 54쪽.
[47] 朴光熙, 위의 논문, 41쪽 ; 한국교과서연구재단, 앞의 책, 2002, 500쪽.
[48] 文敎部 編修局, 『編修時報』 1, 1950, 43쪽.
[49] 이러한 국정·검인정제 병용 방침을 결정한 시점은 현재 자료의 한계상 불분명하다.
  다만 文敎部 調査企劃課가 1947년 1월에 작성한 『文敎行政槪況』의 내용과 編修局이
  1947년 7월 業務經過를 報告한 내용을 종합해 보면, 이러한 방침이 1946년 후반기에
  결정된 게 아닌가 한다. 이에 관해서는 文敎部 調査企劃課, 『文敎行政槪況』, 1947. 1,

었던 일본의 경우와 달랐다. 일본의 경우, 자유발행론과 국정 · 검인
정 병용론이 맞서는 가운데 1947년 2월 초등 · 중등학교를 막론하고
완전 검인정제를 채택하였다.[50] 이에 반해 한국의 경우, 교육심의회
제9분과회에서는 초기에 국정제안을 제시하였으나 이 시점에 와서는
미군정이 국정 · 검인정 병용제를 채택하였다.[51] 그리하여 국민학교의
모든 교과서는 국정으로 발행하기로 하고 편찬에 착수하였으며, 중학
교의 경우는 국어를 제외한 모든 교과의 교과서를 검인정으로 하여
학술계에서 저작할 수 있는 길을 열어 놓았다.[52] 〈표 3〉은 1948년 6월
현재 국정교과서 발행 현황이다.

〈표 3〉 국정교과서 발행 일람

책이름	학년용	발행부수	책이름	학년용	발행부수
한글 첫걸음		1,086,000	초등셈본	2-1	560,300
초등 국어(임시)	1~2	996,400	초등셈본	2-2	119,800
초등 국어(임시)	3~4	478,800	초등셈본	. 3-1	210,000
초등 국어(임시)	5~6	484,680	초등셈본	3-2	302,000
초등 국어	2-1	870,160	초등셈본	4-1	214,000
초등 국어	3-1	60,100	초등셈본	4-2	251,300
초등 국어	4-1	373,000	초등셈본	5-1	225,400

39~42쪽 ; 鄭泰秀, 앞의 책, 7-10 編修局 經過 報告(1947. 7.22), 942~943쪽 ; 한국교과서
연구재단, 앞의 책, 2002, 88쪽 참조.
[50] 이에 관해서는 山住正己, 『教科書』, 岩波書店, 1970, 73~114쪽 참조.
[51] 문교부가 교과서 정책을 결정하는 과정에서 미국의 구실에 주목할 필요가 있다.
즉 문교부 차장 吳天錫이 문교부장 락카드 소좌와 함께 1946년 3월 맥아더 총사령부
에 自由發行制를 권고한 미국교육사절단을 일본에서 만나 조선교육 재건책을 의논
했다는 점이다. 이러한 접촉이 국정제에서 국정 · 검인정 병용제로 바뀌는 데 영향을
끼치지 않았나 추정된다(『東亞日報』, 1946년 3월 21일 ; 『서울신문』, 1946년 4월 6일).
당시 일본에서 벌인 미국교육사절단의 활동에 관해서는 山住正己, 앞의 책, 86~89쪽
참조.
[52] 文教部 調査企劃課, 『文教行政概況』, 1947. 1, 39~42쪽.
이에 관해서는 홍웅선, 「미 군정기의 교과서」, 『교과서연구』 23, 1995, 21쪽 ; 한국교
과서연구재단, 앞의 책, 2002, 88쪽 참조.

초등 국어	5-1	235,200	초등셈본	5-2	129,650
초등 국어	6-1	391,350	초등셈본	6-1	551,000
초등 국어	6-2	190,000	초등셈본	6-2	262,150
공민(임시)	1~2	500,400	노래책	5~6	301,650
공민(임시)	3~4	500,600	농사짓기	5	15,050
공민(임시)	5~6	505,200	이과	4	157,650
중등 공민(임시)	1	197,700	이과	5	229,000
중등 공민(임시)	2	108,300	이과	6	303,200
우리 나라의 발달	6	163,594	독본		50,000
국사 교본(임시)		40,600	노래책	1	13,300
사회 생활(임시)	교수용 1	50,000	노래책	2	13,730
사회 생활	교수용 2	97,700	노래책	3	15,994
노래책(임시)	1~2	297,100	노래책	4	130
노래책(임시)	3~4	300,550	노래책	5	130
중등 국어(임시)	1~2	112,405	노래책	6	130
중등 국어(임시)	3~4	83,065	글씨본	4	15,000
중등 국어(임시)	5~6	10,000	글씨본	5	15,050
중등 국어	1	64,735	글씨본	6	39,380
초등셈본	1-1	971,450	가사	5	62,870
초등셈본	1-2	179,000	가사	6	50,161

* 출전 : 文敎部, 『文敎部事務引受引繼』, 1948.11, 186쪽(吳天錫, 『朝鮮新敎育史』, 現代敎育叢書出版社, 1964, 389~399쪽 재인용) ; 朝鮮通信社, 『朝鮮年鑑』, 1948, 297~298쪽.

또한 1947년 7월 국정 이외의 도서를 검정하기 위해 검정위원회가 설치되었고 중학교용 교과서 18권이 통과되었다.[53] 그리고 1948년 8월까지 총 334건이 신청되었으며, 이 중 174건이 합격되었다.[54] 교과서 정책은 이처럼 국정·검인정 병용을 근간으로 집행되었다. 그러나 용지 부족과 편수자의 부족 등으로 국정·검인정교과서만으로는 수요에 응하지 못하자 일부 출판사들은 무책임하게 번역하거나 조악한 교과서들을 문교부의 인허도 받지 않고 공급하였다. 그리하여 문교부는

[53] 鄭泰秀, 앞의 책, 7-10 編修局 經過 報告(1947. 7.22), 942~943쪽.
[54] 이근무, 『출판20년사, 교과서편』, 대한출판문화협회, 1966, 6~9쪽.

이런 교과서들을 대대적으로 숙청하고자 하였다.[55]

한편, 문교부에서는 1946년 11월 교과서의 일본 잔재 용어를 일소하여 진실한 우리말을 교과서에서 배우도록 하기 위해 학술용어제정위원회(學術用語制定委員會)를 조직하였다.[56] 우선 초·중등 교과서의 용어부터 참다운 우리 조선말로 개혁하기로 하였다. 그래서 공민(公民), 윤리(倫理), 교육(敎育), 지리(地理), 인명(人名), 지명(地名), 수학(數學), 물상(物象), 생물(生物), 체육(體育), 음악(音樂), 미술(美術), 습자(習字), 수공(手工), 농업(農業), 공업(工業), 수산업(水産業), 상업(商業), 사회학(社會學), 심리학(心理學), 철학(哲學), 가사(家事), 재봉(裁縫), 언어과학(言語科學) 등 20여 과목에 걸쳐 각 분야의 전문가를 망라하여 조직하고 각기 담당부들을 연구하게 하였다. 이는 조선학술원에서 이미 제안했던 문제로 교과서 편찬과 관련하여 당면과제로 설정되었던 것이다.

1948년 8월 정부 수립 이후 정부는 교과서 검정 정책을 강화하였다. 특히 정부는 1948년 10월 4일 전국학무국장회의에서 민족정기를 해할 우려가 있는 이광수(李光洙), 최남선(崔南善)의 저서는 그 내용 여하를 불문하고 교과서 부독본(副讀本)도 불가하다고 하여 사용 금지를 지시하였다.[57] 이러한 지시는 당시 출판 담당자들이 영리를 목

<hr>

[55] 『東亞日報』, 1948년 9월 8일 ; 郭鍾元, 「敎科書類濫發과 그 統制問題 : 出版文化의 育成問題」, 『新天地』 4-10, 1949.

[56] 『朝鮮日報』, 1946년 11월 20일 ; 韓國敎育十年史刊行會編, 『韓國敎育十年史』, 豊文社, 1960, 11쪽.
이러한 작업은 1946년 3월에 이미 시도되었다(『서울신문』, 1946년 3월 23일). 이때는 각 과별로 20부문을 나누어 각 과에 그 권위자 8명 내지 12명씩 도합 2백여 명의 전문위원을 임명하여 연구케 하고 그 결과를 토의 결정하도록 하였다. 그러나 1946년 11월에 들어와 교과서 편찬을 둘러싸고 학술용어 제정 작업이 본격화하였다.

[57] 『自由新聞』, 1948년 10월 5일 ; 『國際新聞』, 1948년 10월 7일. 이에 관해서는 장영민, 「해방직후 정부수립 이전의 역사서와 역사교과서」, 『國史館論叢』 100, 2002, 250~251쪽.

적으로 최남선, 이광수의 저서를 재발행하는 악습을 제거하는 데에 대한 응징이었다. 당시 교과서 문제는 친일파 청산과도 연결되어 있었던 것이다. 최남선의 경우, 내가 친일파인가 아닌가는 나의 저서가 굉장히 팔리는 것으로 보아 넉넉히 짐작할 수 있다는 말까지 나올 정도였다. 이처럼 교과서 문제가 항간에 주요 논란거리로 떠오르자 안호상(安浩相) 문교부 장관은 1948년 10월 8일 기자회견에서 모든 교과서는 문교부의 검정을 받도록 한다는 내용을 밝혔다.[58]

1948년 10월 11일 문교부는 전국 중등학교 교장회의에서도 친일파 교과서 사용 금지를 재차 지시하였다.[59] 그리고 사용 금지 대상 목록까지 제시하였다.[60] 문교 당국의 이러한 지시는 강력하였다. 그리하여 풍문여중이 최남선의 저서를 중학교 교재로 사용하여 물의를 빚자 문교부는 다시 한 번 사용 금지를 지시하는 한편 계속 사용할 경우에는 교원에게도 단호한 조치를 취하겠다고 밝혔다.[61]

한편, 물리, 화학, 수학, 대수 등 물상에 관한 교재는 일본 교과서를 그대로 번역하는 정도여서 과학교재편찬위원 조직운동이 중등교육계에 대두하였다.[62] 조선 민족 실정에 맞는 물상학 편찬을 목표로 하였다.

실업계 교과서는 편수과에서 직접 원고를 수합하고 착수하였다.[63] 그것은 염가로 학생들에게 제공할뿐더러 민간에서 출판하는 것보다는

---

58) 『自由新聞』, 1948년 10월 10일.

59) 『朝鮮日報』, 1948년 10월 12일.

60) ①『중등국사』, 崔南善 저 ②『조선본위 중등동양사』, 崔南善 저 ③『동양본위 중등서양사』, 崔南善 저 ④『조선역사지도』, 崔南善 저 ⑤『성인교육 국사독본』, 崔南善 저 ⑥『쉽고 빠른 조선역사』, 崔南善 저 ⑦『국민조선역사』, 崔南善 저 ⑧『문장독본』, 李光洙 저(위와 같음).

61) 『國際新聞』, 1948년 10월 24일.

62) 『自由新聞』, 1948년 9월 9일.

63) 『서울신문』, 1949년 1월 25일. 이에 관해서는 한국교과서연구재단, 앞의 책, 2000, 119~124쪽 참조.

훨씬 내용이 충실해 질 것이라는 판단 때문이었다. 궁극적으로는 이를 통해 실업 교육을 강화하고자 하는 의도였다. 일종의 국정제였다. 다만 일반 중등 교과서만은 1948년도 역시 민간에게 편찬을 위촉하고 문교부의 검정을 받은 후에 각 학교에 배부하겠다는 뜻을 밝혔다. 문교부는 이처럼 국정·검인정제 병용을 고수하였다.

당시 일각에서는 검정제에 대한 비판이 만만치 않았다. 먼저 학교 일선에서는 국정(國定)·국영제(國營制)를 주장하였다. 술어(述語)의 불통일(不統一)과 함께 교과서의 비싼 가격 및 빈번한 교체에 따른 학생의 부담이 컸을뿐더러[64] 상인들의 자금난으로 학교 교과서가 학생에게 제때에 지급되지 않아 사회문제로 비화하였기 때문이다.[65] 심지어 문교부 일부 편수관들이 자기들이 편찬한 검정교과서를 팔기 위해 국정교과서 발행을 지연시킨다는 보도가 나올 정도였기 때문이다.[66]

동아일보(東亞日報)의 경우, 용지난을 이유로 출판물을 통제할 것을 주장하였으며 심지어는 '민주교육이념(民主教育理念)의 철저화(徹底化)'를 내세워 교과서 발행을 서두를 것을 촉구하였다.[67] 비록 여기서는 국정제안(國定制案)을 명시하고 있지 않지만 교과서를 사상통일의 수단으로 삼아 제2세 국민을 양성하자는 견해를 내비치고 있다. 따라서 이런 주장은 국정이든 검인정이든 국가의 강력한 통제를 요구하고 있다 하겠다. 이 점에서 동아일보의 주장은 교과서편찬위원회가 1945년 11월에 제시한 학술계 주도의 교과서 정책안과 크게 달랐다. 우익 진영은 이처럼 국가가 교과서의 편찬·발행을 적극 통제할

64) 『서울신문』, '민주민족교육의 길 : 본사 주최교육좌담(1948. 10.15)', 1948년 10월 19일.
65) 『京鄉新聞』, 1949년 7월 11일.
66) 『京鄉新聞』, 1949년 2월 10일.
67) 『東亞日報』, 1948년 2월 8일 ; 1948년 3월 13일.

수 있는 교과서 정책을 선호하였다.

한편, 조선교육자협회(朝鮮敎育者協會)에서는[68] 1946년 12월 26일 교과서가 구태의연하게 비과학적 국수주의적으로 편성되어 있다고 지적하면서 미군정의 교과서 편찬을 비판하였다.[69] 그리하여 1947년 1월 15일 남조선교육자대회(南朝鮮敎育者大會)를 열어 친일 분자, 파쇼 분자, 학원모리배 추방을 주장하며 과학적이고 민주적인 교재의 편찬을 요구하였다.[70] 심지어 서울시정 기자단에서는 1947년 5월 29일 학생들이 교과서 이외의 교재를 요구하고 있다며 교과서 내용을 문제 삼았다.[71] 그리고 당시의 교과서가 일제의 잔존이라고 지적하는 한편 교과서 내용을 비판하기도 하였다. 국사의 경우, 정치사 중심으로 나열했다고 지적하였다.[72] 좌익 진영은 이처럼 국가 주도의 교과서 편찬 정책을 정면으로 비판하였다.

요컨대 교과서 정책을 둘러싼 논란은, 교과서 공급의 혼란과 함께 극한 대립으로 치닫는 좌·우의 정치 논리와 연계되어 교과서의 개발을 지연시키고 심지어는 국가의 교과서 통제를 정당화하는 명분이 되었다. 반면에 국정·검인정 병용론은 그 입지가 점차 좁아졌다.

그러나 당시 편수국장 손진태(孫晉泰)와 전임 편수국장 최현배(崔鉉培)의 경우, 국정·국영론을 비판하면서 국정·검인정 병용론을 고수하였다.[73] 국정제의 경우, 학술계의 다양한 견해가 제대로 수렴되

---

68) 朝鮮敎育者協會는 1946년 2월 17일에 창립한 단체로 民戰과 함께 國大案 反對運動을 전개하였다(『東亞日報』, 1946년 2월 18일 ; 『서울신문』, 1947년 2월 12일.).
69) 『서울신문』, 1946년 12월 27일.
70) 『獨立申報』, 1947년 1월 15일.
71) 『東亞日報』, 1947년 5월 29일.
72) 『獨立申報』, 1947년 1월 15일 ; 普成中學校 社會生活科,「社會生活科 關係 敎科書에 批判과 要望(敎科書批判)」, 『新天地』 1-11, 1946.
73) 각주 64) 참조.

지 못하고 교과서의 편찬을 제약하여 교과서의 발전을 막는다는 것
이다. 검인정제도의 존속을 주장한 셈이다.[74] 그리하여 문교부는 교
과서가 소모하는 자재를 살리는 동시에 교과서의 질적 향상을 도모
한다는 취지 아래 검인정제도를 강화하는 새로운 검인정 방침을 제
시하였다.[75] 검인정의 약점을 보완하겠다는 의도였다.

첫째, 1948년 현재 사용되는 교과서의 경우이다. 1948년 10월 31일
까지 검인정 신청을 접수하고 발행자에게 통고하였으므로 이후 사용
교과서는 반드시 검인정을 마친 것이야 했다. 그리고 이 교과서도
1949년 8월까지만 사용하도록 하였다. 또한 국정교과서가 있는 교과
에 대하여 따로 인정교과서가 있어 이를 사용하려는 경우에는 반드
시 국정교과서를 사용하고 이를 보충하는 의미에서 사용하도록 하였
다. 그 결과 1948년 12월 현재 검인정 신청 교과서 총수는 334건으로
이 중 검인정된 교과서가 174건으로 겨우 50%를 넘고 있다. 이는 너
무 급속히 다량으로 간행한 나머지 교과서 내용에 조잡한 점이 많았
기 때문이다.

둘째, 1949년도 사용 교과서의 경우이다. 이에 따르면 1949년 3월
말일까지 검정원을 문교부 장관에게 제출하도록 하였다. 이는 1949년
2월과 3월에 제정한 '검정규정(檢定規程)'과[76] 통달한 '교재검정요령
(教材檢定要領)'에 의해 뒷받침되었다.[77] 이에 따르면 '교재검정요령'
은 교수요목 반영 여부, 체재(體裁, 표현·정확성·삽화 등), 정도(程

---

[74] 金亨燦은 中等教育은 均一的 教育이 되어서는 안 된다는 전제 아래 문교부가 고수하
   는 중등교서 검인정안의 취지를 '地方的 環境과 學校別의 傳統과 生徒과 教師의
   個性과 特徵을 充實히 살리는 「산」 교육'으로 파악하고 있다(金亨燦, 「教科書難에
   對한 一考察」, 『民聲』 4-6, 1948).
[75] 田鎭成, 「教科書 檢認定에 對하여」, 『새교육』 1-3, 1948.12.
[76] 『東亞日報』, 1949년 2월 2일 ; 3월 1일.
[77] 『東亞日報』, 1949년 3월 1일.

度, 교과 정도가 해당 학년에 맞는가), 분량(교과분량과 문교부 제정 시간수의 부합 여부), 내용 문제(민주주의 민족교육 이념 부합, 정확성, 주입식 또는 학문적인가, 생활본위인가, 생도본위인가) 등이 중점 사항이었다. 아울러 검인정된 교과서는 사용 기간을 1년으로 한정하였다.

그리하여 문교부는 다소 늦춰졌지만 1949년 4월 말일까지 검정 신청을 접수하여 5월 말일까지 검정 합격, 불합격의 결정을 짓기로 하였다.[78] 마감날인 4월 말일까지 들어온 신청 건수는 338건에 이르렀다. 그러나 교과서 사열위원회 간부들의 결석과 편수국 내 인사 문제로 6월에 이르러서도 검정 사열이 지지부진하였다.

문교부는 1949년 7월 11일 국민학교와 중학교에 국정교과서를 사용하라는 지침을 발표하였다.[79] 즉 ① 전 과도정부 때에 허가된 도서 와 1949년 8월 유효기한인 잠정 인정된 책을 전부 무효로 하고 ② 국민학교 교과서는 국정교과서로 쓸 것. 다만 부독본으로 인정 허가를 받은 도서에 한하여 학교장의 임의로 보충을 위한 부독본으로 사용함도 무방하다. ③ 중등학교 교과서에 국정교과서가 있는 것은 반드시 써야 한다는 것이다.

곧이어 문교부는 7월 21일 제1차 검정 결과를 발표하였다. 그러나 신청 건수의 10%도 되지 못하는 30건에 지나지 않았다. 검정에 합격한 교과서는 〈표 4〉와 같다.

---

78) 『京鄕新聞』, 1949년 7월 21일.
79) 『서울신문』, 1949년 7월 21일.

〈표 4〉 1949년 제1차 검정교과서

과목		저자(출판사)	교과서명	비고
국어과		金敬琢(동방문화사) 외 3	중등한문	
과학과		李樂馥(공업문화사) 외 3	일반과학	
사회생활과	공민	崔載喜(탐구당)	공동생활	
		李相鮮(탐구당)	정치생활, 경제생활	
	지리	盧道陽(탐구당)	우리나라, 이웃나라, 먼나라	
	역사	李海南(탐구당) 외 2	먼나라 생활	
외국어과		이양하(민중서관) 외 2	뉴 리빙	
미술과		林圭(수도문화사) 외 3	영어습자	
실업과		金東善(수도문화사)	농업통론	
		池泳鱗(수도문화사) 외 6	작물각론, 축산각론	
총 종수		26종		

* 출전 : 『京鄕新聞』, 1949년 7월 29일.

　　그중 역사, 지리, 사회와 관련된 교과서로 이병도(李丙燾)가 편찬한
『중등사회생활과 : 우리나라의 생활(역사)』를 들 수 있다.[80] 그리하여
1949년 신학기에서는 이전과 달리 대부분의 교과서가 발행되어 공급
되었다.[81] 교과서 발행·공급 체계가 제자리를 잡기에 이른 것이다.
　　1949년 8월 20일 문교부는 전국중등학교장 교육행정강습회에서 검
정을 받은 교과서를 정본으로 사용하는 한편 인정교과서는 부독본으
로 사용하도록 지시하였다.[82] 부독본을 통해 국정 또는 검정교과서를
보완할 수 있는 길을 열어 놓았던 것이다. 가령 오장환(吳璋煥)이 중학
교 5학년을 대상으로 저술한 『중등문화사(中等文化史)』의 경우이다.[83]

---

[80] 그 밖에 『우리나라 생활』(정갑), 『자연환경과 인류생활』(최복현, 이지호 외), 『중등
공민윤리』(권상철), 『중등생활과 중등공민』(권상철, 오수왕), 『이웃나라 지리』(최복
현), 『먼나라 지리』(서울사범대), 『이웃나라』(이부성), 『최신 먼나라 지리』(최복현),
『이웃나라 지리』(이부성) 등을 확인할 수 있다. 국립중앙도서관, 『한국교과서목록』,
1979 참조.

[81] 『서울신문』, 1949년 9월 1일.

[82] 『自由新聞』, 1949년 8월 23일.

[83] 吳璋煥, 『中等文化史－우리 나라의 문화－』, 正音社, 1949. 9.

이 교재는 중학교 3학년 국사가 너무 횡적으로 치우치고 정치사 중심으로 서술되었음을 지적하면서 민족문화의 흐름을 종적으로 파악하고 문화사, 경제생활, 과학 생활 등에 중점을 두고 있으며 특히 고대의 문화보다도 근세·최근세의 문화를 많이 다루었다.

그러나 검정을 둘러싼 논란은 여전하여 재검정 사태까지 일어났다. 우선 동일 저서의 개제(改題), 무단 출판과 저자의 검인 사기 등 저작권 침해 문제가 심각하였다. 그리고 진도의 단계가 일치하지 않으며 정도(程度)에 넘치는 데다가 한자(漢字)를 모르는 소·중학생에게 난해한 학술 술어를 국음(國音)으로 남용한다는 점이다.[84] 또한 용지난과 관련하여 안호상 문교부 장관이 대한서적주식회사 교과서용지 부정혐의로 심문을 받기도 하였다.[85] 이처럼 검인정 정책은 이처럼 재검정 논란과 용지난으로 말미암아 동요하였다.

그럼에도 불구하고 재검정을 거쳐 합격한 교과서가 많은 결과, 검인정 교과서의 총 종수와 책수가 각각 225종과 472책에 이르렀다.[86] 여기에는 인정교과서 81종(36%)이 포함되어 있다. 이는 정부의 검인정 방침이 융통성을 가지고 적용되었음을 보여준다 하겠다. 즉 요목, 체제, 수준, 분량 등에 중점을 둔 반면에 내용은 검정 요령에서 규정하고 있듯이 민주주의 민족교육 부합이라는 최소한의 기준선을 제시

오장환의 행적은 불분명하다. 다만 그의 저술에서 나온 약력을 보았을 때, 문교부 편수관으로 근무하였으며 6·25 전쟁 이후 북한에서 활동하였다. 그는 『새교육』 1949년 2월과 3월호 「國史指導上의 難問題 몇가지」에서 건국설화와 해석 문제, 건국 기원과 삼국의 건국연대 문제, 시대구분 문제, 인물비판 문제, 용어와 儀式 문제, 남북조 문제, 왕호 문제 등 국사교육의 중심 문제를 거론하였다. 대표 논문으로 「신라장적에서 본 9세기 전후 우리나라의 사회경제적 형편에 대한 몇 가지 문제」, 『력사과학』 1958-5, 1958을 들 수 있다.

84) 『京鄕新聞』, 1949년 8월 15일.
85) 『京鄕新聞』, 1949년 8월 21일.
86) 文敎部, 『大韓民國文敎槪況』, 1950, 36~39쪽.

함으로써 합격 종수가 늘어난 것이다. 그 밖에 1949년도에 발행된 국
민학교 교과서가 대부분을 차지하고 있는 국정교과서의 규모는 70종
13,561,181부에 이르렀다.[87]

이런 가운데 좌우대립이 정치적으로 격화되면서 그 영향이 학술,
교육, 문화계까지 파급되었다. 문교부는 1949년 9월 15일 국가이념에
배치되는 중등교과서 내용을 삭제하기로 결정하였다.[88] 즉 건전한
국가이념과 철저한 민족정신의 투철을 내세워 좌익 경향의 문인이나
학자의 작품은 교과서에서 삭제하였다. 여기에는 중등국어를 비롯한
모든 교과목이 대상이었다. 그리하여 문교부는 재검정의 방침을 세우
고 1949년 11월 3일 서울시장과 각 도지사에게 학원 내 좌익 서적을
색출하는 한편 검인정된 교과서를 전부 재검(再檢)하여 국책 추진에
방해가 되는 교재를 취소 또는 그 부분을 작폐하고 그 대신 적당한
교재를 보충하라고 지시하였다. 그 결과 일부 교과서 검정이 곧바로
취소되거나 삭제되었다. 〈표 5〉는 그 현황이다.

〈표 5〉 1949년 문교부 검정 허가 취소 현황

저자	출판사	교과서명	조치내용
정갑	을유문화사	중학교 사회생활과 먼 나라 생활(지리부분)	검정허가 취소
정영술	을유문화사	산업경제(경제편)	검정허가 취소
육지수	동지사	중등 사회생활과 먼 나라의 생활 (지리부분)	소비에트연방의 생활 중 7. 정치와 경제 기구를 切去 소각할 것
노동양	探求堂	중등 사회생활과 먼 나라(지리부분)	소비에트연방 중 註 5개년계획 6. 소련 의 연혁 7. 정치와 경제를 切去 소각할 것

  * 출전 :『漢城日報』, 1949년 11월 11일.

---

87) 위의 책, 32~36쪽.
88)『朝鮮日報』, 1949년 10월 1일.

　또한 국회에서는 한글학자로 한글 전용(專用)을 주장한 이극로(李克魯)가 1948년 4월 남북조선 정당사회단체 대표자 연석회의에 참석했다가 홍명희 등과 함께 평양에 잔류한 점을 들어 한글 전용을 반대하는 논의가 나오기도 하였다.[89] 학문적 논의 자체보다는 정치적인 문제가 우선하였던 것이다.[90]

　나아가 문교부는 교수요목도 문제 삼았다. 교수요목이 '그릇된 해외 사상'이 범람하던 시절에 쓰인 것이기 때문에, 교과목에 따라서는 그 내용이 반민주적, 반국가적인 방향으로 유도할 우려가 있는 '불순교재(不純敎材)'를 생성케 했다는 것이다.[91]

　검인정 정책을 둘러싼 논란이 이처럼 좌·우 대립의 격화로 확산되는 가운데 정부는 이를 빠른 시기에 수습하기 위해 1950년 4월 29일에 대통령령 제336호와 대통령령 제337호로 각각 '교과용도서(敎科用圖書) 검(檢)·인정(認定) 규정(規定)'과 '국정교과용도서(國定敎科用圖書) 편찬규정(編纂規定)'을 제정하였다.[92] 이에 따르면 검정도서의 범위는 국민학교, 공민학교 및 이에 준하는 각종 학교를 제외한 각 학교와 정규 교과서 중 국정으로 제정하지 아니하는 교과서 도서로 한정하였다. 아울러 인정 도서의 범위는 각 학교의 정규 교과목의 교수를 보충 심화하기 위한 학생용 도서, 국민학교와 이에 준하는 각종 학교의 정규 교과목의 학습을 더욱 효과적으로 지도하기 위한 학생 도서 및 괘도(掛圖), 지구의류(地球儀類)에 한정하였다. 그리고 문교부 장

89) 『國都新聞』, 1949년 11월 6일 ; 『京鄕新聞』, 1949년 11월 16일.
90) 당시 국회의원 일부는 한글전용을 주장하는 국회의원의 주장을 두고 '李克魯主義'라고 몰아세우며 10여 차례나 高聲叱呼하였다(『京鄕新聞』, 1949년 11월 17일).
91) 文敎部 編修局, 앞의 책, 6~7쪽.
　이에 관해서는 한국교과서연구재단, 앞의 책, 2000, 98쪽 참조.
92) 大統領令 第336號, '敎科用圖書 檢·認定 規定', 1950년 4월 29일 ; 大統領令 第337號, '國定敎科用圖書 編纂規定', 1950년 4월 29일.

관은 교과용도서의 검인정 출원이 있을 때마다 매 건에 대하여 3인
내지 5인의 사열 위원을 선정, 위촉하고 이들 사열 위원은 문교부 장
관에게 의견서를 제출하도록 하였다. 아울러 교과서에 구비해야 할
기재 사항과 가격을 위반하거나 교과목 또는 그 정도의 변경, 교수 요
지 및 교수요목의 제정 또는 변경이 있을 때 검인정을 취소할 수 있
도록 하였다. 한편 1950년 6월 문교부령 제9호로 '교수요목제정심의회
규정(敎授要目制定審議會規定)'을 공포하여 전면적으로 각급 학교 각
과 교육과정을 제정하고자 하였다.[93]

　이러한 규제 경향은 6·25 전쟁으로 말미암아 더욱 심화되었다. 전
쟁 중인 1950년 12월 21일 대통령령 제423호 '교과서도서검인정규정(敎
科書圖書檢認定規定)' 제17조 7항으로 "저작자, 저작권자가 발행자로
서 반국가적 또는 비인도적 행위를 감행하여 학생에게 교육상 좋지
못한 영향을 미친다고 인정될 때"는 검인정을 취소한다는 조항을 추
가하였다.[94] 간혹 교과서 내용 중에 일부가 삭제되기도 하였다.[95] 그
러나 이러한 조항은 친일 행위에 대해서는 적용되지 않았다. 예컨대
반민족행위자로 체포되었던 최남선(崔南善)의 교과서는 1950년대에
검인정 심의를 통과하여 검정교과서가 되었다. 또한 전쟁 중에 전시
교재(戰時敎材)가 발행되었다. 초등학교용 교과서의 경우, '전시생활'
의 시리즈로 '비행기', '탱크', '군함' 등등의 명칭을 붙였다. 중등학교용
교과서의 경우, '침략자는 누구냐?', '자유와 투쟁', '겨레를 구출하는
정신' 등등의 명칭을 붙였다.[96] 좌우의 극심한 대립과 전쟁이 교과서

93) 文敎部,『文敎槪觀』, 1958, 144~146쪽.
94) 大統領令 第423號 '敎科書圖書檢認定規程', 1950년 12월 21일.
95) 박노갑 편『중등국어』3학년의 경우, 정지용, 이용악의 시 등 수많은 글들이 삭제되었
　　다(박노갑 편,『중등국어 3』, 금룡도서주식회사, 1949).
96) 이에 관해서는 한국교과서연구재단, 앞의 책, 2000, 128~129쪽 참조.

의 명칭마저 뒤틀리게 하였던 것이다.

이제 교과서 정책은 국가가 교과서를 통제하는 장치의 근간으로 작용하기 시작하였다. 이는 교과서 정책이 교육과정과 함께 교과과정을 획일화하고 교육을 통제하는 수단이 되었음을 말한다. 더욱이 6·25 전쟁과 이승만 독재를 겪으며 분단 체제가 확립되고 독재정치가 장기화되면서 교과서 정책의 입지는 더욱 좁아져 갔다.

그러나 국가는 이러한 이데올로기 문제에 저촉되지 않으면 검인정 신청 교과서를 대부분 합격시켰다. 심지어 합격되지 않는 교과서가 나오더라도 문교부의 수정 지시를 따르면 대부분의 교과서가 통과되었다. 합격 종수를 제한하고 있지 않았기 때문이다.[97]

신국가건설기 국가의 교과서 정책은 이처럼 좌우대립과 갈등, 전쟁의 발발로 말미암아 이데올로기 문제에 좌우되었다. 더욱이 5·16 쿠데타 이후 제2차 교육과정기에는 사열 기준이 강화되는 가운데[98] 제한받지 않던 합격 종수가 교과서 가격의 저렴화와 자금 낭비의 방지를 명분으로 내세워 3~7종으로 축소되었다.[99] 그리고 제3차 교육과정기에는 국정교과서의 비율이 더욱 높아지고 검인정 교과서는 과목당 5종으로 제한되었다.[100] 이제 국가 권력의 개입이 커져가는 가운데 학술계와 교과서 출판사는 자기 검열을 감내해야 했다.

---

[97] 이대의, 앞의 책, 97책.
[98] 한국교과서연구재단, 앞의 책, 2002, 134~135쪽.
[99] 한국교과서연구재단, 앞의 책, 2000, 309쪽 ; 한국교과서연구재단, 위의 책, 131쪽.
[100] 한국교과서연구재단, 위의 책, 2002, 142~149쪽.

4. 결어

신국가건설기의 교과서 정책은 일제 교육의 청산 및 민족·민주 교육의 건설과 관련되어 있다. 교과서 정책은 교육과정과 함께 후속 세대의 학습 내용을 담고 있는 교과서의 내용과 질에 영향을 끼치기 때문이다. 따라서 해방이 되자마자 조선어학회(朝鮮語學會)를 비롯한 학술단체들이 교과서 편찬에 참여할뿐더러 교과서 정책 수립에 관여하였다.

그러나 남북분단과 경제난의 심화로 종이난·출판난이 가중되고 각종 비리가 횡행하였다. 교과서의 종이 확보가 시급한 과제였다. 아울러 교과서를 편찬·발행하고 공급할 수 있는 근거를 마련해야 했다. 이 점에서 교과서 정책의 수립은 교수요목의 제정과 함께 이 시기 교육의 당면 과제에서 매우 중요하였다. 따라서 미군정에 이어 대한민국 정부도 교수요목의 제정에 골몰하는 한편 국정·검인정제 병용에 근거하여 교과서 정책을 추진하였다. 아울러 민족교육의 수립을 위해 최남선, 이광수 등의 친일파가 저술한 교과서는 학교 현장에서 쓰지 못하도록 지시하였다.

한편, 학술계·교육계·언론계에서는 교과서 내용과 함께 교과서 정책을 둘러싸고 여러 갈래의 방안이 제시되었다. 먼저 학교 일선에서는 교과서의 원활한 공급과 술어의 통일을 이유로 국영·국정제를 주장하였다. 우익 진영을 대표하는 동아일보의 경우, 국정제를 명시하지 않았지만 사상의 통일을 이유로 국가의 강력한 통제를 주문하였다. 이와 달리 조선교육자협회(朝鮮敎育者協會) 등 좌익 진영에서는 국가 주도의 교과서 편찬과 교과서 내용을 비판하면서 과학적이고 민주적인 교재의 편찬을 요구하였다.

이에 당시 편수국을 거쳤거나 재직 중인 최현배(崔鉉培)와 손진태 (孫晋泰)는 국영·국정제를 반대하고 국정·검인정제를 고수하였다. 이 제도가 학술계의 다양한 견해를 반영하고 교과서의 질을 발전시킬 수 있다고 여겼기 때문이다. 그리하여 1949년 전반기에는 교수요목에 입각하여 검인정 심의를 거침으로써 교과서 정책이 자리를 잡기 시작하였다. 아울러 편수국은 학교현장에서 부독본을 쓸 수 있게 하여 국정·검정교과서의 한계를 보완하도록 하였다.

하지만 좌우대립이 학술·교육·문화 방면까지 확산되면서 문교부는 교과서에서 좌익 문인이나 학자가 저술한 교과서의 검인정을 취소하거나 관련 내용을 삭제하였다. 때문에 교과서 정책은 국가가 교육을 통제하는 장치로 전화하였다. 더욱이 6·25 전쟁이 발발하면서 이데올로기 문제가 검인정 정책에 중요 변수로 작용하였다. 그리고 1960년대에 들어와서는 국가가 사열 기준을 강화하고 검정교과서의 종수를 제한함으로써 검인정제도가 더욱 위축되었다. 이와 같이 역대 정권은 교과서를 통해 교과 내용을 획일화하고 교육을 통제하였던 반면에 교과서개선을 둘러싼 다양한 모색과 실천 활동은 점차 힘을 잃게 되었다.

—
『歷史敎育』88, 2003 揭載, 2014 補.

제3장

제7차 교육과정 중학교 『국사』 교과서의 서술 체계와 개선 방안
 : 근대개혁기 · 일제강점기를 중심으로

1. 서언

20 05년 현재 중학교, 고등학교는 제7차 교육과정에 입각하여 편찬된 『국사』 교과서를 사용하고 있다. 그리고 일부 고등학교는 심화 선택과목인 『한국근 · 현대사』를 채택하여 사용하고 있다.

그동안 교육과정이 개편될 때마다 『국사』 교과서에 대한 문제점과 개선 방안이 제시되었다. 역사학계는 주로 연구 성과의 반영 여부에 초점을 맞추었다. 또 교과서 발행 체제를 언급하면서 국정 또는 1종 교과서의 문제점을 제기하여 검인정 또는 자유발행제를 주장하기도 하였다. 교육 현장에서는 『국사』 교과서가 학계의 연구 성과를 요약 전달하는 데 치중한 나머지 어떻게 가르치고 평가할 것인가 하는 교수 · 평가 문제를 소홀히 하고 있다고 비판하였다. 심지어 이런 교과서의 한계를 극복하기 위해 교육 현장에서는 다양한 배움책과 대안 교과서를 발간하기도 하였다. 한편, 정치권과 학계 일각에서는 『국사』

교과서에 쓰인 역사 용어나 서술 내용의 일부를 문제 삼아 교과서의
'사관(史觀)'으로 비약시켜 국사교과서 파동을 야기하였다. 최근 『한
국근·현대사』에 대한 논란도 이러한 맥락에서 나왔다.

제7차 교육과정 중학교 『국사』 교과서는 제6차 교육과정의 경우와
비교하면 서술 내용 자체보다는 구성이 전면 개편되었음을 확인할
수 있다. 이는 교육 현장의 목소리를 담아내려는 노력의 소산이다. 그
러나 이런 구성은 서술 내용과 매우 밀접한 관계에 있음을 유의할 필
요가 있다. 즉 역사 학문의 고유한 특성상 구체 사실에 입각한 내용
서술이 교과서의 바탕을 이루므로 단원 구성과 서술 내용이 여전히
재고할 여지가 많다면, 교과서 구성의 개편에 따른 효과는 반감되거
나 혼선을 야기한다. 특히 『국사』 교과서가 1종으로 수업과 평가, 입
시에 걸쳐 절대적인 영향력을 미치는 현실에서 교과서의 위상과 권
위가 상대적 위치로 바뀌지 않는 한, 『국사』 교과서의 단원 구성과 서
술 내용은 역사학자들이 국사수업의 주체인 교사와 더불어 고민해야
할 문제이다.[1]

본고는 제7차 교육과정 중학교 『국사』 교과서 서술 내용 중에서 근
대개혁기·일제강점기를 중심으로 서술 체계를 검토하고 개선 방안
을 제시하고자 집필되었다.[2] 다만 여기서는 서술의 밑바탕에 깔려 있
는 사관(史觀)의 문제를 직접 다루지 않았다. 이 문제는 교육과정을
결정하는 주도세력의 역사 인식 문제여서 이후 논의로 미룬다.

---

[1] 柳承烈, 「國史教科書 編纂의 問題點과 改善方向」, 『歷史教育』 76, 2000 ; 李範稷,
「韓國史 研究와 國史教育의 方向」, 『歷史教育의 方向과 國史教育』(尹世哲教授停年
歷史論叢刊行委員會 編), 솔, 2001 ; 李景植, 「韓國에서 歷史學과 歷史教育의 遠隔問題」,
위의 책.

[2] 근대개혁기는 朝鮮王朝 高宗 卽位부터 甲午·光武改革期를 포함한 시기까지로 우리
나라에서 근대 개혁 운동이 전개되는 시기를 가리킨다.

따라서 본고는 『국사』 교과서의 서술 체계가 이 시기 역사의 흐름에 따라 단계적·계기적으로 구성되어 있는가, 서술 내용은 타당하고 정확한가, 그리고 수업 현장에서 늘 고민이 되는 학습내용의 구조화 문제에 어떻게 다가가고 있는가 따위를 집중 검토하였다. 아울러 학계의 성과를 체계적으로 반영하면서 교육 현장에 적합한 『국사』 교과서를 집필하기 위한 개선 방안을 제시하였다. 비록 일부 단원에 국한되어 있지만 향후 제8차 교육과정의 『국사』 교과서를 개발하는 데 다소나마 도움이 되기를 빈다.

2. 단원 구성과 서술 내용

제7차 교육과정 『국사』 교과서는 많은 변화를 보이고 있다. 학습자의 능력과 흥미를 고려하여 탐구활동을 강화함으로써 '재미없는 교과서'라는 비판을 면한다는 취지에서였다. 우선 눈에 띠는 변화는 지면이 커지고 지질이 좋아졌을뿐더러 색도가 높아졌다. 그러나 무엇보다 학습자의 자기 주도 학습을 강화하기 위해 각종 탐구 자료가 들어 있는 한편 수준별 교육 활동 방침에 따라 기본 과정과 함께 심화 과정이 첨가되었다. 그리고 국사교과서의 계열화를 강화하기 위해 중학교 『국사』 교과서와 고등학교 『국사』 교과서는 국민공통과목으로 한데 묶되 각각 정치사와 분류사 중심으로 구성함으로써 내용의 계열성을 분명히 하고자 하였다. 아울러 고등학교 『한국근·현대사』는 심화 선택과목의 하나로 별도의 교과서로 제작하였는데 1종이 아닌 검인정 교과서를 사용할 수 있게 하였다.

제7차 중학교 『국사』 교과서의 기본 특징은 제7차 교육과정에 준

거하여 제6차와 마찬가지로 정치사 중심으로 구성되어 있다는 점이
다. 이는 중학교『국사』가 정치사 중심의 체계적 학습, 고등학교『국
사』가 분류사 중심의 심화 학습,『한국근 · 현대사』가 '시대사적 분류
사'라는 국사교육의 계열화를 고려하여 나온 구성 방식이다. 그러나
자세히 들여다보면 제6차에 비해 정치 사건에 대한 서술 내용이 많
아지는 반면 경제, 사회, 문화에 관한 서술은 거의 삭제되었다. 이는
주당 수업 시수의 변화와 밀접하다. 2학년과 3학년에서 주당 2시간
씩 설정되어 있던 것이 2학년에서 주당 1시간으로 감축되는 가운데
학습 내용을 줄이기 위해 정치사 중심으로 엄선하여 감량, 편성하고
있다.[3]

또한 설명식 강의와 주입식 학습에서 벗어나기 위해 탐구활동을
강화하였다. 중단원 학습 정리 말미에 탐구활동 자료를 제시하고 있
으며 무엇보다도 기본 교육과정과 함께 중단원이나 대단원 말미에
심화 과정과 단원 종합 수행 과제를 설정함으로써 사료학습(史料學
習), 연표학습(年表學習), 지도학습(地圖學習), 역사신문(歷史新聞) 만
들기, 극화학습(劇畫學習) 따위의 탐구활동이 가능하도록 하였다.

따라서 서술 체계는『국사』교과서의 이런 특징에 따라 구성되었
다. 〈표 1〉은 근대개혁기 · 일제강점기 단원 구성이다. 이를 통해 서
술 체계의 특징과 문제점을 확인할 수 있다.

---

[3] 교육인적자원부,『중학교 국사』, 대한교과서 주식회사, 2002.

〈표 1〉 근대개혁기 · 일제강점기 단원 구성

제6차 교육과정	제7차 교육과정	고등학교 제7차 교육과정 한국근 · 현대사 정치 부문
Ⅳ. 근대화의 추구 1. 경복궁 중건과 척화비 건립 2. 강화도 조약과 개화 운동 3. 동학운동	Ⅶ. 개화와 자주 운동 1. 흥선 대원군의 정치 2. 개항과 개화 운동 3. 동학 농민 운동과 갑오개혁	Ⅱ. 근대 사회의 전개 1. 외세의 침략적 접근과 개항 2. 개화 운동과 근대적 개혁의 추진(갑신정변, 갑오개혁 등)
Ⅴ. 근대 국가 운동 1. 갑오개혁 2. 독립 협회와 대한 제국 3. 애국 계몽 운동 4. 의병 전쟁	Ⅷ. 주권 수호 운동의 전개 1. 독립 협회와 대한 제국 2. 일제의 침략과 의병 전쟁 3. 애국 계몽 운동	3. 구국 민족 운동의 전개(동학 농민 운동, 독립 협회, 대한제국, 의병 전쟁, 애국 계몽 운동)
Ⅵ. 민족의 독립 운동 1. 민족의 수난 2. 3 · 1운동 3. 대한민국 임시 정부 4. 국내의 독립 운동 5. 민족 문화 수호 운동	Ⅸ. 민족의 독립 운동 1. 민족의 수난 2. 3 · 1운동 3. 독립 전쟁의 전개 4. 국내의 민족 운동	Ⅲ. 민족 독립운동의 전개 1. 일제의 침략과 민족의 수난 2. 3 · 1운동과 대한민국 임시정부 3. 무장 독립 전쟁의 전개 4. 사회 · 경제적 민족 운동 5. 민족 문화 수호 운동

* 비고 : 중학교 3학년 학습 분량을 보면, 제6차에서는 Ⅰ. 실학의 발달, Ⅱ. 농촌사회의 동요, Ⅲ. 서민 문화의 발달 ~ Ⅶ. 대한민국의 발전을 학습함. 제7차에서는 Ⅴ. 조선의 성립과 발전 Ⅵ. 조선 사회의 변동 ~ Ⅹ. 대한민국의 발전까지 학습함.

제6차와 비교하였을 때 가장 두드러진 변화는 근대개혁기에 해당하는 대단원 제목의 변경이다. 이는 단지 제목만의 변경은 아니다. 서술 체계의 변경을 의미한다. 교육과정에서는 다음과 같이 규정하고 있다.

안으로는 부패한 양반 사회에 농민의 저항이 커져 가고, 밖으로는 서양 세력이 침략적으로 접근해 오던 19세기 후반의 위기 상황을 이해하고, 개항 이후 개화와 보수의 갈등, 외세의 침략과 그에 대한 저항으로 이어진 민족사의 전개 과정을 파악한다.[4]

제6차의 경우가 주로 근대국가건설운동의 전개 과정에 초점을 맞추었다면, 제7차의 경우는 반침략운동의 전개 과정에 초점을 맞춘 셈이다. 그러나 이 시기 역사적 과제가 근대국가·근대사회 건설이었으며 그것은 반봉건·반침략운동을 통해 전개되었다는 점을 고려할 때, 이러한 체계는 반침략운동에 중점을 둔 나머지 이 시기 개혁운동의 성격을 지나치게 한쪽으로 몰아갈 우려가 있다. 더욱이 '자주'라는 표현은 역사성을 담보하고 있지 못하다. 따라서 각 시기의 역사적 과제와 진전 과정에 비추어 소시기별로 구분할 수 있는 서술 체계가 요망된다.

이러한 한계는 소단원과 항목 내용에서 구체적으로 표출되고 있다. 예컨대 동학농민운동과의 관계를 염두에 두어 갑오개혁을 다음 중단원에서 끌어올려 이 단원에 배치하였지만 학계의 갑오개혁 평가에 비추어본다면 혼선이 아닐 수 없다. 갑오개혁 성격에 대한 논란은 있지만 반외세 운동으로 규정하고 있지 않다.[5] 더욱이 교육과정에서 갑오개혁의 성격을 다음과 같이 규정하고 있다.

> 갑오개혁은 우리 나라가 근대 사회로 발전하는 계기가 되었으나, 너무
> 성급히 추진된 데다 일본의 간섭으로 국민들의 지지를 받지 못하여 기대
> 했던 성과를 거두지 못했음을 이해한다.[6]

여기서 갑오개혁이 외세에 저항하였다는 점을 가르치도록 규정하고 있지 않다. 그리고 항목인 '근대적 개혁의 실시', '갑오개혁의 한계' 역시 교육과정을 충실히 따르고 있다.

이러한 모순은 다음 단원인 주권수호운동의 전개에서도 그대로 드

---

4) 교육부, 『제7차 교육 과정 사회과 교육 과정』, 1998, 85쪽.
5) 김태웅, 『뿌리깊은 한국사 샘이 깊은 이야기 6 근대 편』, 솔, 2003, 123~130쪽.
6) 각주 4)와 동일.

러난다. 교육과정은 다음과 같이 규정하고 있다.

> 19세기 이후의 민족사적 과제는 근대화의 추진과 동시에 외세의 침략으
> 로부터 주권을 수호하려는 과정이었음을 이해하고, 이 시기에 전개된 민
> 족의식의 고취와 자주권의 수호를 위한 민족적 노력을 파악하여 국가적
> 위기를 극복하려는 자세를 가진다.[7]

　독립협회의 경우, 열강의 이권 침탈을 규탄하였지만 기본적으로는
인적 구성이나 정치 이념 등이 갑오개혁을 계승하고 있다는 점에서
주권수호운동으로 묶일 수가 없다[8]. 더욱이 주권수호운동이 1905년
'을사늑약' 이후 시기라는 점에서 독립협회의 활동 시기와 맞지 않는
다. 이는 대한제국의 경우도 마찬가지이다. 대한제국의 핵심 요체라
할 광무개혁(光武改革) 그 자체가 주권수호운동은 아니라는 점이다.[9]
따라서 이런 단원명은 의병전쟁과 애국계몽운동 서술 부분에 한정하
여 사용해야 할 것이다.
　대단원 'Ⅸ. 민족의 독립 운동'은 제6차의 경우와 동일하다. 이는 일
제강점기 역사적 조건과 과제에 비추었을 때 적절한 제목일 수 있다.
그러나 이 시기 한민족을 지배한 일제의 통치 정책과 행위가 한민족
의 민족해방운동에 절대적인 영향을 끼치고 있음을 감안할 때, 이런
내용을 담아낼 수 있는 단원명이 마련되어야 한다.
　둘째, 고등학교『한국근·현대사』와의 계열성 문제이다.
　제7차 교육과정 역시 중학교『국사』의 근·현대 부분은 고등학교
『한국근·현대사』와 중복되어 있다. 그러나 중학교의 경우, 정치사

---

7) 위와 같음.
8) 김태웅, 앞의 책, 151~156쪽.
9) 김태웅, 위의 책, 157~181쪽.

중심으로 구성한 데 반해 고등학교『한국근·현대사』는 소시기별로 구분하고 다시 이 안에서 정치, 경제, 사회, 문화 등으로 분류하고 있어 계열성을 확보할 수 있다. 그러나 정치 부분에서 서술 체계의 계열성이 보이지 않는다. 중학교의 경우, 시기순으로 정치사의 전개 과정을 서술한 반면에 고등학교의 경우, '근대화 운동'과 '구국 운동'으로 구분하여 설정하고 있다. 예컨대 동학농민운동은 중학교에서는 갑오개혁과 함께 대단원 '개화와 자주 운동'에 들어가 있지만 고등학교에서는 독립협회, 대한제국과 함께 중단원 '구국 민족 운동의 전개'에 들어 있다. 중학교와 고등학교의 교과서 서술 체계가 이처럼 일관되지 않을 때, 학생들의 역사 인식이 혼선을 빚고 역사상(歷史像)이 온전하게 자리를 잡을 수 없다. 따라서 제8차 교육과정에서는 양쪽의 서술 체계를 연계시켜 결정해야 할 것이다. 이와 같이 대단원을 중심으로 서술 체계를 검토하였다.

중단원, 소단원, 항목의 연계 문제를 중심으로 서술 내용을 검토하면 다음과 같다.

〈표 2〉 중학교 『국사』 근대개혁기·일제강점기 단원 구성

대단원	중단원	소단원	소주제 항목
VII. 개화와 자주 운동	1. 흥선 대원군의 정치	흥선 대원군은 무엇을 개혁하려 하였나?	나라 안팎의 정세, 내정 개혁
		흥선 대원군이 서양과의 통상 수교를 거부한 까닭은?	천주교 박해와 병인양요, 신미양요와 척화비
	2. 개항과 개화 운동	강화도 조약의 내용과 성격은 무엇인가?	운요호 사건, 강화도 조약
		개화와 척사의 대립은 왜 일어났을까?	시찰단과 유학생의 파견, 개화와 척사의 대립
		개화당이 갑신정변을 통해 이루려 하였던 것은?	갑신정변, 갑신정변의 결과
	3. 동학 농민 운동과 갑오개혁	농민들의 생활은 개항 이후 어떻게 변화하였을까?	거문도 사건, 방곡령

		동학 농민 운동의 전개 과정과 그 의의는?	동학의 보급, 고부 농민 봉기, 농민군의 전주 점령, 동학 농민 운동의 실패
		갑오개혁의 내용과 그 한계는?	근대적 개혁의 실시, 갑오개혁의 한계
Ⅷ. 주권 수호 운동의 전개	1. 독립 협회와 대한 제국	을미의병이 일어난 까닭은?	삼국간섭, 을미사변과 단발령, 을미의병
		독립 협회의 지도층이 만들고자 한 사회는?	아관 파천, 독립 협회의 활동, 만민 공동회
		대한 제국이 자주 국가를 만들기 위해 기울인 노력은?	대한제국의 성립, 광무개혁
	2. 일제의 침략과 의병 전쟁	우리 민족은 을사조약에 어떻게 저항하였는가?	을사조약, 을사조약 반대 투쟁, 의거활동
		군대 해산 이후 의병 전쟁의 확산 과정은?	고종의 강제 퇴위, 의병 전쟁의 확산
		간도와 독도는 어떻게 되었나?	간도 문제, 독도 문제
	3. 애국계몽 운동	신민회가 민족 실력 양성 운동을 추진한 까닭은?	애국 계몽 운동, 애국 계몽 운동 단체, 신민회의 활동
		근대 교육과 언론 활동이 민족운동에 미친 영향은?	근대교육의 보급, 언론활동
		국채 보상 운동은 왜 일어났는가?	경제 자립 운동, 국채 보상 운동
Ⅸ. 민족의 독립 운동	1. 민족의 수난	일제의 헌병 경찰 통치의 실상은?	국권 침탈, 헌병 경찰 통치, 민족 분열 통치
	2. 3·1운동	3·1운동의 전개 과정과 그 의의는?	3·1운동의 배경, 3·1운동의 전개, 3·1운동의 의의
		대한민국 임시 정부의 수립 과정과 그 활동은?	대한민국 임시 정부의 수립, 대한민국 임시 정부의 활동
	3. 독립 전쟁의 전개	독립군의 무장 독립 전쟁이 거둔 성과는?	독립 전쟁의 기반, 독립군의 승리
		애국 지사들은 어떤 의거 활동을 전개하였는가?	의열단, 한인 애국단
		한국 광복군의 조직과 활동상은?	민족 말살 정책, 물적·인적 자원의 수탈
	4. 국내의 민족 운동	민족 실력 양성 운동의 추진 방향은?	경제적 민족 운동, 교육과 언론 활동
		6·10 만세 운동과 광주 학생 항일 운동은 왜 일어났는가?	6·10 만세 운동, 광주 학생 항일 운동
		우리 민족이 민족 문화의 수호를 위해 벌인 노력은?	국어 연구, 국사 연구, 종교 활동, 문화 활동

우선 개화파의 성격 문제이다. 여기서는 김옥균, 박영효 등에 한정하여 개화파라 지칭하고 민씨 정권과 대립시키고 있다. 그러나 개화 정책은 김옥균뿐만 아니라 당시 정부의 중요 정책으로 추진되었건만[10] 교과서에는 김옥균 등과 달리하는 어윤중, 김윤식 온건개화파가 개화 정책의 중요 세력이었다는 사실을 전혀 기술하고 있지 않다. 그럼에도 불구하고 단원 종합 수행 과제에서는 '온건 개화파의 개혁안'을 모은다는 수행 과제가 설정되어 있다. 또한 강화도조약 이후 개화 정책을 추진했던 정부가 임오군란 이후 개화 정책을 왜 소극적으로 추진했는가를 서술하지 않고 있다.

둘째, 동학농민운동의 정치·경제적 배경을 설명하면서 거문도 사건을 서술하고 있다. 그러나 학계의 연구도 그러하거니와 본문 서술도 동학농민운동과 관련하여 거문도 사건을 언급할 필요가 없다. 또한 항목으로 서술된 방곡령의 경우, 동학농민운동의 유일한 사회경제적 배경으로 비칠 수 있다. 이 시기 부세불균(賦稅不均), 토지불균(土地不均)의 문제, 신분제 문제 등이 전면으로 언급되어야 한다. 물론 심화 과정에서 폐정 개혁 12개조를 소개하고 있다. 그러나 심화 과정이 기본 교육과정의 바탕 위에서 이루어진다는 점을 감안하면 그 의미가 퇴색될 수 있다. 아울러 갑오개혁을 추진하는 정부가 왜 동학농민운동을 진압해야 했는지가 분명하게 드러나고 있지 않다. 단지 진압했다는 사실만 기술되어 있을 뿐이다.

셋째, 독립협회와 대한제국의 문제이다. 이번 교과서도 이전의 경우와 마찬가지로 광무개혁을 둘러싼 상반된 견해를 절충하여 처리함으로써 독립협회의 노선과 광무개혁의 성과를 병렬하여 부각시키는 한편 광무정권의 독립협회 해산 이유로 고종의 권력 유지 욕구를 강

[10] 김태웅, 앞의 책, 50~54쪽.

조하고 있다. 또한 외세 침략을 막지 못한 책임이 전적으로 광무정권
에 있는 것으로 서술되어 있다. 따라서 이 시기 정치 구도를 이처럼
설정하면 광무개혁은 학생들에게 허구로 비칠 뿐이며 나아가 '광무개
혁'이라는 항목 설정은 본문 서술의 사족에 불과하게 된다. 이는 정치
사를 단지 표피적인 사건의 나열과 정치 세력의 대립으로만 파악하
고 밑바탕에 깔려 있는 정치 세력의 노선, 이념, 체제 구상을 둘러싼
여러 문제를 종합적으로 정리하지 못한 결과이다.

　넷째, 일제의 통치 정책 문제이다. 시기별로 구분하지 않고 '민족의
수난'에서 한꺼번에 다루고 있어 시기별 일제의 정책과 한국인의 저
항 양상과 성격을 연계하고 있지 못하고 있다. 예컨대 3 · 1 운동의 경
우, 1910년대 일제의 통치 정책에 바로 붙어 있지 않고 민족의 분열
통치에 후속하고 있어 시대순에 따른 인과 관계가 혼선을 빚고 있다.
물론 제6차의 중단원 '대한민국 임시정부'에서 독립전쟁의 전개를 다
루는 무리를 피하기 위해 독립전쟁의 전개를 중단원으로 분리하면서
일제의 정책 변화를 소시기별로 서술할 수 없었다는 점을 감안할 수
있다. 그러나 역사 서술 체계가 변화와 인과관계의 계기를 기본으로
하고 있기 때문에 일제강점기 전시기를 소시기로 구분하지 않고 일
제의 통치 정책, 독립운동별로 대분류하여 서술하는 방식은 역사 발
전의 단계를 계기적으로 파악할 수 없게 한다.

　다섯째, 일제강점기 민족운동의 폭을 대단히 축소시키고 있다. 즉
1920년대에 들어오면 민족운동의 방향을 둘러싸고 정치 사회 세력이
분화 · 성장하는 가운데 노동운동과 농민운동이 활발하게 전개되는
과정을 담아내고 있지 못하다. 또한 국외 독립전쟁과 국내 민족운동
의 서술에서는 특정 세력을 중심으로 전개되고 그 밖의 정치 세력은
단편적으로 언급하거나 철저하게 배제하고 있다. 이런 문제는 민족해

방운동의 역사를 축소하고 그 역량을 과소평가하는 결과를 초래하는 한편 해방 이전과 이후의 역사를 단절시킴으로써 내적 계기로 인해 분단이 고착되고 서로 다른 사회체제가 들어서는 과정을 설명할 수 없게 한다. 따라서 이러한 서술 체계에 따르면 우리 역사를 오로지 외세의 침략과 한국인의 대응으로만 인식할 뿐 우리 내부에서 역사의 동인이 어떻게 발전되는가를 파악할 수 없다.

여섯째, 일제강점기에는 민족운동의 하나로 국어 연구, 국사 연구 등이 언급되고 있으나 근대개혁기에는 언급이 전혀 없다. 이 시기의 국어 연구와 국사 연구 등은 일제강점기 학문 연구에 영향을 끼쳤을 뿐만 아니라 그 기반이 되었다는 점을 고려할 때, 반드시 서술되어야 할 부분이다.

본장에서는 이와 같이 서술 체계와 내용을 중심으로 그 특징과 문제점을 검토하였다. 그 결과 제7차 교육과정에서는 일부나마 제6차 교육과정 중학교 『국사』의 서술 체계를 해소하려는 노력이 엿보인다. 그러나 대단원과 중단원이 상호 연계되어 있지 못해 이 시기 역사의 전개와 그 구성을 원리상에서 파악하지 못하도록 되어 있다. 따라서 이는 하위 단원에도 반영되어 중단원과 중단원, 중단원과 소단원, 소단원과 소단원 사이의 관계가 긴밀하지 못하고 정치 사건의 나열이라는 비판을 면하기 힘들다.

3. 개선 방안

본고에서 이미 언급한 바와 같이 서술 체계 문제를 주로 다루고 있으므로 개선 방안 역시 이 문제를 중심으로 마련되었다. 그 밖에 구체적인 사실의 오류 시정 및 내용 보완을 언급하였다.

교과서는 일반 개설서와 달리 교육 현장에서 교사가 한정된 시간과 분량으로 학생들에게 교수하고 학생들이 학습하는 교재이다. 따라서 교과서는 교육목표, 교육과정, 학생들의 인지발달수준, 수업시수, 보조자료의 확보 등 교육 여건에 적합하게 서술되어야 한다. 즉 교과서는 학계의 연구 성과가 일방적으로 전달되는 것이 아니라 교수・학습의 여건에 맞추어 그 내용이 구조화되어야 한다.11) 학계가 교과서의 서술 체계와 내용을 신중하고 심도 있게 검토해야 하는 이유가 여기에 있다. 따라서 교과서의 내용은 학문의 특성과 연구 성과에 기반하여 요령 있게 정리되어야 할뿐더러 교육 현장에서 이용될 교수・학습 내용의 뼈대가 되어야 한다.

이러한 구조화(構造化)에는 원칙과 기준이 설정되어야 한다. 이는 역사학의 핵심이라 할 변화와 발전이 구조화의 토대가 됨을 의미한다. 따라서 중학교『국사』의 경우, 내용의 선정과 조직이 정치사 중심으로 엮여짐을 감안할 때 정치사의 전개 과정을 단계별로 설정하고 해당 단계의 성격과 의미를 담을 수 있는 명칭을 사용해야 한다. 그리고 그 하부에 정치 사건과 주제들이 배치되어야 한다.

다음 정치적 사건과 주제는 여러 요인들의 복합적인 작용에 의해 발생하기 때문에 사회경제적 조건과 함께 이를 주도한 정치세력이나 이런 정치세력을 추동시킨 사회세력의 이념, 노선, 정책이 서술되어야 한다. 특히 근현대 시기에는 사회 내부의 모순과 민족문제가 본격화하고 있어 이에 대응하는 국내의 정치 세력과 사회 세력의 성장・분화를 계통별로 서술할뿐더러 여기에 영향을 끼치는 외세의 동향과 정책이 단계별로 서술될 필요가 있다. 따라서 내용(內容)의 구조화는

11) 정선영, 김한종, 양호환, 이영효,『역사교육의 이해』, 三知院, 2001, 126~140쪽.

단계성(段階性)을 고려하여 소시기별로 구분하여 서술해야 한다. 그리고 단원명도 이를 고려하여 명명할 필요가 있다. 즉 대단원은 정치사의 전개, 민족운동의 발전 단계와 정세의 특징을 집약하여 명명하며, 중단원은 정치 사건의 성격을 담아낸 명칭으로 명명하며, 소단원은 정치 사건명을 살려서 명명한다.

우선 대원군 집권 시기부터 동학농민운동과 갑오개혁에 걸치는 시기를 1단계로 설정하고 '근대개혁운동의 전개'로 집약하여 표현한다. 이 단계는 외세가 침략하는 가운데 우리 사회 내부에서 근대사회로 나아가는 움직임이 나타나고 여러 개혁 세력이 자기 처지와 노선에 기반하여 개혁운동을 전개함으로써 각각 동학농민운동과 갑오개혁으로 귀일·표출되었다. 따라서 동학농민운동과 갑오개혁을 초래한 사회경제적 요인, 이를 주도한 정치·사회 세력의 이념, 노선과 정치 활동이 내용 요소로 먼저 배치되고 동학농민운동과 갑오개혁의 전개 과정, 개혁 노선, 역사적 의미와 한계가 내용 요소로 포함되어야 한다.

둘째, 아관파천부터 1910년 국망(國亡)에 이르는 시기를 2단계로 설정하고 '근대개혁운동의 발전과 주권수호운동'으로 집약하여 표현한다. 이는 다시 두 국면으로 구분된다.

첫 번째 국면은 아관파천으로 말미암아 한반도를 둘러싼 국제 정세가 변동하고 조선왕조가 대한제국으로 바뀌면서 황실 주도의 근대 주권국가로 발돋움하는 국면이다. 그러나 대한제국의 이러한 노선은 입헌군주제를 표방한 독립협회와 갈등을 빚는 한편 대한제국이 추진한 광무개혁이 근대국가 건설의 기반을 확보해 가면서도 농민층의 희생을 담보로 하고 있어 이들의 저항을 초래하였다. 따라서 대한제국과 독립협회 노선의 유사점, 차이점 따위를 짚으면서 광무정권과

독립협회의 정치 이념과 노선의 대립을 설명해야 한다. 그리고 광무
정권의 경제·재정 정책 내용과 성격을 서술하여 농민층이 일면 광무
정권에 저항해야 했던 이유를 서술할 필요가 있다. 그럼에도 불구하
고 이러한 서술의 전제에는 대한제국 시기가 한국근대사에서 차지하
는 역사적 위치가 고려되어야 한다.

　두 번째 국면은 일제가 러·일전쟁에서 승리하면서 대한제국의 주
권을 침탈하는 한편 한국인들이 주권을 지키기 위해 애국계몽운동과
의병전쟁을 전개하는 국면이다. 여기서는 일제의 주권 침탈 과정을
구체적으로 제시하면서 각종 조약의 문제점을 짚는 한편 한국인들이
처지와 노선에 따라 각각 애국계몽운동과 의병전쟁을 전개한 배경과
주권수호운동의 구체 내용을 서술할 필요가 있다.

　셋째, 일제가 대한제국을 강점한 직후부터 우리 민족이 해방되는
시기까지를 3단계로 설정하고 '일제의 강점과 민족해방운동'으로 명
명한다. 이는 다시 일제의 통치 정책, 국제 정세의 변동, 우리 민족운
동의 단계성을 고려하여 중단원을 설정한다.

　첫 번째 국면은 3·1운동이 일어나게 된 정치경제적 배경을 설명
하기 위해 일제의 헌병 경찰 통치, 토지조사사업을 비롯한 경제 수탈,
1910년대 민족해방운동의 전개 등을 서술할 필요가 있다. 이런 서술
위에서 3·1운동의 발발을 설명하면서 이전 여러 계열의 민족운동이
다시 통합되어 표출하는 한편 1910년대 이후 민족해방운동 분화의 계
기를 여기서 찾도록 내용 요소를 배치한다.

　두 번째 국면은 3·1운동 이후 일제가 이른바 문화정치를 실시하
여 민족해방운동을 분열시키는 가운데 민족해방운동이 여러 계열로
분화하여 전개되는 국면이다. 따라서 일제가 문화정치를 시행하게 된
배경과 내용을 소개하면서 이러한 정책이 민족해방운동에 끼친 영향

을 설명하는 한편 민족해방운동세력이 처지와 태도에 따라 민족 자
본주의 계열과 사회주의 계열로 분화되는 가운데 이들이 각각 추구
했던 국가 체제의 구상, 운동 방략을 제시한다. 아울러 일제하 자본주
의의 발달로 노동자 · 농민이 노동운동과 소작쟁의를 통해 민족해방
운동의 주체로 성장하는 과정을 서술한다. 그리고 이런 기반 위에서
민족협동전선인 신간회(新幹會)의 창립 · 해소와 국외 항일무장투쟁의
전개 과정을 서술한다. 특히 1910년대의 경우에 비해 민족해방운동의
수준과 성격이 매우 달라졌음을 강조한다.

　세 번째 국면은 1929년 세계 대공황을 거쳐 일제의 대륙침략이 본
격화되면서 일제가 민족말살정책을 시행하는 가운데 민족해방운동세
력의 다양한 계열이 각각 상이한 방략을 가지고 운동을 전개하는 국
면이다. 따라서 여기서는 일제 민족말살정책의 내용을 소개하는 한편
민족해방운동이 국내에서는 노동자 · 농민운동을 중심으로 고양되고
국외에서는 민족해방운동세력의 여러 계열이 각각 다른 노선과 방략
을 가지고 일제에 대항하여 무장 투쟁을 벌이는 과정을 서술한다. 특
히 이 국면에서 민족해방운동의 노선이 큰 가닥으로 잡히면서 이들
이 각각 추구했던 신국가 체제가 해방 이후의 국가 건설과 어떻게 연
계되는가를 고려하면서 서술한다.

　〈표 3〉은 이상에서 논의된 내용들을 중심으로 내용 체계 개선 방안
을 제시한 것이다.

〈표 3〉 중학교 『국사』 교과서 내용 체계의 개선 방안

대단원	중단원	소단원
근대개혁운동의 전개	1. 개항 전후 나라 안팎의 정세와 사회 변동	나라 안팎의 정세변화
		대원군 정권과 서구열강의 침략
		개항과 사회경제변동
	2. 근대개혁운동과 청·일의 간섭	개화세력의 대두와 분화
		개화정책의 추진과 반발
		청·일의 내정 간섭과 갑신정변
	3. 동학 농민 운동과 갑오개혁	동학 농민 운동
		청일전쟁과 갑오개혁
근대개혁운동의 발전과 주권 수호 운동	4. 근대개혁운동의 발전	반일여론과 아관파천
		독립 협회 운동
		대한 제국과 광무개혁
		민중운동
	2. 일제의 침략과 주권 수호 운동	일제의 국권 침탈
		의병전쟁
		애국 계몽 운동
일제의 강점과 민족해방운동	1. 일제의 강점과 민족의 저항	일제의 헌병 경찰 통치
		일제의 경제 수탈
		3·1 운동 이전의 민족해방운동
	2. 3·1 운동과 대한민국 임시 정부	3·1 운동의 발발과 의의
		대한민국 임시 정부의 수립과 활동
	3. 민족해방운동의 분화와 발전	일제의 민족 분열 통치
		민족해방운동의 분화와 노동자·농민운동
		국내 민족해방운동의 발전과 신간회
		국외 항일무장투쟁의 전개
	4. 민족해방운동의 고조	일제의 민족말살 통치
		국내 민족해방운동의 고양
		국외 항일무장투쟁의 고조

　이상에서 제시한 내용 체계의 개선 방안은 학계의 연구 성과에 바탕하여 교과서의 내용을 구성함에 고려해야 할 원칙과 기준을 제시한 방안이다. 그것은 학생들이 변화와 발전이라는 역사적 관점에서 한국근대사를 재구성할 수 있도록 조성하는 데 중점을 두었다. 즉 민족운동의 연속성과 이를 규정한 정치경제적 요인들을 적절하게 단계별로 배치하고 각각 상이한 운동이 여러 정치 세력의 노선 및 이념과

매우 밀접함을 설명함으로써 학생들이 이 시기 민족해방운동을 단지 정치 사건의 나열이 아니라 한국근대민족운동이 시간의 흐름에 따라 성장, 발전하여 오늘날의 역사적 조건으로 작용하고 있음을 인식하게 하는 것이다.

그러나 내용의 구조화는 교과서가 수업 현장에 다가갈 수 있도록 안내하는 가교에 불과하다. 만일 국사 수업 현장이 통합사회과의 논리와 수업 시수의 부족으로 말미암아 위축된다면 좋은 교과서는 실속 없는 교재에 지나지 않는다. 또한 중학교와 고등학교 『국사』 교과서의 내용 계열화 문제도 심각하게 고민하여야 한다. 이는 단지 역사교육의 차원에 국한되지 않고 한국사 전 체계에 대한 인식의 수립이기 때문이다.

4. 결어

국사교육은 주체적인 자세의 함양과 역사적 사고력의 신장에 목표를 두어야 한다. 그럼으로써 국사교육은 우리 역사의 전개 과정을 보편과 특수의 연계 아래 주체적이고 계기적으로 파악할 수 있는 지적 기반을 확충하고 이해 능력을 제고할 수 있다. 나아가 이는 우리의 역사에 대한 깊은 이해와 날카로운 성찰을 수반하므로 각 민족·국가의 처지와 그 문화의 다양성을 이해할 수 있는 근간이 된다. 따라서 국사교육은 쇼비니즘의 강화라든가 국가주의 교육과 동일시될 수 없다. 오히려 각 민족·국가의 공영과 평화의 실현에 이바지할 수 있다.

국사교육의 이러한 목표를 실현하기 위해서는 교육 현장의 중요 교재인 『국사』 교과서 서술 내용의 체계화가 선결되어야 한다. 우수한 역사교수·학습방법론이 개발되고 바람직한 사관이 뒷받침한다고 하더라도 서술 내용이 나열적인 구성과 연대기식 지식으로 채워있다면 교수·학습 효과가 반감됨은 물론이고 국사교육 자체가 존립 근거를 상실할 수 있기 때문이다.

이에 본고는 제7차 교육과정 중학교『국사』교과서에서 근대개혁기·일제강점기의 서술 체계를 중심으로 문제점을 분석하는 한편 개선 방안을 제시하였다.

우선 대단원이 중단원과 상호 연계되어 있지 못한 채 단지 동일 시간대의 정치적 사건으로 묶인 데 불과하여 학생들이 이 시기 역사적 사건을 연대기적이고 나열적인 방식으로 인식할 가능성이 높다. 예컨대 대단원명에는 '주권 수호 운동의 전개'라고 명명되어 있는데 중단원에는 '독립협회' 항목이 들어 있다. 독립협회 활동에 대한 평가는 논외로 한다 하더라도 독립협회의 활동을 1905년 '을사늑약' 이후 시기인 주권수호운동 시기에 포함하는 것은 곤란하다. 또한 이러한 서술 체계는 고등학교『한국근·현대사』교과서의 해당 서술 체계와 단절되어 있다. 예컨대 동학농민운동은 중학교에서는 갑오개혁과 함께 대단원 '개화와 자주 운동'에 들어가 있지만 고등학교에서는 독립협회, 대한제국과 함께 중단원 '구국 민족 운동의 전개'에 들어 있다. 같은 사건을 두고 성격을 달리 인식하고 있는 것으로 보인다. 이런 서술 체계는 중고등학교 국사교육의 계열화를 흩트릴 수 있다. 따라서 체계상의 이러한 혼란은 구체적인 내용 서술에서도 여실히 나타난다. 예컨대 개화파를 김옥균, 박영효 등에 한정시켜 서술했으나 단원 종합 수행 과제에서는 '온건 개화파의 개혁안'을 제시하고 있다.

다음 개선 방안은 학습내용의 구조화를 염두에 두고 내용의 체계화에 중점을 두었다. 학계의 연구 성과가 요령 있게 정리되어 교과서에 반영되어야 할 뿐만 아니라 학습 내용이 교수·학습 여건에 맞추어 구조화되어야 하기 때문이다. 그리하여 변화와 발전이라는 역사 연구의 핵심 요소에 근거한 원칙과 기준을 설정하고 단계별로 계기적으로 이해할 수 있는 서술 체계의 수립을 목표로 하였다. 그리고 정치운동, 독립운동 등은 우선 시기별 단계별로 구분하여 배치한 다음 사회경제적 여건과 함께 정치세력이나 이러한 정치세력을 추동시킨 사회세력의 이념, 노선, 정책을 고려하여 계통별로 노선별로 서술되도록 골격을 바꾸고 차례를 재구성하였다.

  끝으로 학계는 교육 현장의 목소리에 귀를 기울여 문제를 공유하고 협력하는 자세로 국사교육의 현안 해결에 적극 임해야 할 것이다. 국사학은 오늘의 현실, 교육 현실과 떨어질 수 없기 때문이다. 즉 과거의 기억이 교육을 통해 사회 구성원 전체에게 전수됨으로써 현재의 우리와 후속 세대들은 과거의 삶을 진지하게 성찰하고 미래의 진로를 고민할 수 있는 계기를 찾을 수 있다.

─

『사회과학교육』 8, 서울대학교 사범대학 사회교육연구소, 2005 揭載, 2014 補.

제4장

2009 개정 교육과정 검정『한국사』교과서의 단원 구성과 서술 경향
 : 조선후기~대한제국 시기를 중심으로

1. 서언

제 7차 교육과정에 입각하여 편찬된 기존의 고등학교『국사』교과서는 2007 개정 교육과정에 따라 1종 교과서에서 검정 교과서로 전환되는 가운데 '역사'라는 명칭으로 변경되었다. 그러나 이러한 10학년『역사』교과서는 2009 개정 교육과정으로 말미암아 '한국사'라는 명칭으로 다시 변경되었다. 그 결과 고등학교 현장에서는 2011년 3월부터 소정의 절차를 거쳐 검정심사에 합격한『한국사』검정교과서 중 1개를 채택하여 사용하고 있다.[1)

그러나 이들 검정교과서는 교육과정의 잦은 개정과 단원 구성의 급작스러운 변경으로 말미암아 많은 문제를 안고 집필되어야 했다.

[1) 2011년 3월부터 학교현장에서 사용하는 있는 이 교과서는 2014년 3월에 2013년 검정 심사를 통과한 '한국사' 검정교과서로 순차적으로 대체될 예정이다. 따라서 2009 개정 교육과정에 입각하여 집필된 검인정 교과서는 역대 교과서 중 사용 기간이 가장 짧은 교과서로 기록될 것이다.

이러한 사정은 고스란히 집필 과정과 서술 내용에도 반영되었다. 따라서 이들 검정교과서는 대강화(大綱化) 방침에 따른 체제상 내용상 단원 구성과 서술 방식의 다양성을 노정함은 물론 교육과정 및 교육과정해설서와 교과서 서술 내용의 관계를 단적으로 보여주고 있다.

이에 본고는 교육과정과 교과서별 단원 구성을 비교 검토하여 교육과정과 교과서 단원 구성의 관계를 구명하고자 한다. 이어서 집필자들의 한국근대사에 대한 인식을 고찰하기 위해 이러한 교육과정과 교육과정해설에 대한 집필자들의 다양한 대응 방식이라 할 서술 내용의 경향을 검토하고자 한다.[2] 이러한 검토가 소기대로 이루어진다면 교육과정이 집필자에게 미치는 영향과 집필자의 근대사 인식 사이의 상호 관계를 교과서 서술 측면에서 해명할 수 있으리라 본다. 나아가 교육과정과 교과서의 현장 적합성 문제를 본격적으로 검토하는 계기로 삼을 수 있으리라 본다.

다만 필자는 한국근대사 전공자로서 교과서 분석의 밀도를 높이기 위해 조선후기부터 일제의 대한제국 강점 직전까지 다루고자 한다. 아울러 검토 대상 교과서는 지면 관계상 대표적인 특징을 가지고 있는 4종 교과서에 국한하였다. 이 중 두 개 교과서는 연구자가 대표 집필자인 미래엔 컬쳐와 비상교육 교과서이고 다른 두 개 교과

---

[2] 집필기준서의 경우, 이전 집필기준서와 달리 중고등학교가 통합되어 있어 집필에 크게 영향을 끼치지 않은 것으로 보인다. 특히 집필기준서에 따르면 한국사 영역과 세계사 영역이 별도로 작성되어 있어 10학년 한국사 교육과정을 단원 구성의 기준으로 삼는 집필자로서는 집필에 참고하기가 쉽지 않았을 것이다. 삼화출판사의 집필자인 이인석의 회고담에 따르면 교육과정해설서가 교과서를 집필하는 데 영향을 미쳤음을 언급하고 있다. 역사교육연구소 편, 『역사와 교육』 4, 2011, 135쪽 참조. 집필기준서와 교육과정해설서는 각각 교육인적자원부, 『2007년 개정 교육과정(교육인적자원부 고시 제2007-79호)에 따른 역사 교과서 집필 기준』, 2009와 교육과학기술부, 『교육인적자원부 고시 제2007-79호, 교육과학기술부 고시 제2009-10호에 따른 고등학교 교육과정 해설 4 사회(역사)』, 2008을 가리킨다.

서는 현장 교사가 대표 집필자인 법문사와 삼화출판사이다. 또한 한
국사 점유율과 교과서 서술 경향이 일정 정도 상관성이 있음을 감안
하여 점유율 1위와 2위, 4위와 6위를 선정하였다.3) 물론 분석 대상
교과서가 아닌 나머지 두 개 교과서도 수시로 비교 대상으로 삼아 분
석하였다.

2. 교육과정의 졸속 개정과 자국사와 세계사 단원의 구성 방식

2007 개정 역사 교육과정은 중학교와 고등학교의 '역사'를 각각
전근대사와 근현대사 중심으로 편성하도록 규정하였다. 이는 내용
상 중학교와 고등학교 국사 영역의 확연한 차별성을 확보하는 동시
에 역사 수업 시수가 매우 부족한 여건을 감안하여 더욱 짧은 시기
를 가르침으로써 학생들이 역사를 체계적이고 풍부한 서술 내용에
힘입어 재미있게 학습할 수 있다고 판단하였기 때문이다.4) 그리고
이러한 교육과정의 기저에는 역사학의 고유 특성인 인과관계(因果
關係)의 초점에 맞추어 시계열상에서 내용을 구성하며 현재주의(現
在主義) 관점보다는 선후 관계의 계기적 발전 과정에 입각하여 국
사를 체계적으로 이해할 수 있는 틀을 제공한다는 기본 원칙이 깔

---

3) 미래엔 컬쳐와 비상교육이 2011년 기준 각각 점유율이 33.1%와 23.0%로 1위와 2위를
차지하고 있는 반면에 삼화출판사와 법문사는 점유율이 각각 12.5%와 4.7%로 4위와
6위를 차지하였다. 신주백, 『한국사』교과서에서 동아시아의 역사와 역사교육-한
국근대사를 중심으로」, 『한일관계사연구』 40, 2011, 142쪽 참조.
4) 김태웅, 「역사 과목 편제 논의와 개편 시안」, 사회과 교육과정 개정 시안 개발 연구
: 역사과 연구진 회의 발표문(2005. 8.12) ; 김태웅, 「중등학교 국사요목 가안」, 역사교
육연구회 학술회의 발표문(2005. 9.10) ; 申幼兒, 「중등 역사 교육과정 개발의 현안과
역사교육 개선 방안」, 『歷史敎育』 120, 2011, 104~106쪽.

려 있었다.

　그리하여 2011년 3월부터 교육 현장에 공급될 '역사' 교과서는 2007 개정 교육과정과 집필기준서(2009. 7. 9)에 입각하여 집필되었다. 이어서 2010년 4월 검정 심사 통과를 거친 6종 '역사' 교과서는 같은 해 8월 최종 합격될 예정이었다. 그러나 이들 교과서는 2010년 검정 심사에서 통과했음에도 불구하고 2010년 5월 13일에 고시된 '2009 개정 교육과정'에 따라 체제와 내용이 변경되어야 했다. 그것은 '교육 수요자의 학습 부담 경감'을 명분으로 한국문화사가 선택과목에서 폐지되면서 고등학교 '역사' 내용 영역에서 한국 전근대사를 보충할 필요가 있다는 당국의 요구 때문이었다.5) 즉 당시 교육과학기술부는 2007 개정 역사 교육과정을 시행하기도 전에 '2009 개정 역사 교육과정'을 제정·고시하면서 '한국문화사' 폐지에 대한 불만을 잠재우기 위해 '역사' 과목명을 '한국사' 과목명으로 바꾸는 한편 집필자들에게 전근대 단원을 1개 단원에서 2개 단원으로 증가시키고 단원 8과 단원 9를 통합할 것을 요구하였다.6) 아울러 9학년 '역사'도 10학

---

5) 개정 배경과 경위에 관해서는 진재관·강석화·구난희·문영주·박현숙, 「2009년 개정 교육과정에 따른 역사과 교육과정 부분 개정 연구」(연구보고 CRC 2010-9), 교육과정평가원, 2010 참조. 그 밖에 2007 개정 교육과정에서 신설된 '한국문화사' 과목이 2009 개정 교육과정으로 바뀌는 과정에서 폐지되는 사정에 대해서는 양정현, 「교육과정 리더십'론과 2009 개정 역사의 교육과정」, 『역사와 세계』 36, 2009, 189~190쪽 ; 양정현, 「고등학교 『한국사』 교육과정편성과 교과서 검정의 양상」, 『역사교육연구』 12, 2010, 159~166쪽 참조.

6) 애초에는 전근대사를 보충한다는 취지에서 전근대 1개 단원을 3개 단원으로 늘리는 반면에 단원 3 '동아시아 변화와 조선의 근대 개혁 운동'과 단원 4 '근대 국가 수립 운동과 일본 제국주의의 침략'을 통합하여 1개의 단원으로 구성하고 단원 5 '일제의 식민지 지배와 민족 운동의 전개'와 단원 6 '전체주의의 대두와 민족 운동의 발전'을 통합하여 1개의 단원으로 구성하였으며 단원 8 '대한민국의 발전과 국제 정세의 변화'와 단원 9 '세계화와 우리의 미래'를 통합하고자 하였다. 그러나 고1 한국사의 경우, 2011년 학교에 공급되어야 하기 때문에 이러한 개정(안)을 반영한 교과서 개발 기간이 충분하지 않았다. 여기에 교과서를 공급하는 출판사의 처지에서 추가 비용의

년 '역사'를 필수로 이수할 것을 전제로 하여 전근대사 중심으로 구성하였지만 2009 개정 교육과정에서 국민 공통 교육과정이 9학년으로 하향 조정되면서 9학년 '역사'에 근현대사 내용을 첨가·보강하도록 요구하였다.

2009 개정 역사 교육과정의 이러한 구성 방식은 애초부터 선택과목으로서의 '한국문화사'가 사회탐구 과목 중에서 차지하는 비율이 낮을 것임을 전제로 하면서도 10학년 '역사' 과목을 근현대사 위주로 구성하였다는 점에 비추어 보았을 때 임기응변적인 개정의 결과임에 분명하다. 그러나 2007 개정 역사 교육과정과의 차별화를 부각시키기 위해 '세계사 속의 한국사'를 제시함으로써 교육과정 구성에 영향을 미쳤다.[7] 이는 형식상으로 보면 과목의 성격과 교육 목표의 심대한 변경을 의미하였다. 〈표 1〉은 2007 개정 교육과정과 2009 개정 부분 교육개정의 성격과 세부 목표를 비교한 것이다.

발생 문제를 고려해야 했다. 그리하여 제2차 개정(안)에서는 전근대 부분에서 1개 단원을 늘리고 근현대 부분에서 1개 단원을 줄였다. 개정 배경과 경위에 관해서는 진재관 외, 앞의 보고서, 교육과정평가원, 2010 참조.
[7] 위와 같음.

〈표 1〉 2007 개정 역사 교육과정과 2009 개정 역사 교육과정의 비교

2007 개정 역사 교육과정	2009 개정 한국사 교육과정 (2010. 5.13 고시)
· 성격 '역사'는 과거에 있었던 다양한 인류의 삶을 이해하고 현재 우리의 모습을 과거와 연관지어 살펴봄으로써 인간과 인간의 삶에 관하여 폭넓은 이해와 안목을 키우는 과목이다. 이 과목은 과거와 현재, 우리나라와 세계를 연관시켜 체계적이고 전반적으로 이해할 수 있도록 구성한다. 우리나라와 세계를 서로 고립된 별개의 주체로 파악하는 시각을 지양하며, 평면적이고 단선적인 역사 인식에서 벗어나 입체적이고 역동적인 역사 이해를 촉진한다. 중학교 과정에서는 초등학교에서 학습한 한국사에 대한 기초적 이해를 바탕으로 우리나라와 세계의 역사와 문화를 서로 관련지어 이해하는 데 주안점을 둔다. <u>고등학교 과정에서는 근·현대사를 중심으로 세계사의 흐름 위에서 한국사를 주체적으로 파악하도록 한다.</u> 이러한 과정을 통해 학습자로 하여금 인간의 삶과 관련된 문제들을 다양한 시각에서 해석하고, 나아가 과거와 현재, 나와 타인의 삶에 대하여 성찰할 수 있는 능력을 기르도록 한다.	· 성격 '한국사'는 우리 역사가 형성·발전되어 온 과정을 세계사의 흐름 속에서 심층적으로 이해함으로써 역사적 사고력과 현대 사회에 대한 통찰력을 기르기 위한 과목이다. 세계사와의 연관 속에서 한국사를 이해하도록 하면서도 한국 근·현대사의 비중을 높여 구성한다. 이를 통해 학습자가 세계 속의 한국인으로서의 정체성과 한국 문화에 토대를 둔 세계인으로서의 자부심을 함양하게 한다. 고등학교 과정에서는 초등학교와 중학교에서 학습한 역사에 대한 기본적 이해를 바탕으로 한국사의 특성을 심층적으로 파악한다. 또한 주체적인 한국인으로서 세계화에 부응하여 인류 역사의 전개에 능동적으로 참여할 수 있는 자질을 갖추는 데 주안점을 둔다. '한국사'는 다양한 탐구 자료를 중심으로 구성함으로써, 학습자의 역사적 탐구력과 역사적 상상력, 그리고 역사적 판단력을 키우도록 한다.
· 세부 목표 가. 우리나라와 세계 역사를 체계적이고 종합적으로 파악한다. 나. 현대와 가까운 과거에 대한 이해를 심화함으로써 현대 세계와 우리 국가와 사회에 대한 통찰력을 확대한다. 다. 다양한 역사적 자료를 탐구하고 해석하는 과정을 통해 스스로 문제의식을 가지고 비판적으로 사고하는 능력을 기른다. 라. 현대 사회가 직면한 문제들에 대한 역사적 배경과 상호 관련성을 파악하여 그 의미와 가치를 평가할 수 있도록 한다. 마. 다양한 삶의 방식에 대한 이해를 기초로 다른 문화와 전통을 존중하는 태도를 기른다.	· 세부 목표 가. 오늘날 우리의 삶은 과거 역사의 산물임을 이해하되, 각 시대 우리나라 역사의 전개 과정을 세계사의 맥락 속에서 심층적으로 파악한다. 나. 우리 역사가 외부 세계와 교류하고 발전하는 과정에서도 한국사의 정체성을 유지해왔음을 이해한다. 다. 우리 역사와 관련된 자료를 분석, 비판, 종합하는 활동을 통해 역사적 탐구력과 역사적 상상력 그리고 역사적 판단력을 키운다. 라. 우리 역사를 삶의 과정으로 이해하여 능동적으로 참여하는 태도를 기른다.

무엇보다 2007 개정 역사 교육과정과 달리 고1 '한국사'의 성격을 별도로 규정할 정도로 한국사의 비중을 높인 것처럼 강조하고 있다.[8] 그러나 양자의 내용을 비교하면 '역사' 성격 규정에서 고등학교 부분을 떼어내 '한국사' 성격 규정에 포함시킨 가운데 한국사를 세계사의 흐름 속에서 파악한다고 하거나 세계사와의 연관 속에서 한국사를 이해한다는 문장으로 집약된다. 또한 내용상으로는 근현대사를 중심으로 구성했음을 확인할 수 있다. 요컨대 이러한 성격 규정에 따르면 '한국사'의 성격을 '역사'의 성격에서 분리하여 별도로 규정할 필요까지는 없었다. 그럼에도 이미 언급한 대로 '한국사'의 성격을 별도로 설정함으로써 한국문화사의 폐지에 대한 학계·교육계의 반발을 무마하려는 처사로 보인다.

그러나 형식이 우여곡절 끝에 이처럼 설정되자 내용이 여기에 규정되기에 이르렀다. 즉 2007 개정 역사 교육과정에서는 근현대사를 중심으로 구성하되 세계사적 배경을 전제하였지만 2009 개정 역사 교육과정에서는 근현대는 물론 전근대에까지 소급하여 '우리 역사가 형성·발전되어 온 과정을 세계사의 흐름 속에서' 심층적으로 이해하고자 하였을뿐더러 관계사와 교류사의 측면에서 접근하는 데 주안을 두었다. 일종의 프로크루스테스의 침대가 되었다. 〈표 2〉는 2007 개정 교육과정과 2009 개정 교육과정(2010. 5.13 고시)의 상이한 부분을 비교하고 있다.

---

8) 역사교육계 일각에서는 '한국사' 과목의 성격 규정을 두고 민족정체성을 강조하는 제7차 교육과정으로의 회귀라고 비판하기도 하였다(김민수,「학교 역사 지식의 구성 -고등학교 '한국사' 교육과정과 교과서를 중심으로-」, 부산대학교 박사학위논문, 2012, 53~54쪽). 그러나 이러한 성격 규정은 '역사'에 포함되어 있던 '한국사'를 별개의 내용 영역으로 설정한 데서 비롯되었음을 감안할 필요가 있다. '배타적인 민족주의 패러다임'에 입각하여 세계사적 배경과 역사의 보편성을 무시했다기보다는 외국사에 대비되는 자국사 중심의 역사 서술로서 지녀야 할 기본 요건을 드러낸 것이다.

〈표 2〉 2007 개정 역사 교육과정과 2009 개정 역사 교육과정의 비교(변경 부분)

2007 개정 역사 교육과정	2009 개정 한국사 교육과정 (2010. 5.13 고시)
(1) 우리 역사의 형성과 발전 ① 선사 문화와 우리 민족의 기원에 대하여 조사한다. ② 고조선 건국에서 삼국의 발전까지 국가의 성립과 변천 과정을 이해한다. ③ 통일 신라와 발해의 성립과 변천 과정을 이해한다. ④ 고려의 정치 변동과 대외 관계, 사회의 성격을 설명한다. ⑤ 조선의 성립 및 집권 체제 정비 과정과 사회의 특징을 파악한다.	(1) 우리 역사의 형성과 고대 국가 ① 선사 문화 발전의 세계사적 흐름 속에서 한민족의 기원과 형성 과정을 파악한다. ② 최초의 국가 고조선과 초기 철기 시대에 등장한 여러 나라의 사회상을 파악한다. ③ 고구려, 백제, 신라, 가야 등의 발전 과정을 통해 고대 국가의 특성을 이해한다. ④ 삼국 간의 항쟁 과정을 이해하고, 남북국 시대에 나타난 신라의 발전 모습과 고구려를 계승한 발해의 역사적 의의를 파악한다. ⑤ 고대의 국가들이 동아시아의 국제 관계 속에서 다양하게 교류하였음을 이해한다.
	(2) 고려와 조선의 성립과 발전 ① 고려의 건국과 민족 융합 과정을 동아시아의 정세 변화와 관련지어 파악한다. ② 고려 통치 체제의 정비 과정과 정치적 변화상을 이해한다. ③ 고려의 대외 관계를 통해 고려 사회와 문화의 다원성과 개방성을 살펴본다. ④ 조선의 건국과 통치 체제의 정비 과정을 이해한다. ⑤ 조선 전기 민족 문화의 발달, 사림 문화의 발전 과정 등을 살펴본다. ⑥ 조선 전기의 대외 관계, 양 난의 전개와 영향 등을 동아시아의 국제 질서 속에서 이해한다.
(8) 대한민국의 발전과 국제 정세의 변화 ① 냉전 체제의 변화 양상이 동아시아와 남북한에 미친 영향을 이해한다. ② 4·19 혁명에서 6월 민주 항쟁에 이르는 과정을 민주주의 발전의 측면에서 설명한다. ③ 1960년대 이후 고도성장이 이루어지고 산업 구조가 변하였음을 알고, 그것이 가져온 결과를 성찰한다. ④ 산업화가 농촌과 도시 생활에 미친 영향을 파악하고, 대중문화의 확산이 가져온 사회 변화를 설명한다.	(9) 대한민국의 발전과 국제 정세의 변화 ① 냉전 체제의 변화 양상과 1980년대 후반 이후 국제 질서의 변화를 탐구한다. ② 4·19 혁명으로부터 오늘날에 이르는 민주주의의 발전 과정을 설명한다. ③ 고도성장에 따라 산업화, 도시화가 이루어지고, 대중문화가 확산되었음을 이해한다. ④ 북한의 변화 과정을 파악하고 남한과 북한 사이에 전개된 화해와 협력을 위한 노력을 이해함으로써 평화 통일을 위한 과제와 방안을 탐색한다.

⑤ 1960년대 이후 북한의 정치·경제적 변화 과정을 파악한다. ⑥ 대한민국의 민주화와 산업화 과정을 다른 국가들과 비교한다.	⑤ 독도를 비롯한 동북아시아의 영토 문제, 역사 갈등, 과거사 문제 등을 탐구하여 올바른 역사관과 주권 의식을 확립한다. ⑥ 세계화의 진전 속에서 한국의 위상이 크게 높아졌음을 알고 국제 사회에 공헌하는 방안을 탐색한다.
(9) 세계화와 우리의 미래 ① 1980년대 후반 이후 국제 질서의 변화 방향을 탐구한다. ② 6월 민주 항쟁 이후 민주화가 진전되고 시민 사회 운동이 활발해졌음을 설명한다. ③ 남북한 간 화해와 협력을 위한 노력을 살펴보고, 평화 통일을 위한 과제와 방안을 탐색한다. ④ 동북아시아의 영토 문제, 역사 갈등, 과거사 문제 등을 탐구하여 관련 나라와의 바람직한 관계를 모색하는 자세를 가진다. ⑤ 한국의 국제 위상이 크게 높아졌음을 알고, 국제 공헌을 위한 방안을 탐색한다.	

　이러한 구성 원리에 따라 마련된 단원 구성은 2007 개정 교육과정에서 견지해 왔던 전근대사의 기본 구성 원리와 배치된다. 왜냐하면 전근대의 경우, 성취기준에서 볼 수 있듯이 역사 전개의 특성상 세계사의 변동이 우리나라 역사에 크게 영향을 끼치지 않았다는 점을 염두에 두고 외부적 요인의 비중을 높이지 않았기 때문이다. 반면에 2009 개정 교육과정에서는 단원 1 성취기준에서 볼 수 있듯이 한민족의 기원과 형성 과정을 세계사적 흐름 속에서 파악하도록 하였으며 단원 2 성취기준에서 볼 수 있듯이 고려의 건국과 민족 융합 과정을 동아시아 정세 변화와 관련지어 파악할 것을 요구하고 있다.

　한편, 2009 개정 교육과정에서는 전근대 부분의 증가분을 고려하여 현대의 단원을 통합하고 현대사 부분을 축약하였다. 즉 4·19 혁명에서 6월 민주 항쟁, 6월 민주 항쟁에서 현재에 이르는 정치적 변화에 대해 1987년을 기준으로 명확히 구분하지 않고 민주주의 발전 과정으로 포괄하였다.

이어서 교육과학기술부는 '급변하는 시대 상황'을 내세워 2010년 5월 11일 검정심의를 막 통과한 교과서의 집필자에게 이러한 졸속 교육과정 개정(안)을 합격 공고일인 2010년 7월 30일까지 적용하여 편찬할 것을 요구하였다.9) 이러한 조치는 만전을 기해도 늘 미흡함이 따르는 교과서를 더욱더 부실하게 만드는 행위로서 비상식적 명령이나 다름 없었다. 집필자들로서는 최종 합격 공고일까지 짧은 시간 내에 검정심의에서 지적된 내용들을 수정·보완하는 가운데 단원 구성을 개편해야 하는 이중고에 맞닥뜨렸기 때문이다.10) 이는 교과서의 단원 구성에서 단적으로 확인할 수 있다. 지학사 교과서의 경우, 2007 개정 교육과정에 따른 심사본과 2009 개정 교육과정에 따른 최종본의 단원 구성 차이를 비교하면 〈표 3〉과 같다.

〈표 3〉 지학사 교과서의 단원 구성 변화

심사본		최종 합격본	
대단원	중단원	대단원	중단원
우리 역사의 형성과 발전	1. 선사문화와 고조선의 성립 2. 삼국의 발전과 남북국 시대의 전개 3. 고려의 정치와 사회 변동 4. 조선의 성립과 체제 정비	우리 역사의 형성과 고대 국가	1. 선사문화와 한민족의 형성 2. 고조선과 철기 시대의 여러 나라 3. 고대 국가의 발전 4. 남북국 시대의 발전

---

9) 진재관 외, 앞의 보고서 ; 교육과학기술부, 『좋은 교과서 만들기』, 2009 ; 崔埈彩, 「2009 개정 교육과정과 고등학교 국사 교육」, 『歷史敎育』 118, 2011, 220~224쪽.

10) 삼화출판사 대표 집필자인 이인석은 교육과학기술부의 수정 지시에 대한 교과서 집필자들의 심경을 다음과 같이 고백하고 있다.
"다른 교과서 집필진도 그랬겠지만, 금성출판사 사건 때문에 검정에 신경 쓰지 않을 수 없었습니다. 책을 보면 짐작할 수 있을 것입니다. 자기 검열을 한 상태에서 수정지시를 받았을 때는 마음이 그랬습니다. 만약 수정지시를 반영하지 않으면 분명히 지적이 올 거라고 생각했고, 그때는 출판사도 관련이 있기 때문에 수정 못하겠다고 말하기 쉽지 않았습니다."(역사교육연구소 편, 앞의 글, 123쪽).

		고려와 조선의 성립과 발전	1. 고려의 정치와 사회 변동 2. 고려의 사회와 문화 3. 조선의 성립과 체제 정비 4. 조선의 사회와 문화
대한민국의 발전과 국제 정세의 변화	1. 냉전 체제의 변화와 동아시아 사회의 변화 2. 민주주의의 시련과 발전 3. 경제 발전과 사회·문화의 변화 4. 북한의 정치·경제적 변화	대한민국의 발전과 국제 정세의 변화	1. 냉전 체제의 변화와 동아시아 사회의 변화 2. 민주주의의 시련과 발전 3. 경제 발전과 사회·문화의 변화 4. 북한의 변화와 세계 속의 한국
세계화와 우리의 미래	1. 국제 질서의 변화 2. 민주주의의 정착과 시민 사회의 성숙 3. 통일을 위한 노력 4. 세계 속의 한국		

　2009 개정 교육과정에 따라 대단원을 설정하기 위해 1개 단원을 2개 단원으로 분리했음을 확인할 수 있다. 우선 중단원 1의 경우, '선사문화와 고조선의 성립'을 2개 단원으로 나누어 '선사문화와 한민족의 형성'과 '고조선과 철기 시대의 여러 나라'로 설정하였다. 또 '삼국의 발전과 남북국 시대의 전개'를 2개 단원으로 나누어 '고대 국가의 발전'과 '남북국 시대의 발전'으로 설정하였다. 그 결과 '고대 국가'라는 사회성격을 담는 명칭과 '남북국'이라는 지리적 위치를 나타내는 명칭이 병렬되기에 이르렀다. 이는 시대구분의 명칭상 일관성을 잃었다고 하겠다. 또한 최종 합격본 대단원 2에서 볼 수 있듯이 '고려의 정치와 사회 변동'과 '조선의 성립과 체제 정비'에 짝하여 각각 '고려의 사회와 문화', '조선의 사회와 문화'를 첨가한 것에 지나지 않는다. 그 결과 내용상으로는 대단원 1과 대단원 2에 사회와 문화가 포함되어 서술되었지만 체제상으로는 양자의 단원 구성이 통일되어 있지 못하다.

특히 일부 교과서는 시대별 왕조별로 구성하지 않고 2007 교육과정
해설서에서 열어 놓고 있듯이 다양한 방식으로 전근대사를 구성하기
도 하였다.[11] 삼화출판사의 경우, 지학사의 전통적인 시대사 서술이
아니라 '도구로 본 우리 역사', '무덤으로 본 우리 역사', '골품제도와
과거제도', '전시과와 과전법', '통치 체제 정비로 본 우리 역사', '불교
와 유학' 등의 주제별로 구성하기도 하였다.[12] 따라서 주제별·분야
별로 단원을 구성한 집필자들은 물론 전근대 1개 단원으로 구성한 집
필자들에게도 교육과학기술부의 급작스러운 단원 구성 변경 요구는
매우 비합리적이고 과도한 요구로 비쳤을 것이다.

한편, 이처럼 개편된 단원 구성에 따른 서술 내용을 비교하면 최
종 합격본의 대부분이 심사본보다 전근대 단원의 분량이 증가하였
으나 전체 분량은 증가하지 않았다. 천재교육의 경우, 전근대 단원
이 증가한 반면에 근대 단원은 거의 그대로 서술되었다. 다만 페이
지 분량을 고려하여 소주제를 통합하거나 사진이나 그림을 생략하
여 분량을 줄였다.[13] 여타 교과서의 경우는 심사본은 단원 구성이
바뀌지 않는 단원은 그대로 수록하고 전근대 단원만 늘린 까닭에 사
실상 내용 개편이라기보다는 새로운 단원의 내용 증보와 통합 단원
의 내용 축소에 가까웠다. 이는 단기간에 교육과학기술부의 요구 사

---

[11] "내용 조직의 원리 … 첫째, 근·현대사를 다루기에 앞서 전근대사 단원을 설정하였
다. 교육과정은 왕조의 변천을 중심으로 한 구성안을 예시하였으나, 근·현대사를
이해하는 데 적합한 분량과 다양한 방식으로 전근대사를 다룰 수 있도록 하였다."(교
육과학기술부, 앞의 책, 75쪽).
[12] 역사교육연구소 편, 앞의 글, 123쪽 ; 김민수, 앞의 논문, 88쪽.
[13] 대단원 4 중단원 1 소단원 1의 경우, 소주제 '태평천국 운동'과 소주제 '양무 운동'을
통합하여 '태평천국 운동과 양무 운동'으로 편성하였다. 또 소주제 '메이지 유신과
중앙 집권 체제의 확립'과 소주제 '일본의 서구화와 입헌국가 수립'을 통합하여 소주
제 '메이지 유신과 일본의 근대화'로 편성하였다. 천재교육 『역사』 심사본, 73~78쪽과
『한국사』 최종 합격본, 99~102쪽

항을 수용하기 어려웠기 때문이었을 것이다. 교육과정 개정의 명분으로 내세운 '세계사 속의 한국사'라는 요구가 관철되지 않은 셈이다. 이는 개정 이유가 내용상에서 적용될 수 없는 구실에 지나지 않았음을 보여준다.

　　그러면 여러 교과서의 단원 구성을 비교하면서 개별 교과서의 구성상 특징을 살펴보자. 여기서는 분석의 편의상 채택율이 가장 높았던 상위 교과서 2개와 가장 낮았던 하위 교과서 2개를 추출하여 단원 3의 구성 방식을 비교하였다. 〈표 4〉는 4개 교과서를 무순으로 배열하고 단원 제목을 제시하였다.

〈표 4〉 대단원 3의 단원 구성 체계

교육과정의 성취기준(2010. 5)	법문사	미래엔 컬쳐	비상교육	삼화출판사
조선 후기에 근대 사회를 향한 새로운 움직임이 일어났음을 사례를 들어 설명한다.	1. 근대 사회를 향한 움직임 1) 통치질서의 변화 2) 상품화폐경제의 발달 3) 신분질서의 해체 4) 실학의 발달과 민중 의식의 성장 ·10쪽	1. 서양에서 먼저 근대가 시작되다 1-1. 시민 혁명을 계기로 근대 국민 국가가 수립되다 1-2. 자본주의가 성장하고 산업사회로 나아가다 1-3. 제국주의 열강이 앞다투어 식민지를 넓히다 ·8쪽	1. 근대 사회를 향한 새로운 움직임 1) 붕당정치의 전개와 통치제도의 개혁 2) 상품화폐경제의 발달과 자본주의적 관계의 발생 3) 무너지는 신분제 4) 사회개혁을 담은 실학이 등장하다 5) 서민 문화의 발달과 민중 의식의 성장 ·10쪽	1. 자본주의가 발달하다 - 이제 세계가 우리 시장이다. 생산 방식을 바꾸자 - 산업 혁명 새로운 세상이 열리다 ·4쪽
서구에서 자본주의가 발달하고 제국주의가 등장하는 과정을 파악한다.	2. 제국주의의 등장과 아시아의 변화 1) 자본주의의 발달과 제국주의의 등장	2. 조선에서도 근대의 기운이 움트다 2-1. 영·정조, 탕평책을 통해 정국을 주도하다	2. 제국주의의 팽창과 아시아 침략 1) 유럽 세계의 변화 2) 독점 자본주의, 민족주의, 그리	2. 제국주의 국가, 아시아 아프리카를 침략하다 - 독점 자본주의와 제국주의가 등장하다

서구 열강이 아시아로 세력을 확장하는 과정과 이에 따른 변화를 파악한다.	2) 서구 열강의 세력 확장과 아시아의 변화	2-2. 국제적인 평화 분위기가 펼쳐지다 2-3. 민심 수습을 위한 수취 체제의 개편 2-4. 피지배층, 생산력 증대에 노력하다 2-5. 상품화폐경제가 발달하다 2-6. 평등 사회를 향해 나아가다 2-7. 실학, 부국안민을 위한 개혁을 주장하다 2-8. 문화의 주체가 다양해지다	고 제국주의의 등장 3) 서구 열강의 아시아 침략과 각국의 대응	- 제국주의 열강, 아시아 아프리카를 침략하다 ·4쪽 3. 제국주의에 맞서고 근대화를 꾀하다 - 인도와 베트남, 영국과 프랑스에 맞서다 - 전통과 고유문화를 지키자 - 근대화를 위한 두 길
	·8쪽	·18쪽	·6쪽	·4쪽
19세기 정치 질서의 문란과 사회 동요를 파악하여 당시 사회가 직면한 시대적 과제를 추론한다.	3. 세도 정치와 사회의 동요 1) 세도 정치의 대두 2) 새로운 세상을 향한 움직임	3, 격동의 19세기, 조선의 당면 과제는? 3-1. 지배층의 수탈 속에서 사회 불만은 깊어만 가고 … 3-2. 세상을 바꾸려는 움직임	3. 19세기 정치 질서의 문란과 사회 동요 1) 세도정치와 사회모순의 확대 2) 농민 봉기가 확산되다 3) 새롭게 등장하는 사상 4) 서양 세력의 접근과 거세지는 통상 압력	4. 농업과 상품 화폐 경제가 발전하다 - 모내기와 견종법이 보급되다 - 사상이 늘어나다 - 신분제가 흔들리다 ·4쪽 5. 생각이 바뀌고 세상이 달라졌다 - 너만 사람이냐 우리도 사람이다 - 서민 문화가 성장하다 - 실학자들 개혁을 주장하다 ·4쪽

	·6쪽	·4쪽	·6쪽	6. 세도 가문의 세상, 삼정도 문란해지다 - 조세 제도를 개편하다 - 삼정이 문란해지고 농민들이 봉기하다 ·4쪽
흥선 대원군 집권기의 통치 체제 정비 노력과 외세에 대한 대응 노력을 탐구한다.	4. 흥선 대원군의 개혁과 통상 수교 거부 정책 1) 흥선대원군의 개혁 2) 통상 수교 거부 정책과 양요	4. 흥선 대원군, 10년 권세를 쥐다 4-1. 왕권을 강화하고 민생 안정을 추구하다 4-2. 통상 수교 거부 정책을 실시하다	4. 통치 체제의 재정비와 통상 수교 거부 1) 흥선 대원군, 통치 체제를 재정비하다 2) 흥선 대원군, 통상 수교를 거부하다 3) 병인양요와 신미양요	7. 흥선 대원군, 개혁을 단행하다 - 이양선이 몰려온다 - 대원군, 통치 체제를 재정비하다 ·4쪽 8. 통상 수교를 거부하자 양요가 일어나다 - 프랑스군을 물리치다 - 미국군을 물리치다
	·8쪽	·8쪽	·6쪽	·4쪽

* 비고 : 쪽수는 분량을 가리킴. 이하 동일함.

우선 단원 구성 방식에서 교과서 간의 차이를 보인다. 이는 무엇보다 대강화 방침에 따라 집필자가 중단원 이하는 교육과정을 그대로 준수할 필요가 없기 때문이다. 즉 편찬상의 유의점 및 검정기준에 따르면 "교육과정에 명시된 단원별 성취기준에 충실하되, 대단원 안에서 성취기준 혹은 주제의 내용을 분리 또는 통합하여 단원을 재구성할 수 있다."[14] 그리하여 법문사를 비롯한 미래엔 컬처, 비상교육이

14) 교육과학기술부, 『2007년 개정 교육과정에 따른 초등학교 5, 6학년(실과, 체육, 음악, 미술)/고등학교 1학년 검정도서 편찬상의 유의점 및 검정기준』, 2008, 20~21쪽.

대단원-중단원-소단원(주제)인 데 반해 삼화출판사는 대단원-주
제 방식이었다. 삼화출판사 집필진의 경우, "한 주제를 한 시간에 마
친다."라는 생각으로 대단원-주제 방식을 결정하였다.[15] 이는 교사
들의 수업시수 배정에 편의를 제공하고자 한 것으로 보인다.[16]

둘째, 세계사와의 연관성에서 이들 교과서는 두드러진 차이를 보이
고 있다. 법문사와 비상교육의 경우, 교육과정의 성취기준 순서에 따
라 조선후기의 역사 전개 과정을 중단원 1에서 서술한 뒤 중단원 2에
서 서구의 자본주의 발달과 제국주의 등장을 서술하고 있다. 반면에
미래엔 컬쳐와 삼화출판사는 교육과정의 성취 기준 순서에 구애받지
않고 세계사를 중단원 1에서 서술하고 있다. 후자의 이러한 단원 구
성 방식은 세계사적 배경을 먼저 서술하고 국사의 전개 과정을 서술
해야 한다는 원칙을 기계적으로 적용한 것으로 보인다. 왜냐하면 세
계사를 한국사에 융합시키지 못할 바에야 여타 전체 단원의 구성 방
식과 마찬가지로 세계사를 한국사 앞에 놓는다는 것이 한국사와 세
계사가 서로 이해하는 데 도움이 된다고 판단했기 때문이다.[17]

그러나 이러한 단원 구성 방식은 조선후기가 서구의 자본주의 발달
시점보다 빠를뿐더러 조선후기는 아직 서구의 영향에 직접적으로 규
정받지 않는다고 판단하고 한국사 성취 기준을 세계사 성취 기준보다
앞서 배치한 의도를 잘못 이해한 것이다. 나아가 이러한 시대순을 무
시하고 근대성의 성취를 기준으로 세계사를 무조건 국사에 앞서서 배

---

15) 김민수, 「교육과정 大綱化와 고등학교 『한국사』 교과서 집필」, 『歷史敎育』 120, 2011, 68쪽.
16) 저자의 한 사람인 이인석은 주제 1개를 1시간에 소화하도록 설정하여 이 시간에 본문, 읽기 자료, 형성 평가를 완결하고자 했음을 밝히고 있다. 이에 관해서는 역사교육연구소 편, 『역사와 교육』 4, 2011, 125쪽 참조.
17) 역사교육연구소 편, 『역사와 교육』 4, 2011, 125~126쪽 참조.

치 서술하는 것은 서구 중심의 역사관을 조장할 수 있다.[18] 이 점에서 자본주의의 발달과 제국주의의 등장은 역사 전개의 추이와 교육과정의 성취기준 순서에 비추어 세도정치 이전에 배치되었어야 했다.

그런데 교과서마다 단원 구성이 이처럼 다른 것은 국사와 세계사의 연계 방식에 대한 교과서 집필자들 간의 견해 차이에서 비롯된 측면이 적지 않다. 분량상에서 보면 법문사는 세계사 분량이 8쪽으로 3단원에서 차지하는 비율이 25%에 지나지 않은 반면에 삼화출판사는 세계사 분량이 8쪽으로 3단원에서 차지하는 비율이 37.5%에 이르고 있다. 이는 삼화출판사 집필진이 한국사 과목의 성격을 법문사 집필진과 다르게 인식하고 있음을 보여준다. 법문사의 경우, 세계사를 국사의 역사 전개 과정을 이해하는 배경으로 설정한 반면에 삼화출판사의 경우는 이 과목을 국사와 세계사의 병렬 과목으로 설정했음을 보여준다. 물론 삼화출판사 집필자 자신들도 언급하고 있듯이 교육과정의 성취 기준을 중단원으로 간주하고 2개의 중단원으로 구성하여 성취기준의 요구를 충실히 반영했음을 강조하고 있다.[19]

그러나 교육과정을 곧이곧대로 적용하였다고 평가되는 법문사 교과서는 성취기준을 2개의 중단원으로 설정하지 않고 1개의 중단원으로 처리하고 있다. 특히 지학사의 경우는 중단원 '19세기 조선 사회의 변화와 서구 열강의 침략'을 설정하고 하부에 소단원 '제국주의 시대의 세계'(제국주의의 출현, 제국주의 열강의 침략, 아시아 각국의 민

---

18) 현장 교사 이동욱은 이러한 우려를 다음과 같이 피력하였다.
"또 3단원과 관련하여 고민되는 점은 세계사가 한국사 앞에 나와 있어 근대 출현의 시작을 서양으로 보고, 조선에서는 서양을 따라서 근대의 기운이 움트고 조선의 대응도 있다는 식으로 구성되어 있는 점입니다. 이게 서구 충격론일 수도 있고 내재적 발전론일 수도 있는데, 마치 우리도 서양처럼 될 수 있고 서양을 따라 잡아야 한다는 이야기처럼 읽혔어요."(역사교육연구소 편, 앞의 글, 126쪽).
19) 김민수, 위의 논문, 72쪽

족 운동, 서양 세력의 접근과 조선의 대응)를 설정하였다. 그것은 교과서의 분량을 줄이라는 교육과학기술부의 요구 속에서 세계사 영역을 중단원으로 처리하기에는 자국사 서술 분량의 축소와 압축적인 서술에 대한 우려가 앞섰기 때문이다. 특히 자국사 영역과 세계사 영역을 별개의 중단원으로 설정함으로써 양자의 연계성이 떨어진다고 판단하였던 것이다.[20]

결국 교과서 간의 상이한 단원 구성은 교육과정의 성취기준에 대한 집필자의 상이한 판단뿐만 아니라 국사와 세계사의 연계 방식에 대한 인식의 차이에서 비롯되었다고 하겠다. 즉 고등학교 역사(한국사)의 성격에서 규정하고 있는 바와 같이 "세계사의 흐름 위에서 한국사를 주체적으로 파악하도록 한다."는 문서 규정을 상이하게 파악하여 일부 집필자는 자국사와 별개로 세계사를 배치해야 학생들이 세계사를 이해하기 쉽다고 판단한 반면에 일부 집필자는 자국사의 전개 과정을 보편적으로 이해하는 배경으로서 세계사를 간략하게 다루는 것이 학생들의 이해를 돕는 것이라고 판단한 것이다.

한편, 교육과정해설서에서도 내용 선정의 원리를 제시하는 가운데 각 단원은 한국 근·현대사의 시간적 흐름에 따른 구성을 기본 골격으로 하면서도 세계사적 맥락과 연관 지어 내용을 조직할 수 있도록 한국사와 세계사의 단원 내 통합 구성을 지향하도록 요구하였다.[21] 이러한 요구는 한국 근·현대사를 위주로 구성하면서 세계사적 배경을 서술하되 양자를 단원 내에서 구성한다는 의미를 담고 있다. 그러나 이러한 진술문은 중단원 내에서 세계사를 자국사의 배경으로서 소단원으로 설정할 수 있다는 의미로 해석할 수 있지만

---

[20] 지학사 집필자와의 전화 인터뷰.
[21] 교육과학기술부, 앞의 책, 76쪽.

다른 한편으로는 대단원 내에서 자국사와 세계사를 각각 중단원과 중단원으로 병렬 배치할 수 있다고 해석할 수도 있다. 특히 이러한 진술문은 "교육과정에 명시된 단원별 성취기준에 충실하"라는 '편찬상의 유의점 및 검정기준'과 충돌되기 때문에 세계사교육을 중시하는 집필자들로서는 세계사적 배경을 세계사 영역으로 간주하고 중단원으로 처리한 것으로 보인다. 결국 교과서들 사이에서 보이는 단원 구성의 차이는 자국사와 세계사의 연계 방식에 대한 집필자들의 다양한 시각과 '세계사적 배경'에 대한 상이한 이해 등에서 비롯된 셈이다.

〈표 5〉 대단원 4의 단원 구성 체계

교육과정의 성취기준(2010. 5)	법문사	미래엔 컬쳐	비상교육	삼화출판사
개항 이후 청과 일본의 근대 개혁 운동을 이해하고 그 성격을 설명한다.	1. 청과 일본의 근대 개혁 운동 1) 청의 근대 개혁 운동 2) 일본의 근대 개혁 운동 ·6쪽	1. 청과 일본, 근대 개혁 운동을 전개하다 1-1. 서양 세력, 동아시아에 다가오다 1-2. 청, 내우외환 속에서 개혁을 시도하다 1-3. 일본, 부국강병과 대외 팽창을 도모하다 ·7쪽	1. 서구 열강의 침략과 동아시아의 근대화 운동 1) 아편전쟁과 중화질서의 해체 2) 태평천국 운동 3) 양무운동 4) 일본의 개항과 막부 타도 운동 5) 메이지 유신 ·8쪽	1. 청·일에서 근대 개혁 운동이 일어나다 - 태평천국 운동, 공평한 세상을 꿈꾸다 - 양무운동, 서양 기술을 배우다 - 메이지 유신, 서구식 개혁을 추진하다 ·4쪽
외국과 맺은 여러 조약을 조사하여 불평등 조약 체제가 형성되었음을 이해한다.	2. 개항과 불평등 조약 체제 1) 강화도 조약과 개항 2) 불평등 조약 체제의 확립	2. 개항과 불평등 조약 체제 2-1. 강화도 조약을 체결하다 2-2. 서양 열강에도 문호를 열다	2. 개항과 불평등 조약의 체결 1) 운요호 사건 2) 강화도 조약의 체결과 개항 3) 조청 상민 수륙 무역 장정의 체결	2. 불평등 조약을 맺고 개항하다 - 강화도 조약을 맺다 - 서양 여러 나라들과 조약을 맺다

			4) 서구 열강과의 불평등 조약 체결	
	·8쪽	·4쪽	·5쪽	·4쪽
정부가 추진한 개화 정책의 내용을 알고, 이를 둘러싼 여러 세력의 대응을 비교하여 파악한다.	3. 개화 정책의 추진과 갈등 1) 개화 정책의 추진 2) 개화 정책에 대한 반발	3. 개화 정책의 추진과 반발 3-1. 정부, 개화 정책을 추진하다 3-2. 보수적 유생층, 위정 척사 운동을 전개하다 3-3. 임오군란, 개화에서 소외된 민중의 반발	3. 개화 정책의 추진과 반발 1) 개화파의 형성 2) 정부의 개화 정책 추진 3) 위정 척사 운동의 전개 4) 임오군란	3. 개화 정책을 추진하다 - 개화파가 형성되다 - 통리기무아문과 별기군을 설치하다 - 청과 일본에 사절단을 보내다 ·4쪽 4. 개화 정책에 반발하다 - 위정 척사 운동을 전개하다 - 구식 군인과 민중이 봉기하다 - 청의 내정 간섭이 강화되다
	·6쪽	·6쪽	·7쪽	·4쪽
갑신정변의 전개 과정을 알고, 이후 조선을 둘러싼 국제적 대립이 격화되었음을 안다.	4. 갑신정변과 국제적 대립의 격화 1) 갑신정변 2) 국제적 대립의 격화와 조선의 대응	4. 근대 국가 건설을 지향하다 4-1. 개화사상은 어떻게 형성·발전하였을까? 4-2. 갑신정변, 최초로 근대 국가 수립을 지향하다 4-3. 열강의 각축 속에서 개화와 자주를 모색하다	4. 갑신정변과 열강의 대립 격화 1) 개화파의 분화와 개화당의 활동 2) 갑신정변 3) 갑신정변의 의의 4) 조선을 둘러싼 열강의 대립	5. 갑신정변을 일으키다 - 개화 정책을 계속하다 - 온건 개화파와 급진 개화파로 나뉘다 - 갑신정변을 일으키다 ·4쪽 6. 조선을 두고 열강이 경쟁하다 - 청의 내정 간섭 강화되다 - 거문도 사건 일어나다 - 중립화론 등장하다
	·6쪽	·10쪽	·5쪽	·4쪽

개항 이후 외세의 경제 침탈과 이로 인한 사회·경제적 변화를 탐색한다.	5. 외세의 경제 침탈과 사회·경제적 변화 1) 외세의 경제 침탈 2) 사회·경제적 변화	5. 열강의 경제 침탈이 가속화되다 5-1. 일본과 청 상인의 경제 침투 5-2. 청과 일본의 경제 침탈에 맞서다	5. 개항 이후의 사회경제적 변화 1) 개항과 일본 상인들의 무역활동 2) 일본 상인과 청 상인들의 무역경쟁 3) 방곡령 실시 4) 상인들의 대응	7. 개항 이후 사회 경제가 변화하다 - 청과 일본의 경제 침탈 - 개항 이후의 사회 경제 변화
	·6쪽	·6쪽	·5쪽	·4쪽

　대단원 4는 4개 교과서 모두 조선 개항의 세계사적 배경으로서 중단원 1과 같이 청과 일본의 개혁 운동을 서술하고 있다. 이 점에서 대단원 3과 달리 이들 교과서는 교육과정의 성취 기준 순서대로 배치하여 서술한 셈이다. 이는 대단원 3과 달리 세계사적 배경 서술이 조선의 개항 직전이어서 시기상으로 부합할뿐더러 교육과정의 성취 기준이 세계사적 배경으로서 적합하다고 판단했기 때문이다.

　다만 세계사의 비율이 집필자들의 성향에 따라 조금씩 달랐다. 대단원 3과 마찬가지로 법문사와 삼화출판사는 중단원 1의 비율이 20%에 이르지 못하였다. 이에 반해 미래엔 컬쳐와 비상교육은 30%에 이르거나 넘었다. 법문사와 삼화출판사의 경우, 현장의 교사로서 자국사의 내용 중에서 세계사의 비중이 지나치게 높아지는 것을 경계하는 가운데 자국사와 직접적으로 관련된 내용만 서술한 것으로 보인다. 다만 삼화출판사의 경우, 대단원 3에서 세계사의 융합을 고려하여 세계사가 37.5%를 차지하고 있다는 점과 비교해 볼 때, 일관성이 떨어진다고 하겠다. 반면에 세계사의 비중이 높은 미래엔 컬쳐의 경우, 세계사 비율이 매우 높은 것은 '서양 세력, 동아시아에 다가오다'라는 소단원을 설정하여 유럽의 아시아 진출, 광둥 무역 체제와 일본의 네덜란드와의 교류 등을 서술하였기 때문이다. 이는 대단원 3의

'시민혁명과 산업혁명'과 대비하여 서양의 대항해 시대를 서술한 것으로 보이지만 사실상 이 두 영역은 별개의 영역이 아니라 동시대의 역사 전개이자 양자는 상호 유기적으로 발전하였다는 점에서 매우 편의적인 구성 방식이라고 하겠다. 비상교육의 경우는 미래엔 컬쳐와 달리 서양의 자본주의 발전 과정과 아시아 침략을 별개로 서술하지 않았지만 여타 출판사와 달리 일본사를 1~2쪽에서 3쪽으로 늘리고 해당 탐구활동을 강화했기 때문이다. 이는 집필자들이 일본사의 전개 과정이 한국근대사에 영향을 크게 미쳤다고 판단했기 때문이다.

〈표 6〉 대단원 5의 단원 구성 체계

교육과정의 성취기준(2010. 5)	법문사	미래엔 컬쳐	비상교육	삼화출판사
청·일 전쟁과 러·일 전쟁을 거치면서 일본의 제국주의가 본격화되었음을 안다. 외세의 중국 침략이 확대되고, 이에 맞서 반외세 근대 변혁 운동이 활발하게 전개되었음을 안다.	1. 일본의 제국주의화와 중국의 근대 변혁 운동 1) 일본의 제국주의화 2) 중국의 근대 변혁 운동 ·6쪽	1. 동아시아 삼국의 역사적 갈림길 1-1. 조선을 놓고 벌어진 두 차례의 전쟁 1-2. 위기의 청, 반외세 개혁 운동을 펼치다 ·6쪽	1. 중화 질서의 붕괴와 새로운 동아시아 질서 1) 청·일 전쟁과 중화 질서의 붕괴 2) 중국의 반침략 변혁 운동 3) 일본의 자본주의 발전 4) 일본과 러시아의 대립 5) 러·일 전쟁과 일본의 한국 강점 ·6쪽	1. 한반도를 차지하기 위해 전쟁이 일어나다 - 조선을 둘러싸고 열강이 대립하다 - 청·일 전쟁이 일어나다 ·4쪽 2. 중국, 민주 공화국을 세우다 - 일본을 배우자 - 다시 개혁을 추진하다 - 아시아에 최초로 민주 공화국이 탄생하다 ·4쪽
동학 농민 운동의 배경과 전개 과정을 알고, 이를 통해 농민군이 주장했던 사회 개혁의 방향을 파악한다.	2. 동학 농민 운동 1) 동학 농민 운동의 전개 2) 동학 농민 운동의 성격과 의의	2. 동학 농민 운동이 일어나다 2-1. 새로운 세상을 기다리는 농민들 2-2. 백성을 도탄에서 건지고 국	2. 근대를 향한 두 갈래 길, 동학 농민 운동과 갑오개혁 1) 농민 봉기와 동학 조직의 결합 2) 고부 농민 봉기 3) 동학 농민 운동	3. 동학 농민 운동이 일어나다 - 농민 봉기가 일어나다 - 동학이 확산되어 가다 - 고부 민란에서 제

		가를 반석 위에 두고자 함	4) 동학 농민 운동의 의의 5) 제1차 갑오개혁 6) 제2차 갑오개혁 7) 을미사변과 제3차 갑오개혁	1차 농민 봉기로 - 전주 화약으로 개혁을 약속하다 - 제2차 농민 봉기
		·4쪽	·8쪽	·6쪽
갑오 개혁, 독립 협회 운동, 대한제국의 개혁이 근대 국가 수립에서 차지하는 의미를 파악한다	3. 근대 국가 수립 운동 1) 갑오·을미개혁 2) 독립 협회 운동 3) 대한 제국과 광무개혁	3. 근대 국가를 수립하기 위해 노력하다 3-1. 역사의 소용돌이 속에서 추진된 갑오개혁 3-2. 독립 협회, 민중과 더불어 국권·민권운동에 나서다 3-3. 대한 제국, 황제권을 강화하여 국권을 공고히 하겠다	8) 갑오개혁의 의의 ·10쪽 3. 대한제국과 독립 협회 1) 대한 제국의 수립 2) 독립 협회 창립 3) 헌의 6조와 대한국 국제 4) 대한 제국의 근대화 정책 5) 열강의 이권 침탈 6) 대한 제국기의 경제 변화	4. 근대적 개혁을 추진하다 - 자주적 개혁을 시도하다 - 갑오개혁을 추진하다 - 을미 개혁을 강행하다 ·4쪽 5. 근대 주권 국가를 세우려 하다 - 민중을 일깨운 국민 국가를 만들자 - 황제를 중심으로 자강 개혁을 추구하다
	·8쪽	·12쪽	·7쪽	·4쪽
국권 피탈 과정과 일제의 침략에 맞선 국권 수호 운동의 흐름을 파악한다	4. 국권 피탈과 국권 수호 운동 1) 국권 피탈 2) 대한 제국의 영토 문제 3) 애국 계몽 운동 4) 항일 의병 운동 5) 열강의 경제적 침탈과 경제적 구국운동	4. 국권 수호 운동을 전개하다 4-1. 근대 국가 수립을 가로막은 일제의 침략 4-2. 일제의 침략에 맞선 항일 의병 전쟁 4-3. 실력을 길러 국권을 지키려 했던 애국 계몽 운동 4-4. 경제적 구국 운동이 일어나다 (독립협회 언급)	4. 일제의 국권 침탈과 국권 수호 운동 1) 일본의 내정 간섭과 외교권 강탈 2) 일본의 한국 강제 병합-간도와 독도 3) 애국 계몽 운동 4) 항일 의병 운동 5) 의열 투쟁	6. 경제 침탈에 맞서다 - 열강, 경제 침탈에 나서다 - 경제적 구국 운동 - 민족 자본을 일으키다 ·4쪽 7. 국권을 빼앗기다 - 주권을 빼앗기다 - 간도와 독도 ·4쪽

				8. 항일 의병 운동이 일어나다 - 의병 운동이 일어나다 - 국권 수호를 위해 다시 일어나다 - 전국으로 확산된 의병 전쟁 · 4쪽
				9. 애국 계몽 운동을 전개하다 - 계몽 단체가 만들어지다 - 계몽 운동을 통해 실력을 기르다 - 언론 · 출판과 국학 운동을 전개하다
	· 10쪽	· 18쪽	· 11쪽	· 4쪽
민권운동의 성장과 근대 문물의 유입으로 나타난 문화와 생활의 변화를 이해한다.	5. 민권운동의 성장과 근대 문물의 유입 1) 민권 의식의 성장 2) 근대 문물의 수용과 문예 · 생활의 변화	5. 민권 의식이 성장하고, 근대 문물이 들어오다 5-1. 신분 제도의 철폐와 민권 의식의 성장 5-2. 근대 문물, 생활의 편리함인가, 침략의 도구인가? 5-3. 신문으로 세상을 보다 5-4. 근대 교육과 국학 연구가 본격화되다 5-5. 문예와 종교에 부는 새로운 바람 5-6. 바뀌어가는 생활 모습들	5. 민권 의식의 성장과 근대 문물의 유입 1) 민권 의식의 성장 2) 여성의 사회 진출 3) 근대 교육의 시작 4) 언론의 발달 5) 국어와 국사 연구 6) 근대 문물의 수용 7) 의식주 생활의 변화 8) 종교계의 변화 9) 문학과 예술의 신사조	10. 근대 사회로 나아가다 - 평등 사회로 나아가다 - 교육과 신문, 국민을 만들다 - 평등 의식이 확산되어 가다 · 4쪽
				11. 근대 문물의 수용으로 생활이 변하다 - 서양 과학 기술을 받아들이다 - 근대 시설을 수용하다 - 변해가는 민중의 생활 - 생활 모습의 변화
	· 8쪽	· 14쪽	· 12쪽	· 6쪽

〈표 6〉은 국사와 세계사의 연계 방식에서 단원 3과 달리 차이를 보이지 않는다. 그것은 교육과정 자체의 성취 기준이 세계사적 배경보

다는 병렬형에 가깝게 규정했기 때문이다. 여기서는 시계열적인 연속
성보다는 국사와 세계사를 기계적으로 연결하여 서술한 셈이다.

　그런데 국사와 세계사 영역을 이처럼 별도의 내용 영역으로 설정·서
술함으로써 국내 사건과 국외 사건의 연대가 시간순으로 서술되지 못
하는 문제점을 야기하고 있다. 예컨대 청·일전쟁은 동학농민운동과
별개로 세계사 중단원에서 서술되어 있어 청·일전쟁이 동학농민운
동보다 먼저 발발한 것으로 오해할 수 있다. 특히 청·일전쟁의 직접
적 계기가 동학농민운동임에도 불구하고 동학농민운동 서술 부분에서
청·일전쟁이 세계사 단원 내용과의 중복을 피하기 위해 간략하게 서
술됨으로써 청·일전쟁이 동학농민운동을 계기로 발발하였음을 이해
하지 못할뿐더러 청·일전쟁이 동학농민운동의 전개에 미친 영향도
이해하지 못하는 지경에 이르고 있다.[22] 다음 러·일전쟁의 경우도
19세기 말 20세기 초 러시아와 일본이 한반도와 만주를 둘러싼 대립
의 폭발이었음에도 불구하고 러·일전쟁 직전 19세기 말 20세기 초
이 지역의 국제 정세가 설명되지 않음으로써 러·일전쟁의 결과가 을
사늑약의 체결 등 대한제국의 멸망에 미친 영향을 계기적으로 설명
하기 어렵다.

　이러한 단원 구성과 서술 방식은 역사가는 물론 역사 교사에게 설
명의 가장 핵심 부분을 차지하는 시간의 경과에 따른 인과관계 위주
의 설명을 불충분하게 만든다.[23] 오히려 자국사와 세계사의 연계성
을 떨어뜨림으로써 학생들이 세계사가 자국사와 별개로 덧붙여진 것

---

[22] 삼화출판사와 비상교육의 경우, 청·일전쟁 서술이 동학농민운동 단원에서 아예
　　누락되어 있다.

[23] 인과적 설명이 역사적 탐구에서 중요한 비중을 차지하고 있음은 역사 교사는 물론
　　역사교육 연구자들도 인정하고 있다. 양호환 외, 『역사교육의 이론』, 책과함께, 2009,
　　274쪽.

으로 파악할 수 있다.24) 이는 자국사를 세계사적 흐름 위에서 이해하기보다는 자국사를 학습하는 가운데 세계사를 별도로 공부해야 하는 부담을 제공할 수 있다. 그리하여 지학사 한국사 집필자들은 이러한 문제점을 인식하고 동학농민운동의 전개 과정을 시간순서대로 서술한 뒤 청·일전쟁과 동아시아의 변화를 다루고 있으며25) 러·일전쟁을 일제의 대한제국 국권침탈 앞에 배치하여 서술함으로써 러·일전쟁이 일제의 대한제국 침략에 미친 영향을 부각시키고 있다.26) 또한 일부 교사들은 비록 지학사가 아닌 『한국사』 교과서를 채택하였지만 세계사 단원을 생략하고 바로 자국사 내용을 중심으로 설명하면서 여기에 세계사적 배경을 곁들인다. 이는 수능에서 세계사적 배경을 출제하기 어렵다는 전제 아래27) 인과관계 서술의 문제점을 보완하고 수업 시수 부족에 따른 문제점을 해소하기 위한 궁여지책으로 보인다.28)

따라서 학생들의 처지에서 동학농민운동과 청·일전쟁, 대한제국의 멸망과 러·일전쟁을 인과관계에서 파악하기 위해서는 동일한 단원에서 시간순으로 기술해야 했다. 아울러 세계사적 배경과 의미를 이해시키기 위해서는 별도의 읽기 자료란에 배치하여 학생들의 이해를 도와야 했다. 그렇다면 중복 서술의 문제점도 피할뿐더러 지면 부

---

24) 교사인 이동욱은 국사와 세계사의 이러한 구성 방식에 대해 "세계사와 한국사가 마치 물과 기름 같다는 느낌을 받았"음을 지적하고 있다.

25) 정재정 외, 『한국사』, 지학사, 2011, 146~152쪽.

26) 정재정 외, 위의 책, 162~163쪽.

27) 수능에서 한국사, 동아시아사, 세계사가 동시에 출제되기 때문에 한국사에서는 동아시아사, 세계사 영역과의 중복을 피하기 위해 자국사 내용만 출제한다. 한국사가 최초로 수능 문제로 출제된 2014년도의 경우, 세계사 단원과 관련된 문항은 전무하다. 다만 한국사에 영향을 직접적으로 미친 국제적 사건과 관련되어 출제되었을 뿐이다. 역사교육연구소, 앞의 글, 126쪽.

28) A교사의 증언.

족에 따른 국내 사건의 압축적인 서술의 한계도 극복할 수 있었을 것
이다.

3. 서술 내용의 특징과 집필자의 근대사 인식

2009『한국사』교과서는 교육과정에 입각하여 집필되었지만 집필
자의 단원 구성 방식과 한국근대사 인식에 따라 서술 기조가 조금씩
달랐다. 이를 구체적으로 파악하기 위해서 4개 교과서에서 보이는 서
술상의 특징을 살펴보자. 이를 단적으로 확인할 수 있는 내용은 역사
적 사건에 대한 평가이다.

〈표 7〉 개항의 역사적 의의와 한계

법문사 (145쪽)	1876년의 개항을 계기로 조선은 국제사회에 등장하였으며 근대 사회로 나아가게 되었다. 그러나 이는 철저한 준비 끝에 이루어진 것이 아니기 때문에 근대 자본주의 체제에 강제적으로 편입되었고, 서구 열강과 일본, 청의 이중적인 외세 압력을 받게 되었다.
미래엔 컬처 (91~93쪽)	강화도 조약은 우리가 외국과 맺은 최초의 근대적인 조약이지만, 일본에 전적으로 유리한 불평등한 조약이었다. … 그 결과 조선은 서양 중심의 근대적 조약 체제로 들어갔지만, 열강에 침략의 발판을 내주고 말았다.
비상교육 (137쪽)	강화도 조약은 조선이 외국과 체결한 근대적인 조약으로, 이를 계기로 조선은 자본주의 체제와 대면하게 되었다. 그러나 강화도 조약은 일본이 서구 열강에게 강요당했던 불평등 내용을 조선에 그대로 강요한 타율적이고 불평등한 조약이었다.
삼화출판사 (134쪽)	조선의 문호 개방은 조선이 세계 무대에 등장하는 계기가 되었다. 하지만 청과 일본은 서구 열강에 침탈당한 경제적 손실을 조선에서 만회하려 하였기 때문에, 조선은 청·일·서구 열강들이 이권을 놓고 싸우는 각축장이 되었다.

　현장 교사가 집필한 법문사와 삼화출판사는 〈표 7〉과 같이 개항의 역사적 의의와 한계를 통설에 입각하여 서술한 반면에 연구자가 집필한 미래엔 컬쳐와 비상교육은 개항에 관한 직접적인 언급을 피하고 강화도조약의 의의와 한계를 지적하고 있다. 전자가 기존 통설에 입각하여 일반적으로 서술하였다면 후자는 일반적인 평가의 애매모호함에서 벗어나기 위해 강화도조약의 체결이라는 구체적인 사건에 대한 평가를 통해 개항의 근대성과 함께 불평등성 및 외세 침략의 계기임을 강조한 셈이다. 다만 전자는 학생들의 인지 발달 단계를 고려하여 개항에 대한 세계사적 규정성을 막연한 용어로 표현하고 있다. 예컨대 법문사와 삼화출판사가 각각 "개항을 계기로 조선이 국제사회에 등장하였다."와 "조선이 세계무대에 등장하는 계기가 되었다."라고 서술하고 있듯이 '국제사회'와 '세계무대'라는 비역사적인 용어는 개항의 역사성을 반감시킬 수 있다. 아울러 4개 교과서 모두 강화도조약이 왜 근대적인 조약인가를 설명하고 있지 않다. 이는 교육과정상에서 강화도조약 이전의 조공지배질서(朝貢支配秩序)를 밝히지 않은 데에서 비롯되었다. 아울러 법문사와 비상교육은 여타 교과서와 달리 교육과정해설에 입각하여 본문에서 조선 정부가 무관세 조항을 개정하기 위해 꾸준히 노력하였음을 언급하였다.[29] 또한 개항의 자주적 측면을 덧붙이기 위해 미래엔 컬쳐를 제외하고는 나머지 교과서들은 소주제 '강화도조약' 앞에 박규수 등의 통상개항론을 첨가하기도 하였다.

　한편, 교과서 집필자들은 〈표 8〉과 같이 공히 개항을 반대하였던 위정척사 운동을 역사적으로 평가하면서도 강조점을 달리 하였다.

---

29) 최준채 외, 『한국사』, 법문사, 2011, 142쪽 ; 도면회 외, 『한국사』, 비상교육, 2011, 139쪽.

〈표 8〉 위정척사운동의 역사적 의의와 한계

법문사 (151쪽)	위정 척사 운동은 조선이 근대 사회로 나아가는 데 장애가 되기도 했지만, 반외세 반침략의 자주적 민족 운동으로, 1890년대 이후의 항일 의병 운동과 국권 피탈 이후의 무장 독립 투쟁으로 계승되었다.
미래엔 컬쳐 (97쪽)	위정 척사 운동은 전제 군주제와 성리학적 지배 질서 수호를 내세워 정부가 개화 정책을 추진하고 국민들이 국제 정세의 흐름을 올바로 이해하는 데 장애물이 되기도 하였다. 그러나 이 운동은 외세의 침략에 반대하는 반외세·반침략의 자주적 민족 운동으로 일본과 서양 세력의 침략성을 꿰뚫어 보았으며, 그 정신이 항일 의병 운동으로 이어졌다는 점에서 커다란 의의를 지닌다.
비상교육 (144쪽)	위정 척사 운동은 서양과 일본의 경제적, 군사적 침략에 맞선 반외세, 반침략 운동이었다. 그러나 양반 중심의 성리학적 질서를 고수하려는 한계를 드러내어 기반이 점차 약해졌다. 위정 척사 운동은 1890년대 이후 일반 민중과 결합하여 항일 의병 운동으로 계승되었다. 한편, 일부 유생들 사이에서는 서구 문물을 일부 받아들여야 한다는 생각이 싹텄다.
삼화출판사	없음

　　법문사와 미래엔 컬쳐의 경우, 보수성을 인정하면서도 민족문제와 관련하여 자주성에 중점을 두고 1890년대 이후 항일의병운동과 무장독립투쟁으로 계승되었음을 강조하고 있다. 반면에 비상교육은 반외세 반침략 운동임을 인정하면서도 계급문제와 관련하여 양반 중심의 성리학적 질서를 고수하려는 계급적 한계에 갇혔음을 부각시켰다.

　　갑신정변의 경우, 〈표 9〉와 같이 집필자마다 각자의 역사 인식을 분명하게 드러내었다.

〈표 9〉 갑신정변의 역사적 의의와 한계

법문사 (156쪽)	갑신정변은 청년 지식인층이 중심이 되어 청의 간섭에서 벗어나 국가의 자주권을 확립하고, 입헌 군주제를 도입하여 조선을 근대 국민 국가로 발전시키려 한 위로부터의 개혁이었다. 그러나 갑신정변은 민중의 지지를 받지 못한 데다 개화사상이 널리 보급되지 못했기 때문에 실패하였다. 더욱이 급진개화파는 조선 후기 이래 토지 제도의 개혁을 주장해 왔던 농민들의 요구를 적극적으로 받아들이지 않고, 봉건적 토지 소유 문제를 근본적으로 해결하기보다는 조세 제도를 개혁하는 차원에서 해결하려고 하였다. 또, 일본군보다 수적으로 우세한 청군이 개입하여 실패하였다. 결국 갑신정변의 실패로 급진 개화파가 몰락하였고, 청의 내정 간섭이 더욱 심해지는 등 외세의 침략이 가속화되었다.
미래엔 컬처 (106쪽)	갑신정변은 근대 국가의 건설을 목표로 일어난 우리나라 최초의 정치개혁운동이었다. … 그러나 갑신정변은 소수의 지식인들이 중심이 되어 급진적인 방식으로 근대화를 추구한 위로부터의 개혁이었다. 따라서 민중의 지지를 이끌어 내지 못한 한계를 지니고 있는데, 이는 일본의 군사적 지원 약속에 지나치게 의존했고 농민들의 염원이었던 토지 개혁에 소홀했기 때문이다.
비상교육 (151쪽)	급진 개화파는 개화 세력의 기반을 제대로 형성하지 못한 상황에서 일본의 침략적 의도를 간파하지 못한 채 일본의 힘을 빌려 정변 방식을 취하였다. 이러한 방식은 일반민의 지지를 끌어내지 못하였으며 오히려 개화에 대한 반감을 초래하였다. … 그러나 갑신정변은 근대 국가 건설을 목표로 한 최초의 정치 개혁 운동이었다. 양반 지주층이 중심이었던 이들 급진 개화파는 위로부터의 개혁을 시도하였다. … 이러한 방향성은 이후 갑오개혁과 독립 협회 활동으로 계승되었다
삼화출판사 (146쪽)	이들은 단순한 기술이나 제도의 도입을 넘어서 전통적인 체제를 혁신하여 근대적인 국민 국가를 수립하려고 하였다. 그러나 … 급진 개화파는 일본의 지원만 믿고 성급하게 정변을 추진하여 대중의 지지를 끌어내지 못하였다. 이후 청의 조선에 대한 내정 간섭은 더욱 강화되었고, 개화 세력은 커다란 타격을 입었다.

즉 갑신정변의 의의를 언급할 때 4개 교과서 공히 위로부터의 개혁임을 인정하면서도 한계에 대해서는 강조점을 달리하였다. 물론 외세 의존성에 대해서는 언급하고 있지만 토지개혁 문제에 대해서는 비상교육과 삼화출판사는 언급하고 있지 않다. 이들 집필자는 당시 농민들의 토지개혁론 요구 자체가 매우 미약했다고 진단하고 갑신정변 세력이 이러한 요구를 반드시 반영해야 할 필요성을 느끼지 않았다

고 판단한 것으로 보인다.

다음 집필자들의 동학농민운동에 대한 평가 역시 대동소이하지만
이후 전망에 대해서는 엇갈리는 평가를 내놓았다.

〈표 10〉 동학농민운동의 성격과 의의

법문사 (181쪽)	동학 농민 운동은 안으로는 봉건적 지배 체제에 반대하여 신분제 폐지, 삼정 개혁 등 봉건 체제의 개혁을 요구하고, 밖으로는 외세의 침략을 물리치려고 한 반봉건적·반침략적 민족 운동의 성격을 띠고 있었다. 이 때문에 당시의 집권 세력인 양반 지배층과 일본의 탄압을 받아 실패하고 말았으나, 그 영향은 매우 컸다. 동학 농민군의 요구 가운데 신분 제도 폐지 등의 일부 조항은 갑오개혁에 반영되었다. 또, 동학 농민군의 잔여 세력 가운데 일부는 1890년대 의병 투쟁에 참가하여 반외세 민족 운동을 전개하였고, 이후 1900년 전후에는 영학당, 활빈당에 가담하여 반봉건·반외세 운동을 계속해 나갔다. 그러나 동학 농민 운동은 근대 사회를 건설하기 위한 구체적인 방안을 제시하지 못한 한계성을 지니고 있었다.
미래엔 컬처 (128쪽)	동학 농민 운동은 우리 역사상 최대 규모의 농민운동이었지만 결국 일본군의 개입으로 실패하였다. 동학 농민 운동은 안으로 개혁 정치를 통해 봉건 지배 질서를 타파하고, 밖으로 외세의 침략을 물리쳐 나라를 지키고자 한 반봉건·반침략 성격의 농민 항쟁이었다. 이 운동에서 제기된 양반 중심의 사회 질서에 대한 개혁 요구는 갑오개혁에 반영됨으로써 새로운 질서의 성립을 촉진하였다. 또한, 동학 농민군의 잔여 세력이 을미의병에 가담함으로써, 반침략 항일 투쟁의 토대를 마련하였다. 향후 농민층은 영학당, 활빈당 등의 무장 결사를 조직하여 민족 운동에 적극 나섰으며, 을사늑약 이후에는 치열한 항일 의병 투쟁을 전개하였다
비상교육 (174쪽)	동학 농민 운동은 피지배층인 농민의 입장에서 토호의 수탈과 같은 봉건적 수탈과 신분제를 개혁하려는 반봉건적 성격을 지니고 있었다. 이러한 반봉건 개혁 요구는 이후 갑오개혁에 영향을 미쳤다. 한편, 동학 농민 운동은 개화파 정권에 비판적이었고, 침략국인 일본에 대하여 저항하는 반침략적 성격도 지니고 있었다. 동학 농민군의 잔여 세력 중 일부는 이후 활빈당과 같은 민중 운동이나 항일 의병 투쟁에 참여하여 반봉건·반침략 운동을 지속하였다.
삼화출판사 (172쪽)	동학 농민 운동은 근대적 개혁인 갑오개혁에 영향을 미쳤고, 반외세적 성격은 항일 의병 운동으로 계승되었다.

우선 동학농민운동에 대한 연구 성과가 풍부한 까닭에 연구자마다
농민운동에 대한 시각과 성격 규정이 다름에도 불구하고 집필자들로

서는 특정 학설을 따르기보다는 통설과 교육과정 해설에 입각하여
서술한 것으로 보인다.[30] 예컨대 동학과 농민전쟁의 관계에서 동학
이 농민전쟁 추동력의 근간이라 할 조직을 제공한 것으로 서술하고
있다.[31] 다만 삼화출판사의 경우, 제7차 교육과정 시기 금성출판사와
마찬가지로 전봉준, 황하일 등이 동학 지도부와 별개로 1893년에 개
최한 금구 집회를 언급하여 동학 조직과 농민전쟁의 관계를 완화시
켜 서술하고 있다. 아울러 4개 교과서 공히 오지영의『동학사』에 근
거하여 전주화약을 계기로 폐정개혁안이 실시되고 집강소가 설치되
었다는 내용이 서술되어 있다.[32]

　다음 동학농민운동 이후 전망을 두고 집필자 간에 미묘한 차이를
보인다. 미래엔 컬쳐의 경우, 동학 농민군의 잔여 세력이 을미의병에
가담했음을 부각시키고 있다. 이는 반침략에 초점을 두고 을미의병과
의 연계성을 강조한 것으로 보인다. 반면에 비상교육은 반침략성을
인정하면서도 을미의병을 언급하지 않고 활빈당으로 연결시키고 있
다. 이러한 전망은 계급문제에 초점을 맞추어 동학농민운동에서 활빈
당 운동으로 연결시키고 있는 것이다.

　또한 갑오·을미개혁에 대한 평가는 국사학계에서 뜨거운 쟁점이

---

[30]『2007 고등학교 사회과(역사)해설서』에 따르면 "동학 농민 운동의 배경은 동학 사상
의 확산과 농촌 사회 변동 등을 통해서 이해하고, 전개 과정은 단계별 변화를 중심으
로 다루되 국내외 상황에 비추어 입체적으로 접근한 것을 권장한다."고 되어 있다.

[31] 법문사의 경우, "산발적으로 분출되던 농민의 힘을 결집시키는 데 큰 역할을 한 것이
동학이었다."라고 서술하고 있으며 미래엔 컬쳐의 경우는 "농민들을 조직화하여 소규모
농민 봉기를 대규모 농민 운동으로 발전시키는 데 중요한 역할을 하였다."라고 서술하고
있다. 또한 비상교육은 소주제 제목을 '농민봉기와 동학 조직의 결합'이라고 명명하였다.

[32] 근래에 전주화약은 농민군이 전주성에서 철수하는 대신에 농민군이 요구한 27개조
의 폐정개혁안을 중앙에 보고하여 개혁하도록 하겠다는 것과 농민군의 신변보장을
골자로 삼았다는 주장이 제기되었다(김양식,『근대 한국의 사회변동과 농민전쟁』,
신서원, 1996, 115~119쪽). 이러한 주장은 기존의 연구가 오지영의『동학사』가 서술한
기본틀에서 벗어나지 못한 데에 따른 한계로 간주하고 있다.

다. 갑오개혁에 관한 연구 역시 풍부하고 시각이 다양하였기 때문이다. 그러나 집필자로서는 〈표 11〉과 같이 어느 특정 시각을 따르기보다는 교육과정 해설서의 견해를 수용하여 서술하고 있다.

〈표 11〉 갑오 · 을미개혁의 의의와 한계

법문사 (184쪽)	갑오 · 을미개혁은 봉건적인 통치 체제와 차별적인 신분 제도를 혁파하고 여러 가지 근대적인 제도를 수용하여 조선을 근대 국가 체제로 발전시키려 한 개혁 운동이었다. 또, 갑신정변과 동학 농민 운동의 개혁 의지가 반영되어 근대적 평등 사회의 기틀을 마련하였다. 그러나 갑오 · 을미개혁은 토지 제도의 개혁과 같은 민중의 요구를 제대로 반영하지 못하였으며, 조선의 군사력이 강화되는 것을 꺼린 일본의 간섭으로 군사 면에서의 개혁은 이루어지지 못한 한계를 지니고 있었다.
미래엔 컬쳐 (134쪽)	갑오 · 을미개혁은 대외적으로 일본의 조선 침략 정책에 의해 강요된 측면도 있지만, 조선의 개화 각료들에 의해 자주적으로 진행된 개혁이었다. 또한, 국가체제를 근본적으로 개혁하고자 했던 개화파들의 의지와 사회변혁을 추구하던 동학 농민군의 요구가 반영되어 이루어진 근대적 개혁이었다. 특히, 역사상 처음으로 차별적 신분 제도를 폐지하고 평등 사회의 기틀을 마련한 점과, 왕권을 제한하고 내각 중심의 정치를 실시함으로써 전제 군주제를 극복하는 새로운 정치 체제를 시도한 점은 높이 평가할 수 있다. 하지만 개혁 주도 세력이 일본의 무력에 의존했고, 개혁에 대한 민중의 지지를 얻어내지 못했으며, 자주적 근대 국가의 기반을 구축하는 데 필수적인 국방력의 강화나 상공업의 진흥과 같은 개혁에는 소홀했던 한계를 지니고 있었다.
비상교육 (178쪽)	갑오개혁은 그 진행 과정에 일본이 개입하였고, 개혁 추진 세력이 일본에 많은 이권을 넘겨주어 국민의 반발을 초래하였다. 게다가 개혁의 내용이 대개 지배층의 입장에서 추진되었기에 농민층의 요구와는 다소 거리가 멀어 외면당하였다. 그러나 갑오개혁은 신분제 폐지와 같은 갑신정변과 동학 농민 운동 당시의 요구를 어느 정도 수용하여 근대 국가로서 면모를 갖추는 데 기여하였다. 이때 만들어진 근대적 제도의 골격은 대한 제국기까지 유지되면서 독립 협회와 애국 계몽 운동과 같은 민권 및 국권 수호 운동이 전개되는 기반이 되었다.
삼화출판사 (176쪽)	갑오 · 을미개혁은 개항 이후 계속된 근대적 개혁에 대한 요구를 수렴하여 조선의 전 분야에 걸쳐 이루어졌다. 이로써 봉건적 신분 질서가 무너지고 근대적 사회로 나아갈 수 있는 제도적 토대가 마련되었다. 그러나 당시 가장 절실했던 군사 제도 개혁은 미흡했고, 농민들이 요구한 토지 제도의 개혁 등이 이루어지지 않았다. 또한 일본의 간섭을 배제하지 못했다는 한계를 지녔다.

즉 집필자들은 공히 교육과정해설서에서 요구하였던 '자주적 관점'에 입각하여 갑오개혁의 자율성을 강조하고 있다.[33] 그러나 한계에 대한 서술에서는 집필자 간에 차이를 보인다. 법문사와 삼화출판사의 경우, 농민층의 토지개혁 요구에 대한 수용 여부를 크게 다루고 있다. 이 점에서 법문사는 갑신정변과 마찬가지로 여기서도 일관되게 토지개혁 문제를 개혁의 성격을 규정하는 주요 변수로 보고 있음을 확인할 수 있다.

〈표 12〉 광무개혁의 역사적 의의와 한계

법문사 (187~188쪽)	이 법제(국제)에서 대한 제국은 만세불변의 전제 정치 국가임을 천명하고, 육해군 통수권을 비롯하여 입법권, 사법권, 행정권, 외교권 등의 모든 권한을 황제의 대권으로 규정하여 황제권 중심의 국민 국가를 수립하려고 노력하였다. … 광무개혁은 국방·산업·교육·기술면에서 일부 성과를 거두었지만, 집권층의 보수적 성향과 열강의 간섭으로 큰 성과를 거두지는 못하였다.
미래엔 컬처 (141쪽)	광무 개혁은 국가의 자주 독립과 근대화를 지향하고 외세의 간섭을 배제하려고 노력했으며, 교육과 과학 기술면에서도 상당한 성과를 거두었다. 또한, 국방력 강화를 위해 노력한 점과 상공업을 진흥시키고 근대적 토지 소유 제도의 확립을 추구했다는 점에서 의의가 있다. 그러나 정치적인 측면에서 전제 군주제를 강화하는 방향으로 개혁이 추진되었다는 점에서 큰 한계를 지닌다. 즉, 독립 협회의 민권 운동을 억압했으며, 군사 개혁도 황제권을 강화하고 치안을 유지하는 수준에서 크게 벗어나지 못했던 것이다. 더욱이 일본 등 열강의 간섭에서도 완전히 벗어나지 못한 탓에 광무 개혁이 큰 성과를 거두기에는 많은 어려움이 따랐다.
비상교육 (184쪽)	대한 제국의 근대화 정책은 갑오개혁기의 정책을 계승하면서도 황실 기관을 중심으로 추진되었다. 그러나 지배층의 부패와 열강의 간섭 때문에 군비와 경찰력 강화 외에 큰 성과를 거두지는 못하였다.
삼화출판사 (180쪽)	광무개혁은 짧은 기간 안에 산업과 교육 등에 적지 않은 성과를 거두었으나 집권층의 보수적 성격과 열강의 간섭 등으로 한계가 있었다.

---

[33] 천재교육의 경우, 갑오개혁의 근대성을 인정하면서도 외세의존적 성격으로 인해 국민의 지지를 받지 못했음을 강조하고 있다(주진오 외, 『한국사』, 천재교육, 2011, 148쪽).

광무개혁에 대한 평가는 두 차례 '광무개혁 논쟁'을 벌일 정도도 학계에서는 첨예한 대립을 보이는 주제로서 이를 바라보는 학계의 시각은 매우 상이하다. 그러나 교과서 집필자들은 교육과정해설서에서 자주적 관점에서 대한제국이 황제권 중심의 근대 국가 수립을 위하여 노력을 기울였던 점을 강조한 점을 염두에 두고 서술한 것으로 보인다.34) 즉 4개 교과서 공히 광무개혁이 국방, 산업, 교육, 문화의 방면에서 적지 않은 성과를 거두었음을 인정할뿐더러 근대적 토지소유 제도의 확립을 기하고자 했음을 강조하면서도 광무정권의 보수성과 외세의 간섭으로 개혁이 실패로 돌아갔음을 언급하고 있다.

특히 비상교육의 경우, 열강의 간섭과 함께 지배층의 부패를 강조하여 광무정권의 무능을 부각시켰다. 이는 비상교육의 집필진들이 교육과정의 요구를 따르면서도 광무정권의 이러한 무능과 부패를 광무개혁의 한계로 제시함으로써 개혁의 원천적인 한계를 지적하고자 한 것으로 보인다.35) 물론 비상교육의 경우, 제7차 교육과정 시기 금성교과서에서 설정한 '대한 제국과 독립 협회의 활동'에 견주어 '대한 제국과 독립 협회'라는 중단원을 설정하였으며 분량 역시 여타 교과서보다 많다. 그러나 해당 서술 내용의 분량과 기조를 보면 독립협회의 활동과 만민공동회 운동에 많은 지면을 할애하여 이들 단체의 개혁성을 높이 평가한 반면에 광무정권의 성격을 황제권의 전제성과 반동성으로 집약하여 평가하였다. 이러한 평가는 천재교육 집필진이 독립협회의 주도 세력이 지니는 친일·친미적인 성향의 문제점을 지적한 반면에 비상교육 집필진은 독립협회의 이러한 문제점을 언급하기

---

34) 교육인적자원부, 『교육과정해설서 4 사회(역사)』, 2008, 83쪽.
35) 비상교육의 경우, 광무개혁의 물질적 기반이라 할 내장원이 지방에 관리를 파견하여 가는 곳마다 지방관과 갈등을 일으키고 백성을 수탈하여 원성을 샀음을 강조하고 있다. 도면회 외, 『한국사』, 비상교육, 2011, 184쪽.

보다는 당시 대한제국이 처한 국제정세와 역사적 맥락은 고려하지 않
고 광무정권의 한계를 부각시키는 데 중점을 둔 점에서 더욱 두드러
진다.[36]

〈표 13〉 의병운동의 역사적 의의와 한계

법문사 (196~197쪽)	항일 의병 운동은 애국 계몽 운동과 함께 국권 회복 운동의 양대 흐름을 형성하였으며, 일본에 저항하는 가장 적극적인 형태의 민족 운동이었다. … 이러한 일본의 탄압에 맞서 의병은 치열한 항쟁을 계속하였으나, 국내에서는 더 이상 항쟁을 이어 갈 수 없었다. 그러나 의병 운동을 계기로 독립운동 기지 건설이 추진되었으며, 많은 의병 부대가 간도와 연해주로 옮겨 가 새로운 독립운동의 근거지를 마련하게 되었다.
미래엔 컬처 (151쪽)	의병 전쟁은 일본 제국주의의 군사적 침략에 맞서 민족적 자유를 수호하기 위한 정의로운 투쟁이었다. 의병들은 국제적 지원이 전혀 없는 고립 상태에서 군사력의 열세에도 15년 이상을 계속하여 투쟁하였다. 일부 양반 출신 의병장들은 평민 의병장을 인정하지 않는 등 봉건적 신분 의식을 극복하지 못한 한계를 지닌 경우도 있었다. 하지만 의병 전쟁에서 나타난 항일 독립 정신과 도덕적 정의감은 일제의 강점을 지연시켰으며, 일제 강점기의 무장 독립 전쟁으로 계승되었다. 이상에서 나타났듯이 의병 전쟁은 야만적 제국주의 세력의 무력 침략에 굴복하지 않고 투쟁한 약소 민족의 반제국주의 운동이라는 세계사적 의의도 지니고 있다.
비상교육 (195쪽)	의병 투쟁은 초기에 의병장들의 봉건적 신분 의식의 한계로 결속이 강화되지 못하였으나 평민 출신 의병장이 등장하면서 점차 한계를 극복하고 민족의식을 바탕으로 한 국권 수호 운동으로 전개되었다. 이는 일제 강점 이후 독립운동과 독립군 기지 건설 운동의 밑거름이 되었다.
삼화출판사 (190~192쪽)	일본의 침략이 더욱 심해지자 국권을 수호하기 위한 민족적 저항이 여러 방면에서 일어났다. 그중에서 가장 적극적인 저항은 의병 운동이었다. … 그리하여 의병 부대들은 대부분 만주나 연해주 지방으로 이동하여, 새로운 독립운동 기지를 마련하고 독립 전쟁을 이어 갔다.

---

[36] 천재교육의 경우, 독립협회의 주도세력들을 다음과 같이 평가하고 있다.
"독립 협회의 주도세력들은 러시아에 대한 견제에는 적극적이었지만 미국, 영국, 일본에 대해서는 우호적인 태도를 보임으로써 외세에 대하여 편중된 인식을 가지는 등의 문제점을 안고 있었다."(151쪽)
반면에 비상교육의 경우, 대한국 국제를 다음과 같이 평가하고 있다.
"1898년 8월 정부는 만국공법에 준해 대한국 국제를 반포하여 대한 제국의 정치 체제가 '만세불변할 전제 정치'이고, 황제가 무한한 군주권을 갖는다고 명시하였다. 반면 신민에 대해서는 복종할 의무만 규정하였다."(183쪽)

의병운동은 학계에서 시각의 소소한 차이를 보이고 있으나 〈표 13〉
과 같이 다른 주제에 비해 그 차이가 적은 편이다. 따라서 집필자들
은 공히 기존의 통설과 교육과정해설서에 따라 애국계몽운동과 함께
의병운동을 양대 국권 수호 운동의 하나로 서술하고 있다. 다만 법문
사, 삼화출판사와 미래엔 컬쳐, 비상교육의 경우, 전자가 반일 투쟁에
초점에 두고 초기 의병장이 지니고 봉건적 신분 의식의 한계를 직접
적으로 언급하지 않은 반면에 후자는 계급 문제에 초점을 두고 이러
한 신분 의식의 한계를 지적하여 을미·을사 의병운동 등의 초기 의
병운동이 민족운동에서 지니는 가치를 평가 절하하고자 하였음을 보
여주고 있다.

이처럼 4개 『한국사』 교과서는 동일한 교육과정, 교육과정해설서,
집필기준서에 준해 집필하였음에도 불구하고 한국근대사에 일어난
역사적 사건에 대한 해석이 집필자의 근대사 인식과 주안점에 따라
조금씩 다르다. 이는 나머지 2개 교과서도 마찬가지이다.

그러나 이미 언급했듯이 교육과정 등의 문서가 단원 구성과 서술
내용의 기조를 규정하고 있어 외부에서 우려할 정도의 차이는 드러
나지 않는다. 근거 없는 해석과 사관의 편향성은 처음부터 주류 학설
에 준한 여과 절차와 심사 과정을 거치면서 걸러졌기 때문이다. 그리
하여 오히려 교과서마다 지녀야 할 자기 고유의 개성이 약하고 차별
화가 되지 않았다는 비판을 받기도 한다. 이 점에서 검인정 발행 체
제가 사관의 충돌과 이념 대립을 초래하고 있다는 일각의 주장은 근
거가 미약한 견해이다. 따라서 이제는 획일적인 잣대에 입각한 소모
적인 정치적 논란의 질곡에서 벗어나 학생들의 비판적인 탐구력을
자극하고 역사적 상상력을 펼칠 수 있도록 검인정제도를 공정하게
관리하고 교과서의 질을 개선하는 데 역점을 두어야 할 것이다.

4. 여언(餘言)

'2007 개정 역사 교육과정'에 입각하여 집필될 고등학교 '역사' 교과서는 도중에 개정된 '2009 개정 역사 교육과정'(2010년 5월 고시)으로 말미암아 우여곡절 끝에 2011년에『한국사』라는 명칭으로 발행되었다. 그러나 이 교과서는 2011년 8월에 고시된 또 다른 '2009 개정 역사 교육과정'에 의해 2014년부터 점차 역사 속으로 사라질 운명에 처했다. 역대 검인정 교과서 중 수명이 가장 짧은 교과서로 기록되지 않을까 한다.

이런 가운데 일부 연구자와 역사교사들이 교육과정 개정 작업과 교과서 집필에 참가하였지만 그 반향은 너무 커서 교육과정과 '한국사' 교과서를 둘러싼 논란이 시간이 갈수록 더욱 증폭되고 교육 현장은 매우 어수선하였다. 여기에 내용을 둘러싼 정치적 논란이 가해져 역사교육의 위기는 가중되었다. 특히 출판사의 경우, 열악한 여건 속에서 교과서를 어렵게 발행하였지만 이에 따른 손실은 결코 적지 않았다.

이 중 2009 개정 역사 교육과정은 2007 개정 역사 교육과정과 대비되어 비판의 도마에 올랐다. 즉 일각에서는 2009 개정 역사 교육과정이 2007 개정 역사 교육과정을 개악했다고 주장하면서 자민족 중심의 교육과정으로의 회귀라고 비판하였다. 이들 연구자와 교사의 시각에서는 2007 개정 역사 교육과정이 학생들이 한국사와 세계사를 아울러 학습함으로써 자국사 중심의 역사 인식에서 벗어나 세계사적 시야에서 자국사를 인식할 수 있는 반면에 2009 개정 역사 교육과정은 역대 역사 교육과정에서 견지했던 민족 정체성 함양을 되살려 자민족 중심의 역사 인식을 부활시켰다고 판단했기 때문이다.

그러나 단원 구성 방식과 서술 내용의 기조를 분석하면, 2007 개정 역사 교육과정과 2009 개정 역사 교육과정이 전근대 일부 단원의 구성 방식을 제외하고는 한국사 영역과 세계사 영역의 병렬 방식이라는 점에서 거의 유사함을 확인할 수 있다. 교과서의 명칭이 '한국사'로 바뀌었지만 실상은 발행 직전의『역사』교과서와 다를 바 없었던 것이다. 그리하여 많은 현장 교사들 사이에서는 수능이라고 하는 획일적인 평가가 최상의 척도이고 역사 수업 시수가 매우 부족한 여건에 비추어 보았을 때, 한국사 영역과 세계사 영역의 병렬 방식은 열악한 교육 여건을 고려하지 않는 이상적인 방식이라고 주장하였다. 교육 현실과의 적합성을 기준으로 삼아 비판한 셈이다. 또한 이들의 주장에 따르면 세계사적 배경으로 설정되었다고 여기는 세계사 중단원마저 학생들이 자국사의 전개 과정을 인과관계에 입각하여 파악하는 데 오히려 방해될뿐더러 암기해야 할 불필요한 지식으로 오해할 수 있다는 것이다. 한국사 영역과 세계사 영역이 '물과 기름과 같다'고 하거나 그렇게 경계해 마지않았던 서구 중심의 역사관에 매몰되었다는 지적은 이를 단적으로 말해준다.

결국 6개 교과서는 집필자들의 역사 인식, 서술태도 및 현장 적합도 인식에 따라 자국사와 세계사의 연계 방식이 제각기 다른 구성 방식으로 집필되었다. 물론 이러한 다양한 구성 방식은 2007 개정 역사 교육과정에 입각하여 집필되어 세상에 나올 뻔했던 '역사' 교과서에서도 적용되었을 것이다.

한편, 6개 교과서 서술 내용의 기조에서 드러나고 있듯이 집필자들이 동일한 교육과정과 교육과정해설서, 집필 기준에 입각하여 단원을 구성하고 내용을 서술하지만 집필자의 역사 인식, 사건·사실에 대한 해석에 따라 서술 내용이 조금씩 다르다. 이러한 현상은 수능이라고 하는 절대적이고 획일적인 평가 방식이 작동되는 현실에서는 다소 불안하고 위험하게 보일 수 있다. 그러나 엄격한 사료 비판을 거쳐 내려지는 사건과 사실에 대한 다양한 해석과 평가는 인간 만사와 삼라만상의 변화·발전을 창조적으로 인식하면서 새로운 변화를 이끌어내는 원동력이다. 이 점에서 여전히 미흡하지만 검인정교과서가 1종 교과서에 비해 학생들의 역사적 상상력과 창의적 활동을 끌어올리는 데 중요한 역할을 하리라 본다.

　현재 역사교과의 위기는 국사교육만의 위기는 아니다. 가장 심각한 것은 세계사교육의 위기이다. 따라서 국사교육과 세계사교육을 동시에 살리기 위해 국사 영역과 세계사 영역의 병렬 방식을 구안한 것은 열악한 현실을 조금이나마 타파하고자 하는 고육지책임에 분명하다. 이러한 방식은 기존의 자국사 중심으로 구성하고 집필했던 방식에 신선한 경종임에 틀림없다. 그러나 이러한 해결 방식은 대단히 기계적이고 조급한 접근 방식이다. 세계사적 보편성의 구현은 지면상의 양적 문제가 아니라 원리상의 질적 문제이기 때문이다. 세계 각국의 자국사를 살펴보면, 자기 내력과 사정에 따라 구성 방식과 서술 경향이 상이하다. 『미국사』 교과서의 경우, 『세계사』와 분리되어 있다. 물론 『미국사』 교과서에는 세계사 서술 내용이 들어 있다. 그러나 이 경우에도 세계사적 배경을 염두에 두면서도 자국사 중심으로 단원을 구성하고 사건 전개순으로 서술하고 있다.[37] 중국과 일본도 사정은

---

[37] *Prentice Hall the American nation*의 경우, 제1차 세계대전 단원을 유럽에서의 전쟁(전쟁의 원인, 전쟁이 발발하다, 참호전, 미국의 국외중립), 국외중립에서 전쟁으로(윌슨의 평화 노력, 전쟁으로 이동하다, 전쟁 준비, 전쟁 노력 관리, 국내 전선), 전투에서 미국인(미국 동맹국에 대한 저지, 프랑스에서 미국 원정대, 미국 동맹국이 전쟁에서 이기다, 전쟁의 상처)으로 구성하고 있듯이 단원 초반부에 세계사적 배경을 조금 서술할 뿐 나머지 대부분에는 자국사의 내용을 서술하고 있다. James West Davidson, Michael B. Stoff, author, *Prentice Hall the American nation*, Pearson Prentice Hall, 2005, pp.686~702.

마찬가지이다. 그들 국가의 성장·변화 과정이 주변 나라에 영향을 주거나 받았지만 기본적으로 자국 활동 공간에서 내적 계기에 의해 발전해 왔기 때문이다. 유럽의 경우는 자국사 교과서가 거의 없다. 그 것은 유럽 각국의 역사가 주변 나라와 끊임없는 전쟁, 교류, 통혼, 이 동 등을 통해 이합집산하였기 때문이다. 그럼에도 기조 서술이 자국 사 중심의 역사 서술이라는 점은 부인할 수 없다.

따라서 세계사교육의 위기는 한국사, 동양사, 서양사, 역사교육을 불문하고 모든 역사 연구자, 그리고 역사교사들이 국사와 별도로 필 수화로 나아가는 노력을 경주할 때 해결의 실마리를 잡을 수 있다. 물론 여기에는 사회탐구, 과학탐구 관련 연구자, 교사들과 연대하여 영·수 위주의 기형적인 교육과정을 혁신시켜야 함은 말할 나위도 없 다. 반면에 국사와 세계사를 병렬적으로 연계·통합하는 것은 논리 상·역사 맥락상 프로크루스테스의 침대가 될 뿐이다.

한편, 일국사에 갇혀 있다고 비판받는 국사 교과서도 맹성할 필요 가 있다. 늘 세계사적 배경과 보편성을 강조하면서도 간과하거나 배 제하였던 외적 요인에 관심을 기울여야 한다. 이들 요인은 자국사의 전개 과정에서 중요한 영향을 미쳤기 때문이다. 여기에는 주변 나라 와의 관계, 국제 정세, 전쟁과 교류 등이 포함된다. 세계사적 보편성 을 늘 염두에 두면서도 주체적으로 역사를 인식하고 배우는 것은 역 사의 전개 과정을 인과관계에 입각하여 과학적으로 인식하는 첩경이 다.

＊
―
2014, 新稿.

제5장

2009 개정 '역사' 교육과정을 둘러싼 의사결정 구조의 난맥(亂脈)과 개발 과정의 허실(虛實)

1. 서언

*20*09 개정 시기에 개정된 교육과정 중 2011년 8월 9일에 고시된 '역사' 교육과정은 여타 교과(목) 교육과정의 개정에 비해 언론계와 학계, 교육 현장, 정치권으로부터 관련 위원회의 출범부터 告示에 이르기까지 유달리 주목을 받았다.[1] 그것은 단적으로 '민주주의'와 '자유민주주의'라는 용어를 둘러싼 대립·갈등으로 인해 과거에 보였던 관심의 수준을 넘어 관련 위원회 운영의 파행, 위원들의 사퇴 및 각 단체의 성명전이 속출하였기 때문이다. 이에 이러한 대립·갈

---

[1] '2009 개정 시기'라는 명칭은 한국교육과정평가원의 명명에 따랐다. 2003년 수시개정 체제 도입 이후 빈번하게 개정되는 교육과정을 일일이 명명하기 어려워 전면 개정된 시점의 연도를 붙임으로써 이전 교육과정과 이후 교육과정을 구분하고자 한 듯하다. 따라서 간혹 '2011 교육과정'으로 부르고 있는 교육과정(교육과학기술부 고시 제2011-361호)도 2011년에 8월 9일에 고시되었지만, 그 명칭이 '2009 개정 교육과정에 따른 사회과 교육과정'으로 되어 있다. 각론이 크게 바뀌었어도 총론이 크게 바뀌지 않았기 때문에 그렇게 부르고 있지 않나 추정된다. 이 글에서도 이 용어를 따른다.

등을 배태한 원인의 근저에는 교육과정 개정 논의에 참여한 위원들 사이의 상이한 현실인식 및 역사관의 차이, 이해관계의 대립 등이 깔려 있다는 주장이 힘을 얻고 있다.

이러한 사태의 직접적인인 계기는 '사회과 교육과정심의회'까지 통과한 개정안의 '민주주의'라는 용어를 '자유민주주의'로 변경한 교육과학기술부의 결정 행위였다.[2] 이는 의사결정 구조의 본질을 단적으로 보여준다 하겠다. 반면에 이 와중에 세인들의 주목을 받았던 '역사교육의 정상화'라는 과제는 슬그머니 사라져 버리는 대신에 '민주주의냐 자유민주주의냐'라는 의제만 덩그러니 남아 학계와 정치권, 교육계·학계의 내부 갈등으로 번져갔으며 이 속에서 역사교육 현장은 몹시 흔들렸다.

따라서 이러한 일련의 사태는 궁극적으로 '역사' 교육과정의 권위와 신뢰를 더욱더 추락시켰을뿐더러 현장에서 묵묵히 열심히 가르치는 역사교사들의 우려와 불안을 증폭시켰다.[3] 그러면 이러한 논의 절차와 의사결정 구조를 만들어낸 제도적·사회적 요인을 과거 교육과정 제정 맥락 속에서 찬찬히 파악할 필요가 있다.

물론 이러한 갈등을 초래한 요인으로 한국근현대사의 전개 과정에서 재래하는 이데올로기 공방을 들 수 있다.[4] 그러나 의사결정 과정

---

[2] 2009 개정 역사 교육과정 논의와 의사결정에 관해서는 오수창, 「2011 역사 교육과정과 '자유민주주의'의 현실」, 『역사와 현실』 81, 2011 ; 池秀傑, 「미래세대를 위한 역사교육—2011년 한국사 교육과정 논쟁의 실상과 허상—」, 『歷史敎育』 123, 2012 ; 안병우, 「민주적인 역사교육정책의 수립과 실천방안」, 『역사비평』 99, 2012 참조.

[3] 전국역사교사모임 성명서 '2011 역사 교육과정 개정(안)은 전면적으로 재검토되어야 한다!', 2011년 7월 1일.

[4] 『한국근·현대사』 교과서 파동과 이데올로기 공방에 관해서는 시대정신, 「특집 『한국근·현대사』 새 교과서, 이렇게 만들자」, 『時代精神』 재창간호, 2006 ; 이영훈, 『대한민국 이야기 : '해방전후사의 재인식' 강의』, 기파랑, 2007 ; 김기협, 『뉴라이트 비판』, 돌베개, 2008 ; 역사교육연구대회, 『뉴라이트 위험한 교과서, 바로 읽기』, 2009 ; 김한종, 「『한국근·현대사』 교과서 파동의 전말과 쟁점」, 『역사와 세계』 35, 2009 참조.

을 둘러싼 집단 간의 갈등에 못지않게 교육과정 최종 결정권이 교육
과학기술부(이하 교과부로 줄임) 장관에게 전부 위임되어 있다고 하
는 제도적 요인과 함께 2003년에 도입된 수시개정 체제의 문제점에서
비롯되었음을 직시해야 한다.

　요컨대 본고에서는 2003년 수시개정 체제의 도입 이후 교육과정 제
정 절차 및 의사결정 구조의 난맥상이 '역사' 교육과정을 둘러싼 이
념·이해 갈등과 맞물려 교육과정 제정에 미친 영향을 다루는 한편
2009 개정 역사 교육과정의 개정 과정을 통해 교육과정 의사결정의 허
실을 살펴보고자 한다. 끝으로 의사결정 구조의 이러한 난맥상에 비추
어 이를 조금이나마 시정할 수 있는 개선 방향을 제시하고자 한다.

2. '역사' 교육과정 의사결정 구조와 난맥상(亂脈相)

　교육과정은 형식적인 교육을 위한 목표와 내용, 방법, 평가를 체계
적으로 조직한 교육계획인 동시에 이러한 계획의 수립을 둘러싼 일
련의 의사결정이다.[5] 그러므로 교육 집단 간의 이해관계, 가치 경합
및 국가·사회적 요구 등을 조정하는 과정에서 의사결정의 방식과 절
차 등이 크게 작용함은 말할 나위도 없다. 이에 교육 전문가는 물론
교사와 학자들 심지어 학부모들도 교육과정 결정의 절차와 의사결정
의 주체, 의사결정에 영향을 주는 조직 그리고 법률적·제도적 체제
에 관심을 기울여야 한다.

---

[5] 李相周, 「意思決定의 觀點에서 본 敎育課程」, 『교육과정연구의 과제』, 한국교육과정
　학회, 1974, 59쪽 ; 김종식, 「교육과정 개발 주체별 역할 분석」, 東亞大學校 博士學位
　論文, 1쪽.

그러나 교육실천의 주체라 할 교사들의 대다수는 국가 수준의 교육
과정은 물론이고 학교 수준의 교육과정 논의에 적극 참여할 수 없다.
이들은 중앙집중적 하향식 의사결정 구조로 말미암아 애초부터 배제
되어 있을뿐더러 설령 참여할 수 있는 기회가 부여될지라도 형식적으
로 참여할 수밖에 없기 때문이다.[6] 다만 교과목 영역 배분과 시수 조
정 등을 포함한 교육과정의 총론을 논의하는 자리에서는 몇몇 인사들
이 해당 과목의 이해를 대변하여 치열한 논쟁을 연출하거나 입시제도
와 관련하여 언론과 학부모의 관심을 끌기도 한다.[7] 이에 언론계나 비
(非)교육계에서는 교육과정을 둘러싼 논란에서 입시제도와 관련한 사
안에 대해서는 관심을 기울이면서도 교과목 영역과 시수 문제에 대해
서는 이른바 밥그릇 싸움으로 치부하면서 도외시하였다.[8]

물론 여기에는 관계 전문가들이 바람직한 사회성원의 육성을 목표
로 후속 세대에게 반드시 필요한 지식 · 내용을 전수시키고자 할 의도
를 가지고 합리적인 의사결정을 거쳐 교육과정을 제정하였다는 전제
가 깔려 있기 때문이다. 나아가 이들 집단은 이러한 과정을 거쳐 제
정된 교육과정의 취지와 목표가 교사들의 역량 부족과 입시제도의
문제, 열악한 교육 환경 등으로 인해 제대로 실현되지 않는다고 믿기
까지 한다. 따라서 이러한 인식 수준은 곧잘 교육과정에 대한 몰이해
로 나타나고 있으며 심지어는 교육과정 논의에 참가한 관련 학자들

---

6) 최병옥, 「교육과정 의사 결정 구조에 따른 개발 방식 및 주도 집단」, 『敎育理論과
   實踐』 6-1, 1996, 315~316쪽 ; 안다선, 「학교 교육과정 편성 · 운영에서 중등 교사 참여
   활성화 방안」, 韓國敎員大學校 碩士學位論文, 2010, 43쪽.
7) 「교육과정 개정 돌연 1년 앞당겨 '부실 심의'―교과부, 교양 10과목 중 '생활경제'만
   유일하게 폐지―」, http://news.mk.co.kr/news(2011. 8. 5), 2012. 4.30 검색. 이러한
   류의 논설이나 기사는 적지 않다.
8) 박정수, 「교육과정 개편과 전교조 투쟁」, http://article.joinsmsn.com/news/article(2010.
   6.30), 2012. 4.30 검색.

마저 교육과정을 잘 이해하지 못할뿐더러 그 의미를 심도 있게 고민하지 않기도 한다.

그럼에도 특정 교과(목)의 교육과정에 관한 논의는 정치권과 언론계의 지대한 관심을 받아왔다. 자본과 노동의 이해관계라든가 보수와 진보의 이념 대결에 대한 폭발적인 관심이 그것이다. 특히 국사 관련 과목이라 할 『한국근·현대사』 교과서의 내용에 대한 관심은 정치권과 언론계에서 연일 논란을 벌일 정도로 뜨거웠다. 반면에 특정교과(목)의 단위(單位) 시수(時數)라든가 교육여건, 교육과정의 논의 틀에 대한 관심은 특정 내용에 대한 관심과 달리 매우 미미하였다. 그리하여 이러한 쟁론 과정에서 교육과정의 개발 과정과 의사결정 구조는 시야에서 사라진다. 이 점에서 교육과정 작성에 관철되는 의사결정 구조와 이러한 구조에 영향력을 행사하는 주도세력과 이데올로기 지형에 관심을 기울일 필요가 있다. 특히 여타 과목과 달리 학문적·교육적 전문성에 바탕을 두기보다는 정치·사회적 지형에 흔들리는 국사 관련 교육과정의 경우, 더욱 그러하다.

우선 역대 정부는 집권 초기에 이른바 교육개혁을 역점 사업으로 내세워 관련 위원회를 구성하고 교육과정 개정 작업에 착수하곤 하였다. 아울러 이러한 작업을 뒷받침하기 위해 교육과정 개정 요구사항을 조사하기도 하였다.[9] 그러나 정치적인 차원에서 추진한 나머지 교육과정의 연구 개발이 설계 중심으로 이루어지는 가운데 중요한 의사결정이 충분한 숙의(熟議) 없이 이루어지거나 외부의 지시를 일방적으로 따르게 될 가능성이 높다는 지적이 일찍부터 제기되었다.[10]

[9] 김기석 외, 『초·중등학교 교육과정 개정 요구 조사』, 교육과정개정 연구위원회, 1999.
[10] 조영달 편, 『교육과정의 정치학 : 사회과 제7차 교육과정의 형성과 이행』, 교육과학사, 2001, 282~283쪽 ; 김재춘, 「국가수준 교육과정의 부분·수시 개정 담론에 대한 비판적 분석」, 『교육과정연구』 21-3, 2003.

더욱이 교육과학기술부(이하 교과부로 줄임) 장관에게 교육과정의
기준과 내용에 대한 결정권이 전부 위임된 상황에서 더욱 그러하
다.[11] 즉 교육과정 개정 발의권을 가지고 있는 교과부 장관은 누구에
게 얼마의 예산으로 얼마 기간 교육과정을 연구·개발하도록 위임할
것인가를 결정할 수 있다. 그러므로 교육과정이 객관성이나 합리성,
공정성의 원칙에 입각하여 구성되는 것이 아니라 정치적인 과정에
의해 이미 결정되어 있다는 주장이 곧잘 제기된다.[12]

이에 교과부는 개정의 타당한 근거를 제시하지 않는다. 오로지 미
래 사회의 필요성을 강조할 뿐이다. 그래서 교육과정은 단지 정치권
력의 변동에 수반하여 역대 정부가 교육개혁을 명분을 내세워 기존
교육과정을 개정하여 왔다는 비판을 면치 못하고 있다.

주지하다시피 정상적인 교육과정의 개정은 기존 교육과정이 학교
에서 어떻게 실행되고 있으며 실행 과정에서 나타나는 성과와 한계
가 무엇인가에 대한 실태 파악에 근거하여 이루어져야 한다. 즉 문제
의 원인을 먼저 규명한 다음, 그러한 문제를 해결할 수 있는 '처방'을
마련하기 위한 교육과정 개정이 이루어져야 한다.[13] 요컨대 의사결정

---

11) 정영근·박창언, 「교육과정의 법적 근거와 관련 규정의 비교 고찰─한국, 일본, 영국,
   미국(캘리포니아주)을 중심으로─」, 『학습자중심교과교육연구』 11-3, 2011, 230쪽.
   그러나 이러한 고시에 대해 법적 구속력이 없는 행정 명령이라는 주장도 만만치
   않다. 이에 관해서는 이경섭, 『교육과정 쟁점연구』, 교육과학사, 1999, 484쪽 참조.
12) 곽윤숙, 「신 교육사회학에 대한 일고」, 『교육연구』 52, 1984 ; 양정현, 「교육과정 리더쉽
   론과 2009 개정 역사과 교육과정」, 『역사와 세계』 36, 2009. 이와 관련하여 미국의
   경우를 보면, 1992년 봄부터 역사표준서 개발 작업이 시작되어 1994년 가을 완성되기까
   지 광범위한 토론 및 논의 과정을 거쳤다. 당시 이러한 표준서를 비판하는 보수 세력들
   은 표준서가 反서양적이고, 미국 역사교육에 위협적이라고 규정하면서 진보세력이
   표준서를 통해서 역사를 政治化하고 있다고 비난하였다. 그리하여 1995년 1월 상원에
   서 역사표준서를 비난하는 결의안을 압도적인 표차이로 통과시켰다. 이에 표준서 개발
   자들은 표준서를 개정해서 이를 1996년 4월에 다시 출간해야 했다. 이처럼 교육과정은
   항상 좌우의 각축장이 되었으며 나아가 학교개혁은 문화전쟁의 볼모가 되었던 것이다.
   이에 관해서는 정경희, 「미국 역사표준서 논쟁 연구」, 『歷史敎育』 89, 2004 참조.

은 여러 가지 대체 안들 중에서 특정 대안을 택하는 과정으로 구체적
인 국면으로 들어가면 문제에 대한 인식으로부터 시작해서 정보 수집,
대안 탐색, 대안의 평가 단계를 거쳐 대안이 선택되는 과정이다.[14]

　그러나 역대 정부에서 이러한 원인 규명과 현장에 대한 지속적인
파악과 정리는 수반되지 않았다. 오히려 이른바 교육개혁 주도세력은
'선(先) 문제점 규명(糾明), 후(後) 교육과정(敎育課程) 개정'을 요구하
는 현장의 목소리를 현실에 안주하기 위해 교육개혁을 거부하는 집
단의 목소리로 치부하였다. 심지어 당장 실현할 수 없다고 하더라도
또한 현장의 실태를 어느 정도 고려하지 못해도 상관없다는 투로 이
른바 '개정'을 정당화하고 강행하였다. 나아가 이러한 작업의 일환으
로 연구학교에 위탁하여 개정의 정당화 노력을 강화하였다. 그리하여
결과적으로 교육과정의 연속적인 질적 개선이 일어나기보다 현행과
단절된 또 다른 교육과정을 만들었으며 학교 교육의 기본 설계로서
학교 교육의 질적 향상을 촉진하는 데 미비하였다.

　물론 2003년에 도입된 수시개정 체제는 홍후조의 해설대로 '전면적
일시적 개정 체제'라고 명명되는 기존 교육과정 체제에서는 개정 이
전의 경험이 제대로 반영되지 않은 채로 교육과정이 개정되는 반면
에 수시개정 체제에서는 기존 교육과정의 운영에 따른 경험 축적과
평가에 바탕한 계속적인 수정·보완의 선순환적(善循環的) 적용이 이
루어질 것이라고 전망하였다.[15] 즉 교과의 편제와 시간(단위) 배당을

13) 김재춘, 앞의 논문, 86쪽.
14) 안미숙, 「교육과정 개발에서의 의사결정 과정 분석─한국의 직업기술 교육과정 개발
　　사례를 중심으로」, 이화여자대학교 박사학위논문, 1995, 14쪽.
15) 홍후조, 「국가 수준 교육과정 개발 패러다임의 전환(1)─전면 개정형에서 점진 개선
　　형으로─」, 『교육과정연구』 17-2, 1999. 그 밖에 허경철 외, 『연구보고 RRC 2003-1
　　국가수준 교육과정 개정 방식 개선에 관한 연구』, 교육과정평가원, 2003 참조.

둘러싼 교과 교육 이해 관계자들의 독과점 경쟁으로 인해 벌어지는 소모적인 활동에서 벗어나서 총론(교육과정의 기본)은 유지한 채 학교와 지역의 사정에 맞게 수시로 교육과정을 개정·편성할 수 있도록 하자는 주장이다. 이에 대해 김재춘 역시 수시 부분 개정의 개념에 대한 이견을 차치한다면 홍후조와 그리 크게 다를 게 없다.[16]

그러나 김재춘의 비판대로 2007 개정 교육과정은 부분 개정이 아니라 전면 개정이었다. 개정 제목만 2007 개정 교육과정이었지 실제로는 종래의 용어에 따르면 제8차 교육과정이나 다름없었다. 그럼에도 기존 교육과정의 문제점에 대한 지속적이고 전면적인 검토가 이루어지지 않았다. 물론 개정 작업에 앞서서 석 달 동안 형식적인 분석이 가해졌을 뿐이다. 후일 교육과정 전문가 소경희는 이러한 방식과 절차에 대해서 다음과 같이 날카롭게 지적하였다.

> '2007 교육과정'을 위한 개정 논의는 현장 교원과 일반 국민의 다양한 개정 요구와 의견 수렴으로부터 비롯되었다기보다는 교육인적자원부의 발의에 의해 출발된 것으로 보인다. 교육과정심의 역시 개정이 발의되는 과정에서 어떠한 역할도 하지 못한 것으로 나타나고 있다. 교육인적자원부가 개정의 발의부터 시작하여 개정의 범위, 방향, 예산, 일정, 방법 등 모든 계획과 행정 관련 사항을 주도하고 결정한 것이다. 현장 교원이나 국민의 의견 수렴, 그리고 교육과정 심의회의 검토는 교육과정 개정 시안이 개발되고 나서야 이루어졌다.[17]

이러한 지적은 의사결정 구조의 난맥을 단적으로 보여준다. 나아가 그는 수시개정의 취지라 할 "교육과정 개정의 개방성과 민주성을

---

16) 김재춘, 「국가수준 교육과정의 부분·수시 개정 담론에 대한 비판적 분석」, 『教育課程研究』 21-3, 2003.

17) 소경희, 「국가 교육과정 개혁 과제 탐색 : '2007 교육과정'의 검토와 반성」, 『아시아교육연구』 8-2, 2007, 140~141쪽.

강화하여 현장 교원과 일반 국민의 참여를 확대"하고자 한 노력을 기울이지 못하였다고 주장하였다.[18] 또한 그는 2006년 12월 한국교육과정평가원에서 작성한 『개정 시안 수정·보완 연구 보고서』에 들어 있지 않은 '역사 과목의 독립'을 두고 날선 비판의 화살을 날렸다. 특히 '동아시아사' 교과목의 신설을 둘러싸고 사전에 교육과정평가원에서 연구·개발되지 않았다는 이유에서 비판을 면할 수 없었다. 이는 역사교육계 내에서도 지적하듯이 2006년 12월 21일 '사회과 교육과정 개정안 토론회'에서 '동아시아사'가 신설된다는 것만을 확인한 채, 교육과정 시안이 단 2개월 만에 급작스럽게 작성되었기 때문이다.[19] 따라서 교육과정 학계에서는 이를 두고 '개발 과정과 분리된 개정 결과'라고 꼬집었다.[20] 즉 교육과정평가원에서 개정 시안을 개발하였지만 교육인적자원부가 모종의 과정을 거쳐 개정 시안에 없는 '새로운' 것을 최종 개정안을 통해 제시한 셈이다. 결국 이러한 개정안은 같은 군소 과목이라 할 일반사회와 지리, 윤리 등 사회탐구 교과 교육 연구자와 교사들로부터도 반발을 초래하였다.

그러나 교육과정이 이러한 지경에 이르게 된 사정은 학계와 교육계에서 교육과정 개정안의 주요 문제점이 국·영·수 특히 영·수 위주의 독과점 방식에 있다고 지적함에도 불구하고 교육과정평가원이 이러한 방식을 고집한 데서 비롯된 측면도 적지 않았다.[21] 즉 교육과정평가원은 정부의 오락가락하는 교육과정 정책 속에서 그 유탄을 맞

18) 현장 교원이나 일반 국민의 개정 요구 의견 수렴을 위한 '교육과정·교과서 정보서비스 홈페이지(cutis.moe.go.kr)는 교육과정 개정이 발의된 이후인 2005년 9월부터 운영되었다. 소경희, 위의 논문, 142쪽.
19) 김한종, 「중등 역사교과서 개편의 과정과 성격」, 『한국고대사연구』 64, 2011, 18쪽.
20) 소경희, 앞의 논문, 143쪽.
21) 이지은, 「영수국 편식 강요 교육이 뒤틀린다 : 개정 교육과정, 수능개편안 모두 英·數·國 중심 … 학교인가, 학원인가?」, 『주간동아』 757, 2010.

은 셈이다. 또한 사회탐구와 과학탐구 역시 영·수 편향의 교육과정 편성 방향에서 피해자임에 분명하다. 다만 제7차 교육과정에서 보이는 분류사 위주의 '국사'에 대한 교육 현장의 목소리를 충실히 반영하려고 노력하였을뿐더러 기존의 『한국근·현대사』가 가지고 있는 장점과 한계를 고려하면서 10학년 '역사' 교육과정 편성의 토대로 삼아 기존에 쌓았던 경험과 지식을 충분히 활용하였다는 점에서 교육과정운영의 안정성 및 교과서 집필의 지속성을 담보했다고 할 만하다.

한편, 2003년에 도입된 수시개정 체제는 교육과정 운영의 이러한 안정성을 흔들 만한 뇌관을 내장하고 있었다. 즉 2003년 수시개정 체제의 도입으로 인해 교과부 장관의 교육과정 개정권한은 더욱 막강해 질 수 있었다. 이는 교육과정 의사결정 과정을 한순간에 파행시킬 수 있음을 의미한다. 물론 수시개정 체제가 지니는 장점을 눈여겨 볼 필요는 있다. 국가는 교육과정의 기준을 제시한 가운데 교육 현장에서는 자율적 편성이라는 이름 아래 빠르게 변화하는 국가적·사회적 요구와 교육 여건을 반영하여 유연하게 개정할 수 있기 때문이다.[22] 특히 수시개정 체제는 부분적인 개정에 국한하기 때문에 교육과정 운영의 안정성도 담보할 수 있었다. 그러나 평가에서 최종 단계라 할 수능 체제가 국·영·수 독과점 방식에서 벗어나지 못하는 한, 이러한 수시개정 체제는 장점을 살리기는커녕 오히려 정치권의 요구에 따른 전면적 개정의 주기를 단축시킬 뿐이며 더욱이 대강화(大綱化) 방침에도 불구하고 실제적으로는 교육 현장의 자율성을 위축시킬 것이다. 요컨대 정치권에서 교육과정 개정에 언제든지 관여할 수 있는 계기를 마련해 주면서 기존의 문제를 해결하기보다는 더 심각한 문제를 야기할 것이다. 그리하여 교육 현장에 미칠 혼란의 강도나 교사들의 반발 및 냉소적

---

[22] 허경철 외, 앞의 보고서, 370쪽.

태도는 더욱 심화될 것이다. 예컨대 교육과정에 기초하거나 참고하여 마련한 교재(교과용 도서 등), 학생 성취 기준, 교사의 교수(敎授) 기준, 평가 기준, 교육 시설 설비, 교원 양성과 연수 등 교육 운영 체제가 전반적으로 흔들릴 것이다.[23] 특히 기억 투쟁이 곳곳에서 벌어지고 있는 분단 현실에서 한국근현대사를 서술하고 있는 역사 교과서는 늘 수시개정의 위협에 놓여야 했다. 결국 이러한 우려는 졸속 논의를 거쳐 2009 개정 '역사' 교육과정(2011 개정 고시)의 파행으로 나타났다.

3. '2009 개정 역사 교육과정' 개발 과정의 허실(虛實)

2009년 12월 이른바 미래형 교육과정이 고시되면서 이는 곧바로 역사를 비롯한 모든 교과(목)에 영향을 미쳤다. 그리하여 한국교육과정평가원은 이전에 수행하던 방식대로 관련 위원회를 구성하고 부분 개정 작업에 착수하였다. 그 결과 2010년 10월에 고시된 부분 개정 방침에 따라 10학년 '역사'는 '한국사'로 바뀌었고, 전근대 단원이 1개 단원에서 2개 단원으로 증가하였다.[24] 이는 '한국문화사'의 폐지에 따른 학계와 교육 현장의 비판을 무마하기 위해 교과서 명칭을 '한국사'로 바꾸고 전근대 단원을 늘린 데서 비롯되었다. 그 결과 대한민국 정부 수립 이래 심의를 통과한 교과서를 한 달 만에 개정해야 하는 초유의

---

23) 김재춘은 이명박 정부의 자율화 정책으로 외견상으로는 교육과정을 다양화하였다는 점을 인정하면서도 내면상으로는 영·수 편향의 교육과정을 강화시키는 등 획일화를 강요하였다는 점에서 '타율적인 자율화 정책'이라고 비판하였다. 이에 관해서는 김재춘, 「이명박 정부의 '교육과정 자율화 정책'에 대한 비판적 논의」, 『교육과정연구』 29-4, 2011·2012 참조.
24) 중등 역사 교육과정 개발의 현안과 문제점에 관해서는 양호환, 「중등 역사 교육과정 개발의 현안과 역사교육 개선 방안」, 『歷史敎育』 120, 2011 참조.

사태가 벌어졌다. 아울러 10학년 '역사'는 세상에 태어나지도 못한 채 사산되는 아픔을 맞기에 이르렀다.[25] 이는 교육과정 개정이 학문·교육의 전문성과 교육 현장의 경험에 귀를 기울이기보다는 정치권의 의제 설정과 교육과정 개정 주도세력의 목소리를 일방적으로 담은 결과였다. 특히 논의 과정의 비절차성과 의사결정 구조의 일방성을 당연시하는 풍토에서 비롯되었으며 궁극적으로 교육과정이 교과부 장관에게 모두 위임되어 있는 제도적 요인과 매우 밀접함을 보여준다고 하겠다.

이어서 2009 개정 역사 교육과정(2011년 고시)은 이전의 부분적인 내용 개정에 그치지 않고 개정 논의를 거쳐 2011년 8월에 고시되었다. 이러한 개정의 직접적인 계기는 2011년 1월 24일 발표된 교과 교육과정의 주요 개정 방향을 역사 교육과정에 반영하겠다는 교과부의 강한 의지와 발의에서 비롯되었다. 이러한 행태는 기존에 교과부와 교육과정평가원 스스로가 견지하였던 수시개정 체제의 취지를 무색하게 하는 조치였다.

우선 개정을 추진하게 된 배경을 다음과 같이 두 가지 측면에서 밝히고 있다.[26] 하나는 "G20의 성공적 개최 등 국격 제고에 부합하고, 학생들이 우리 역사에 대한 자긍심을 키울 수 있는 내용으로서 교육과정·교과서 개선에 필요"하다는 점이다. 다른 하나는 "단순 암기 중심 주입식 교육에서 '쉽고 재미있는, 그리고 의미를 아는 교육'으로의 역사교육(으로) 전환(할) 필요"가 있다는 점이다. 즉 "역사 과목을 재미없어 하고, 어려워하여 교과 및 대입 수능에서 선택 기피 현상이 발생하고 있어 대책 수립(이) 필요"하다는 것이다.

다음 이러한 배경을 이유로 〈표 1〉과 같이 개발 방향을 설정하였다.

---

[25] 김한종, 「이명박정부의 역사 인식과 역사교육 정책」, 『역사비평』 96, 2011, 231쪽.
[26] 국사편찬위원회, 『2011년 역사과 교육과정 개정을 위한 정책 연구 방향 안내서』, 2011, 3~6쪽.

〈표 1〉 2009(2011년 고시) 개정 역사 교육과정 개발 방향

교육과정 내용 체계 재구조화
○ 다문화·글로벌 사회에 적합한 세계 시민 육성을 위한 내용으로 구성 - 대한민국 국민으로서의 주체성을 기반으로 세계 평화 공동체에 적극 참여할 수 있는 내용 - 우리 역사에 대한 자긍심을 키울 수 있는 내용 - 국난 극복, 위기 극복의 역사, 진취적이고 개방적인 내용 - 한국사와 세계사의 연관성 강화 및 균형 유지 ○ 학생의 발달 수준과 위계를 고려한 학교급별 내용 체계 차별화 - 필수 학습 요소 중심의 학습량 적정화 ※ 암기 위주의 단순 지식 20% 감축 - 학교급별 중복 요소 및 내용 위계성 조정 - 초등의 경우 일화, 역사 인물 이야기 중심, 중학교의 경우 정치사건을 중심으로 사회 문화 요소 연계, 고등학교의 경우 시대별 사회 구조와 주변 국가 역사와의 관계를 파악할 수 있는 내용으로 구성
역사적 자긍심을 높이는 교과서 개발
■ 쉽고 재미있게 흥미를 유발하는 교과서 개발 ○ 학생의 역사의식 발달 수준에 적합하게 '쉽고 재미있는 그리고 의미를 아는 교과서'가 될 수 있도록 역사 교과서 편찬상의 유의점 및 검정기준 마련('11.12월) - 학생들의 흥미와 동기유발이 될 수 있도록 학생의 생활 경험 반영 - 학교 급별로 서술 방식 및 내용을 차별화하여 자기 주도적 학습에 도움이 될 수 있는 내용 구성 ※ 검정기준 및 편찬상의 유의점 개발 연구 및 집필기준과 편수자료 수정·보완 추진('11. 6~11월) ※ 민간 발행사를 대상으로 설명회 개최('11.12월) ■ 올바른 역사관으로 자긍심을 높이는 교과서 기준 마련 ○ 국가적 정체성과 역사적 자긍심을 제고할 수 있도록 역사교과서 집필기준 마련('11.12월) - 역사적 관점의 균형성과 내용의 정확성이 반영될 수 있는 기준 마련 - 국가적 정체성과 자긍심을 높일 수 있는 역사적 사실을 풍부하게 기술할 수 있도록 유도 - 인류 역사 발전과 세계평화 유지에 기여하는 사명감을 키우는 역사교육을 지향 ※ 역사교과 감수와 검정 업무를 국사편찬위원회로 이관('10. 8월) ○ 새롭게 등장한 역사적 사실 및 용어를 반영하여 내용의 정확성이 제고되도록 역사 편수자료정비('11.12월) ※ '을사조약'이 '을사늑약'으로 변경 등 용어 정비

* 출전 : 국사편찬위원회, 『2011년 역사과 교육과정 개정을 위한 정책 연구 방향 안내서』, 2011, 5~6쪽 ; 역사교육과정개발정책위원회, 『2011 역사 교육과정(안) 공청회』, 2011, 8~11쪽.

이러한 추진 배경과 개발 방향은 미래형 교육과정의 취지를 반영하면서 전면 개정의 필요성을 부각시키는 데 중점을 두었음을 보여준다. 그러나 이러한 근거들은 개정의 취지를 정당화하는 데 옹색할 뿐더러 교육과정의 위상에 부합하지 않는다는 비판이 개발 준비 과정 및 추진 과정에서 제기되었다.

우선 '2009 개정 교육과정'의 취지에서 강조하였던 '창의·인성 교육' 문제이다. 그러나 이러한 사안은 '역사' 교육과정 개발을 준비하는 과정에서 배제되었다. 즉 창의·인성 교육은 교과서 내용보다는 가치·태도와 관련된 것으로 수업과 평가의 방법적인 측면에서의 개선을 강조해서 반영하는 방향으로 선회하였다.[27]

다음 '쉽고 재미있게 흥미를 유발하는 교과서 개발' 문제이다. 그러나 이 역시 교수학습방법론과 관련하여 역사 교과서 편찬상의 유의점 및 선정 기준을 마련함으로써 해결될 사안이었다.[28] 더욱이 교과서의 분량 축소를 요구하면서 '쉽고 재미있는 교과서'의 집필을 원하는 것은 대단히 비현실적인 방식이라는 비판을 면키 어렵다.[29]

또한 '대한민국 국민으로서의 주체성을 기반으로 세계 평화 공동체에 적극 참여할 수 있는 내용' 및 '우리 역사에 대한 자긍심을 키울 수 있는 내용'과 관련된 국가 정체성 및 역사적 사실의 정확성 문제이다. 이는 『2011년 역사과 교육과정 개정을 위한 정책 연구 방향 안내서』에서 분명하게 제시하고 있지 않지만 역사교과서 검정 파동과 '우리 역사의 자긍심을 키울 수 있는 내용'이라는 개정 배경에서 알 수 있듯이 한국근현대사 서술 내용이 교과부가 가장 관심을 기울였던

---

[27] 역사교육과정개발정책위원회, 『2011 역사 교육과정(안) 공청회』, 2011, 9쪽.
[28] 국사편찬위원회, 『2011년 역사과 교육과정 개정을 위한 정책 연구 방향 안내서』, 2011, 6쪽 ; 역사교육과정개발정책위원회, 『2011 역사 교육과정(안) 공청회』, 2011, 11쪽.
[29] 양호환, 앞의 논문, 297쪽.

사안이었다. 그러나 이러한 문제는 2010년 8월 역사 감수와 역사 검정 업무를 맡게 된 국사편찬위원회에서 역사교과서 집필 기준을 마련하여 처리할 사안이었다.30)

끝으로 무엇보다 '2009 개정 교육과정'의 핵심 사안이라 할 학년군과 교과군 도입 취지를 살려서 교과 교육과정을 개발함으로써 교과 내용의 양과 수준을 적정화하고 교과 간·학년 간 연계성을 강화하겠다는 것이다. 이는 '2009 개정 교육과정'에서 '2007 개정 교육과정'을 개정하면서 미처 따르지 못했던 후속 조치 내용을 담겠다는 의도로 보인다. 그 결과 여기서는 개정 명분으로 '내용 체계 재구조화'의 일환으로 교과내용의 적정화(20% 감축·조정)를 적극적으로 내세웠다. 이는 학생들의 수업 부담 축소와 사교육비의 경감을 가져오겠다는 교육과정 개정의 취지에 부합하려는 의도를 보여준다.

그러나 이러한 적정화 방침은 현실성과 타당성을 둘러싸고 많은 논란을 초래하였다. 이는 교육과정 개정의 핵심 사안이므로 개정 과정의 실제에 비추어 살펴볼 필요가 있다.

우선 이러한 적정화 방침은 2007 '역사' 교육과정에서 이미 나왔던 방침으로 2007 '역사' 교육과정(국사 영역)의 경우, 성취기준이 126개에서 47개로 이미 감소된 터였다. 요컨대 '대강화 정도'를 배제하고 성취기준수로만 비교했을 때 내용분량은 대략 50%정도이다.31) 따라서 20% 감축 방침은 타당한 근거를 제시하지 않은 채 교육과정 개정의 명분을 만들기 위한 구색 맞추기에 불과하다는 비판을 면하기 어렵다.32)

---

30) 국사편찬위원회,『2011년 역사과 교육과정 개정을 위한 정책 연구 방향 안내서』, 2011, 6쪽 ; 역사교육과정개발정책위원회,『2011 역사 교육과정(안) 공청회』, 2011, 11쪽.
31) 김성자,「중학교 '역사' 교육과정 및 교과서에서 '교육내용 적정화' 담론의 수용과 굴절」,『歷史敎育』121, 2012.
32) '교육내용의 양과 수준의 적정화' 의제는 전두환 신군부가 정권을 장악한 직후에

다음 이러한 적정화 방침이 2011년 고시 '역사' 교육과정에 반영되었는가를 가려볼 필요가 있다. 역사 교육과정 개정 과정에서 가장 많은 논란을 일으킨 10학년 '한국사'의 경우를 보자(〈부표 1〉참조).

〈부표 1〉에 따르면 성취기준수가 50개에서 38개로 감소된 것으로 보인다. 성취기준수로만 비교하면 24%가 감축된 셈이다. 그러나 이것이 교과내용의 실질적인 감축을 가져올 것이라는 전망은 매우 불투명하다.

우선 학교 현장에서 수능 출제와 관련하여 교수학습 범위가 애매모호할뿐더러 결과적으로는 범위가 대폭 확대되고 학습 부담량이 증가할 것이라는 전망이 지배적이라는 점이다. 즉 2007 개정 교육과정의 경우, 단원 1은 도입 단원으로서 교수학습 대상이지만 출제 범위에는 암묵적으로 포함되지 않는 반면에 2007 개정 교육과정(2011년 고시)의 경우, 전근대 단원이 1개 단원에서 3개 단원으로 증가함으로써 교육과정 취지대로 도입 단원에 머물지 않고 중요 단원으로 승격하였다는 점에서 수능 출제 범위에서 주된 위치를 차지할 것이다. 또한 실제로도 그러한 우려는 현실로 나타났다. 이미 학교에 배포되어 교과서로 쓰고 있는 2009 개정 교육과정에 따른 교과서의 경우, 교사에 따라 다르기는 하지만 많은 교사들이 단원 1과 단원 2에 배당한 교수학습 시간이 결코 적지 않았다는 점이다. 그렇다면 2009 개정 교육과정(2011년 고시)에 입각한 교과서를 사용하는 경우, 이러한 현상

제시한 교육정상화 및 과열과외 해소방안'(1980. 7.30)의 일환으로 제4차 교육과정에서 강조되었다. 이후 제6차 교육과정에서도 마찬가지였다. 이처럼 '적정화' 의제는 역대 정권들이 교육개혁의 명분으로 내세운 흘러간 레퍼토리였다. 이에 관해서는 柳承烈, 「해방 후 敎育課程 變遷과 歷史敎科의 位置」, 『歷史敎育』 60, 1996, 7~8쪽 ; 최상훈, 「역사과 교육과정 60년의 변천과 진로」, 『사회과교육연구』 12-2, 2005, 209~210쪽 ; 姜鮮珠, 「해방 이후 역사 교육과정 개정을 둘러싼 쟁점」, 『歷史敎育』 97, 2006. 107쪽 참조.

은 심화될 것이다. 이는 결국 교육과정의 취지와 달리 교과 내용의 적정화 방침을 무색하게 할 것이다.

다음 교육과정상에서 나타나는 성취기준 자체의 경우에도 이러한 우려를 예고하고 있다. 즉 대부분의 성취기준이 기존 2007 개정 교육 과정의 성취 기준을 통합했다는 인상을 지울 수가 없다. 2007 교육과 정의 (3)과 (4)가 2007 개정 교육과정(2011년 고시)의 (4)로 통합되었 다. 단적으로 2009 (4)의 ②는 2007 (3)의 ①, ③, ④를 하나로 통합한 것에 지나지 않다. 따라서 실제 교과서의 분량이나 내용 구성은 2009 교과서와 유사할 가능성이 높다. 그렇다면 이 역시 학습 분량의 감축 과는 전혀 무관할 가능성이 높다. 더욱이 압축적인 내용 서술을 피하 기 위해 교과서 분량을 늘릴 경우, 성취기준 감축의 취지와 달리 학습 분량은 결코 줄지 않을 것이다. 이는 다른 단원도 마찬가지이다. 나아 가 단위 시수를 감안한다면 여전히 변치 않는 교수 학습량의 증가에 따라 학생들의 기피 현상은 더욱 두드러질 것이다.

이처럼 '2009 개정 역사 교육과정'은 자체 각론만 보면 국사편찬위 원회에서 밝히고 있듯이 긴박하고도 절실하게 개정해야 할 타당한 이유를 제시하지 못하였다. 물론 총론에서 강조하는 '적정화' 의제도 늘 이전 교육과정 개정의 취지에서 강조한 바였다. 따라서 교과부가 제시한 개정 이유는 학문적 근거 및 교육 현장의 요구와는 무관하게 설정된 것으로 애초부터 실질적인 기대 효과를 담보할 수 없었다. 오 히려 이러한 이유는 정치권과 여론을 분분하게 만들어 학계와 교육 현장을 분란의 소용돌이로 밀어 넣는 구실일 뿐이었다.

그러나 대다수 개발 연구 참여자는 '2007 개정 역사 교육과정'의 문 제점을 보완함으로써 학계와 교육 현장의 간극을 좁히고 교육 현장 의 고민을 덜어보고자 하는 의도 아래 주어진 여건 속에서 부분 개정

에 중점을 두고 차선책을 마련하고자 하였다. 이는 합리적 소통을 중
시하는 학계와 교육 현장의 절실한 바람이었다.

4. '2009 개정 역사 교육과정' 의사결정 구조의 파행

개발 연구 참여자들의 이러한 노력은 논의가 진행되면 될수록 새
로운 국면에 맞닥뜨렸다. 즉 소정의 기대에 미치지 못하지만 나름대
로 성과를 거둘 것이란 예상과 달리 헤어 나올 수 없는 난제에 봉착
하였다. 이는 무엇보다 수시개정 체제의 비현실성 및 의사결정 구조
의 비체계성에서 비롯되었다. 따라서 교육과정 총론과 관련하여 '역
사' 교육과정 개정 과정에서 드러난 의사결정 구조의 난맥상을 여러
층위에서 검토하면 다음과 같다.

첫째, 교과부는 여타 과목과 마찬가지로 수시개정 체제의 취지와
원칙을 무색하게 할 정도로 미래의 '글로벌 창의 인재 육성'이라는 명
분을 내세워 교육과정을 전면적으로 개정하겠다는 방침을 밝혔다.[33]
여기에는 일부 교육과정 학자들은 물론 수시개정의 원칙을 내세우며
2007 개정 교육과정의 전면 개정 방침과 의사결정 구조를 비판했던
학자들마저 가세하였다.[34] 특히 이들 중 상당수가 수시개정 체제를
구축하거나 옹호하는 데 관여하였다는 점에서 비판을 받을 여지가

---

[33] 미래형(2009) 교육과정의 철학과 기본 방향에 관한 구체적인 설명은 2009 개정 교육
과정연구위원회, 『2009 개정 교육과정 : 개정의 방향과 총론 시안(1차)』, 2009 ; 허숙
외, 「특집 미래형 교육과정과 우리 교육의 미래」, 『교과서연구』 58, 한국교과서연구
재단, 2009 ; 강경자, 「미래형(2009) 교육과정에 대한 일 고찰」, 『교육과정연구』 28-1,
2010 참조.
[34] 곽병선 외, 『2009 정책연구 미래형 교육과정 방향 및 실행체제 개발 조사 연구』,
교육과학기술부, 2009.

컸다.[35]

둘째, 의사결정 구조의 모순에서 비롯되었다. 주지하다시피 교육과정을 개정하기 위해 설치된 논의 기구는 국사편찬위원회가 교과부의 지침과 그곳과의 논의를 토대로 구성한 '교육과정 개발 정책 연구 위원회'(이하 '정책위'로 줄임)와 함께 교과부와 협의 아래 구성한 '역사 교육과정 개발 추진위원회'(이하 '추진위'로 줄임)라는 두 개의 위원회로 구성되었다.[36] 이러한 이중 구조는 여타 교육 과정에서 볼 수 없는 구조로 많은 논란을 예고하였다. 그 밖에 전공별 연구 협의진이 구성되었다.

이러한 의사결정 구조는 역사 교육과정 개발 과정에서만 찾을 수 있는 독특한 구조이다. 이 중 2011년 2월 15일에 발족한 '추진위'는 그 역할과 기능이 애매모호하였다. 즉 국사편찬위원회에서 스스로 밝히고 있듯이 추진위원회의 역할과 기능은 '역사 교육과정 개정의 방향 설정, 교육과정 개발에 대한 검토 및 자문'이다. 요컨대 추진위원회는 자문위원회에 지나지 않았다. 아울러 외부에서도 추진위원회가 정부의 자문기구로 알려졌다.[37] 그런데 이러한 자문기구가 정부(교과부)의 정책 결정에 자문한다는 의미인지 아니면 '정책위'의 개정안을 검토하고 자문한다는 의미인지 불명확하였다. 즉 이는 '정책위'와 '추진위'의 관계 설정에 직접 연결되는 사안으로 교육과정 개발과 의사결정 과정에서 내내 논란을 야기하였다. 또한 이러한 '추진위'가 여타

35) 양미경은 교육학자들의 과제는 교육을 통제하거나 지시하는 것이 아니라, 교육 현상을 '탐구하고 '교육적 가치'의 안목으로 세계를 해석하고 드러내는 일임을 전제한 가운데 교육학자들이 학교 교육과정의 설계와 개선을 자신들의 몫으로 간주하여 적극 참여하는 행태를 비판하였다. 이에 관해서는 양미경, 「국가수준 교육과정 개정 담론에 대한 비판적 고찰-2007 개정안을 중심으로-」, 『교육원리연구』 12-2, 2007 참조.

36) 역사교육과정개발정책위원회, 『2011 역사 교육과정(안) 공청회』, 2011, 9쪽.

37) 중앙일보 홈페이지 http://article.joinsmsn.com/news/, 2011. 2.21. 2012년 4월 30일 검색.

교과 교육과정 개발 과정에서는 없다는 점이 논란을 일으킨 이유이
기도 하였다. 여타 교과 교육과정의 경우, 정책 연구 과제를 공모하여
선정한 뒤 관련 학회를 연합하여 연구·개발·자문단을 구성하였
다.[38] 여기서 교과 교육과정 개발의 핵심 업무를 맡게 된 정책연구진
은 교과부 연구협력관과 직접 연결되어 정책연구계획을 위한 계약을
체결하고 중간 점검 협의회를 여러 차례 갖도록 규정되었다. 그렇다
면 '역사 교육과정 개발 추진위원회'의 위상과 역할은 더욱더 모호할
수밖에 없다. 나아가 '추진위'를 왜 설치했는가에 대한 의구심을 버릴
수 없게 한다. 일종의 '옥상옥'인 셈이다.

　따라서 '추진위'의 설치 이유를 확인할 수 있는 단서를 찾아볼 필요
가 있다. 그중『2011년 역사과 교육과정 개정을 위한 정책 연구 방향
안내서』에서 '추진위'의 구성과 운영을 규정함에 '이념 편향성 검토,
사실 정확성 제고, 우리 역사의 자긍심을 키울 수 있는 내용' 등을 특
별히 포함시키고 있다.[39] 그리고 교과부 교육과정 기획과장이 '추진
위'에는 위원으로 참여하도록 하였다. 이러한 구성 방식은 이미 언급
한 바와 같이 여타 교과의 교육과정 개발에서 볼 수 없는 이례적인
방식이다. 교육과정 개발 정책연구진과 연구협력관의 관계에 바탕하

---

38) 국어과의 경우, 이러한 기구를 2011년 2월에 구성한 뒤 연구진은 3월에 연구의 방향
　　및 향후 진행 일정과 방식 등을 결정하였으며 주요 쟁점을 도출하였다. 이어서 고등
　　학교 선택과목의 과목명 및 방향 논의 그리고 국어 Ⅰ, Ⅱ의 성격과 방향을 논의하였
　　다. 그리고 개정 연구진과 학습연구년제 교사 사이에 워크숍이 벌어졌다. 이후에는
　　이러한 논의 결과에 바탕하여 단계적으로 작업을 추진한 뒤 공청회에 이르렀다.
　　이러한 사정은 여타 교과 교육과정 개발의 경우에도 마찬가지였다. 이에 관해서는
　　국어과 교육과정 개정을 위한 시안 개발 연구진,「국어과 교육과정 개정을 위한
　　시안 개발 연구진」, 2011, 4쪽 ; 국사편찬위원회,『2011년 역사과 교육과정 개발 방향
　　및 연구자료』, 2011. 3, 14쪽 참조.
39) 국사편찬위원회,『2011년 역사과 교육과정 개정을 위한 정책 연구 방향 안내서』,
　　2011, 8쪽.

여 개발을 추진하고 의사를 결정하기보다는 '추진위'를 매개로 '정책
위'의 개발 과정에 개입하고 통제하는 데 중점을 둔 것으로 보인다.
주지하다시피 이러한 사안은 국사편찬위원회가 스스로 밝힌 바와 같
이 검정 기준 및 편찬상의 유의점 개발 연구 및 집필 기준과 편수자
료 수정 · 보완 등을 통해 처리할 수 있기 때문이다. 요컨대 이러한 개
발 사정에 비추어 보았을 때, '추진위'는 교육과정 개발에서 불필요한
기구였다.

　나아가 '추진위'는 정치적 의도를 가지고 설치한 기구가 아니었나라
는 의구심을 불러일으킬 수 있었다. 당시 일부 정치세력과 언론이 '추
진위'에 거는 기대가 매우 컸음은 이를 반영한다. 즉 "지난 십여 년 지
속돼 온 '역사 좌편향' 시정이라는 시대적 과제에 부응하여 '대한민국 60
년 성공의 역사'를 교과서에 담을 것"이라고 기대하였다.40) 교육과정
의사결정 과정에 정치적 입김이 만만치 않을 것임을 예고한다 하겠다.

　셋째, 초창기부터 감지되었던 의사결정의 난맥상은 개발 및 논의
과정에서 해소되기보다는 확대되기에 이르렀다. 무엇보다 이전 '역사'
교육과정 운영상의 실태 및 문제점에 대한 진단이 수반되지 않았
다.41) 작업 추진에 앞서 보고된 자료는 국사를 좋아하지 않은 이유로
인물과 연대 암기 위주였다는 중앙일보 여론조사팀의 설문조사서였
다. 설문 내용도 유치하거니와 이런 결과를 존중하는 당국자의 의견
도 학계와 교육계의 우려를 자아냈다.42) 그럼에도 '정책위'는 교과부

---

40) 박세환, 「시론 역사추진위에 '성공의 역사 교육 기대한다」, 『중앙일보』 홈페이지
　　http://article.joinsmsn.com/news/article, 2011. 2.21. 2011년 4월 30일 검색.
41) 수시개정 체제의 취지와 달리 급작스럽게 전면 개정을 하는 과정에서 2007 개정
　　교육과정을 시행하지 않았기 때문에 이러한 검토가 수반되지 않았음은 당연하였
　　다. 아울러 제7차 교육과정 운영 실태와 문제점에 대한 심도 있는 검토 역시 이루어
　　지지지 않았다. 사실상 백지상태에서 총론에 입각하여 각론을 전면 개정하는 셈이
　　었다.

의 요구에 따라 개발 연구에 착수하였다. 물론 개발 작업 착수를 위한 기조 발제가 분과별로 이루어졌다. 그러나 이는 요식적인 절차로서 이러한 발제에 대한 심층적인 논의나 후속 검토가 따르지 않았다. 따라서 이러한 개발 과정에서 개정 논의는 이전 교육과정 시기 교육 현장의 경험과 지속적인 조사에 대한 결과 보고서를 근거로 삼으면서 차후 개선 방안을 모색하기보다는 '추진위' 일부 인사의 의도를 반영하는 형태로 흘러갔다.43) 또는 단위 시수와 현장 여건을 전혀 고려하지 않고 근거 없는 낙관론과 개인의 소신을 펴면서 통사(通史) 형태를 고집하기도 하였다.44) 또 전공별 연구협의진의 일부는 교육과정의 변천과 의미, 교육 현장의 여건 등에 대한 사전 지식도 없이 본인 전공 내용의 반영 여부를 주시할 뿐이었다.45) 이처럼 전체 교육과정에 대한 이해가 전제되지 않고 개별적인 학문적 전문성으로 여기에 참여한다는 것은 논의 구조를 대단히 취약하게 만들 가능성이 높았다. 정작 이들 전문가의 목소리를 제대로 반영하려고 했다면 현장 교사들, 교과 교육 연구자 및 학계 전공자들이 여러 차례 연찬회를 통

42) 이러한 주장은 대한민국 정부 수립 이래 교육 현장과 학계에서 줄기차게 나왔던 사안이었다. 강우철의 경우, 1956년에 이미 "교사는 「국어」보다 어려운 어휘를 이해시키고, 불가피한 술어를 설명하느라고 시간의 대부분을 소비하였다고 비명을 울리고 있다."고 교육 현장의 고충을 전하고 있다(강우철, 「교과과정과 교과서-중학교 국사교과서에의 제언-」, 『歷史敎育』 1, 1956). 그리고 이러한 설문 조사 결과가 타당한가에 대한 논란도 적지 않다. 설문 조사 대상이 당장 고등학교를 졸업한 학생이 아니라 30~50대 기성세대였다면 근래 역사교육의 장단점을 제대로 반영했는가라는 의문이 나올 수 있다.
43) 개정 논의 과정과 내용에 관해서는 오수창, 앞의 논문, 4~8쪽 참조.
44) 위와 같음.
45) 전공별 연구 협의진은 처음에는 한국사, 동양사, 서양사 전공자 모두 20명이었으나 이후 역사교육 전공자 등을 포함하여 20명 이상으로 증가하였다. 이들 중 일부는 교육과정 검토의견서를 제출하였으며 또 다른 일부는 성취기준에 입각하여 검토한 교육과정 내용 적정성 의견서를 제출하였다. 전공별 연구 협의진 구성에 관해서는 『2011년 역사과 교육과정 개정을 위한 정책 연구 방향 안내서』, 2011, 128쪽 참조.

해 검토하고 상호 이해할 수 있는 기반을 조성한 뒤 논의를 심화하고 의견을 수렴했어야 했다. 또한 교육 현장의 목소리를 반영하고자 하였다면 이를 문서화하여 위원회에서 집중 논의해야 했다. 그러나 이러한 절차는 어디에서도 있지 않았다. 단지 전공별 연구 협의진의 검토서만이 제출되었을 뿐이다. 물론 '정책위'에서 현장 교사들과 의견을 조율하면서 현장에서 나타난 시행착오를 반복하지 않으려 하였지만 '추진위'의 일부 인사는 이러한 고뇌에 귀를 기울이지 않은 나머지 '정책위'와 '추진위' 사이에서 드러난 이견을 좀처럼 줄여보려고 하지 않았다.

이에 개정 논의 참여자들은 오로지 일정에 쫓기어 수탁 과제를 수행하는 신세가 되고 말았다. 그리고 차선책을 모색하는 과정에서 추진위와 정책위는 절충에 절충을 거듭한 끝에 봉합하기에 이르렀다. 일정에 대한 압박감이 컸을뿐더러 정작 교육과정 개정에 실무를 담당했던 위원들에게 주어진 권한은 개정 작업의 중량에 비해 턱없이 적었기 때문이다. 하지만 언론계와 정치권의 주목을 받고 있었던 1945년 이후 역사 서술에 필요한 준거를 합의하기에 이르렀다. 그리하여 2011년 6월 30일 '2011 역사 교육과정 개정(안) 공청회'에서 주요 논점을 소개하면서 다음과 같이 그 준거를 밝혔다.

　　한국사 근현대 부분에는 사회적 논란의 대상이 되는 사안이 다수 포함되어 있다. 정책위에서는 헌법과 헌법정신에 입각하여 그러한 역사 사실들에 임해야 한다는 사실을 재확인하였다. 특히 대한민국 헌법 전문 중 '대한국민은 3·1 운동으로 건립된 대한민국 임시정부의 법통과 불의에 항거한 4·19 민주이념을 계승하고, 조국의 민주개혁과 평화적 통일의 사명에 입각하여 정의·인도와 동포애로서 민족의 단결을 공고히 하고'라는 부분은 매우 중요하고 구체적인 준거가 된다.[46]

이러한 준거가 역사적 맥락보다는 법통적 근거에 입각하였지만 우리 사회가 최소한이나마 합의할 수 있는 근거가 된다는 점에서 의미가 적지 않다. 그리고 이러한 준거 제시에 공청회에 참석하였던 여러 계열의 인사들 모두 이의를 달지 않고 수긍하는 형국이었다.

그러나 이처럼 어렵사리 마련한 교육과정 개정안은 '사회과 교육과정심의회'를 통과했음에도 불구하고 정치권과 외부 세력에 의해 변질되기에 이르렀다. 즉 역사 교육과정안이 공식 발표된다고 예정되었던 일자를 앞둔 하루 전날에 언론의 집요한 관여는 위원들 간에 어렵사리 조정하여 결정한 교육개정(안)을 송두리째 흔들어 놓았다. 즉『중앙일보』는 기자 칼럼을 통해 헌법 전문과 용어의 모호함을 들어 '민주주의'를 '자유민주주의'로 바꾸자고 제안하였다.[47] 이러한 용어는 관련 2개 위원회의 위원들뿐만 아니라 공청회에 참석하였던 뉴라이트 계열의 인사들조차도 제기하지 않았던 용어였다. 문제는 중앙일보 기자의 이러한 느닷없는 제안에 연일 언론계와 정치권에서 '민주주의'냐 '자유민주주의'를 둘러싸고 갑론을박을 벌이기에 이르렀다는 점이다. 그리고 교과부 장관은 그동안 해당 위원회와 교육과정운영위원회의 결정 사항을 무시하고 '민주주의'를 '자유민주주의'로 바꾸어 고시하기에 이르렀다.[48] 이후 '역사' 교육의 정상화 문제는 시야에 들어오지 않고 교육 외적 요인이라 할 정치·사회세력 사이에 보이는 현실 인식의 간극과 처지의 상이에 따른 논쟁만이 도드라지게 눈에 띠면서 기억의 전쟁으로 번져갔다.[49] 심지어는 특정 학회와 특정 신문사

46) 역사교육과정개발정책연구위원회, 「2011 역사 교육과정 개정(안) 공청회」, 2011, 12쪽.
47)『중앙일보』홈페이지 http://article.joinsmsn.com/news/article, '역사 교육과정에 두 글자만 더 넣자'(2011. 8. 3) 2012. 4.30. 검색.
48) 교육과학기술부, '2009 개정 교육과정에 따른 사회과 교육과정'(고시), 2011년 8월 9일.

가 역사 교육과정과 집필 기준서를 둘러싼 공방을 벌이면서 정치이데올로기 쟁투로 비화되기에 이르렀다.[50)]

이러한 의사결정의 파행을 야기한 요인은 단지 교과부 장관의 독단적인 결정에서만 비롯되지 않았다. 이는 기억전쟁이 벌어지고 있는 분단현실에서 얼마든지 터져 나올 사안이었다. 이 중 한국근현대사 서술 내용은 이러한 이데올로기의 외압에 가장 취약하다는 점에서 더욱 그러하다. 그리고 이러한 파행은 이후 정권 교체기마다 반복적으로 일어날 가능성이 높다. 결국 이러한 반복적인 파행과 극심한 논란은 각자 주장의 타당성은 차치(且置)하더라도 교육과정의 안정적인 운영과 점진적인 개선을 가로막을뿐더러 역사교육 현장을 묵묵히 지키며 열성적으로 가르치고 있는 교사들을 곤혹스러운 처지로 몰아갈 것이다. 나아가 장차 이 나라를 짊어지고 나아갈 학생은 물론 역사교육의 정상화를 열망하는 국민들마저 역사교과를 골치 아픈 교과로 여기며 더욱더 기피하는 요인이 될 것이다.

5. 결어 : 의사결정 구조의 개선 방향

이제는 '역사' 교육의 정상화에 앞서 안정화가 더 시급한 과제가 되고 말았다. 특히 '2009 개정 역사 교육과정(2011년 고시)'의 의사결정 과정은 이러한 과제의 해결이 절실함을 단적으로 보여주었다. 아무리 미래의 변화에 부합하고 바람직한 교육과정 개정안이 눈앞에 보인다

---

49) 이에 관해서는 오수창, 앞의 논문 참조.
50) 한국현대사학회, '역사교과서 집필기준 고시에 대한 일부 언론(한겨레신문, 오마이뉴스 등)의 선동과 정치 정쟁화 중지 요구서'(2011.11.13).

고 하더라도 그것이 정치적 의도라든가 이른바 교육개혁의 수단으로 이용된다면 그것은 또 한번 교육 현장을 요동시킬 것이며 궁극적으로는 교사와 학생들의 정상적인 교수학습에 막대한 해악을 끼칠 수 있기 때문이다. 특히 분단현실 속에서 한국근현대사 서술을 둘러싼 쟁투가 심한 현재의 경우는 더욱 그러하다. 그럼에도 교육과정 개정 작업에 참여하는 전문가를 비롯하여 언론계와 정치권은 모두 미래에 활동할 후속 세대를 위한 교육과정 개정 작업임을 강조하는 반면에 학문적 성과와 교육 현장의 적합성에 기초한 쌍방향적인 의사결정 구조의 구축에는 관심을 기울이지 않는다.

이에 교육과정 개정을 둘러싼 의사결정의 파행을 조금이나마 줄여 보고자 하는 의도에서 몇 가지 단상(斷想)을 첨언하고자 한다. 무엇보다 교육과정을 안정적으로 운영하기 위해서는 의사결정 구조의 체계화를 추진할 필요가 있다. 물론 이러한 체계화는 역사과에 국한되지 않고 교육과정 전반에 걸쳐 있으므로 늘 총론을 염두에 두고 추진해야 한다.

우선 역사 교육과정 개발에서 극심하게 드러나고 있듯이 수시개정 체제는 효율성과 안정성의 측면에서 공감을 얻고 있음에도 불구하고 2009 개정 역사 교육과정의 의사결정 과정에서 볼 수 있듯이 적어도 역사과에는 적용해서는 안 된다는 점을 각인시켰다. 즉 정치권이 교육개혁을 명분으로 교육과정을 수시로 흔들고 검인정 발행 체제의 취지를 약화시키는 현실에서 수시개정은 우리의 현실과 부합하지 않기 때문이다.[51] 반면에 국가·사회적 요구가 급격하게 변화할 때는

---

[51] 안병우는 정치권의 외압에 따른 졸속 개정의 위험성을 우려하여 수시개정보다는 주기 개정을 요구하면서 개정 주기를 10년에서 12년으로 설정하고 있다. 이에 관해서는 안병우, 앞의 논문, 274~275쪽 참조.

교육과정 개정이 체계적이고 엄격한 절차를 거쳐 이루어지도록 해야
한다. 프랑스의 경우, 학교 교육과정 개발 전문가 집단이 개발한 교육
과정의 채택 여부에 대한 결정 권한은 교육부 장관에게 있지만, 새롭
게 개발된 교육과정을 통해 변화된 부분에 대한 국가교육 최고심의
회의의 동의 여부를 타진하는 절차가 필수적으로 따른다.[52] 물론 교
과부 장관이 국가교육 최고심의회의 의견을 반드시 따라 할 법적 의
무는 없지만, 자문을 구하지 않은 상태에서 결정을 내린다면 그것은
불법적인 결정이 된다.[53] 이는 우리 교육 현실에서 눈여겨볼 대목이
다. 아울러 각론에 해당하는 개별 교과의 교육과정 역시 교육 현장과
학계, 일반 국민들의 광범위 논의 절차를 거쳐 최종안을 마련해야 한
다. 이 과정에서 교과별 교육과정 시안에 대한 공개 검토 기간을 초
안 개발, 비공개 검토 등 여타 개정 작업의 기간에 비해 훨씬 길게 잡
을 필요가 있기 때문이다. 1999년 영국의 경우, 초안 개발이 4개월 남
짓된 반면, 시안에 대한 공개 검토가 5개월 남짓된다.[54] 여기에는 개
정 시안에 대한 전국적인 의견 수렴을 비롯하여 검토의견 조사지와
일반인 대상 여론 조사, 지역교육청과 연계한 협의회 및 공청회 등이
포함되었다. 미국(캘리포니아 주) 역시 주 교육위원회에게 자문을 해
야 하는 교육과정 위원회는 각 교과의 교육과정 프레임워크 초안을

---

52) 현재 우리나라 교육과정심의회는 교과부 산하에 설치된 심의기구로서 의결권을 가
지고 있지 않다. 따라서 교육과정심의회의 심의를 거친 개정 교육과정은 언제든지
교과부 장관에 의해 변경될 수 있다. 이에 정치권의 간섭을 받지 않고 자율적으로
교육과정을 심의하고 의결할 수 있는 이른바 국가교육 최고심의회의의 설치를 고려
해 볼 필요가 있다. 다만 이러한 심의회의 의사결정 과정이 왜곡되지 않도록 관련
학회와 교육 현장에서 추천하는 인사들로 구성되어야 한다.

53) 허경철 외,『연구보고 RRC 2003-1 국가수준 국가교육 개정 방식 개선에 관한 연구』,
교육과정평가원, 2003, 178~179쪽.

54) 소경희, 「영국의 국가교육과정 개정 및 시행 절차 고찰」,『비교교육연구』15-2, 2005,
158~160쪽.

주 교육위원회에 제출하기 이전에, 개발된 교육과정 초안을 학교현장
에 적용하여 검토해야 할 책임을 갖는다. 이후 현장검토 결과에 대한
승인이 이루어지면, 개발된 교육과정의 사본이 해당분야에 관심을 가
지고 있는 여러 사람을 비롯하여 검토 인사들에게 알리거나 제출한
뒤 개발된 교육과정에 대한 대중적 검토회합을 개최를 거쳐 주 교육
위원회에서 교육과정의 채택 여부를 결정한다.[55]

　다음, 지역 단위에서 편성할 수 있는 권한을 명확하게 설정하고 넘
겨야 한다. 미국(캘리포니아주)의 경우, 총론은 교육법에 명시되어 있
으며, 주 정부는 교육과정에 대해 포괄적인 최소한의 지침만을 제시
하고 구체적인 사항에 대해서는 학교구에 맡기고 있다.

　물론 현재와 같은 수능 체제에서는 이러한 자율성을 담보하기 어
렵다. 이 역시 평가 체제의 개선과 함께 적극 고려할 필요가 있다. 그
럼에도 언제까지 평가 체제의 개선만 기다릴 수 없다. 평가 체제의
개선에 노력하는 가운데 개정 주기의 안정성을 기하면서 개정을 둘
러싼 쌍방향적인 의사결정 구조를 체계적으로 구축해야만 다음 단계
를 전망할 수 있다.

　끝으로 무엇보다도 이러한 논의를 뒷받침할 수 있는 보고서들이
축적될 필요가 있다. 이들 보고서에는 다른 나라 교육과정 연구나 현
장 보고서도 포함될뿐더러 이전 교육과정에 입각하여 교육 현장에서
수행되는 교수학습 성과와 한계, 평가 체계에 대한 지속적인 검토 보
고서 등이 포함되어야 한다. 아울러 지속적인 조사 작업을 위해서는
(편수) 인력 확충과 함께 연구시범학교의 활용이 전제되어야 한다.
또한 교육개정안을 전면적으로 시행하기에 앞서 개정 초안을 연구학
교에 적용하여 검토할 필요가 있다. 물론 현재 연구학교를 활용하여

---

55) 허경철 외, 앞의 보고서, 198~199쪽.

교육과정의 문제점을 파악하고자 한다. 그러나 대부분은 교육과정의 정당성을 확보하기 위한 수단으로 활용되고 있어 우려가 뒤따르고 있다.[56] 이어서 현장검토 결과에 대한 승인이 이루어지면, 개발된 교육과정의 사본이 해당 분야에 관심을 가지고 있는 여러 사람들에게 우편으로 송부되거나 인터넷에 게시되며 동시에 교수학습자료 전시센터 같은 곳에 비치될 필요가 있다. 이는 여러 사람들의 의견을 수렴하고 숙의함으로써 시행 과정에서 야기되는 부작용을 줄이고 장점을 최대로 살리고자 하기 때문이다. 결국 이러한 관련 보고서가 축적되지 않는 한 개정 논의는 엄격히 제한해야 한다.

이처럼 교육과정 개정을 둘러싼 우리 교육의 난국을 헤쳐 나갈 수 있는 최소한의 관건은 정치·이데올로기적인 외압에서 벗어나 이러한 돌출적인 사태를 방지하고 학문적 보편성과 현장의 적합성의 적절한 조화 속에서 의사결정 과정을 합리적이고 안정적으로 운영할 수 있는 쌍방향적인 의사결정 구조의 구축과 교육과정의 체계적 관리에 있다. 이 중 역사과의 경우는 이러한 개선 방안이 더욱 절실하다.[57]

---

56) 아무개 대학교 사범대학부설고등학교가 연구학교로서 제출한 2009년 운영보고서에는 학생들이 일제강점기 경제정책에 대한 자신의 견해쓰기가 포함되어 있다. 이를 보면 두 편 모두 식민지근대화론을 적극 옹호하면서 이를 학교현장에서 정당화한 글들이다. 제목은 각각 "일제강점기는 경제적 측면에서 근대화의 기반이 다져진 시기였다.", "일제강점기를 '일제의 수탈'이란 측면에서만 보는 시각을 바꿔야 한다."였다. 학생들의 다양한 시각을 키운다는 미명 아래 오히려 한쪽의 학설만이 교과서 내용과 별개로 여과 없이 일방적으로 전달되고 있음을 확인할 수 있다. 이는 연구학교가 교육과정의 장점과 한계를 가감 없이 보여주는 교육 현장이라기보다는 교육과정 주도층의 의도를 충실히 반영하여 홍보하는 수단으로 전락하였음을 보여준다.

57) 우리나라 역사교육 현실에 부합되도록 의사결정 구조를 체계화하기 위해서는 권한 배분에 따른 교육과정 결정 구조를 비롯하여 의사결정 절차, 교육 현장에 대한 관찰·검증·통제 프로그램 등의 제반 문제를 검토하는 후속 작업이 수반되어야 한다. 그러나 본고에서는 2009 역사 개정 교육과정 개발 과정의 허실에 중점을 둔 까닭에 이 문제를 집중적으로 다루지 못하였다. 추후 학계와 교육 전문가 집단이 장기적인 전망 아래 머리를 맞대고 지속적으로 논의하면서 구체적인 방안을 마련할 필요가 있다.

〈부표 1〉 2007 개정 역사 교육과정과 2009 개정 역사 교육과정의 비교

2007 개정 역사 교육과정	2009 개정 역사 교육과정(2011년 고시)
(1) 우리 역사의 형성과 발전 ① 선사 문화와 우리 민족의 기원에 대하여 조사한다. ② 고조선 건국에서 삼국의 발전까지 국가의 성립과 변천 과정을 이해한다. ③ 통일 신라와 발해의 성립과 변천 과정을 이해한다. ④ 고려의 정치 변동과 대외 관계, 사회의 성격을 설명한다. ⑤ 조선의 성립 및 집권 체제 정비 과정과 사회의 특징을 파악한다. (2) 조선 사회의 변화와 서구 열강의 침략적 접근 ① 조선 후기에 근대 사회를 향한 새로운 움직임이 일어났음을 사례를 들어 설명한다. ② 서구에서 자본주의가 발달하고 제국주의가 등장하는 과정을 파악한다. ③ 서구 열강이 아시아로 세력을 확장하는 과정과 이에 따른 변화를 파악한다. ④ 19세기 정치 질서의 문란과 사회 동요를 파악하여 당시 사회가 직면한 시대적 과제를 추론한다. ⑤ 흥선 대원군 집권기의 통치 체제 정비 노력과 외세에 대한 대응 노력을 탐구한다. (3) 동아시아의 변화와 조선의 근대 개혁 운동 ① 개항 이후 청과 일본의 근대 개혁 운동을 이해하고 그 성격을 설명한다. ② 외국과 맺은 여러 조약을 조사하여 불평등 조약 체제가 형성되었음을 이해한다. ③ 정부가 추진한 개화 정책의 내용을 알고, 이를 둘러싼 여러 세력의 대응을 비교하여 파악한다.	(1) 우리 역사의 형성과 고대 국가의 발전 ① 선사 문화의 세계사적 흐름 속에서 우리 민족의 형성 과정을 파악한다. ② 고조선과 초기 철기 시대에 등장한 여러 나라의 사회 모습과 풍속을 파악한다. ③ 삼국 및 가야의 발전 과정을 통해 고대 국가의 특성을 파악하고, 고대 국가의 대외 관계를 살펴본다. ④ 통일 신라와 발해의 발전과 사회·경제적 모습을 파악한다. ⑤ 고대 국가들이 동아시아의 국제 관계 속에서 다양한 교류를 통해 불교, 유교, 도교 등의 사상과 문화를 발전시켰음을 이해한다. (2) 고려 귀족 사회의 형성과 변천 ① 고려의 건국과 발전 과정을 동아시아의 정세 변화와 관련지어 파악한다. ② 고려 시대 경제 제도와 각종 산업의 모습을 이해한다. ③ 신분 제도를 바탕으로 친족 제도, 혼인, 풍속, 여성의 지위 등을 파악하고 이를 통해 고려 시대 사회 모습을 파악한다. ④ 고려 시대의 사상적 특징을 유교, 불교, 풍수지리설 등을 중심으로 파악한다. ⑤ 이민족과의 대립 외에도 다양한 교류를 통해 고려가 다양성과 개방성을 가지는 사회로 발전하는 상황에 대하여 파악한다. (3) 조선 유교 사회의 성립과 변화 ① 주변 국가의 변동 상황과 고려 말·조선 초의 사회·경제적 변동을 바탕으로 조선 건국 과정 및 유교적 민본 이념에 입각한 통치 체제 정비 노력을 살펴본다.

④ 갑신정변의 전개 과정을 알고, 이후 조선을 둘러싼 국제적 대립이 격화되었음을 안다.

⑤ 개항 이후 외세의 경제 침탈과 이로 인한 사회·경제적 변화를 탐색한다.

(4) 근대 국가 수립 운동과 일본 제국주의의 침략

① 청·일 전쟁과 러·일 전쟁을 거치면서 일본의 제국주의가 본격화되었음을 안다.

② 외세의 중국 침략이 확대되고, 이에 맞서 반외세 근대 변혁 운동이 활발하게 전개되었음을 안다.

③ 동학 농민 운동의 배경과 전개 과정을 알고, 이를 통해 농민군이 주장했던 사회 개혁의 방향을 파악한다.

④ 갑오개혁, 독립 협회 운동, 대한 제국의 개혁이 근대 국가 수립 운동에서 차지하는 의미를 파악한다.

⑤ 국권 피탈 과정과 일제의 침략에 맞선 국권 수호 운동의 흐름을 파악한다.

⑥ 민권 운동의 성장과 근대 문물의 유입으로 나타난 문화와 생활의 변화를 이해한다.

(5) 일제의 식민지 지배와 민족 운동의 전개

① 제1차 세계 대전과 러시아 혁명을 거치며 세계 정세가 크게 달라졌음을 안다.

② 일제의 식민지 지배 정책을 시기별로 그 특징을 파악한다.

③ 3·1 운동의 배경과 전개 과정을 알고, 민주 공화제를 표방한 대한민국 임시 정부 수립의 의의를 인식한다.

④ 나라 안팎에서 전개된 다양한 민족 운동의 사례를 조사한다.

⑤ 3·1 운동 이후 사회 운동의 사례를 조사하여 그것이 사회·문화에 미친 영향을 탐구한다.

② 조선 시대 신분제의 재편 과정을 살펴보고, 이를 바탕으로 조선 전기 양반 문화의 특징을 파악한다.

③ 조선 전기 사대교린 정책을 바탕으로 한 대외 관계를 살펴본 후, 왜란과 호란의 전개 과정과 양난이 동아시아 국제 정세에 끼친 영향을 파악한다.

④ 17세기 이후 붕당 정치에서 세도 정치까지의 정치적 변동 상황을 살펴보고 수취 체제 정비 노력 등 제도 개혁의 내용과 의미를 파악한다.

⑤ 근대 사회를 향한 새로운 움직임을 경제·사회적 변동과 관련하여 파악한다. 특히, 농업·상공업 등에서 나타난 경제적 변화 모습을 파악하고 이와 더불어 신분제의 변동도 이해한다.

⑥ 실학, 서학, 동학 등의 사상 및 사회 개혁론을 사회 변동 상황과 관련지어 파악한다.

⑦ 서민 문화의 형성과 특징을 파악하고, 서민 문화가 조선 후기 사회에 끼친 영향에 대하여 이해한다.

(4) 국제 질서의 변동과 근대 국가 수립 운동

① 서구 제국주의 열강의 아시아 침략 과정을 살펴보고, 서양 세력의 침략적 접근 속에서 흥선 대원군이 추진한 통상 수교 거부 정책과 통치 체제 재정비 노력을 파악한다.

② 동아시아 삼국의 문호 개방 과정을 살펴보고, 개항 이후 조선이 추진한 개화 정책과 이를 둘러싼 갈등을 사상적 배경과 임오군란, 갑신정변을 통해 파악한다.

③ 동학 농민 운동이 반봉건적, 반침략적 근대 민족 운동의 성격을 지니고 있음을 파악하고, 갑오개혁 때 추진된 근대적 개혁 내용을 살펴본다.

⑥ 제1차 세계 대전 후 아시아 여러 지역
에서 일어난 민족 운동의 사례를 조사
하여 우리 민족 운동과 비교한다.

(6) 전체주의의 대두와 민족 운동의 발전
① 대공황을 거치면서 전체주의 국가가
등장하고, 이들의 침략으로 제2차 세
계 대전이 일어났음을 안다.
② 1930년대 이후 달라진 일제의 지배 정
책을 파악하고, 이에 따른 사회·경제
적 변화를 추론한다.
③ 일제의 인적, 물적 자원 수탈과 민족 말
살 정책을 파악하고, 이 시대를 살아간
다양한 삶의 모습을 비교해 본다.
④ 1930년대 이후에도 나라 안팎에서 민족
운동이 활발하게 전개되었음을 파악한다.
⑤ 태평양 전쟁 시기에 국내외에서 본격
화된 건국 노력을 설명한다.
⑥ 제2차 세계 대전 진행 중에 우리의 독립과
관련된 국제 사회의 움직임을 파악한다.

(7) 냉전 체제와 대한민국 정부의 수립
① 제2차 세계 대전 이후 미국과 소련의
대립이 심화되고 냉전 체제가 성립되
는 과정을 파악한다.
② 8·15 광복 직후 통일 정부 수립을 위
한 활동이 전개되었음을 설명한다.
③ 대한민국과 북한의 정부 수립 과정 및
그 의의를 파악하고, 농지 개혁과 친일
파 청산이 추진되었음을 안다.
④ 6·25 전쟁의 원인과 전개 과정 및 그
참상을 알고, 전후 남북한의 갈등이 증
폭되었음을 안다.
⑤ 전후 복구 과정을 거치며 남과 북에 정
치·경제적으로 다른 체제가 뿌리내렸
음을 파악한다.
⑥ 냉전으로 인해 분단, 전쟁과 갈등을 겪
은 다른 나라의 사례를 찾아서 서로 비
교한다.

④ 독립 협회의 활동과 대한제국이 추진
한 광무개혁의 내용을 통해 근대 국
민 국가 수립을 위한 노력을 파악한
다.
⑤ 일제의 국권 침탈에 맞서서 일어난 애
국 계몽 운동과 의병 운동 등 국권 수
호 운동의 흐름과 사상적 배경을 이해
한다.
⑥ 개항 이후 외세의 경제적 침탈이 조선
사회에 미친 영향을 파악하고, 신문물
의 유입으로 인한 사회 변화에 대하여
살펴본다.
⑦ 독도가 우리의 영토임을 역사적 연원
과 내력을 통해 증명하고, 일제에 의해
이루어진 간도 협약의 부당성에 대하
여 파악한다.

(5) 일제 강점과 민족 운동의 전개
① 제1차 세계 대전을 전후한 시기부터 제
2차 세계 대전이 끝나는 시기까지의 국
제 정세 변동과 우리나라를 포함한 동
아시아의 변화를 파악한다.
② 국내의 정세 변화와 관련하여 나타난
일제의 식민 통치 방식과 경제 수탈 정
책의 내용을 파악한다.
③ 3·1 운동의 전개 과정을 파악하고, 이
를 바탕으로 수립된 대한민국 임시 정
부의 역사적 의의를 이해한다.
④ 3·1 운동 이후 다양하게 전개된 국내
민족 운동의 특징을 파악한다.
⑤ 일제 강점기에 나라 밖의 여러 지역에
서 전개된 민족 운동을 파악한다.
⑥ 일제 강점기의 사회·경제적 변동에 따
른 사회 모습의 변화를 파악한다.
⑦ 태평양 전쟁 시기를 전후하여 국내외
에서 본격화된 건국 노력을 설명하고,
우리의 독립과 관련된 국제 사회의 움
직임을 파악한다.

(8) 대한민국의 발전과 국제 정세의 변화	(6) 대한민국의 발전과 현대 세계의 변화
① 냉전 체제의 변화 양상이 동아시아와 남북한에 미친 영향을 이해한다.	① 제2차 세계 대전 이후 냉전 질서가 형성되는 가운데, 8·15 광복 이후 전개된 대한민국 정부 수립 과정을 파악한다.
② 4·19 혁명에서 6월 민주 항쟁에 이르는 과정을 민주주의 발전의 측면에서 설명한다.	② 6·25 전쟁의 원인과 과정 및 그 참상을 알고, 분단과 전쟁을 겪은 다른 나라의 사례를 찾아본다.
③ 1960년대 이후 고도성장이 이루어지고 산업 구조가 변하였음을 알고, 그것이 가져온 결과를 성찰한다.	③ 4·19 혁명으로부터 오늘날에 이르는 자유민주주의의 발전 과정과 남겨진 과제를 살펴본다.
④ 산업화가 농촌과 도시 생활에 미친 영향을 파악하고, 대중문화의 확산이 가져온 사회 변화를 설명한다.	④ 산업화를 통해 이룩한 경제적 발전과 사회·문화 전반에 걸친 변화를 이해한다.
⑤ 1960년대 이후 북한의 정치·경제적 변화 과정을 파악한다.	⑤ 북한 사회의 변화와 오늘날의 실상을 살펴보고, 남북한 사이에서 전개된 화해와 협력을 위한 노력을 파악한다.
⑥ 대한민국의 민주화와 산업화 과정을 다른 국가들과 비교한다.	⑥ 독도를 비롯한 동북아시아의 영토 문제, 역사 갈등, 과거사 문제 등을 탐구하여 올바른 역사관과 주권 의식을 확립한다.
(9) 세계화와 우리의 미래	⑦ 세계화가 진전되는 가운데 국제 사회에서 높아진 대한민국의 위상을 알아보고, 국제 사회에 공헌하는 방안을 탐색한다.
① 1980년대 후반 이후 국제 질서의 변화 방향을 탐구한다.	
② 6월 민주 항쟁 이후 민주화가 진전되고 시민 사회 운동이 활발해졌음을 설명한다.	
③ 남북한 간 화해와 협력을 위한 노력을 살펴보고, 평화 통일을 위한 과제와 방안을 탐색한다.	
④ 동북아시아의 영토 문제, 역사 갈등, 과거사 문제 등을 탐구하여 관련 나라와의 바람직한 관계를 모색하는 자세를 가진다.	
⑤ 한국의 국제 위상이 크게 높아졌음을 알고, 국제 공헌을 위한 방안을 탐색한다.	

*
『歷史敎育』120, 2012 揭載, 2014 補.

제2부

한국근대사의 이해와 국사 대중화

제6장

2004년 한국근대사 연구의 동향

1. 서언

20 04년은 러·일전쟁이 일어난 지 100년이 되는 해이다. 그리하여 일부 학회에서는 러·일전쟁 100주년을 맞이하여 러·일전쟁이 한국근대사에 끼친 영향이라든가 현재적 의미를 되짚어보는 자리를 마련하였다. 또한 오늘날 동북아 정세가 100년 전의 모습과 유사하다는 세간의 지적에 힘입어 일반인들의 관심이 높아진 터였다. 이제 러·일전쟁 문제는 단지 학계 차원에 국한되지 않고 일반인들과 함께 호흡하면서도 인접 학문과 연계하여 심도 있게 논의할 수 있는 계기를 조성하리라고 기대하였다. 특히 이를 계기로 러·일전쟁을 전후한 정국의 변동, 국제관계, 전쟁과 조약 문제, 일제의 침략정책, 한국인 지식인들의 동향 등을 본격적으로 다룸으로써 일국사의 내적 계기와 외적 요소들의 관계를 구체적으로 해명할 수 있다는 점에서 이후 한국근대사 연구의 양적, 질적 발전을 가져올 수 있는

사안이었다.

그러나 2003년 후반부터 몰아닥친 중국의 이른바 동북공정(東北工程)과 일본 수상의 야스쿠니신사 참배, 독도영유권 문제가 불거지면서 학계는 이 문제에 즉각적으로 관여해야 했다. 반면에 러·일전쟁 같은 중요 개별 문제에 대한 내실 있는 검토는 뒤따르지 못하고 문제제기식의 논의만 이루어지고 말았다.

한편, 근래에 들어와 학술진흥재단의 기초학문육성 방침에 따라 학제 공동연구가 활발하게 진행되었다. 이 중 주체와 타자의 상호 인식, 서구 문화의 수용과 변용 문제가 중요 문제로 떠올랐다. 특히 사회과학계, 문학계, 철학계를 중심으로 민족주의와 함께 한국의 근대성 문제를 다루면서 근대 개념어의 수용과 변용 문제를 검토 대상으로 삼기에 이르렀다. 반면에 한때 학계의 중요 관심 주제였던 변혁운동·민중운동이라든가 사회경제의 구조와 변동에 관한 연구는 여전히 부진을 면치 못하고 있다. 정세의 급격한 변동과 연구 추세의 변화만으로 그 이유를 설명하기에는 부족하다.

본고는 2004년도 전문학술지에 발표된 근대 I (1876~1910) 연구 논문과 단행본, 주요 박사 학위논문을 중심으로 연구 경향과 의미를 짚어보면서 과제와 전망을 간략하나마 정리하고자 한다.[1] 많은 질정을 빈다.

---

[1] 본고에서 검토 대상으로 삼은 논저는 2004년도에 논문으로 발표되거나 단행본으로 출간된 경우로 國史編纂委員會 韓國史研究彙報와 國會圖書館 博士學位論文 目錄에 의거하여 추출하였다. 이 중 이미 발표한 논문을 묶은 단행본이나 박사 학위논문은 개별 논문들이 이전 연도에 검토되었다고 판단하여 가능한 한 제외하였다. 혹시 평자의 불찰과 분량의 제한으로 중요 논저가 누락되거나 논지가 잘못 전달되는 것에 대해 해당 필자들의 양해를 구한다.

2. 자본주의 · 제국주의 침략과 사회 경제 변동

1) 열강의 정치 외교 활동과 외래 종교 문제

이 시기 일본, 청국과 함께 서구 열강의 정치 외교 활동은 각 분야의 자국 외교관 및 민간인들의 활동과 매우 밀접하다는 점에서 이들 외교관과 민간인이 한국 사회에 끼친 영향도 일찍부터 연구의 대상이 되었다. 그리하여 일본의 침략을 검토할 때는 당시 주한 일본외교관의 활동, 일본 민간인들의 동향 등을 집중 다루어 왔다. 그러나 조선(대한제국) 정계에서 일본인에 못지않게 정국 변동에서 중요한 구실을 한 주한 미국외교관이라든가 선교사들의 활동을 체계적으로 검토한 연구는 드물다. 단지 단편적인 연구를 통해 현지 주한 미국공사들과 선교사들이 본국인 미국의 이익을 대변하여 제국주의적 팽창에 동승한 면도 없지 않으나 궁극적으로는 본국 정부와 마찰을 빚으면서도 한국의 근대화와 독립 보전 노력을 적극 지지하였다는 견해들이 피력되었다.

그러나 손정숙(孫湞淑)은 역대 주한 미국공사의 활동을 집중 분석하면서 이런 견해를 비판하였다. 즉 당시 주한 미국 공사들은 본국 정부의 외교 정책 선상 안에서 움직인 것으로, 본국과 주한 미국 공사의 입장 차이는 현지 외교관이 시장 개방과 균등한 무역 기회 확보라는 미국의 문호개방정책을 한반도에서 구현하는 과정에서 나타나는 방법상 · 기술상의 견해 차이에 지나지 않음을 강조하였다.[2] 이는 미국 선교사의 경우에도 그대로 적용되는 문제로 이들 선교사는 반근

---

[2] 孫湞淑, 「韓國近代駐韓 美國公使 硏究(1883-1905)」, 梨花女子大學校 博士學位論文, 2004.

대주의(反近代主義)에 입각하여 한국인을 문명에 물들지 않은 순수한 종교성을 보유한 사람들로 묘사하는 한편 오리엔탈리즘에 입각하여 한국의 전통과 문화를 야만으로 간주하였다는 주장이 제기되었다.[3] 물론 이는 선교사에만 국한된 게 아니라 서양인 일반의 인식이기도 하다는 점이다.[4] 또한 선교사들의 제사(祭祀) 금지(禁止) 조치도 이런 시각에서 다루기도 하였다.[5]

반면에 기존의 견해 역시 만만치 않았다. 이런 견해는 주로 선교사의 활동과 개신교의 영향 문제에서 두드러졌다. 즉 개신교 선교사들의 활동을 미국 국가의 정책과 분리시켜 그들의 근대화 노력으로 미국에 대한 호의적인 이미지가 형성되었음을 강조하고 있다.[6] 그리고 독립협회운동을 비롯한 당시 개혁적인 사회운동들이 선교사들의 영향을 받은 개신교 신자들의 적극적인 참여와 지회 설치에 고무되어 민족운동으로 성장하였음을 강조하기도 하였다.[7] 또한 개신교 선교사들의 한국 전통 문화와 사상에 대한 견해는 종교적 문화적 우월감에서 비롯되지 않았을뿐더러 불교나 유교의 긍정적인 요소를 발견하고 그것들과 기독교의 접촉점을 발견하려고 노력하였다는 점을 주장하기도 하였다.[8] 나아가 이들이 당시 사회의 모순을 극복할 수 있는

---

3) 이상훈, 「구한말 개신교 선교사들의 대한 인식 — 1884년부터 1919년까지를 중심으로」, 『정신문화연구』 95, 韓國精神文化硏究院, 2004.

4) 宋宰鏞, 「구한말 서양인이 본 한국 의례 일고찰」, 『東洋學』 36, 檀國大學校 東洋學硏究所, 2004.

5) 옥성득, 「초기 한국 개신교와 제사 문제」, 『東方學志』 127, 2004.
    그러나 필자는 개신교가 제사를 지내는 근본 동기인 효도, 조상기념, 사회 기초인 가족 공동체 유지 등의 가치와 미풍양속 요소를 기독교적으로 영구화시키는 방안을 마련해 갔음을 덧붙이고 있다.

6) 류대영, 『개화기 조선과 미국 선교사 — 제국주의 침략, 개화자강, 그리고 미국 선교사』, 한국기독교역사연구소, 2004.

7) 박정신, 「구한말 '기독교 민족주의' 논의」, 『韓國民族運動史硏究』 38, 國學資料院, 2004.

대안의 지도는 아니었을지라도, 해결의 단초를 제공하는 대안의 나침판으로 기능하였음을 강조하였다.9) 한편 천주교의 경우에서 보이듯이 과부 재가 허용 요구는 동학과 관련되지 않으며 오히려 천주교 교단의 영향으로 과부 재가가 점차 확대되었다는 견해도 나왔다.10)

그 밖에 선교사들의 인식을 잘 보여주는 이 시기 외국인 잡지 *The Korean Repository*에 대한 심도 있는 연구가 진행되었다.11) 이에 따르면 선교사들이 갑오개혁을 지지하는 반면에 대한제국의 성립을 부정적으로 인식하였으며 친일 · 친미 · 친영 · 반러 · 반불적인 경향과 함께 독립협회 지지 등을 보여주고 있다는 것이다.

이처럼 논의 구도가 긍정과 부정의 이분법에 입각하여 전개되고 있다. 따라서 이러한 논의 구도에서 탈피하여 역사적 성격을 추출하기 위해서는 당시 조선 사회의 내적인 배경과 맥락을 염두에 두는 한편 열강의 대한정책(對韓政策) 및 선교(宣敎) 전략(戰略)과 연계하여 이들의 인식, 활동과 영향을 검토할 필요가 있다.

2) 청일 · 러일전쟁과 각종 침탈

청일 · 러일전쟁은 주요 전장이 한반도와 주변 해역으로 국내 정국에 미친 영향은 대단히 컸다. 또한 이들 전쟁이 재래의 동아시아 질서를 해체시켜 일본이 제국주의로 성장하는 데 결정적인 계기가 되

8) 김흥수, 「19세기 말~20세기 초 서양 선교사들의 한국종교 이해」, 『서양문화의 수용과 근대개혁』, 태학사, 2004.
9) 吳仁英, 「개화기 주한 서양인들의 생활상」, 『東洋學』 35, 檀國大學校 東洋學硏究所, 2004.
10) 盧鏞弼, 「개화기 과부의 재가와 천주교」, 『韓國思想史學』 22, 韓國思想史學會, 2004.
11) 유영열 · 윤정란, 『19세기 말 서양선교사와 한국사회 – The Korean Repository를 중심으로 –』, 景仁文化社, 2004.

었다. 그러나 학계의 청일·러일전쟁 연구는 전쟁의 성격과 원인보다
는 침략전쟁에 대항한 항일투쟁과 1910년 국망에 이르기까지 일본의
폭력성과 침략성, 강압성, 부당성을 드러내는 데 더 많이 할애되었다.
반면에 구미의 국제관계사 연구 성과에 근거한 국내 정치외교학계의
저술에 영향을 받거나 심지어 이들 전쟁이 한반도와 무관하게 전개
된 외국 열강들의 전쟁이라고 치부하였다. 한반도에 초점을 맞추어
청일·러일전쟁의 원인 및 전개 과정을 분석한 연구가 미진한 것은
이 때문이다.

우선 러·일전쟁이 대한제국의 국가적 운명을 좌우한 정치세력과
열강들의 대리전이었다는 점에서 전장으로 제공되었던 한반도 영토
와 주변 해역 내에서 벌어졌던 전투를 검토하는 것이 선결 과제이다.
이 점에서 심헌용(沈憲用), 김현철(金顯哲), 최덕규(崔悳圭), 조명철
(趙明哲) 등의 연구는 러·일전쟁에서 보인 양측의 전략과 전투 상황
을 초보적이나마 정리하고 있어 참고할 만하다.12) 이후 학계에서도
지속적인 관심을 가지고 러·일전쟁을 우리의 시각에서 접근할 필요
가 있다.

또한 러·일전쟁이 단지 두 나라만의 전쟁이 아니라 미, 영, 독, 프
등 구미 열강들의 이해가 관련되었다는 점에 주안을 두고 국제관계
에서 러·일전쟁의 의미와 일본의 한국병합 과정을 다룬 최문형과 석
화정(石和靜)의 연구가 나왔다.13) 이들 연구는 러·일전쟁을 여타 제

---

12) 沈憲用,「러일전쟁기 '제2전장' 한반도의 지상전 - 정주전투와 압록강 전투를 중심으
로 -」,『軍史』51, 國防部 軍史編纂硏究所, 2004 ; 金顯哲,「러일전쟁기 黃海海戰과
일본 해군의 전략·전술」; 崔悳圭,「러시아의 제2태평양함대와 방첩작전」; 趙明哲,
「러일전쟁기 일본 육군의 만주전략」.
13) 최문형,『국제관계로 본 러일전쟁과 일본의 한국병합』, 지식산업사, 2004 ; 石和靜,
「러일협약과 일본의 한국병합」,『歷史學報』184, 歷史學會, 2004.

국주의 열강과 관련하여 다루었을뿐더러 1905년 이후 일제의 한국병
합을 지체시킨 국제적 요인으로 만주를 둘러싼 러시아와 미국의 일
본 견제를 들고 있다. 이 점에서 이들의 연구가 기존의 연구에서 보
이듯이 의병전쟁 등 국내 요인들만 들어 그 이유를 설명하거나 이토
히로부미(伊藤博文)의 대한정책(對韓政策)에서 구하던 방식에서 벗어
나 구미열강 등과 관련된 국제적 요인을 부각시켰음을 확인할 수 있
다. 따라서 통감부 시기 연구는 국내의 정국 변동과 일제의 침략 정
책을 중심에 두되 국제 관계의 변화를 염두에 두고 검토할 필요가 있
다.

　끝으로 러·일전쟁 발발 100주년을 맞이하는 시점에서 각국의 인식
및 역사교육 문제를 정리한 글들이 공동작업 또는 국제심포지엄을
통해 발표되었다.14) 이를 통해 각국이 처한 역사적 조건의 차이와 변
화에 따라 러·일전쟁의 인식과 역사교육이 크게 달라지고 있음을 확
인할 수 있다.

　한편, 일본은 러·일전쟁 이후 대한제국을 신영토로 편입하는 작업
에 본격적으로 착수함으로써 이후 한국지배의 근간을 마련하였다. 그
러나 식민지 근대화 논쟁에도 불구하고 이에 대한 연구는 거의 보이
지 않는다. 다만 김혜정(金惠貞)의 고문정치(顧問政治) 연구가 주목
된다.15) 그는 일본의 대한정책이 병합을 위해 일관성 있게, 그리고 체

14) 강만길 외,『근대 동아시아 역사인식 비교』, 도서출판 선인, 2004 ; 君島和彦,「日本에
서의 日露戰爭觀과 歷史敎育」,『歷史敎育』90, 2004 ; 朴相喆,「러시아 역사교과서
속의 러일전쟁」; 柳鏞泰,「환호 속의 警鐘 : 戰場 中國에서 본 러일전쟁」; 金元洙,
「한국의 러일전쟁연구와 역사교육의 과제-개전원인을 보는 시각」; 양호환,「러일
전쟁에 대한 미국의 시각과 인식」; 盧英順,「러일전쟁과 베트남 민족주의자들의
維新運動-東遊運動과 東京義塾을 중심으로-」; 한철호,「한국 : 우리에게 러일전
쟁은 무엇인가」,『역사비평』69, 역사비평사, 2004 ; 김영수,「러시아 : 러일전쟁 패배
를 보는 두 시각-비떼와 꾸라빠뜨낀의 논쟁을 중심으로」; 나리타 류이치,「일본
: '기억의 장'으로서 러일전쟁」.

계적으로 진행되었을 것이라는 결과론적인 해석에서 벗어나 식민정
치가 본국에서 파견된 관리의 성향에 따라 크게 좌우된다는 점에 유
념하여 메가타 다네타로(目賀田種太朗)와 본국의 정책 결정자인 이토
히로부미의 정책 갈등을 검토하고 있다. 이에 따르면 메가타가 토지
조사 등 식민지 구축을 위한 장기적인 계획을 수행하기 위해 일본의
장기적인 차관(借款)을 주장한 반면에 이토는 일본 현재의 여건을 감
안하여 증세정책(增稅政策)을 통해 재원을 한국에서 조달하는 데 더
중점을 두고 있음을 밝혔다. 따라서 이후에는 일제의 대한정책을 시
기별·단계별·인맥별로 추적하면서 한국인의 대응 조건을 미세하게
검토할 필요가 있다.

3) 사회 경제 변동

이 시기 사회 경제 변동에 관한 연구도 일본의 침략 정책과 마찬가
지로 연구가 매우 부진하다. 우선 이 시기 경제사의 성격을 학계와
본인의 연구 성과에 바탕하여 경제성장론적인 관점에서 정리한 이헌
창의 논문을 들 수 있다.[16] 그는 개항기 경제사를 정체성(停滯性)과
근대성(近代性)이라는 이분법적 시각이 아니라 조선후기, 개항기, 일
제강점기를 일련의 연속 과정이라는 관점에서 접근하였다. 즉 그는
개항 전 0.25% 정도이던 경제성장률이 일제가 대한제국을 점령한 지
10년도 채 안된 1910년대에 3% 이상으로 올라섰음에 유의하여, 그 이
유를 일제의 이식 자본주의 영향과 함께 조선시대의 유산, 개항 후 성
장률의 상승과 체제 전환의 진행을 고려해야 함을 역설하였다. 이런

---

15) 金惠貞, 「일제의 顧問政治와 한국재정 침탈」, 西江大學校 博士學位論文, 2004.
16) 이헌창, 「개항기 경제사를 보는 한 시각」, 『역사비평』 69, 2004.

주장은 종전의 식민지 근대화론이 견지하였던 입론을 수정하는 동시에 일제의 경제 침탈에 주안을 둔 한국사학계의 접근 방식에서 벗어나 있다는 점에서 이후 구체 성과를 두고 볼 필요가 있다.

　다음, 지주제 연구는 주지하다시피 광무양안(光武量案) 분석을 통해서 농민층의 소유 분해를 추출할 수 있었다. 그러나 이러한 접근방식은 농민의 구체적인 삶과 경영 방식을 추적하는 데 한계를 가지고 있다. 이에 오랫동안 이 문제에 천착해 온 최윤오는 양안을 통해 토지소유분해 방식뿐 아니라 농업경영 형태와 소득 형태를 추적하여 중농이나 부농층, 중소지주층의의 비율이 높았음을 확인하였다.[17] 특히 궁방전 농민층은 부지런하고 역동적으로 농업경영에 참가함으로써 경영확대를 꾀하던 경영지주나 경영형 부농이었음을 밝히고 있다. 이 점에서 그동안 활기를 잃었던 토지소유구조와 지주제 경영 연구가 한 단계 진전되리라 전망된다.

　또한 상업 연구도 여타 사회경제사 분야와 마찬가지로 부진을 면치 못하고 있다. 다만 서울의 사회경제 변동을 지속적으로 연구해 온 전우용이 이 시기 시전(市廛) 상업(商業)의 변화를 검토하였다.[18] 그는 개항 이후 육의전 체제의 변동을 추적함으로써 일제의 침략으로 중세적 특권상업 체제가 해체되는 한편 대다수 시전 상인들이 몰락하는 과정을 확인하였다. 또한 김윤희는 인천항을 중심으로 형성된 해외 유통네트워크와 국내유통 네트워크의 상호관련성을 구명함으로써 인천항 유통네트워크가 인천거류지 시장에서 신용시스템을 발전시키고 한상의 성장 기반이 되는 한편 대자본의 논리가 관철되는 방

17) 최윤오, 「대한제국기 충주군 양안의 지주제와 부농경영」, 『東方學志』 128, 2004.
18) 전우용, 「근대 이행기(1894~1919) 서울 시전 상업의 변화」, 『서울학연구』 22, 서울학연구소, 2004.

향으로 작동되었다고 정리하고 있다.[19] 이 점에서 양자의 논문이 검토 대상 지역과 상인이 다르지만 이 시기 상업 변동이 매우 유사했음을 확인할 수 있다. 이후 지역 사례 연구를 통해 이 시기 상업 변동의 지역적 특질과 성격을 다각적으로 검토해 볼 필요가 있다.

3. 사상 · 문화의 변용

1) 유학사상과 동학사상

종래 19세기 말 사상사 연구에서 유학사상은 주목받지 못하였다. 그것은 사상사 연구가 오로지 서구사상의 유입 또는 실학사상과 개화사상의 연계에 초점을 둔 나머지 전통 유학사상을 고정불변의 위정척사사상으로 간주하거나 유학사상의 내적 변화 논리를 간과해 온 결과였다. 그러나 이 시기 유학사상은 급격한 사회 변동 앞에 새로운 모색을 해야 했으며 그 가운데 새로운 경향들이 나타나고 있었다. 이 점에서 영남 지역 유학사상의 발전과 분화를 검토한 논문들은 주목할 필요가 있다.[20] 즉 기존의 정치체제 및 사회적 관계의 일대 재편 및 해체의 과정에 조응하여 유학의 재편 및 해체의 과정이 보이고 있으며, 이는 각각 비타협적 묵수 척사위정운동, 전통의 동도서기적 절

19) 김윤희, 「개항기(1894~1905) 인천항의 금융 네트워크와 한상의 성장조건」, 『인천학연구』 3, 인천대 인천학연구원, 2004.

20) 박경환, 「동아시아 유학의 근현대 굴절양상-조선 유학을 중심으로」, 『國學硏究』 4, 韓國國學振興院, 2004 ; 김종석, 「한말 영남 유학계의 동향과 지역별 특징」 ; 설석규, 「定齋學派 위정척사론의 대두와 성격」 ; 박원재, 「서구사조에 대한 俛宇學派의 인식과 대응」 ; 임노직, 「척암 김도화의 현실인식-그의 疏, 詞를 중심으로」 ; 김순석, 「박은식의 대동교 설립운동」.

충, 유학혁신론, 유학의 극복과 대체 동학사상으로 나타났다는 것이다.

한편, 기호지역(畿湖地域) 남당학파(南唐學派), 화서학파(華西學派), 간재학파(艮齋學派) 등 여러 학파의 다양한 형성 과정을 추적함으로써 이후 척사운동 및 의병운동의 사상적·인적 기반의 특성을 해명하고자 하는 연구도 나왔다.[21] 나아가 위정척사파의 외세에 대한 인식의 면모나 반응의 시기별 내적 논리를 추적함으로써 종래 위정척사파에 대한 일면적인 평가를 불식시키고 제국주의, 침략주의에 반대하는 민족주의, 민족운동의 구심점으로 부각시키려는 시도도 보인다.[22] 그러나 이러한 시도가 내부의 사회 문제와 분리되어서는 역사적 성격을 제대로 드러낼 수 없다.

동학사상(東學思想) 연구는 관련 학회들의 지속적인 노력으로 명맥을 유지하고 있다. 그러나 학계의 우려도 적지 않다. 동학사상 연구가 시대사상으로서 접근하기보다는 다분히 종교사상의 관점에 갇혀 역사적 맥락과 사상사적 의미를 간과할 수 있기 때문이다. 하지만 이런 우려에도 불구하고 동학사상에 대한 천착을 통해 조선후기부터 근대에 걸쳐 한국 사상사의 내적 변동을 추적하는 작업은 매우 중요하다. 동학학회가 출간한『동학과 전통사상』은 기존의 연구 성과를 정리한 것에 지나지 않음에도 불구하고 동학과 전통사상인 무속, 유학사상, 불교사상, 도가사상의 관계를 재검토함으로써 동학사상이 민족 전통사상의 비판적 종합이자 연장선에 있음을 논급한 연구이다.[23]

[21] 金祥起,「한말 일제하 內浦지역 畿湖學派의 형성」,『韓國思想史學』22, 韓國思想史學會, 2004.
[22] 이상익,「衛正斥邪派의 외세에 대한 인식과 대응」,『泰東古典研究』20, 泰東古典研究所, 2004.
[23] 동학학회,『동학과 전통사상』, 모시는 사람들, 2004.

2) 개화 · 계몽사상

학계는 1960년대 이래 19세기 말에 전개되었던 근대화 운동과 그 이념 및 주체세력을 각각 개화운동, 개화사상, 개화파로 규정하고 괄목할 만한 연구 성과를 거두었다. 그러나 개화의 개념, 개화 용어의 기원, 개화파 범주 문제 등에 관해서는 연구자마다 다를뿐더러 단순하게 파악하기도 하였다. 그리하여 주진오와 김도형은 이 내부에서 학문적 연원과 사회경제적 입장에 따라 각각 다른 범주가 존재하였음을 상정한 뒤, 한 축을 문명개화론, 다른 한 축을 동도서기 또는 변법론으로 범주화하여 문명개화론의 형성, 발전 과정을 고찰하였다.[24] 나아가 이 두 계통의 개혁론이 1905년 이후 국권회복이라는 공통된 목표를 위해 계몽운동에서 결합하였으며 1910년 국망을 가까이 두고 문명개화론은 실력양성론, 외교독립노선으로 갈라지는 한편 문명국 일본의 적극적인 지도 아래 문명화, 개화를 이루려는 방향으로 전환하였음을 전망하였다.

이에 반해 정숭교(鄭崇敎)는 학문적 연원, 사회경제적 입장, 서구문명 수용의 자세와 방법보다는 정치권력 구상에 주목하면서 양자의 근본적 차별성을 인정하지 않고 둘 다 민권론(民權論)으로 정리하고 있다.[25] 나아가 계몽운동이 애초에는 국권회복운동으로서 시작한 것이 아니라 민권운동으로서 시작하였음을 분명히 하면서, 1907년 전제군주권의 중심인 고종의 강제 퇴위를 계기로 민권론이 현실적 기반을 상실하고 국수보전론(國粹保全論)이 민권운동의 대안으로 부각되

---

[24] 주진오, 「19세기 후반 문명개화론의 형성과 전개」, 『서구문화의 수용과 근대개혁』(연세대학교 국학연구원 편), 태학사, 2004 ; 김도형, 「大韓帝國 초기 文明開化論의 발전」.
[25] 鄭崇敎, 「韓末 民權論의 전개와 國粹論의 대두」, 서울大學校 博士學位論文, 2004.

었음을 밝히고 있다.

한편, 백동현(白東鉉)은 민족담론(民族談論)의 형성과 국망의식(國亡意識)을 기준으로 계몽운동의 분화 시점을 정숭교와 달리 1907년보다는 1905년 을사늑약 이후 보호국 체제의 수립에서 찾는다.[26] 이는 보호국 체제를 보는 당시 계몽 지식인들의 인식을 다르게 보고 있는 셈이다. 그리하여 그는 정숭교와 달리 대한자강회를 민권운동의 차원에서 보지 않고 민족담론의 보편화 현상으로 보고 있으며, 민족과 문명을 대립 관계로 놓고 있다.

이처럼 '보호국 체제'의 성립과 전제군주권의 종말은 각각 지식인들에게 그들의 지향과 국가권력구상에 영향을 끼쳤다. 따라서 이후 연구에서는 1905~1910년 통감부 시기에 정국 변동과 지식인의 활동 및 이념 구조의 변화를 상호 연계하여 검토함으로써 이 시기 정치세력별, 노선별 사상·이론의 전환 배경과 과정을 궁구할 필요가 있다.

이 시기 개화사상과 계몽사상을 언급할 때, 그 밑바탕을 관통하는 논리로 사회진화론(社會進化論)을 언급하였다. 그러나 대부분의 논의가 사회진화론의 긍정성과 부정성에 초점을 맞추어 진행되어 왔다. 김석근은 이런 이분법적 인식에서 벗어나 유입 경로와 변형 문제를 검토하고 있다.[27] 그리하여 그는 시기를 달리하는 유입 경로와 거기에 담긴 이데올로기적 뉘앙스의 차이로 인해 사회진화론에는 다양한 요소들이 복합적으로 얽혀 있었음을 지적하는 한편 1910년 국망 이후 사회진화론에 기반하여 실력양성론이 대두하는 가운데 신채호 같은 계몽사상가들이 이런 실력양성론에 맞서 사회진화론을 극복(해체)할

---

[26] 白東鉉, 「大韓帝國期 民族意識과 國家構想」, 高麗大學校 博士學位論文, 2004.

[27] 김석근, 「구한말 社會進化論의 수용과 기능에 대한 비판적 재검토 – 전파 도입 변형이라는 관점에서–」, 『서구문화의 수용과 근대개혁』(연세대학교 국학연구원 편), 태학사, 2004.

수 있었음을 전망하고 있다.

　개인의 사상이나 신문 연구를 통해 개화·계몽사상의 논리와 구조
를 해명하는 작업도 왕성하게 진행되었다. 우선 개화사상 형성에 끼
친 외부의 영향을 지식인의 서구 체험과 관련하여 이를 분석하였다.
장규식의 경우, 유길준, 서재필, 윤치호가 겪은 서구 체험과 그 문화
적 충격을 그들의 성장배경과 여러 조건들과 연계하여 분석함으로써
이들이 지녔던 근대인식의 실체를 밝히고자 하였다.[28] 허동현의 연
구도 이런 맥락에 닿아있다.[29] 그는 유길준, 김규식, 서재필, 이승만,
윤치호 등 미국 유학생들이 기독교의 수용을 개인과 민족을 구제하
는 지름길로 인식하면서도 미국에 대한 인식의 차이가 개혁방법론
내지 독립방법론의 차이로 나타났음을 주장하였다.

　다음 개화사상과 계몽사상을 논급할 때 독립신문의 지향성이 늘
논란의 대상이 되었다. 많은 연구자들이 독립신문을 광무정권과 대립
하여 자주 국권, 자유 민권, 자강 개혁을 지향한 정치세력으로 인식한
반면에 일부 연구자들은 독립신문의 이념이 광무정권의 이념과 다르
지 않음을 지적하였기 때문이다. 이런 가운데 김동택은 민권 관련 개
념 분석을 통해 독립신문이 전통적인 정치체제를 보완하는 보수적인
방식으로 근대국가 건설을 추구하였으며 급격한 변화를 수반하는 근
대 국민국가를 구상하지 않았다고 주장하고 있다.[30]

　한말 대표적인 개화사상가인 유길준 연구도 활발하게 이루어졌다.

---

[28] 장규식, 「개항기 개화 지식인의 서구 체험과 근대 인식 ─미국 유학생을 중심으로─」,
　　『서구문화의 수용과 근대개혁』(연세대학교 국학연구원 편), 태학사, 2004.
[29] 허동현, 「개화기(1883~1905) 미국 유학생과 민족운동」, 『韓國民族運動史研究』 38,
　　韓國民族運動史學會, 2004.
[30] 김동택, 「『독립신문』의 근대국가 건설론」, 『사회과학연구』 12-2, 서강대학교 사회과
　　학연구소, 2004.

그중 정용화는 유길준의 정치사상을 심도 있게 분석하여 단행본으로 출간하였다.[31] 이에 따르면 유길준은 중립론과 양절체제론, 군민공치론에서 볼 수 있듯이 자기 정체성을 유지하면서 전통과 근대의 복합화를 통해 근대 문명에 창조적으로 적응하고, 새로운 종합명제를 창출하고자 하였다는 것이다. 또한 강재순은 1907년 귀국 이후 유길준의 실업활동과 노동관을 고찰함으로써 유길준이 지주적 근대화노선에 입각하여 자본주의화를 추구하였으며 노자협조주의 시각에서 노동자 계층을 지주적 근대화 노선으로 포섭하여 근대적 주체를 창출하고자 하였음을 밝히고 있다.[32]

한편, 박은숙은 기존의 개화사상 연구가 지식인 엘리트 위주로 접근하는 경향이 짙었다고 지적하면서 상민층에서도 개화사상을 찾으려고 하였다.[33] 즉 그는 갑신정변 참여층 분석을 통해 대다수를 차지하는 상민들이 단순히 주도세력의 하수인으로서 정변에 참여한 것이 아니라, 개화사상에 대한 이해를 바탕으로 개화된 새로운 세상을 희망하고, 사회적 변혁을 기대했다고 주장하였다.

또한 개화사상가들의 대외인식을 다룬 글들이 보인다. 유영렬은 윤치호가 초기에는 임오군란과 일본·중국 유학 경험을 계기로 반청의식이 나타났으며 청·일전쟁을 계기로 반청친일(反淸親日)이 극대화되었다가, 을미사변 이후에는 반일의식이 나타났고 러·일전쟁을 전후하여 백인종에 맞서기 위해 한청일(韓淸日) 연대의식(連帶意識)으로 발전했음을 밝히고 있다.[34] 이민희(李民熙)는 1900년 전후 개화

---

31) 정용화, 『문명의 정치사상 : 유길준과 근대 한국』, 문학과지성사, 2004.
32) 강재순, 「한말 俞吉濬의 實業活動과 勞動觀」, 『역사와 경계』 50, 부산경남사학회, 2004.
33) 박은숙, 「갑신정변 참여층의 개화사상과 정변 인식」, 『역사와 현실』 51, 2004.
34) 유영렬, 「윤치호의 문명개화의식과 반청자주의식」, 『韓國獨立運動史研究』 23, 韓國

3기 신문들이 약소국가의 정세에 관한 정보를 제공하고 한국의 현실을 비판, 경고함으로써 국민을 계몽하고 국가의 부강을 도모하려 했음을 지적하고 있다.[35]

3) 교육론과 학교 설립

근대국가 건설 과정에서 교육 문제는 국민교육 체제 수립과 관련하여 일찍부터 주목해 왔다. 그러나 많은 연구가 서구식 시민교육사상과 학교교육제도의 수용 정착에 초점을 두었다. 이에 반해 구희진(具姬眞)은 우리 역사의 내적인 변동에 즉하여 계기적 발전 과정의 일환으로 근대교육사를 정리한다는 문제의식에서 이 시기 교육론과 교육개편의 추이를 통해서 우리 역사에서 근대 국민교육 체제가 모색되고 수립되는 과정과 의미를 고찰하였다.[36] 그러나 이 시기가 외세의 간섭이 심하고 정국이 격심하게 흔들리는 시기라는 점을 고려할 때, 개혁 방향과 제도화가 교육 현실에 그대로 반영되고 있지 않는 한계도 검토할 필요가 있다. 그 밖에 김형목은 지역교육운동에 관심을 가지고 인천 지역의 근대교육활동, 을사늑약 이후 사립학교 설립운동, 야학운동 등 인천 지역에서 일어났던 근대교육운동을 시기별로 고찰함으로써 이후 1920년대 청년운동의 활성화, 노동운동, 여성운동, 문화운동 등 부문별 민족해방운동을 진전시킨 기반을 밝히고 있다.[37]

獨立運動史硏究所, 2004 ; 유영렬, 「개화지식인 윤치호의 러시아인식-그의 문명국 지배하의 개혁론과 관련하여」, 『韓國民族運動史硏究』 41, 民族運動史學會, 2004.

[35] 李民熙, 「1900년 前後 개화기 신문에 나타난 약소국가 인식태도 연구」, 『大東文化硏究』 46, 2004.

[36] 具姬眞, 「韓國 近代改革期의 敎育論과 敎育改編」, 서울大學校 博士學位論文, 2004.

[37] 김형목, 「대한제국기 인천지역 근대교육운동주체와 성격」, 『인천학연구』 3, 인천대 인천학연구원, 2004.

또한 개별 학교 설립에 관한 연구들이 진행되었다. 배항섭은 보성 전문학교의 창립과 설립 운영을 고찰함으로써 이 학교가 고종과 밀접하게 연계하여 설립되었음을 밝혔을뿐더러 왕실의 고등교육정책과 학교 설립 과정, 초기 운영을 밝히고 있다.[38] 배재학당의 설립부터 현재까지의 역사를 정리한 윤성렬의 글은 개별 학교사 연구의 여건이 열악한 현실에서 학교사 연구에 의미 있는 작업으로 보인다.[39] 그 밖에 재야 유생들의 학교 설립에 관한 연구가 전무한 터에 김항구(金項勾)는 한말 대표적인 유림인 황현(黃玹)이 1907년 군대 해산과 일제의 침략 앞에 신학문과 신교육론에 바탕하여 호양학교(壺陽學校)를 설립하였음을 밝히고 있다.[40] 이 시기 개신유학자들이 국망 위기 속에서 기존의 학문관, 교육관에서 탈피하여 학교 설립운동을 전개했음을 확인할 수 있다.

4) 근대 개념의 수용과 변용

한국근대사는 이제 사회과학, 문학, 철학계의 주된 관심 대상으로 부각되었다. 이들 학계는 한국의 근대성 해명에 초점을 두고 개념 문제에 집중하였다. 이론의 일방적인 적용에서 벗어나 이제는 자료에 대한 면밀한 검토를 통해 이 시기 정치사상을 해명하려는 노력들이 경주되는 한편 개념사 연구를 통해 당시 여러 집단들의 서구 인식을 지표화할 수 있는 일련의 작업들을 수행해 왔던 것이다.

이 중 이 시기 신문과 잡지 등에서 자주 오르내린 주요 근대 개념

---

38) 배항섭, 「高宗과 普成專門學校의 창립 및 초기운영」, 『史叢』 59, 歷史學研究會, 2004.
39) 윤성렬, 『도포입고 ABC 갓스고 맨손체조』, 학민사, 2004.
40) 金項勾, 「黃玹의 신학문 수용과 '壺陽學校' 설립」, 『文化史學』 21, 韓國文化史學會, 2004.

들의 도입과 변용 문제를 집중 분석함으로써 서구라는 외부적 충격
과 서구 문명의 전파에 대한 대응의 형태를 해명하고자 하였다.[41] 그
리하여 주권(主權), 부국강병(富國强兵), 균세(均勢), 민주주의(民主主
義), 경제(經濟), 영웅(英雄) 등 근대 개념의 구체 용례를 추출하여 당
시 지식인의 서구 인식과 근대 개념의 변용 과정을 확인하고자 하였
다. 김현철의 연구도 이런 방법론에 입각하고 있다.[42] 그는 만국공법
과 주권개념의 수용 과정을 고찰함으로써 개화파들이 근대국가와 국
제법의 주요한 측면인 주권이 원칙적으로는 국가 간 관계에서 평등
을 전제로 하지만, 실제로는 유럽국가 간의 관계에 적용되며, 비유럽
국가에는 사실상 적용되지 않는다는 점을 인식하지 못하였다는 점을
지적하고 있다. 그 밖에 정용화의 인권 개념 분석을 들 수 있다.[43]

한편, 이화여대 한국문화연구원이 기획한 지식개념의 수용과 그 변
용 문제는 앞의 경우와 마찬가지로 개념사 연구방법론에 기반하면서
도 각종 인쇄매체에 나타나는 근대적 지식 담론과 개념의 유형 및 성
격에 주목함으로써 한국의 근대 형성 과정에서 개항기(근대계몽기)
가 차지하는 독특한 위상을 재조명하고자 하였다.[44] 그리하여 독립,

---

[41] 서울대학교 국제문제연구소는 개념도입사를 기획 특집으로 잡아 이 시기 여러 근대
개념들을 집중 다루었다.
하영선, 「변화하는 세계와 개념사」, 『세계정치』 25-2, 서울대학교 국제문제연구소,
2004 ; 신욱희, 「근대 한국의 주권 개념」; 김영호, 「근대 한국의 부국강병 개념」
; 장인성, 「근대 한국의 세력 균형 개념 : ‘균세’와 ‘정립’」; 김용직, 「근대 한국의
민주주의 개념 : 독립신문을 중심으로」; 손열, 「근대 한국의 경제 개념」; 이헌미,
「대한제국의 영웅 개념」.
[42] 김현철, 「개화기 『만국공법』의 전래와 서구 근대주권국가의 인식 –1880년대 개화파
의 주권 개념과 수용을 중심으로」, 『정신문화연구』 98, 한국정신문화연구원, 2004.
[43] 정용화, 「서구인권 사상과 전개」, 『서구문화의 수용과 근대개혁』, 태학사, 2004.
[44] 이화여대 한국문화연구원 편, 『근대계몽기 지식개념의 수용과 그 변용』, 소명출판,
2004. 여기에 실린 글은 다음과 같다.
류준필, 「19세기 말 ‘독립’의 개념과 정치적 동원의 용법 : 『독립신문』 논설을 중심으

문명/야만, 동포, 개인/사회, 인종/민족, 국민, 시간/공간, 위생 등의 핵심적 개념어들이 어떻게 수용되고 그것이 독립신문을 중심으로 한 담론의 장에서 어떻게 변용되는지를 구명하였다. 그리고 비교사적 고찰을 통해 한국의 근대적 지식 형성의 문제를 독일, 일본, 중국의 특수한 양상과 비교하였다. 그러나 이러한 방법론은 이전 시기 한국의 전통적 세계관과 지식 체계를 바탕으로 하지 않을뿐더러 역사적 현실의 변동과 연계되어 있지 않아 자칫 필자들의 자경(自警)에도 불구하고 당시 지배층 관료나 지식인의 언어와 관념의 변모 양상을 밝히는 데 국한될 수 있다.

이런 점에서 오영섭의 연구는 개념사 연구의 한계를 극복할 가능성을 보이고 있다.[45] 이에 따르면 조선은 만국공법(萬國公法)의 허구성과 무용성을 분명히 인식했음에도 불구하고 조선의 국권과 군권의 현실적 취약성을 극복하기 위해 만국공법에 많은 기대를 걸었다는 것이다. 물론 필자는 이러한 기대가 만국공법의 기능과 속성을 제대로 인식하지 못하고 거기에 매몰되어 버린 한계를 가지고 있음을 인정한다. 그러나 대한제국이 마지막으로 기댈 수 있는 것이 여기에 있었음을 강조하면서 정부, 유림층 등이 만국공법과 국제조약에 근거하

로」 ; 길진숙, 『독립신문』·『매일신문』에 수용된 '문명/야만/담론의 의미 층위」 ; 권보드래, 「동포(同胞)'의 역사적 경험과 정치성 :『독립신문』의 기사분석을 중심으로」 ; 박주원, 「독립신문』과 근대적 '개인', '사회' 개념의 탄생」 ; 정선태, 『독립신문』의 조선·조선인론 : 근대계몽기 '민족' 담론의 형성과 관련하여」 ; 김동택, 『국민수지(國民須知)』를 통해 본 근대 '국민'」 ; 박노자, 「개화기의 국민 담론과 그 속의 타자들」 ; 박태호, 『독립신문』에서 근대적 시간―기계의 작동양상」 ; 고미숙, 『독립신문』에 나타난 '위생' 담론의 배치」 ; 고유경, 「'문화민족'과 '국가민족' 사이에서 : 통일 이전 독일 민족형성의 길」 ; 함동주, 「근대일본의 문명론과 그 이중성 : 청일전쟁까지를 중심으로」 ; 전동현, 「대한제국시기 중국 양계초를 통한 근대적 민권개념의 수용 : 한국언론의 '신민(新民)'과 '애국(愛國)' 이해」.

[45] 오영섭, 「개항 후 萬國公法 인식의 추이」, 『서구문화의 수용과 근대개혁』, 태학사, 2004.

여 일본의 대한제국 침략을 비판하고 을사늑약의 원천 무효화를 주
장할 수 있었다고 주장하고 있다. 그럼에도 불구하고 학계는 사상사
적 변동을 염두에 두고 당시 인쇄 매체에 등장하는 여러 근대 개념들
을 엄격하게 규정하면서 그 의미들을 이전 시기와 연계하여 추출해
야 할 것이다.

4. 정국(政局)의 변동과 근대국가 건설

1) 정국(政局)의 변동과 근대개혁의 곡절(曲折)

　근대 I 시기에는 각각의 정치세력이 노선과 지향에 따라 이합집산
하기도 하고 외세와 연계하여 정권 장악을 위한 권력 투쟁이 극심하
였다. 또한 정국의 추이에 따라 개혁의 방향과 내용들이 변화하였다.
임오군란과 갑신정변은 대표적인 정치사건으로 들 수 있다.
　근래 이에 대한 학계의 연구가 전무한 가운데 국제외교사학계는
약소국들의 정치와 외교의 현실은 세계정치의 중심 세력들과 관련하
여 검토할 필요성을 강조하고 있다.[46] 김용구의 연구가 대표적인 경
우로 임오군란과 갑신정변을 조선의 국내 문제로 국한해 검토하는
방식을 비판하면서 전자가 부정적인 유산으로 이질문명권과의 만남
에 대한 반작용이라면, 후자는 긍정적인 유산으로 이런 반작용에 대
한 또 다른 반작용으로 보고 있다.
　또한 이 시기 근대 개혁의 방향과 성격 문제는 여전히 초미의 관심
사이다. 특히 대한제국의 근대성 · 개혁성 문제가 학계에서 오랫동안

---

46) 김용구, 『임오군란과 갑신정변』, 도서출판 원, 2004.

관심을 두었던 터에 이를 비판적으로 인식하였던 경제사학자 김재호
가 이태진의『고종시대의 재조명』과 함께 김대준의『고종시대의 국
가재정 연구－근대적 예산제도 수립과 변천』을 논평하면서 양자 간
에 지면논쟁이 전개되었다.[47]

　우선 이 논쟁의 단초가 되었던 김대준의 연구를 주목할 필요가 있
다.[48] 그동안 대한제국 재정 연구가 나름대로 성과를 거둔 반면에 과
제와 한계를 노정한 것도 사실이다. 무엇보다도 재정 개혁의 방향과
제도 운영의 기본 줄기를 충실하게 파악하지 않은 상태에서 여타의
요인들을 과도하게 부각시킴으로써 문제의 초점을 흐리게 한 측면이
있지 않나 한다. 이 점에서 김대준의 연구는 1970년대 초반에 발표했
음에도 불구하고 재정 제도의 근간이라 할 예산회계제도의 특징과
예산의 추이를 정밀하게 분석하고 있다. 즉 저자는 1896~1910년에 걸
쳐 회계법, 관제의 변천을 종합 정리하고 예산 내용을 통계학적으로
분석했다. 그 결과 1904년까지는 대한제국이 근대적인 예산회계제도
에 입각하여 예산운영의 합리성을 높임으로써 자주적 성장을 기할
수 있었던 데 반해, 1904년 이후에는 일제의 침략으로 적자 재정으로
돌아서고 마침내 국망(國亡)을 맞기에 이르렀다는 결론을 내리고 있
다.

　이에 반해 김동노는 갑오·광무개혁의 실패 요인에 초점을 두고 재
정 개혁의 한계를 검토하였다. 이에 따르면 갑오개혁은 일본으로부터

---

[47] 이 논쟁은 2004년 여름부터 겨울까지 6개월간 이태진과 김재호를 중심으로『교수신
　　문』지면에서 전개되었다. 그 밖에 한국근대사 전공자와 경제사 전공자들도 가담하
　　였다. 논쟁 내용은 2005년에『고종황제 역사청문회』로 출간되었다(교수신문 기획·
　　엮음,『고종황제 역사청문회』, 푸른역사, 2004). 본고는 단행본 출간 연도에 유의하여
　　이에 대한 논평은 2005년으로 넘기기로 한다.

[48] 김대준,『고종시대의 국가재정 연구 : 근대적 예산제도 수립과 변천』, 태학사, 2004.

차관을 도입하여 일본에 대한 의존을 더욱 심화시켰으며 광무개혁은 제한된 개혁으로 말미암아 국가의 재정 위기를 극복하기보다는 수혜 집단을 만들어 냈음을 언급하고 있다.

이런 연구 경향은 박성준(朴性俊)의 경우에도 나타난다.[49] 그는 내장원(內藏院)이 해세(海稅)를 관할하면서 자신의 세원을 보호하기 위해 궁내부나 지방 관아 등 다른 관서의 간섭과 중간 수탈을 배제해 갔다는 기존의 주장에 대해 반박하면서 국가 재정 운영의 기초가 되는 세제의 정비가 수반되지 못하고 내장원의 무리한 재정 확대로 인해 수세권을 둘러싼 갈등이 발생하였으며, 그 결과 징수 과정에서 수세권이 중첩되고 중간 수탈이 가중되었음을 강조하였다.

한편, 대한제국의 근대성 문제를 논급할 때 가장 주목받는 분야는 양전지계사업(量田地契事業)이다. 이 사업은 대한제국의 성격을 구명하는 관건으로 비치기 때문이다. 오랫동안 이 문제에 천착해 온 왕현종은 사업의 전진성이 일부 인정하더라도 일제(日帝)의 토지조사사업(土地調査事業)과 대비하여 토지소유자의 파악에 철저하지 못하였다는 비판에 대해 강원도 지계 양안 사례 연구를 통해 양전지계사업의 근대성을 추출하고자 하였다.[50]

이처럼 대한제국 경제정책의 근대성 문제는 분야마다 연구 성과들이 축적되면서 그 폭과 깊이의 정도를 더해가고 있다. 이런 가운데 외압과 내부의 문제를 동시에 보려는 시각이 나오고 있다. 정병욱의 경우, 은행 설립 과정에서 일본에 비해 외압의 정도가 컸음을 주장하면서도 내부의 시스템 문제로 은행이 성장하지 못하고 화폐주권마저

---

[49] 朴性俊,「大韓帝國期 海稅 징수와 魚鹽의 유통」, 慶熙大學校 博士學位論文, 2004.
[50] 왕현종,「대한제국기 지계아문의 강원도 양전사업과 官契 발급」,『東方學志』123, 2004.

상실하게 되었음을 지적하고 있다.51)

나아가 대한제국의 근대성 논의는 정치 외교 차원에서 조선(대한제국) 정부가 벌인 외교활동(外交活動)과 의례(儀禮)의 성격 문제로 확대되었다.

이태진(李泰鎭)은 기존의 연구 성과를 새롭게 검토하면서 1880년대 조선 국가가 국제법 수용과 근대 조약 체결을 통해 중국과의 전통적 관계를 청산해 가는 과정을 집중 분석하였다.52) 이 글의 대상 시기가 1880년대에 국한되어 있지만 대한제국이 국제관계상에서 근대성을 확보할 수 있는 역사적 조건을 해명한 것으로 보인다.

또한 조선(대한제국) 정부의 외교 활동 방향과 함께 주목해야 할 점은 이런 방향이 실제 외교 활동에서 관철되었는가이다. 한철호(韓哲昊)는 주일 한국공사의 외교 활동에 초점에 맞추어 대한제국 정부가 갑오개혁기의 외교 경험을 밑거름으로 삼아 주권국가로서 외교 활동을 전개하였음을 밝혔다.53)

다음 대한제국 정부가 근대국가 건설 과정에서 외교 활동에 못지 않게 힘을 쏟은 분야는 의례(儀禮)의 재정비이다. 이는 대외적으로 근대 독립국가로서의 면모를 과시하고 대내적으로는 황제의 권위를 높이고 개혁의 정당성을 확보하려는 상징 작업이기 때문이다. 그리하여 조성윤은 대한제국 정부가 벌인 국가의례의 정비 과정과 성격을 집중 분석하여 주권국가에 걸맞은 상징체계를 만들어가는 과정을 밝

---

51) 정병욱, 「한말·일제초기 은행설립론과 국가·상인」, 『韓國史學報』 17, 2004.

52) 李泰鎭, 「19세기 한국의 국제법 수용과 중국과의 전통적 관계 청산을 위한 투쟁」, 『歷史學報』 181, 2004 ; 이와 관련하여 金輔璟, 「淸日戰爭前後 國際秩序 認識의 變化」, 淑明女子大學校 博士學位論文, 2004 참조.

53) 韓哲昊, 「대한제국기(1896~1900) 주일 한국공사의 외교 활동과 그 의의-李夏榮을 중심으로-」, 『震檀學報』 97, 2004 ; 韓哲昊, 「甲午改革期(1894~1896) 駐日 外國公使의 파견과 외교활동」, 『白山學報』 70, 白山學會, 2004.

히고 있다.[54] 또한 1894~1908년을 갑오개혁기, 대한제국기, 통감부 시기로 나눈 후 각 시기마다 사전(祀典)의 증감과 성격 변화에 초점을 맞추어 각 시기의 특징을 추출하였다.[55] 이에 따르면 갑오개혁기에는 사전(祀典)을 줄임으로써 근대 독립국가의 의례로 개혁하려 한 반면에, 광무개혁기에는 제국에 걸맞은 의례의 정비와 더불어 황실의 권위를 높이기 위한 여러 작업들이 진행되었으며 통감부 시기에는 대한제국 국권 및 황제권 약화 시도와 관련하여 국가제례의 전반적인 폐지와 축소가 두드러졌다는 것이다.

대한제국기 군사 제도는 광무정권의 물리적 기반과 군제의 근대화 문제와 관련하여 적극 해명해야 할 분야이다. 특히 원주(原州) 진위대(鎭衛隊)처럼 군대 해산 이후 의병운동에 가담한다는 점에서 그러하다. 서태원의 원주 진위대 연구는 이런 문제의식에서 원주 진위대의 인적 구조, 물적 구조와 기능 등을 고찰함으로써[56] 이 시기 지방군제 연구를 활성화할 수 있는 단서를 제공하고 있다.

이처럼 대한제국의 근대성·개혁성 문제는 정치노선, 이념지향, 재정정책, 법제정책을 비롯하여 외교, 의례, 군제 분야로 확대하기 시작하였다. 이제는 한 주제에 한정하여 그 의미를 섣부르게 규정하기보다는 여러 부문을 종합적으로 정리하면서 대한국체제(大韓帝國體制) 전반을 체계화시킬 필요가 있다.

---

54) 조성윤, 「大韓帝國의 의례 재정비와 전통의 창출」, 『전통의 변용과 근대개혁』(연세대학교 국학연구원 편), 태학사, 2004.

55) 이욱, 「근대 국가의 모색과 국가의례의 변화-1894~1908년 국가 제사의 변화를 중심으로-」, 『정신문화연구』 95, 韓國精神文化研究院, 2004.

56) 서태원, 「대한제국기 원주 진위대 연구」, 『湖西史學』 37, 湖西史學會, 2004.

2) 1894년 농민전쟁과 민중운동, 의병전쟁

1894년 농민전쟁 연구는 1994년을 분기점으로 부진을 면치 못하고
있다. 물론 관련 단체들은 지역별로 현장 발굴 작업, 농민군의 명예
회복, 기념사업 등 여러 작업을 벌이고 있으며 관련 논문도 꾸준히 나
오고 있다. 그럼에도 불구하고 농민전쟁의 전개 과정에 관한 연구는
이전의 연구 성과를 정리하는 차원이나 보완하는 정도에 불과하다.
반면에 농민군의 국가 체제 구상과 의식이 새롭게 조명받고 있다.

우선 농민전쟁의 전개 과정과 성격 문제가 여전히 초미의 관심사
이다. 비록 이에 관한 글들이 나오고 있지 않지만 신용하(愼鏞廈)의
연구는 이 문제를 다시 한번 환기시키고 있다.57) 그는 주체 세력의
구성과 사발통문(沙鉢通文)의 문제점을 들어 기존의 설과 달리 고부
농민폭동(고부민란)과 제1차 농민전쟁의 연속성을 부정하고 고부농
민폭동을 자연발생적 민란(民亂) 민요(民擾)로 파악하고 있다. 결국
이러한 연속과 단절 문제는 관련 문헌에 대한 재검토와 함께 사발통
문에 대한 엄밀한 사료 비판이 재차 이루어질 때 그 윤곽이 잡힐 것
이다.

다음 농민전쟁연구가 전봉준, 김개남, 손화중 등 특정 지도자에 중
점을 둔 나머지 여타 농민군 지도자가 주목받지 못하는 현실에서 이
이화, 우윤의 농민군 지도자 김인배에 대한 종합적인 정리는 여타 농
민군 지도자를 검토할 필요성을 제기하는 동시에 농민군 지도부의
성격, 활동 방향 등을 이해하는 데 풍부한 내용을 제공한다.58) 아울러
10여 년 동안 학회지를 통해 꾸준히 발표한 글을 묶어 단행본으로 출

---

57) 愼鏞廈, 「제1차 東學農民革命運動의 특징」, 『韓國學報』 117, 一志社, 2004.
58) 이이화·우윤, 『대접주 김인배, 동학농민혁명의 선두에 서다』, 푸른역사, 2004.

간한 이영호의 연구도 주목할 만하다.[59] 여기서 그는 1862년 농민항쟁부터 농민전쟁 이후 민중운동까지 포괄함으로써 농민전쟁연구에 대한 전체적인 동향, 문제의식, 연구 방향과 함께 조선후기 이래 민중들의 개혁 운동 방향과 내용, 성격 등에 관한 구체적인 연구 성과를 보이고 있다. 이 점에서 연구 길잡이로서 농민전쟁 연구의 신선한 자극이 되리라 본다.

농민군 지도부의 국가 건설 구상과 농민들의 의식 문제는 근래 학계의 주요 관심 대상이었다. 김신재는 동학농민운동(1894년 농민전쟁)이 새로운 국가 구상에 관한 구체적 프로그램을 가지고 있지 않았으나 운동의 전개에 따라 단계별로 변화 발전하였다고 보았으며 9월 봉기 이후에는 입헌군주제(立憲君主制)를 지향하였다고 주장하고 있다.[60] 이와 관련하여 김정기의 연구도 농민군 지도부의 국가 체제 구상을 대원군과 관련하여 추적하고 있다. 즉 그는 정국의 변동, 대원군의 정책 변화에 따라 전봉준이 초창기에 농민의 대원군 대망론을 수용하면서도 독자적으로 과두감국체제(寡頭監國體制)를 구상하여 대원군의 섭정을 부정하기에 이르렀음을 밝히고 있다.[61]

1994년 이후 농민전쟁에 관한 연구가 거의 나오지 않는 가운데 김선경은 농민전쟁에 참가했던 민중들의 의식 문제를 검토하고 있다.[62] 이전에는 농민전쟁의 성격을 파악하기 위해 주도층의 구성과 지향, 참가층의 구성에 초점을 두었다면 이 논문은 농민전쟁에 참가한 민

59) 이영호, 『동학과 농민전쟁』, 혜안, 2004.
60) 김신재, 「동학농민혁명에 있어서 국가형태 지향」, 『東學硏究』 17, 韓國東學學會, 2004.
61) 김정기, 「대원군 카리스마의 후광과 전봉준의 반응」, 『역사비평』 66, 2004.
62) 김선경, 「갑오농민전쟁과 민중의식의 성장」, 『전통의 변용과 근대개혁』(연세대학교 국학연구원 편), 태학사, 2004.

중의 욕구, 의식, 경험을 유기적으로 이해하는 데 목표를 두고 있다. 그리하여 이런 참여 방식을 통해서 자신의 삶이 터를 잡고 있는 세계의 여러 영역에서 자신의 원망을 분출하였고 그 영역의 사회적 관계들을 변형시키고 영역 자체를 새롭게 생성시키는 역할을 하였음을 밝히고 있다.

의병운동 연구 분야는 그동안 관련 전공자들의 노력으로 상당한 성과를 거둔 분야이다. 그리고 여전히 사례 연구들이 나오고 있어 이후에도 활기를 띨 것이다. 김상기의 경우, 문헌과 함께 구술 증언 확보에 힘써 여러 지역의 의병운동을 발굴하기에 이르렀다. 당진 소난지도 의병운동의 경우, 이 지역이 수적(水賊)의 근거지였다는 점에서 이들 수적이 1905년 이후 의병으로 변신하였으며 홍원식(洪元植) 의병대장이 훗날 3·1 운동을 주도하였다는 점을 들어 의병운동과 3·1 운동의 연속성을 실증하고 있다.[63]

한편, 이은숙(李恩淑)은 을사늑약을 전후하여 일어난 홍주의병 거의 주도층 분석을 통해 이들 주도층이 전기 의병과 마찬가지로 고종 등 중앙정치 세력과 밀접한 관계를 가지고 의병운동에 참여하였으나 1906년 후반에 갈수록 보부상과 적대 관계였던 활빈당과 농민층 역시 의병운동에 참여하였다는 것을 밝히고 있다. 심지어 활빈당과 농민군 인물이 지도층으로 부각되고 있음을 강조하였다.[64]

이처럼 근래 일부 연구자들 사이에서 의병전쟁의 정치적 성격 문제가 간간이 제기되면서 이에 대한 논의가 활발해지고 있다. 오영섭(吳瑛燮)의 경우, 의병과 고종의 연계를 전면 부각시키면서 위정척사

---

63) 金祥起, 「1908년 唐津 小蘭芝島 義兵의 抗日戰」, 『韓國近現代史研究』 28, 한국근현대사학회, 2004.
64) 李恩淑, 「1905~10년 洪州 義兵運動의 研究」, 淑明女子大學校 博士學位論文, 2004.

파 위주의 민족주의적 연구 경향과 평민층 중심의 민중주의적 연구 경향을 비판하기에 이르렀다.[65] 즉 이에 따르면 한말 의병운동은 고종세력과 범계층적으로 구성된 재야세력이 연합하여 조직적으로 전개한 반일민족운동이다. 그러나 그의 이런 주장이 이 시기 사회경제적 조건, 농민의 처지와 지향, 의병운동의 단계적 성격 변화 및 의병운동의 이념적 기반 문제를 사상한 채 의병전쟁 발발의 배경을 고종의 활약상과 영향력 같은 정치적 요소 및 재야세력의 근왕주의(勤王主義)에서 구했다는 점은 이후 학계의 논쟁으로 비화될 여지가 많다.

5. 결어

이상 2004년에 발표되거나 출간된 근대 I 시기(1876~1910) 연구 논저들의 내용과 경향들을 간략하나마 살펴보았다. 수량상 주제별로 개관하건대 논저들이 일부 주제에 편중되어 있음을 확인할 수 있다. 주로 정치사상 연구가 대세를 이루는 가운데 관련 학계의 지대한 관심과 학제 연구에 힘입어 개념사 연구가 본격화되었다. 여기에는 신판 근대화론, 구조주의, 해체이론 등 다양한 이론과 사조가 풍미하고 정치외교사적 방법론, 개념사 방법론, 비교사적 방법론 등 방법론상에서도 백가쟁명의 시대가 도래한 듯하다. 이에 반해 근대사 연구의 주류를 이루었던 정치사건 · 정치제도 · 사회경제연구는 민중운동연구와 함께 퇴조를 보이고 있다. 일각에서는 이런 경향을 정세의 변화와 연

---

65) 吳瑛燮, 「한말의병운동에 대한 새로운 이해」, 『軍史』 52, 國防部 軍史編纂研究所, 2004 ; 「한말의병운동의 발발과 전개에 미친 고종황제의 역할」, 『東方學志』 128, 2004.

구 자세 및 방법론의 반성에서 비롯되었다고 보면서 새로운 연구 방법론의 강구를 주장하고 있다.

그러나 근대사 연구가 단지 오늘의 문제의식을 투사하여 변혁운동의 전통을 세운다거나 현재의 정치노선을 정당화하는 작업이 아닐지언정 역사주의적 자세와 방법론에 입각하여 해당 시기의 역사적 조건과 놓인 과제를 확인하면서 이를 해결하려는 인간들의 삶의 방향과 상호 관계를 통찰하는 작업으로 귀결될 것이다. 물론 이런 작업을 위해서는 실증의 근거가 될 사료의 발굴과 함께 비판적 검토가 수반되어야 한다.

또한 '역사는 인간을 주제로 많은 사건·제도·문물·산업·사상·연대 등이 얽히고설킨' 바, 총체성을 생명으로 하고 있어 각 부문 연구가 상호 분리되지 않고 긴밀하게 연계하여 체계적으로 수행되어야 한다는 점은 근대사 연구에도 그대로 적용된다.

다음 근대의 한국이 세계자본주의 체제와 조우하고 일제의 침략을 받음에도 불구하고 오늘날 한국 사회가 서구나 일본과 똑같지 않다는 점에서 근대사 연구는 내적 전통을 배려하면서 외적 요소들을 고려해야 할 것이다. 이는 전근대와 근대를 연속과 단절이라는 관점에서 동시에 파악해야 할 문제이기도 하다.

그러나 2004년 연구 논저만 놓고 보았을 때, 과거의 문제의식과 역사학적 방법론을 충실하게 계승하는가 하면, 이런 문제의식에 바탕을 두되 새로운 방향과 방법론들을 모색하는 연구들이 보이는 한편 이런 방식과는 별개로 자기의 내적 전통에 바탕한 주체적 접근을 이데올로기적 차원으로 비약시키거나, 학계 바깥이기는 하지만 근대성 문제에만 매달려 서구 문물과 사상, 종교가 한국의 근대성 형성에 절대적인 영향을 끼쳤다고 주장하기도 한다. 근대주의의 부활이라 하겠다.

　　또한 학계의 연구가 일부 주제에만 편중될 때, 각 분야마다의 연계
성이 균열되어 이 시기 역사상이 제대로 자리 잡을 수 없게 된다. 이
점에서 관련 전공자들은 시세를 타지 않고 여러 주제에 골고루 참여
하여 심층적으로 연구해야 한다.

　　끝으로 학계의 전문 연구 성과를 집대성하면서 후속 전공자들의
연구 역량을 배가하기 위해서는 근현대인물사전, 연구입문서 등 공부
에 관한 책(공구서)들이 출간되어야 하리라 본다. 기존의 연구 성과
가 체계적으로 축적되는 한편 새로운 연구 성과들이 지속적이고 골
고루 나오기를 기대해 본다.

『歷史學報』187, 2005 揭載, 2014 補.

제7장

불평등조약 체제와 경제정책의 추이

1. 서언

*18*76년 2월 조선은 일본과 병자수호조약을 체결하여 이른바 개항을 단행하였다. 이러한 개항은 조선이 중세적 중화지배 질서를 넘어서서 세계자본주의 국제질서에 편입됨을 의미하였다. 그리하여 조선 사회는 개항 이전과 달리 청·일 양국은 물론 서구 열강의 정치·군사적 압력, 세계자본주의 경제의 변화 등 외부 요인들의 영향을 받기 시작하였다. 이는 크게 두 가지를 예고하였다. 하나는 조선 사회가 일본을 비롯한 외부 세계의 간섭과 침략으로 말미암아 식민지화의 위기를 맞았다는 점이다. 또 하나는 정부가 근대 국민국가를 건설하기 위해 부국강병을 기치로 식산흥업에 주안을 두고 근대적인 경제정책을 본격적으로 추진하였다는 점이다.

그러나 1876년부터 1910년까지 경제정책의 방향과 추진 방식은 시기와 단계마다 각각 달랐다. 이는 추진 주체의 정치적 기반, 노선과 외세의 개입 정도의 차이에서 비롯되었다. 따라서 이에 대한 학계의 연구 성과가 풍부했던 만큼 평가도 갈렸다. 이는 단적으로 갑오·광무개혁기 정부의 경제정책을 둘러싼 평가가 자주성과 근대성 여부에 초점을 두었음에서 확인할 수 있다. 특히 식산흥업 문제가 경제정책의 평가에서 중요 기준으로 부각되었다. 반면에 개항 이후 조선 정부가 취한 경제정책의 방향과 특징을 시기별로 추출하여 각 시기 단계마다 보이는 경제정책 사이의 연관 문제, 즉 연속과 단절의 문제를 연계하여 해명하고자 한 연구는 상대적으로 적었다.

이 글에서는 우선 이 시기 정부의 개별적인 경제정책에 담겨 있는 방향을 총괄하는 차원에서 정부가 취한 경제정책의 기조를 파악하고자 한다. 이를 위해 이러한 경제정책이 바탕을 두고 있는 정치경제적 조건으로서 불평등조약 체제(不平等條約體制)를 주목하여 그 특징과 영향을 정리한 뒤 식산흥업정책을 중심으로 경제정책의 추이와 성격을 단계별로 살펴보고자 한다. 아울러 일본이 정치권력과 군사력을 배경으로 경제정책에 지대한 영향을 끼쳤고 1905년 이후에는 재정·금융 장악을 시도하고 있어 일제 통감부가 취한 경제정책의 방향과 특징을 검토하고자 한다.

2. 불평등조약 체제의 성립과 특징

불평등조약 체제는 19세기 중·후반 서구 자본주의 열강이 상품과 자본 수출의 장벽을 제거하기 위해 자유무역을 내세우며 그에 저항하는 아시아·아프리카 국가에 불평등조약을 강요함으로써 조약 당사국의 각종 주권을 제약하는 국가 간 조약 체제이다. 이러한 조약 체제가 동아시아에서는 아편전쟁 이후의 중국과 개항 이후의 일본이 서구 자본주의 열강과 맺은 불평등조약을 통해 실현되었다. 즉 이 조약에는 편무적 영사재판권과 관세협정권을 비롯하여 해당 국가의 주권을 제약하는 독소 조항이 다수 포함되었다.

조선의 경우, 1876년 일본과 병자수호조규를 체결한 이래 편무적 영사재판권, 무관세 무역을 비롯하여 측량의 자유, 미곡 수출의 허가, 일본 화폐 유통 등을 규정함으로써 일본이 조선을 정치·경제적으로 침략할 수 있는 발판이 마련되었다.[1] 특히 임오군란 이후 군사력을 배경으로 강요하는 청국의 요구를 이기지 못하여 조선 정부는 1882년 8월에 청국과 조청상민수륙무역장정(朝淸商民水陸貿易章程)을 체결하였다.[2] 여기에서는 조선이 청의 속방이라는 규정을 명시하였을뿐더러 편무적인 영사재판권, 서울과 양화진의 개시 및 청나라 상인의 내지통상권, 연안어업권, 연안무역권과 청국 군함의 항행권까지 허용하여 이전의 어떤 조약보다도 불리한 것이었다. 곧이어 1883년 10월에 체결된 조영수호통상조약에는 이러한 독소조항 외에도 조계 안에서의 토지 가옥의 임차, 구매와 주택, 창고, 공장의 설립은 물론 조계 밖 10리까지 외국인의 토지소유를 허용하여, 제국주의의 자본이 자유롭게 침투할 수 있는 길을 열어 놓았다. 그리고 이러한 독소 조항은 1882년 조미수호통상조약에 규정되어 있는 최혜국 조항에 따라 여타 조약에도 반영됨으로써 청·일 양국과 서구 열강의 상인과 자본이 조선 국내로 자유롭게 침투할 수 있게 되었다. 이로써 조선에서는 청·일 양국과 서구 열강으로부터 이중으로 주권을 제약받았다. 조선의 불평

1) 김경태, 『한국근대경제사연구─개항기의 미곡무역 방곡 상권문제』, 창작과비평사, 1994.
2) 구선희, 『한국근대 대청정책사 연구』, 혜안, 1999.

등조약 체제는 이처럼 일본이 그 뼈대를 만들고 미국과 청국이 여기에 살을 붙였으며, 영국이 확고하게 세웠다.

외국 상인들이 이러한 불평등조약에 따라 개항장 밖 내륙까지 무역을 할 수 있게 되자 이들 상인 가운데 일찍부터 조선에 입국한 청·일 양국 상인은 서울까지 들어와 막대한 이익을 올리기 시작하였다.[3] 반면에 거류지 무역으로 수출입 상품을 중개하면서 이익을 얻었던 국내 상인들은 큰 타격을 받았다.

한편, 무역 규모가 커져 가면서 조선의 무역 수지도 악화되었다. 1893년의 경우, 수입액이 수출액의 2배 이상에 달했다. 이로 인해 국내 산업은 극히 일부를 제외하고는 몰락의 길로 접어들었다. 이와 달리 일본은 조선에 수출하는 물품에서 자국산 제품의 비율을 높여 가는 가운데 조선의 쌀과 원료를 값싸게 수입함으로써 산업혁명의 기반을 닦을 수 있었다.

이러한 무역 구조는 국내의 지주경영과 민중의 생활에도 영향을 끼쳤다.[4] 우선 조선 국내의 대지주들은 수출미가의 상승에 편승하여 지대수입을 증가시켰을뿐더러 이처럼 얻은 화폐로 더 많은 토지를 겸병하기에 이르렀다. 이는 정부의 경제정책에 영향을 끼쳤으며 지주경영를 강화하는 요인으로 작용하였다. 이와 달리 쌀값 상승으로 다른 곡물 가격이나 기타 생필품이 등귀함으로써 시장에서 곡물을 구매하여 생계를 잇던 빈농이나 토지 없는 농민, 도시 빈민이 몰락하였고 나아가 이들의 저항을 초래하였다.

---

3) 李炳天, 「開港期 外國商人의 侵入과 韓國商人의 對應」, 서울大學校 博士學位論文, 1985.
4) 하원호, 『한국근대경제사연구』, 신서원, 1997.

3. 경제정책의 방향 모색(1876~1894)

　정부는 개항 이후 경제정책의 주안을 식산흥업(殖産興業)에 두었다. 이는 국내 산업을 보호·육성함으로써 부국강병(富國強兵)을 이룰 수 있다고 여겼기 때문이다. 아울러 여기에 필요한 재원을 마련하고자 토지의 재분배로 농민경제의 안정을 추구하기보다는 조세·재정개혁으로 세원의 확대와 실수액(實收額)의 증가를 도모하는 데 중점을 두었다.

　우선 정부는 관세권을 회복하기 위해 1879년과 1881년 일본에 수신사를 파견하여 불평등조약의 개정 교섭을 폈다.[5] 이어서 정부는 1882년 미국과 조미수호통상조약을 체결하면서 드디어 관세자주권을 확보할 수 있었다. 비록 이러한 관세자주권이 여러 요인으로 제약을 받았지만 일본을 비롯한 외국들이 조선 정부의 관세권을 인정하는 전례가 되었다. 또한 불평등조약에 편승하여 외국인의 불법적인 토지 소유와 내국인의 투매(偸賣), 도매(盜賣)가 증가하자 1893년 정부는 한성부에서 가계(家契)를 발급하게 하여 외국인의 토지 소유를 제한하려고 하였다. 이러한 조치는 이후 갑오개혁을 거쳐 점차 개성·인천·수원·평양·대구·전주 등지로 확대 되었다.

　한편, 정부는 부국강병을 조속히 실현하기 위해 1880년대에 일본과 미국에 각각 조사시찰단(朝士視察團)과 보빙사(報聘使)를 파견하여 근대 문물의 실상을 파악하고자 하였다. 여기에는 정치·사회·문화 부문과 함께 식산·재정·금융 등 경제 부문도 포함되었다.

　또한 정부는 새로운 기술과 경영기법을 수용함으로써 농업 진흥을 꾀하였다.[6] 특히 이러한 농업진흥책은 지주자본을 바탕으로 농업생

---

[5] 김경태, 앞의 책.

산력을 증대시키고 곡물 수출을 확대하는 한편 상업적 농업의 장려
로 수입 대체 산업을 발전시키는 데 중점을 두었다. 우선 정부는 농
업기술전문가를 양성하고자 1884년에 농무목축시험장(農務牧畜試驗
場)을 설치하였다. 또한 농업을 제도로 뒷받침하기 위해 1883년 12월
에 〈농무규칙(農務規則)〉, 〈양상규칙(養桑規則)〉 등의 법안을 마련하
였다. 이어서 1885년에는 〈경성농상회장정(京城農桑會章程)〉을 마련
하여 농지개발 회사를 설립하였다. 또 정부는 견직물의 수입을 억제
하고 자급 체제를 구축하기 위해 침체된 양잠과 견직물 생산기술 및
그 관리 체계를 개혁하고자 하였다. 그리하여 정부는 1884년에 잠상
공사(蠶桑公司)를 설립하였다.

다음 정부는 청·일 양국 상인의 경제 침투와 관리 및 토호의 수탈
로부터 소상인을 보호하기 위하여 1883년 8월에 혜상공국(惠商公局)
을 설립하였다.[7] 이는 서구의 근대회사 조직을 모방하여 만든 보부상
조직으로 소상인에 대한 국가적 통제를 관철시키고 상업을 진흥시키
려는 왕실의 이해가 서로 결합되어 설립되었던 것이다. 그러나 이렇
듯 의욕적으로 전개된 식산흥업정책도 궁핍한 재정으로 말미암아 소
기의 성과를 거두지 못하고 있었다.

이에 정부는 식산흥업정책과 함께 이를 받쳐줄 수 있는 세원을 확
보하기 위해 중간층의 수탈을 억제하고 새로운 세원을 발굴하고자
하였다. 우선 정부는 상업을 육성하고자 도고(都賈)와 무명잡세(無名
雜稅)를 혁파하고 기존의 객주 조직을 근대의 상회사로 전환시키는
한편 상업세를 제도화하여 국가 재정의 중요한 보용 수단으로 삼으
려 하였다.[8] 그리고 정부는 당오전(當五錢)을 비롯한 화폐를 새로 주

6) 金容燮, 『增補版 韓國近代農業史硏究－農業改革論·農業政策』, 一潮閣, 1984.
7) 柳承烈, 「韓末 日帝初期 商業變動과 客主」, 서울大學校 博士學位論文, 1996.

조하여 여기에서 발생한 차액으로 재정 궁핍을 해소하려 하였다.[9] 그 밖에 정부는 환곡제와 함께 일부 지방의 재정을 개혁하는 과정에서 결세(結稅)와 호세(戶稅)를 중심으로 조세구조를 단순화하고 운영방식을 개선함으로써 신분제적 수탈과 향리들의 자의적인 운영을 방지하는 계기를 마련하였다.[10] 그러나 이러한 노력마저 정국의 급격한 변동과 개항 이후 신문물의 수용과 설치에 따른 재정 지출의 급증으로 말미암아 오히려 물가 앙등과 재정 궁핍을 심화시켰다.

4. 경제정책의 수립과 추진(1894~1896)

정부의 경제정책은 1894년 농민전쟁과 갑오개혁으로 전기를 맞았다. 우선 법령 제정을 통해 1880년대에 추진했던 제반 정책들이 제도화하였다. 이 가운데 이런 정책들을 추진할 관제가 마련되었다. 갑오개혁 초기의 추진 주체인 군국기무처(軍國機務處)는 일본의 제도를 모방하여 산업관청으로서의 농상아문과 함께 공무아문을 설치하였다. 그러나 일본이 1894년 11월 제2차 김홍집 내각 성립을 계기로 조선 정부의 내정을 간섭하면서 공무아문(工務衙門)의 설치를 적극 반대하였다. 이는 공무아문의 공업장려 업무가 자국 공산품의 조선 시장 침투에 장벽으로 되리라 판단했기 때문이다.

한편, 정부는 경제정책의 핵심을 식산흥업에 두고 산업 활동에 대한 규제와 특권을 제거하여 경쟁적 시장 질서를 수립하고자 하였

8) 전우용,『한국 회사의 탄생』, 서울대학교출판문화원, 2011.
9) 吳斗煥,『韓國近代貨幣史』, 韓國研究院, 1991.
10) 송찬섭,『朝鮮後期 還穀制改革研究』, 서울대학교출판부, 2002

다.[11] 그리하여 정부는 육의전의 금난전권(禁難廛權), 객주·보부상의 영업독점 기도와 잡세 수탈, 상회사의 특권, 궁방이나 아문의 수탈, 정부의 억매(抑買)를 부정하였다. 아울러 정부는 1894년 8월 법령을 제정하여 외국인의 토지소유는 물론 점유도 금지하려고 하였다.

또한 정부는 〈신식화폐발행장정(新式貨幣發行章程)〉을 마련하여 은화를 본위화폐로 하는 근대적 화폐제도를 수립하려고 하였다.[12] 아울러 산업의 발전을 도모하고자 부세의 금납화를 추진하는 한편 은행을 설립하고 도량형 제도를 마련하려고 하였다. 그리고 정부는 도고의 폐단을 초래하지 않으면서 상회사(商會社) 전반을 육성하고자 하였다.

다음 정부는 갑오개혁을 계기로 재정 개혁을 단행하였다.[13] 우선 이전부터 관료들이 견지하였던 궁부일체(宮府一體) 방식을 계승하여 왕실재정과 국가재정을 탁지부로 일원화하는 한편 여러 재정 기구를 폐지하였다. 그리고 근대적인 예산결산제도와 수입지출규정을 법제화하였고 1895년에는 최초의 예산안을 마련하였다.[14] 아울러 징세기구를 군현 등 행정기관에서 분리시켜 세원을 정확하게 파악하고 중간수탈을 방지하고자 하였다. 또한 삼정(三政)을 개혁하여 결호전(結戶錢) 제도를 제정함으로써 신분적 성격의 부세제도를 근대적 조세제도로 탈바꿈하였다.[15] 아울러 지방관아에서 자율적으로 운영하던 지방재정도 국가재정에 편입시킴으로써 국가재원에 대한 관리를 일

11) 李憲昶, 「甲午·乙未改革期의 産業政策」, 『韓國史研究』 90, 1995.
12) 吳斗煥, 앞의 책.
13) 李潤相, 「1894~1910년 재정제도와 운영의 변화」, 서울大學校 博士學位論文, 1996 ; 金載昊, 「甲午改革 이후 近代的 財政制度의 形成過程에 관한 硏究」, 서울대학교 박사학위논문, 1997.
14) 김대준, 『고종시대의 국가재정 연구-근대적 예산제도 수립과 변천』, 태학사, 2004.
15) 이영호, 『한국근대 지세제도와 농민운동』, 서울대학교출판부, 2001.

원화하였다.16) 이후 이러한 재정 개혁의 기본 방향은 광무개혁기에
도 이어졌다.

그러나 이러한 기본 정책은 불평등조약 체제가 강고하게 존속하는
한 제약을 받았다. 이 가운데 갑오개혁기 일본의 대조선 정책이 가장
크게 작용하였다. 일본은 차관 제공을 미끼로 산업 육성책의 시행을
미루었다. 대신에 일본은 내정간섭을 통해 방곡령을 폐지하고 철도
부설권, 전신선의 설치권, 일본화폐의 통용권, 광업의 조사 개착권,
연안어업권 등을 획득하였으며 조선의 산업 발전을 가로막았다. 또한
일본은 불평등조약을 구실로 그들의 상행위에 관련된 일체의 내지관
세를 철폐하고자 하였다. 아울러 개화파 내부에서도 보호주의 무역보
다는 자유주의 무역에 비중을 두고 국내외의 자유로운 상업 활동 보
장을 주장하였다. 특히 정국의 급격한 요동과 불평등조약 체제 아래
서 외국인의 토지소유 금지법은 실행될 수 없었다. 결국 이는 외국의
상품과 화폐, 자본의 침투를 조장함으로써 식민지화 위기를 가속시켰
다. 이 점에서 갑오개혁기 경제정책은 시장질서의 확립에서는 이전
시기에 견주어 다소 진전되었지만 경제주권의 수호에서는 이전 시기
보다도 후퇴하였다.

5. 경제정책의 조정과 식산흥업사업의 추진(1896~1904)

아관파천과 환궁을 계기로 새로 수립된 신정권은 갑오개혁기에 추
진했던 외세의존적 개혁 방식을 경계하면서도 경쟁적 시장질서를 유

---

16) 金泰雄, 『한국근대 지방재정 연구 : 지방재정의 개편과 지방행정의 변경』, 아카넷,
   2012.

지하려고 하였다. 단적으로 정부는 무명잡세를 영업세로 전환시키고 육의전의 도고권을 부활시키지 않음으로써 갑오개혁기 정부의 상공조세(商工租稅)정책을 계승하려 하였다.

그러나 1898년 정부와 만민공동회가 갈등을 겪은 데다가 관료 체제가 제대로 작동되지 않음으로써 경제정책의 이러한 방향은 변경되었다.[17] 우선 관료들은 외세와 연결되어 있거나 외세의 압력을 막아낼 힘을 가지고 있지 못하였다. 양전(量田) 사업 시행안을 반려하여 부결시켰으며 일본 제일은행의 불법행위를 막지 못하였다. 또한 탁지부는 지방관리들을 장악하지 못함으로써 지세수입의 경우, 실수액(實收額)이 과세액(課稅額)의 40~50%에 지나지 않았다. 이는 징수 기구 미비와 중앙은행 부재로 말미암아 지방관들이 지세로 거둔 화폐를 탁지부로 직접 상납하지 않고 상인들을 통해 간접적으로 보냈기 때문이다.

이에 정부는 경쟁적 시장질서의 확립보다는 국내 산업의 보호·육성에 중점을 두고 외국 상인의 경제침투를 막는 데 주력하였다.[18] 먼저 1898년 2월 일본의 화폐주권 침탈에 맞서 일본 은화(銀貨)인 각인부원은(刻印付圓銀)의 유통을 금지했다.[19] 또한 모든 광산을 궁내부로 이속시킨 가운데 서북철도를 자력으로 부설하고자 하였다.[20] 다음 금융·화폐제도의 근대화를 위해 1898년 금본위제(金本位制)를 채택하고 1899년 1월 대한천일은행(大韓天一銀行)을 설립하였다.[21] 또

[17] 이태진, 『고종시대의 재조명』, 태학사, 2000.
[18] 주진오, 「독립협회와 대한제국의 경제정책 비교 연구」, 『國史館論叢』 41, 1993.
[19] 이승렬, 『제국과 상인 : 서울, 개성, 인천지역 자본가들과 한국 부르주아의 기원, 1896~1945』, 역사비평사, 2007.
[20] 全旌海, 「大韓帝國의 산업화 시책 연구―프랑스 차관 도입과 관련하여―」, 建國大學校 博士學位論文, 2003.
[21] 이승렬, 앞의 책.

한 근대적 토지소유권의 법적 확립을 목표로 이른바 양전지계사업
(量田地契事業)을 추진하는 가운데 외국인의 불법적인 토지 소유를
금지하고자 하였다.[22] 이처럼 정부의 경제정책은 왕실의 주도 아래
국내 산업을 보호·육성하는 한편 외세의 정치·경제적 영향력을 줄
이는 동시에 일본의 침략을 막는 데 초점을 두었다. 그 밖에 1900년을
전후로 하여 상공업자를 양성하기 위해 각종 상공기술 교육기관을
설립하였다.

   왕실 주도 아래 정부는 이러한 산업화 정책을 원만하게 추진하기
위해 재원 확보에 온 힘을 기울였다. 그리하여 광무정권은 갑오개혁
기 재정개혁의 성과라 할 조세의 금납화, 예산 회계제도, 재정기관의
단일화 등의 방침을 유지하는 가운데 왕실재정을 강화하고자 기존에
정부가 견지했던 궁부일체(宮府一體) 재정정책에서 궁부분리(宮府分
離) 재정정책으로 전환하는 동시에 국가재정에 속했던 많은 재원을
왕실재정으로 이속시켰다.[23] 이는 조선 시대 이래 왕실재정이 주로
수행해 왔던 왕실의 권위 유지 및 진휼사업 차원에서 탈피하여 근대
국가의 경제적 동력이라 할 식산흥업에 집중하려는 의도에서 비롯되
었다.

   물론 학계의 한쪽에서는 왕실 주도의 이러한 재정정책이 결과적으
로 정부재정의 위축을 초래하고 각종 특권을 부활시킴으로써 식산흥
업정책의 실효성을 떨어뜨렸다는 지적도 만만치 않다. 그러나 당시
외세의 침략 상황과 연계하지 않은 채 정부의 경제정책 자체에 국한

---

[22] 崔元奎, 「韓末 日帝初期 土地調査와 土地法 硏究」, 延世大學校 博士學位論文, 1994
   ; 한국역사연구회 근대사분과 토지대장연구반, 『대한제국의 토지조사사업』, 민음사,
   1995.
[23] 楊尙弦, 「大韓帝國期 內藏院 財政管理 硏究—人蔘·礦山·庖肆·海稅를 중심으로—」,
   서울大學校 博士學位論文, 1997.

하여 그 성패를 평가해서는 안 된다는 주장도 유의할 만하다.

이후 왕실 주도의 이러한 식산흥업 정책과 재정운영 방식은 1903년 중반부터 러시아와 일본 사이에 전쟁 기운이 돌면서 난관에 봉착하였다. 나아가 일본이 러·일전쟁에서 승리하면서 파국을 맞이하였다.

6. 일제 통감부의 경제정책과 자본척식침략(1905~1910)

러·일전쟁을 전후하여 일본자본주의는 산업화 단계를 빠르게 거치고 있었다. 이 과정에서 일본 독점 자본의 시급한 문제는 노동자의 임금을 낮추고 주요 산업인 면방직업과 견직업의 원료를 값싸고 안정적으로 공급받으며 남아도는 실업인구를 처리하는 것이었다. 따라서 일본은 1905년 러·일전쟁의 승리에 힘입어 통감부를 설치한 뒤 대한제국을 신영토로 삼기 위해 정치·군사·외교 부문과 함께 경제 부문에서도 자본척식침략(資本拓殖侵略)에 집중하였다.

우선 일제는 조선에서 통치비용을 마련하기 위해 메가타 다네타로[目賀田種太郎]를 재정고문관으로 내세워 대한제국의 재정을 장악하고자 하였다.[24] 그리하여 대한제국의 재정이 문란하다는 이유를 들어 일본 제일은행 경성지점을 국고(國庫)로 삼아 모든 재정 지출과 수입을 통제하고 징세기구를 대폭 개편하였다. 국고·회계제도를 확립하고 징세제도를 근대화한다는 것이 구실이었지만, 실제로는 재정권 장악과 함께 세금 증수를 통해 한국지배의 경제 기반을 다지고자 하였던 것이다. 나아가 1906년 일제는 철저한 호구조사를 통해 세금을 받아낼 수 있는 호수를 두 배로 늘렸다. 1907년에는 세금의 가장

---

[24] 李潤相, 앞의 논문.

큰 몫을 차지하던 토지세를 늘리고자 토지에 대한 기초 조사 작업도 추진하였다. 이 밖에도 가옥세(家屋稅), 연초세(煙草稅), 주세(酒稅) 등 각종 명목의 세금을 설정하여 조세를 증수하여 갔다.

또한 일제는 황실재정을 해체하여 국유화하려 하였다. 그것은 막대한 황실재정을 장악할 뿐만 아니라 병합의 걸림돌인 황실의 물적 기반을 붕괴시키려는 의도에서였다. 그리하여 1907년 고종의 강제 퇴위를 계기로 일제는 황실 소속의 각종 수입과 권리를 국고 또는 정부로 이관하거나 폐지하였다. 역둔토(驛屯土) 도조(賭租) 수입(收入)과 홍삼(紅蔘) 전매사업(專賣事業) 등을 국고로 이관한 끝에 1908년 6월에는 마침내 황실재정을 국유화시켰다.

다음 일제는 대한제국 화폐를 모두 없애고 일본 화폐만 쓰도록 하여 대한제국의 화폐 금융 체계를 일본 경제에 완전히 예속시켰다.[25] 1905년에 시작하여 1909년에 끝난 '화폐정리사업'으로 대한제국 화폐는 하루아침에 고철이 되어 버려 많은 한국인이 재산을 잃은 대신에 그 만큼의 재산이 일본인 상인의 수중에 들어갔다. 이어서 일제 통감부는 외국인의 토지소유, 경제 침투를 막는 제반 법률을 개정하여 광무 연간에 불법이었던 일본인의 토지소유를 합법화했다. 이로써 일본은 한국침략을 위한 안정적인 자본투자의 기반을 마련할 수 있었다.

그리고 일제는 한반도를 일본공업에 필요한 질 좋은 원료공급지를 만들려고 한국 농촌의 산과 들에 폭력적 방법을 동원하여 육지면(陸地綿)을 재배하게 하고 양잠을 강요하였다. 여기에다 일제는 한국에서 들여온 면화를 원료로 대량 생산한 면제품을 한국에 수출하여 그나마 유지되던 한국의 면포수공업을 몰락시켰다. 이 시기 한국에 들여온 일본자본은 광무개혁 과정에서 근대적 기업으로 성장하고 있던

25) 吳斗煥, 앞의 책.

정미업, 담배제조업, 성냥업 등에도 침투하여 이들 기업을 몰락시키
거나 예속시켰다.[26) 그 밖에 일제 통감부는 각종 산업 관련 법령을
제정하여 일본 자본이 한국의 산업을 장악하도록 지원하였다. 특히
사회간접자본인 교통 통신망을 장악한 뒤 일제하 지배 체제에 부합
하도록 이를 정비하였다.[27)

결국 일제 통감부의 경제정책은 자본척식침략을 목표로 추진되었
으며 이후에 실시될 '토지조사사업'으로 완성되었다. 즉 통감부의 이
러한 경제정책은 일본 측의 자본축적과 경제침략에 크게 기여한 반
면, 한국의 농촌기업적 부농의 성장을 막고 지주층 및 산업 자산층을
제국주의 경제체제에 예속시키는 밑바탕이 되었다.[28)

7. 결어

개항 이후~1910년 국망까지의 경제정책에 관한 연구는 두 가지 방
향에서 접근했다. 하나는 재정, 화폐·금융, 농업, 상업·무역, 광공
업, 철도·해운 등의 부문 연구가 축적되면서 경제정책 일반으로 옮
아왔다. 또 하나는 각 시기마다 정국을 주도한 집권 세력의 노선과
성격을 파악하기 위해 그들이 추진한 각종 정책을 개별적으로 검토
하는 과정에서 경제정책 일반의 지향과 성격을 부분적으로 언급하였
다. 특히 갑오개혁기와 광무개혁기의 경제정책을 대비하기 위해 근대
성과 자주성이라는 이분법의 구도 아래 각각의 특징을 부각시켰다.

26) 전우용, 『한국 회사의 탄생』, 서울대학교출판문화원, 2011.
27) 정재정, 『일제침략과 한국철도(1892~1945)』, 서울대학교출판부, 1999.
28) 金容燮, 『韓國近現代農業史硏究』, 一潮閣, 1992 ; 이윤갑, 『한국 근대 상업적 농업의
    발달과 농업변동』, 지식산업사, 2011.

그러나 이러한 접근 방식은 해당 시기 집권 세력의 노선과 정치적 성격을 추출하는 데 중점을 둠으로써 경제정책의 방향과 내적 논리의 전개 과정을 역사적 맥락에서 체계적으로 정리하지 못할뿐더러 경제정책의 사상적·이론적 기반을 검토하지 못하였다. 나아가 개항 이전과 이후를 나눔으로써 조선후기부터 근대개혁기에 걸쳐 경제정책의 연속성과 단절성 문제를 시야에 넣고 있지 못하다.

따라서 앞으로 이 시기의 경제정책 연구는 국내의 정치·경제 변동과 외압의 변화에 대한 분석에 바탕을 두되 개별 정책의 수립 과정과 사업의 주도세력을 꼼꼼하게 추적하는 한편 경제정책 일반의 방향과 논리를 시기별로 추출하여 체계화하는 데 중점을 두어야 할 것이다. 아울러 이 시기 경제정책의 역사적·이론적 기반이 되었던 조선후기 경제사상, 서구의 경제사상, 재정·금융이론, 제국주의의 식민정책 등에 대한 심도 있는 분석과 함께 각 시기 경제정책 추진세력의 세계 자본주의 인식과 경제사상에 대한 연구도 상호 연계하여 수행해야 할 것이다.

한국사연구회 편, 『새로운 한국사 길잡이』, 지식산업사, 2008 所收. 2014 補.

제8장

〈대한국국제(大韓國國制)〉의
역사적 맥락과 근대 주권국가 건설 문제

1. 문제의 소재와 맥락적 이해의 필요성

〈대한국국제〉는 1899년 8월 17일에 마련되었다. 이 시점은 대한제국 수립 이후 2년이 지난 때였다. 정부는 일종의 헌법이라 할 국제를 대한제국 수립 당시에 제정하지 않고 2년이 다 되어가는 시점에 제정하였을까. 여기서 규정한 내용은 당시 광무정권의 정치적 지향과 어떠한 관련이 있을까.

그동안 〈대한국국제〉에 대한 논의는 간간이 이루어졌지만 결코 관심 바깥으로 밀려나지 않았다. 물론 제정 당시에도 〈대한국국제〉는 논란거리였다. 제정 시점이 만민공동회를 혁파한 직후여서 그러하였다. 오늘날에도 마찬가지로 이러한 논란의 쟁점은 근대 주권국가 건설의 방향과 실행 주체 문제로 귀결되는 대한제국의 역사적 성격 문제였다.

우선 〈대한국국제〉를 처음으로 검토한 전봉덕의 경우를 들어보자.[1] 그는 독립협회 운동을 논의의 중심에 두고 국제(國制)를 평가하였다. 즉 국제가 "당시의 정치주류인 황실이나 양반정치가의 절대(絶大) 군권(君權)의 제한을 가져오는 일체의 사상이나 운동에 대하여 한계와 규준을 명시한 것"이라고 평가하였다. 그리하여 그는 국제에서 군권을 제한하는 규정들(의회 설치, 국민의 권리 등)을 제외한 채 오로지 대황제의 대권사항[大權事項], 통수권(統帥權)·입법권(立法權)·사면권(赦免權)·관제권(官制權)·행정명령권(行政命令權)·영전수여권(榮典授與權)·외교대권(外交大權) 등]만을 천명했음에 주목하였다. 요컨대 그는 〈대한국국제〉를 아관파천 이후 독립협회 운동을 제압하기 위해 절대군주제의 구제(舊制)를 동경하고 그 재현을 고집한 입법의 정점(頂点)이라고 규정하였다. 이러한 평가는 역사적 맥락보다는 군권과 민권의 대립이라는 정치적 구도에 갇혀 있는 데서 비롯되었다.

이러한 부정적 평가는 이기백의 『한국사신론』(개정판, 1976)과 같은 개설서에도 영향을 미쳐 대한제국 서술에서도 〈대한국국제〉는 언급되지 않았다. 물론 이후 변태섭의 『한국사통론』과 같은 개설서 및 중등학교 교과서에서는 〈대한국국제〉를 서술하고 있다. 그러나 서술의 기조는 전봉덕의 시각에서 벗어나지 못하였다.

다음으로 송병기는 전봉덕과 달리 신법(新法)과 구법(舊法)의 절충 차원[舊本新參]에서 접근하는 가운데 국가의 완전한 자주독립을 지켜 나아가기 위한 노력이 대한제국의 헌법=한국 최초의 근대적 헌법으로 천명되었다고 주장하였다.[2] 이러한 주장은 김용섭의 광무양전지

---

1) 田鳳德, 「大韓國 國制의 制定과 基本思想」, 『法史學研究』 창간호, 1974(『韓國近代法思想史』, 博英社, 1981 所收).
2) 송병기, 「광무개혁 연구 : 그 성격을 중심으로」, 『史學志』 10-1, 1976.

계사업 연구 이후 광무정권에 대한 재평가의 연장선에서 나타난 것
이다. 다만 왕권 강화라는 점에서 복고주의적 경향이라 평가하였다.
또한 근대 제국의 절대왕정 체제를 도입하여 왕권의 전제화가 이루
어졌다고 판단하였다.

　이어서 서영희는 1894~1904년 정치체제의 변동을 다루면서 〈대한
국국제〉를 주목하였다.[3] 즉 갑오·을미의 변혁으로 체제의 위기에
직면했던 전제왕권이 이 시기의 전반적인 대외자주의 분위기에 편승
하여 왕권을 회복·강화를 시도하는 과정으로 민권운동세력을 완전
히 제압한 후 국제를 반포했다고 서술하였다. 그리고 입법·사법·행
정권을 모두 군주에게 집중시킴으로써 절대군주권이 제도적으로 확
립했다고 평가하였다. 여기서는 기존 연구자가 지칭하였던 '헌법'이
라는 용어를 쓰는 대신에 '대한제국의 권력 체제의 법률적 표현'이라
는 매우 애매모호한 규정을 내렸다. 이 점에서 송병기에 비해 전봉덕
에 가까운 평가라고 할 수 있다. 이후 그의 박사학위 논문에서는 광
무정권의 자주성에 주목한 까닭에 송병기 견해에 가까워졌지만 연구
초기에 적용하였던 서구 절대왕정론에서 벗어나지 못하였다.[4]

　이들 연구자의 접근 방식은 이처럼 정치사적 관점에서 왕권의 강
화에 중점을 두고 광무정권의 정책을 반동 정책인가 개혁 정책인가
를 둘러싸고 평가를 달리할 뿐이었다. 헌법의 핵심이라 할 주권 개념
의 수용과 발전에는 관심을 두지 않았기 때문이다.

　한편, 이영훈은 한국사에서 근대로의 이행 과정과 광무양전을 논하
는 일련의 논문에서 국제를 언급하는 가운데 광무양전의 '시주(時主)'

3) 徐榮姬, 「1894~1904년의 政治體制 變動과 宮內府」, 『韓國史論』 23, 1990.
4) 서영희, 『대한제국 정치사 연구』, 서울대학교출판부, 2003. 이후 서진교의 연구 역시
　이러한 기조에 서 있었다. 서진교, 「1899년 고종의 '대한국국제' 반포와 전제황제권의
　추구」, 『한국근현대사연구』 5, 1996.

는 인민을 어디까지나 토지의 임시적 내지 한시적 주인으로 둔다는 뜻이 국제[황제의 무한전제(無限專制)]에 반영되어 있다고 간주하였다.[5] 즉 "대한제국은 황제의 전제(專制)를 기본원리로 하고, 군권(君權)은 무한 전제, 곧 정치에 대한 인민의 완전한 무권리를 선포하고 있는 것이다."라고 전제한 가운데 "인민이 토지의 주인되는 국가는 인민주권이 선포된 근대국가가 아닐 수 없다."고 단정하였다. 이 점에서 사적 토지소유가 발전하고 있음에도 불구하고 국전제(國田制)의 이념은 폐기된 것이 아니라 〈대한국국제〉를 통해 여전히 관철되고 있다는 것이다. 본인의 전근대 국전제론(國田制論)과 전봉덕 이래의 주류 견해를 상호 연계시켜 설명하고자 한 셈이다.

반면에 김태웅은 〈대한국국제〉에 대한 주류의 견해가 군권과 민권의 대립이라는 기본구도 아래 광무정권과 독립협회의 정치적 갈등에 초점을 맞추었다고 비판하면서 법규(法規) 교정(校正) 논의를 통해 주권 개념의 인식과 정체 논쟁 문제를 집중 다루었다.[6] 그 결과 광무정권은 칭제건원과 이어서 제정한 대한국국제=헌법을 통해 주권의 소재와 작동 방식을 법률적으로 규정함으로써 근대 주권국가로서의 법률적 근간을 확보했다고 평가하였다. 아울러 왕권 역시 전근대 천명론(天命論)에서 탈피하여 법률적 근거에 입각하여 제도화되었다고 주장하였다. 만국공법과 법치주의에 입각한 주권국가의 실현이었다. 특히 그는 이 과정에서 성립된 전제군주정 역시 근대국가의 다양한 국체·정체의 하나로 간주함으로써 국사학계의 대한제국기 토지조사

---

5) 이영훈, 「한국사에 있어서 근대로의 이행과 특질」, 『經濟史學』 21-1, 1996 ; 李榮薰, 『조선토지조사사업의 연구』(김홍식 외), 제1장 量案 上의 主 規定과 主名 記載方式의 推移, 민음사, 1997.

6) 金泰雄, 「大韓帝國期의 法規 校正과 國制 制定」, 『韓國 近現代의 民族問題와 新國家建設』(金容燮教授停年紀念論叢委員會 편), 지식산업사, 1997.

연구자들이 이영훈과 달리 광무양전 사업을 〈대한국국제〉의 근대성
과 연계하여 접근할 수 있는 법제적 근거를 제공하였다.[7]

〈대한국국제〉의 역사적·법제적 성격을 둘러싼 이러한 논란은 2000
년대에 들어와 재연하였다. 우선 전봉덕 이래 법제사학계의 〈대한국
국제〉에 대한 인식은 지속적으로 유지되었다. 김효전은 〈대한국국
제〉가 헌법의 범주에 속하지만 기본권 보장과 권력분립이라는 대전
제에서 볼 때에는 근대적 의미의 헌법이라고 할 수 없다고 주장하였
다.[8] 나아가 이러한 국제는 시대의 흐름에 역행하는 것이었고 세계의
조류를 따르지 못한 점, 개혁 지향 세력의 주장을 수용하거나 타협하
지 못한 채 보수반동으로 일관한 반면에[9] 일본의 메이지 헌법은 의회
의 협찬을 얻어 제정되었으므로 근대적 의미의 헌법이라고 파악하였
다.

대한제국 국제와 메이지 헌법에 대한 김효전의 이러한 대비는 대
단히 불공평하다. 즉 메이지 헌법이 형식적 근대성을 띠고 있으나 내
면상으로는 천황의 통치권은 "제1조 대일본 제국은 만세일계의 천황
이 통치한다."는 조항에서 볼 수 있듯이 '조종(祖宗)' 즉 진무천황(神武
天皇)으로부터 이어진 역대 천황들로부터 물려받은 것으로 인식하였
다. 국민의 의사와 관계없는 흠정헌법인 셈이다.[10] 또한 세계사적으
로 보아도 유럽에서 왕권 확립을 둘러싼 갈등의 심각성이 근대 주권

---

7) 최원규, 「한말·일제 초기의 토지조사사업 연구와 문제점 :『朝鮮土地調査事業의
   研究』(김홍식 외, 민음사)」,『역사와현실』31, 1999.
8) 김효전,『근대 한국의 국가사상─국권회복과 민권수호─』, 철학과현실사, 2000 ;
   김효전,『헌법』, 小花, 2009.
9) 최종고는 법제사학계의 이러한 기조와 달리 〈대한국국제〉가 블룬칠리의『공법회통』
   에 맞추어 제정되었다는 점에서 광무정권이 만국공법에 의지하여 세계만방에 입헌
   군주국으로서의 독립성을 과시하려고 하였음을 강조하였다. 崔鍾庫,『韓國의 西洋
   法受容史』, 博英社, 1983.
10) 마키하라 노리오,『민권과 헌법』(박지영 옮김), 어문학사, 2012.

이론의 출현을 자극하였다는 국제정치사학계의 주장에 비추어 보면11) 전봉덕 이래 김효전에 이르는 주류의 이러한 주장은 형식논리적이고 비역사적인 주장에 지나지 않다.

이런 가운데 역사학계에서는 〈대한국국제〉의 법치성에 의미를 부여한 김태웅의 견해를 일부 수용하였다. 백영서의 경우, 조선은 국제법이라 할 만국공법을 활용하여 대한제국의 법적 근거를 국제사회가 공인하는 데서 구하려는 의지가 헌법이라 할 '대한국 국제'로 표현되었음을 인정하였다.12) 즉 군주권 행사와 관련된 규정을 두어 왕권을 하나의 제도로 만들었다는 사실만으로도 의미 있는 변화라는 점을 일부 수긍하였다. 다만 국제가 국민통합의 차원에서 성립되지 않았을 뿐더러 이후 근대법으로 발전하지 못했음을 들어 대한제국은 근대국가로서 모습을 완전히 갖춘 것은 물론 아니었고 기껏해야 그것을 향한 하나의 과정이 될 따름이라고 평가하였다.

그러나 여전히 〈대한국국제〉의 제정을 황제권 강화와 관련하여 보수적 반동의 일환으로 이해하는 연구가 만만치 않다.13) 즉 1898년 당시 독립협회의 제반개혁 요구를 수용하여 국민적 통합을 지향하였지만 보수파의 책동으로 고종이 만민공동회를 혁파하고 황제권의 위상 강화에 몰두한 가운데 〈대한국국제〉를 제정하였다는 것이다. 그러나 이러한 이해 방식은 당시 광무정권이 대내외적으로 처했던 정치적 위기 상황을 간과한 채, 입헌군주정을 매개로 한 광무정권과 독립협

---

11) 박상섭, 『국가 · 주권』, 소화, 2008.
12) 백영서 외, 『동아시아 근대이행의 세 갈래』, 제4장 근대적 국가건설의 구상, 창비, 2009.
13) 왕현종, 「대한제국기 입헌논의와 근대국가론 : 황제권과 권력구조의 변화를 중심으로」, 『韓國文化』 29, 2002 ; 王賢鍾, 「대한제국기 고종의 황제권 강화와 개혁 논리」, 『歷史學報』 208, 2010.

회의 타협을 이상적 정국 방향이라고 설정한 위에서 〈대한국국제〉를
평가하려 하였다는 점에서 주권국가 수립 노력과 관련된 국제의 역
사적 의미를 황제권 강화라는 측면으로 좁혔다고 볼 수 있다.

한편, 근래 북한 역사학계의 〈대한국국제〉 인식도 남한의 한국근
대사 연구 성과에 영향을 받았다. 이는 기존과 달리 남한 역사학계의
광무양전지계사업과 을사늑약을 비롯한 관련 조약에 대한 연구 성과
를 적극 수용한 데서 비롯되었다. 특히 2000년대 초반 조일 국교 정상
화 논의를 앞두고 북한이 일본에 대한 배상 요구의 역사적 근거를 마
련하려는 정치·외교적 노력과 밀접하였다.14)

리종현의 경우, 대한제국을 보수반동정권으로 비판하였던 기존의
주장과 달리 〈대한국국제〉를 다음과 같이 평가하였다.15) 첫째, 〈대한
국국제〉가 대한제국의 법적 지위를 밝힘으로써 우리나라가 그 어느
나라에도 예속되지 않은 자주독립국가라는 것을 명백히 밝히고 대외
적으로 자주권을 행사하려는 의지를 선포하려는 데로부터 나왔다는
점이다. 둘째, 대한제국은 황제의 철저한 전제국가라는 것을 밝힘으
로써 리(조선)왕조의 중앙집권적 성격을 내외에 선포하려는 데부터
나왔다는 점이다. 물론 북학학계도 전봉덕의 주장과 마찬가지로 "대
한제국의 황제전제권은 종래의 봉건적 군주전제권과 본질상 차이는
없는 것이었다."라고 주장하였다. 그러나 "대한국국제는 절대주의적
인 군주전제권에 비하여 법치주의적인 성격을 띤 것으로 하여 단순
한 계승 관계가 아니라 일정한 개혁적 내용을 담고 있다."고 평가하고
있다.

14) 북한의 대일 배상과 관련하여 권태환, 「북·일수교 전망과 남북관계」, 西江大學校
公共政策大學院 碩士學位論文, 2001 ; 임재형, 「전후 북·일관계의 전개과정과 평가」,
『분쟁해결연구』 2-2, 2004 참조.
15) 리종린, 『조선부르죠아민족운동사2』, 과학백과사전출판사, 2004.

이처럼 〈대한국국제〉를 둘러싸고 벌어진 남북한 학계의 논의는 광무정권의 독립협회 운동 탄압(정치적인 측면), 의회 미설치, 국민의 기본권 미비 등(법률적인 측면)을 들어 반동성을 부각시키는 주장부터 주권 개념의 인식과 법적 규정의 마련 등을 들어 근대 주권국가를 수립하려는 노력으로 파악하려는 주장에 이르기까지 다양하게 전개되고 있다. 그러나 만국공법이 1876년 국교 확대(개항) 이래 일찍부터 주목되었다는 점, 이에 대한 논의가 집권층과 재야 정치세력 사이에서 이루어졌다는 점을 염두에 둘 때 〈대한국국제〉로의 귀결은 갑자기 이루어진 것은 아니었다. 이 점에서 법제사학계를 중심으로 전개되었던 기존의 논의들은 〈대한국국제〉를 역사적인 맥락에서 이해하려는 노력이 부족하다고 할 만하다. 기껏해야 독립협회 운동과 연계하여 〈대한국국제〉의 성격을 파악한다든가 해당 조문을 일본 메이지헌법과 형식적으로 비교하는 정도에 그친 셈이다. 또한 역사학계의 주류 역시 광무정권과 독립협회의 갈등 및 광무정권의 만민공동회 혁파 등 정치사적 사건에 중점을 둔 나머지 당시 근대 주권국가로 전화하는 제반 경로를 좁혀놓았다.

따라서 논의의 방향은 1876년 국교 확대 이래 〈대한국국제〉의 제정에 이르는 시기가 국가 존망의 위기와 근대국가 건설 과제에 직면한 시기라는 점을 염두에 두고, 왕실과 신료, 사회 주도층 등 다양한 정치세력이 자본주의 경제체제의 건설을 둘러싸고 대립·갈등을 빚는 가운데 서구적 법제의 수용에 관심을 가지며 주권 개념을 인식하고 여러 정체를 에워싼 일련의 경합이 벌어지는 과정에 주목하면서 〈대한국국제〉의 역사적 맥락과 주권 국가 건설의 향방 문제를 검토하는 방향으로 나아가야 한다.

2. 만국공법 인식과 정체 논쟁의 전개

주지하다시피 조선 정부와 재야 정치 세력이 만국공법에 관심을 두
게 된 계기는 1876년 병자수호조규였다. 이는 청조(淸朝)의 우산 아래
국가를 유지하는 자소사대질서(字小事大秩序)의 붕괴와 함께 이른바
전국시대(戰國時代)의 도래를 예고하였다. 그래서 조선의 정치세력
은 만국공법에 관심을 기울이는 가운데 부국강병에도 열의를 보였다.
1879년 당시 영부사 李裕元은 청국 리훙장[李鴻章]과 서신을 교환하면
서 만국공법이 국가 간의 통상조약에 적용됨을 알면서도 이것이 약
소국의 독립을 보장할 수 없음을, 일본의 류큐[琉球] 침략을 예로 들
어 역설하였다. 따라서 고종 정부는 자소사대질서를 대신할 만국공법
질서의 수용과 부국강병정책을 국정의 핵심 과제로 제시하였다. 고종
은 임오군란을 겪은 뒤 이른바 개화교서(開化敎書)에서 다음과 같이
천하관과 부국강병의 방도를 피력하였다.

> 병력으로 서로 견제하고 公法으로 서로 대치하는 것이 마치 春秋列國시
> 대와 비슷하다. 그러므로 천하에서 홀로 존귀하다는 중화도 오히려 평등
> 한 입장에서 조약을 맺고, 척양에 엄격하던 일본도 결국 수호를 맺고 통상
> 을 하고 있으니 어찌 까닭 없이 그렇게 하는 것이었겠는가? 참으로 형편상
> 부득이하기 때문이다.[16]

이러한 언급은 중국이 이제는 만국의 일개 국가이며 각국은 상호
동등한 국가로서 국제 관계를 맺게 되었음을 의미하였다. 중국 중심
의 천하가 무너지고 춘추열국의 천하가 열렸음을 단언하고 있는 셈
이다.

---

16) 『高宗實錄』, 高宗 19년 8월 5일.

　물론 일본의 침략에 맞서 청국의 보호가 매우 중요하다고 주장하면서 기존의 중화주의적 천하의식을 고집하는 정치세력의 반발에 직면하기도 하였다. 그러나 고종 정부는 중국에 의지하기보다는 만국공법에 의거하여 주권을 행사하려 하였다. 예컨대 1885년 거문도 사건이 일어나자 조선 정부는 청국 정부에 의존하기보다는 만국공법(萬國公法)과 균세정책(均勢政策)에 입각하여 강력하게 대응하고 다양한 외교 노력을 전개하였다. 특히 마틴이 번역한 휘튼의 『만국공법』이 1877년 이미 조선 국내에 알려진 뒤라 이 책에서 언급한 주권 이론에 관심을 두기에 이르렀다. 여기에서는 주권을 '치국지상권(治國地上權)'으로 풀이하고 있는데, 대내적 주권과 대외적 주권 두 가지로 구분하고 있다. 전자의 것은 타국의 간섭을 받지 않고 국내 문제를 '자주(自主)'로 처리하는 것을 말하고, 후자의 것은 각국이 타국의 명을 받지 않고 '자주'로 전쟁과 평화 교제를 할 수 있는 권리를 의미하였다.

　한편, 『한성순보(漢城旬報)』에서는 갑신정변이 일어나기 직전인 1884년 2월 7일자에서 세계의 민주국을 언급하는 가운데 주권에 유사한 '치국지권(治國之權)'을 소개하면서 주권이 국민에게서 나옴을 보도하였다. 반면에 고종 정부는 신국가 건설에 참조하기 위해 서양의 근대 국가 건설 과정을 저술한 역사책을 구하는 가운데 각국의 정치체제를 파악하는 데도 힘을 기울였다. 1886년 박문국(博文局)이 번역·편집한 『정치연감(政治年鑑)』에서 각국의 정치체제를 소개하는 가운데 크게 군주전제정, 군민동치, 공화정치로 구분하였다. 이 중 독일의 경우, 과거 수백 년간 세습제가 없어 통일이 안 되었다는 점을 강조하며, 이후 독일의 통일 과정을 서술한 뒤 헌법 제정, 군무 교섭의 양권(兩權)이 황제에게 집중되어 있음을 강조하였다. 이러한 정치체제는 주권의 소재와 집행 방식을 보여주는 핵심으로 헌법으로 구현될 사안이었다. 여기서 정치세력마다 주권의 수립 필요성을 강조하면서도 처지에 따라 선호하는 정치체제가 상이함을 보여준다.

이후 고종 정부는 위안 스카이[袁世凱]의 간섭으로 말미암아 박정양 조기 귀국 강요 등에서 볼 수 있듯이 자소사대질서인 중세적 종번질서(宗藩秩序)에서 벗어나 근대적 만국공법질서(萬國公法秩序)로 편입하는 데 많은 곤란을 겪었다. 요컨대 청국이 내치와 외교를 간섭하는 현실에서 조선이 만국공법상 독립국인가에 대해 의문을 품기도 하였다. 그러나 이러한 일련의 사태는 오히려 정부와 정치 세력 등이 만국공법의 주권이론에 관심을 갖고 연구하는 촉매 역할을 하기도 하였다. 유길준의 경우, 연금 시절에 주권 이론에 관심을 기울이며 정리하였으며 이후 왕실과 신료 등에게 영향을 끼쳤다.[17] 즉 나라의 권리를 국내적 주권과 국외적 주권으로 나누어, 전자는 "국내에서 시행되는 모든 정치 및 법령이 모두 정부의 입헌적 기능을 스스로 지키고자 하는 노력"이며, 후자는 "독립과 평등의 원리에 따라 외국과 정당한 교섭을 갖도록 하는 노력하는 일"이라고 규정하였다. 일본의 경우와 마찬가지로 서양 문명국으로부터 주권국가로 인정받기 위해서는 헌법이 필요함을 인식한 셈이다. 비록 청국의 간섭으로 인해 이러한 주장이 현실로 옮겨지지는 못했을지라도 국제 정세의 급격한 변동 속에서 조선국가는 주권국가로 나아갈 수 있는 기회를 모색하였다.

우선 청·일전쟁에서 청국의 패배는 이러한 주권 이론이 헌법 제정으로 구현될 수 있는 계기가 되었다. 물론 일본이 승전의 과실로 조선 내정에 깊이 간섭하면서 조선 정부가 자주적으로 헌법을 제정하는 데는 이르지 못하였다.

이어서 조선 정부는 아관파천과 고종의 환궁을 거치면서 헌법을 비

---

[17] 『西遊見聞』은 1889년에 탈고된 뒤 1895년에 출판되었다.

롯한 제반 법규를 심도 있게 교정할 필요성을 절감하였다. 갑오·을
미개혁기 일본의 간섭을 비롯한 정국의 극심한 변동으로 개혁 법규
들이 급박하게 마련된 까닭으로 주의(奏議)·부령(部令)·칙령(勅令)
등의 다양한 형태로 나열되어 있고, 심지어는 잦은 개정으로 인해 자
체에서도 상호 모순될 여지를 가지고 있었기 때문이었다.

 한편, 러시아와 일본 간에 한반도를 둘러싸고 비밀 논의가 진행되
면서 조선 정부의 위기의식은 심해졌다. 당시 외부는 이러한 사태가
독립의 체모를 손상시킨다고 주장하면서 신구 법규를 참작하여 장정
(章程)을 만들 것을 주장하였다. 여기서 말하는 장정이 헌법 자체를
가리키지 않았다. 그러나 법규를 교정하기 위해 설치한 교전소(校典
所)에 리젠드르, 그레이트하우스, 브라운, 서재필 등이 참여하였다는
점에서 이러한 법규 교정 작업은 법치주의의 확립을 넘어서서 궁극
적으로 법규의 근간이라 할 헌법 제정으로 갈 소지가 컸다. 물론 이
과정에서 주권의 소재와 집행 방식을 둘러싸고 광무정권과 서재필
계열의 인사들이 충돌하면서 교전소가 유야무야되었다. 즉 정체가 전
제군주정인가 입헌군주정을 둘러싸고 양자가 극심하게 충돌하면서
교전소가 교착 상태에 빠졌다.

 그러나 정체를 둘러싼 이러한 논란은 칭제건원을 계기로 다시 한
번 수면으로 부각되었다. 그 만큼 헌법 제정의 필요성이 더욱 절실하
였던 셈이다. 당시 칭제건원론자들은 그 이유를 국시(國是)의 미정
(未定)과 민심의 불안에서 찾았다. 즉 칭제건원을 통해 국내주권을
확립하고 국외주권을 확보하자는 것이었다. 이때 이러한 자주독립의
권리를 주장하는 데 두 가지 근거를 제시하였다. 하나는 전통적인 유
학의 정치철학 아래서 태조 이성계의 '수어천명(受於天命)'을 들어 칭
제건원을 정당화하려 하였다. 또 하나는 '만국공법'의 국가주권이론을

적극적으로 활용하고 있다는 점이다. 특히 후자는 상소자들 거개에서 확인될뿐더러 유력한 전거로 삼았다. 이 중 권재형이 전거로 삼았던 『공법회통(公法會通)』은 블룬칠리의 저서로 학부에서 이미 1895년 5월에 간행한 터였다. 그리하여 칭제건원과 대한제국의 수립은 대외적으로는 국외주권의 확보를 만방에 과시하는 동시에 러·일 양국 간에서 중립의지를 표명하는 한편, 대내적으로 입헌군주론을 배격하면서 국내주권을 확고히 다지기 위한 일환이었다.

이에 입헌군주정을 추구했던 독립협회는 냉담한 반응을 보였다. 그리고 박영효 계열의 만민공동회를 비롯한 여러 정치세력 사이에서 정체 논쟁을 촉발시키는 계기로 작용하였다. 그것은 작게는 광무정권과 만민공동회의 주도권 쟁탈 양상으로 나타났지만, 크게는 이 시기 주권국가의 건설 방향을 두고 군권주도론(君權主導論)과 신권주도론(臣權主導論)이라는 양대 노선의 대립과 갈등을 예고하였다. 그리하여 만민공동회 6차 상소에서는 민권을 빌미로 군왕의 인사권을 제한하려 했으며 더 나아가 장정으로 만들어 법제화하려 하였다. 이러한 만민공동회의 요구는 박영효나 서재필이 추구하였던 입헌군주정의 수립과 밀접한 관련을 맺고 있었다. 그것은 제한군주정을 수립하기 위한 방편이었다.

반면에 재야 유생층들은 만민공동회가 공화정을 수립하려 한다고 우려하면서 만민공동회와 정면충돌하기에 이르렀다. 심지어 박영효 쿠데타설과 관련하여 만민공동회 혁파를 주장하기에 이르렀다.

이처럼 법규교정 문제는 정체수립과 관련하여 증폭되기에 이르렀던 데다 여러 정치세력들의 이해관계가 맞물려 정국은 혼돈의 국면으로 빠져들었다. 그리고 이 과정에서 1898년 12월 25일 정부에 의해 만민공동회가 강제로 혁파되기에 이르렀다.

이후 독립협회의 온건 계열(윤치호, 남궁억)은 무술정변 등 청국의 사태를 보면서 열강의 침탈을 우려하였다. 나아가 형법과 민법 등의 제정을 통해 정부와 인민의 신뢰를 조성함으로써 황권을 존중하고 국체를 보중(保重)할 수 있다고 주장하였다. 한편, 광무정권도 당시 국내외 정세를 이와 같이 보면서 법규 교정의 필요성을 절감하였다. 나아가 기존 경국대전 체계를 완전히 종식시키고 근대법 체계를 수립하려는 시도로 나타났다. 정부는 이를 위해 1899년 6월 법규교정소(法規校正所)를 설치하였다. 그리고 1899년 8월 17일 〈대한국국제〉를 반포하였다.

3. 〈대한국국제〉의 제정과 그 귀결

〈대한국국제〉에 대한 논란은 무엇보다 '국제'라는 생경한 용어에서 비롯되었다. 그 용례와 여러 학자들의 견해를 정리하여 그 개념을 소개하면 다음과 같다.

첫째, 국제는 국가제도(國家制度)의 줄인 말로 헌법의 의미를 가리키지 않는다.『조선왕조실록』과 문집 등에서 볼 수 있듯이 고전의 고례(古禮), 고제(古制)와 대비하여 '국제'를 사용한다는 점에서 단지 우리나라의 제도를 가리켰다.

둘째, 전봉덕이 정의하고 있듯이 헌법과 달리 의회의 협찬이 아닌 대황제가 친히 정한 국가기본법이다. 이러한 정의는 '제(制)'가 황제가 중대한 제도를 반포할 때 사용하는 명령의 성격을 띤 문서로, 관리들을 깨우쳐주거나 나무랄 때도 사용되었다는 점에 근거를 두고 있다. 그러나 이렇게 정의하면 '제'가 황제가 발한 명령(命令)이 되어 제후의 나라인 '국(國)'과 맞지 않는다.

셋째, 이노우에 고우이치[井上浩一]의 견해에 따르면 헌법이 근대적 성문법인 데 반해 국제는 성문법이 아닌 전근대 국가의 법적 구조를 가리킨다.[18]

넷째, 중국의 고전이라 할 『국어(國語)』, 『관자(管子)』, 『한서(漢書)』와 함께 일본 쇼토쿠[聖德] 태자의 〈17조헌법〉 등을 분석한 사사키 요우[佐佐木 揚]의 견해에 따르면 일반의 국제는 법규, 법령을 지칭한다.[19] 그런데 메이지유신 전후 서양의 'Constitution'(영미), 'Verfassung'(독)을 번역하는 과정에서 '율례(律例)', '국률(國律)'[후쿠자와 유키치(福澤諭吉)], '국제(國制)', '국헌(國憲)', '헌법(憲法)' 등 다양한 용어로 번역되었으며 이 중 '국헌(國憲)'으로 보통 번역되었다. 따라서 자유민권운동 및 국회개설운동과 관련하여 헌법이 통상의 법률이 아니라 'Constitution'의 의미로 사용된 것은 이토 히로부미[伊藤博文]의 조사에 기초한 대일본제국헌법 제정 시점이었다.

이러한 정의와 용례를 종합하건대 국제는 조선왕조가 사용해 왔던 '국제'와는 전혀 다르며 황제가 제정한 법률이라는 점도 '국'에 비추어 보면 부합되지 않는다. 이 점에서 '국제'라는 용어는 기존에 늘 사용하던 '국제'라는 용어를 원용(援用)하되 새로운 의미를 부여한 것으로 보인다. 즉 '국'은 통상대로 우리나라를, '제'는 황제가 제정한 국가의 기본법이라는 뜻에서 '국제'로 명명하지 않았나 추정된다.

그렇다면 〈대한국국제〉의 취지를 통해 역사적 · 법제적 성격을 파악할 수 있는 단서를 찾아보자. 제정 취지와 관련된 구절은 다음과 같다.

---

18) 井上浩一, 「ビザンツ帝國の國制と社會」, 『比較國制史研究序說 : 文明化と近代化』(領木正幸 외), 栢書房, 1992.

19) 佐佐木 揚, 「淸末の「憲法」－日淸戰爭前後」, 『九州大學東洋史論集』 31, 2003.

尹容善이 奏本을 올리고 이어서 아뢰기를,

"① 나라를 세운 초기에는 반드시 政治가 어떠하고, 君權이 어떠한가 하는 것으로 일정한 제도를 만들어 천하에 소상히 보인 뒤에야 신하와 백성에게 그대로 따르고 어김이 없게 하는 것입니다. 옛날 우리 太祖大王은 천명을 받들어 왕업을 창시하여 왕통을 전하였으나 아직도 이러한 법을 정하여 반포하지 못한 것은 거기까지 손을 쓸 겨를이 없었기 때문입니다.

우리 폐하는 뛰어난 성인의 자질로서 중흥의 업적을 이룩하여 이미 보위에 올랐고 계속하여 국호를 개정하였으니, '주(周) 나라는 비록 오래된 나라이지만 그 명이 새롭다.'는 것입니다. 억만 년 끝없는 행복이 실로 여기에 기초하였으니 선왕조에서 미처 하지 못한 일이 오늘을 기다린 듯합니다. 이것이 이 법규 교정소를 설치한 까닭입니다. 이제 조칙을 받드니, 本所에서 國制를 잘 상량하여 세워서 보고하여 분부를 받으라고 하였으므로 ② 감히 여러 사람들의 의견을 수집하고 公法을 참조하여 國制 1편을 정함으로써 본국의 정치는 어떤 정치이고 본국의 군권은 어떤 군권인가를 밝히려 합니다. ③ 이것은 실로 법규의 대두뇌이며 대관건입니다. 이 제도를 한 번 반포하면 온갖 법규가 쉽게 결정될 것이니 그것을 교정하는 데 무슨 문제가 있겠습니까? 이에 본 소에서 모여 의논하였으므로 삼가 標題를 開錄하여 폐하의 재가를 청합니다." 하니, 임금이 다 보신 후 하교하기를, "④ 이 주본에 대해서 여러 사람의 의견이 같으며 외국인의 의견 역시 옳다고 하는가?" 하니, 용선이 아뢰기를, "여러 사람의 의견이 모두 같으며 외국인들의 의견도 같습니다." 하니, 임금이 쓰라고 명하고 비답하기를, "이번에 정한 제도를 천하에 頒示하라." 하였다.[20]

①에서는 조선왕조 개창 시에는 천명론에 입각하여 군권의 근거를

---

[20] 容善進呈奏本 仍奏曰 "邦國之始立也 必先將政治之如何 君權之如何 著有一定之制 昭示天下然後 可使臣民 式遵無違矣 昔我太祖大王誕膺天命 創業垂統 而尙無此等定制頒示者 蓋有所未遑也 我陛下以上聖之姿 建中興之業 旣已陞進寶位 繼又改定國號 周雖舊邦 其命維新 萬億年無疆之休 實基於是焉 則凡先王朝未遑之事 俱將有待於今日 此 法規校正所之所以設也 而今伏奉詔勅 自臣所商立國制 登聞取旨者 乃敢撫取衆議 援照公法 擬定國制一編 以明本國政治之爲何樣政治 君權之爲何等君權 此誠法規之大頭腦 大關鍵也 是制一頒 則千法萬規 自可迎刃而破竹 其於校正乎 何有哉? 玆已經臣所會議 謹將標題開錄 請聖裁" 上覽畢 仍敎曰 "此奏本衆議皆同, 而外國人所議亦可云乎?" 容善曰 "衆議皆同 而外國人所議亦同矣" 上命書批曰 : "以此定制 頒示天下"(『高宗實錄』, 高宗 36년 8월 17일).

설명한 점과 대비하여[21] 국제의 법치주의성을 강조하고 있다. 주지하다시피『경국대전』을 위시한 어떠한 법전에도 주권의 소재 또는 왕권의 소재와 집행방식을 규정하고 있지 않다.

②에서는 주권의 소재와 집행 방식을 규정하되『공법회통』을 참조하였음을 밝히고 있다.

③에서는 국제를 모든 법률의 근간으로서 국가의 최고 기본법임을 명시하고 있다.

④에서는 국제의 보편적 타당성 여부를 서양인 법률전문가에게 타진하였음을 부기하고 있다.

그 결과 이러한 취지에 입각하여 다음과 같은 〈대한국국제〉가 제정되기에 이르렀다.

〈대한국국제〉

제1조 大韓國은 세계만국에 공인된 自主獨立한 帝國이다.

제2조 大韓帝國의 정치는 과거 500년간 전래되었고, 앞으로 만세토록 불변할 專制政治이다.

제3조 대한국 大皇帝는 무한한 君權을 지니고 있다. 공법에 이른바 政體를 스스로 세우는 것이다.

제4조 대한국 신민이 대황제가 지니고 있는 군권을 侵損하는 행위가 있으면 이미 행했건 행하지 않았건 막론하고 신민의 도리를 잃은 자로 인정한다.

제5조 대한국 대황제는 국내의 陸海軍을 통솔하고 編制를 정하며 戒嚴과 解嚴을 명한다.

제6조 대한국 대황제는 법률을 제정하여 그 반포와 집행을 명하고 萬國의 공통적인 법률을 본받아 국내의 법률도 개정하고 大赦, 特赦, 減刑, 復權을 한다. 공법 이른바 율례를 자체로 정하는 것이다.

---

21) "王若曰 天生蒸民 立之君長 養之以相生 治之以相安 故君道有得失 而人心有向背 天命之去就係焉 此理之常也"(『太祖實錄』, 太祖 1년 7월 28일).

제7조   대한국 대황제는 행정 各府와 各部의 관제와 文武官의 봉급을
제정 혹은 개정하며 행정상 필요한 각 항목의 勅令을 발한다.
공법에 이른바 治理를 자체로 행하는 것이다.
제8조   대한국 대황제는 문무관의 黜陟과 任免을 행하고 爵位, 勳章
및 기타 榮典을 수여 혹은 박탈한다. 공법에 이른바 관리를 자
체로 선발하는 것이다.
제9조   대한국 대황제는 각 조약국에 사신을 파송주재하게 하고 宣戰,
講和 및 제반 약조를 체결한다. 공법에 이른바 사신을 자체로
파견하는 것이다.

우선 제1조는 다른 나라에 종속하지 않고 대등하게 자국의 정책을
결정하는 자주독립국임을 규정한 것이다. 주권론에서 말하는 대외주
권으로서의 독립성을 말하는 것이기도 하다. 반면에 〈대일본제국헌
법〉 제1조에서는 "대일본제국은 만세일계의 천황이 이를 통치한다."고
하여 규정되어 있다. 특히 천황 "대권에 의해, 현재 및 장래의 신민에
대해 이 불마(不磨)의 대전(大典)을 선포한다."라고 되어 있듯이 진무
천황으로부터 이어진 역대 천황들로부터 물려받은 '천황대권(天皇大
權)'이 강조되었다.

제2조와 제3조는 주권의 소재와 집행 형식을 언급한 것으로 국체와
정체를 규정한 조항이다. 그것은 전제군주정으로 함축할 수 있다. 그
런데 이런 전제군주정은 근대국가의 다양한 국체·정체의 하나임은
두말할 나위가 없다.

다음 제5조로부터 제9조에 걸쳐 군통수권, 입법권, 사면권, 관리임
명권, 외교권이 황제에게 있음을 규정하였다.

광무정권은 이처럼 전 영토에 걸쳐 가능한 한 동일한 제도적·행정
적 장치와 법을 부과할 수 있는 최고의 근거를 마련하였다.[22] 물론

---

22) 일제는 조선과 대한제국의 이른바 국제 관련 기사를 정리할 때 태조 교서라든가

이러한 주권의 소재는 인민에 있지 않고 군주에 있다는 점을 유의할
필요가 있다. 그러나 〈대한국국제〉가 대외주권(對外主權)의 확보와
함께 대내주권(對內主權)의 확립을 법제적으로 뒷받침했다는 점에서
정체(政體)의 수립은 단지 군주권의 강화가 아니라 근대 주권국가로
서의 성립을 의미하였다.

또한 광무정권은 이러한 국제 제정을 계기로 양전·지계사업의 법
률적 근거를 확보하게 되었다. 이는 1900년 4월 『형법대전(刑法大全)』
의 반포로 구체화되었다.23) 그리고 이러한 법전은 민법전(民法典) 제
정 준비로 이어지면서 근대적 국민평등과 사적 소유권을 법제적으
로 확립하고 있다는 점에서 법규교정 작업이 일단락되었음을 보여
준다.24)

이어서 바깥으로는 국제가 반포된 지 한 달도 안 된 9월 11일 청국
과 통상조약을 체결하였다[韓淸通商條約].25) 이는 호혜평등의 원칙에
입각하여 외교 관계를 수립하였음을 보여준다. 나아가 자소사대질서
의 붕괴 및 만국공법 체제에의 편입을 의미하였다.

그 밖에 광무정권은 내장원의 강화, 원수부(元帥府)·지방대(地方
隊) 편제와 구미 각국과의 외교 관계 확대와 주재공사 파견 등을 통

홍범 14조, 을사늑약 등 국가제도의 근간을 이루는 교서, 법제, 조약문은 수록하면서
도 〈대한국 국제〉는 제외시켰다. 朝鮮總督府 中樞院,『朝鮮國制記事』(국립중앙도서
관 소장, 연대 미상) 참조.
23) 李丙洙,「우리나라의 近代化와 刑法大全의 頒示 : 家族法을 中心으로 하여」,『法史學
研究』 2, 1975.
24) 議政府參政大臣沈相薰法部大臣李根澔奏 : "法律不備 則政治不擧 而刑法大全 雖已頒
布 至於民法, 迄無一定之條規 有司之臣 聽理之際 眩於左右 矧玆民庶之昏瞀特甚者
乎 生命財産之保護 原無制限 健訟寃訴之剖決 不得停當 良由是也 民法制定 不容少
緩 請自法部 另設法律起草委員會 以法律通曉之人 選定委員 竝將內外新規 酙酌損益
趂速起草何如" 允之(『高宗實錄』, 光武 9년 5월 31일).
25) 殷丁泰,「1899년 韓·淸通商條約 締結과 大韓帝國」,『歷史學報』 186, 2005.

해 물적 기반을 확보할 뿐만 아니라 군사적, 법적, 외교적 기반도 마련하려 하였다. 그런 점에서 이는 단지 군권 강화라는 차원에 그치지 않고 근대 주권국가로 진입하려는 광무정권의 이념과 국가 건설 방향을 법제상에서 규정한 것이다. 황제 주도의 근대 주권국가 수립인 셈이다.

그러나 광무정권의 기반이라 할 전제군주정과 만국공법질서가 당시 러·일 간의 세력균형과 밀접하게 관련되어 있다는 점에서 이들 국가 간의 세력균형이 붕괴될 때는 대한제국 역시 동요하였다. 그리고 이런 가운데 대한제국 국민의 법률적 지위도 위태로웠다. 나아가 일제가 대한제국을 강점하면서 이를 일본 천황의 대권에 입각하여 통치하고 일본제국헌법을 적용하지 않았다.[26] 따라서 한국인은 헌법의 보호를 받을 수 없는 일본국 이등 신민으로서의 법률적 지위에 머물렀다. 그리고 한반도는 일본 본토와 다른 법령이 시행되는 이법지역(異法地域)이었다. 즉 일제는 문화적으로는 한국인을 일본 문화에 종속·동화시켜 민족적 정체성을 말살시키되 정치·법률·경제·사회적으로는 한국인을 차별하였다.

*
—

『역사연구』 24, 역사학연구소, 2013 掲載, 2014 補.

---

[26] 윤대원, 『데라우치 마사다케 통감의 강제 병합 공작과 '한국병합'의 불법성』, 소명출판, 2011.

제9장

대한제국 인식(認識)의 변천과 『국사』 교과서의 서술

1. 서언

대한제국은 1897년 10월에 수립되어 1910년 8월에 멸망하였다. 이는 오랫동안 별로 주목받지 못했다. 그것은 대한제국의 존속 기간이 매우 짧을뿐더러 근대 주권국가로 발전하지 못하고 국망(國亡)의 원인을 제공했다는 비판을 면치 못했기 때문이다.

이러한 비판의 대열에는 일본제국주의자와 함께 한국인들 역시 가담하였다. 전자의 경우, 대한제국 정부의 무능과 부패를 지적한다든가 심지어 대한제국의 존재 자체를 아예 부인하였다. 한편 후자의 경우, 전자와 맥락을 같이 하면서 대한제국 정부가 독립협회를 비롯한 계몽단체를 탄압함으로써 조선이 문명개화 국가로 나아가지 못했다고 비판하였다. 대한제국 정부를 한국의 근대화를 가로막은 장본인으로 규정하였던 것이다. 이러한 경향은 한국인의 뇌리에 오래 각인되어 대한제국 자체를 역사의 망각 지대로 몰아낸 반면에 독립협회는

우리나라 최초의 계몽·민권단체로서 근대개혁운동의 선봉으로 평가
하였다. 일제강점기의 한국근대사 연구가 매우 일천했음을 감안할
때, 이는 주체의 자세에서 엄밀하게 검토한 학문적 성과라기보다는
정치 논리와 근대계몽주의에 바탕한 신념의 소산이었다.

해방 이후에도 이러한 경향은 학계이든 대중이든 결코 흔들리지
않았다. 오히려 한국근대사를 갑신정변－갑오개혁－독립협회－애국
계몽운동으로 이어지는 개혁운동의 전개 과정으로 서술함으로써 대
한제국은 여전히 논외의 대상이었으며 심지어는 이러한 개혁운동의
걸림돌로 인식되었다. 이 점에서 해방 이전 한국인들의 인식에서 크
게 벗어나지 않은 셈이다. 그리고 이는 1950·60년대 개설서와 『국사』
교과서에 반영되어 후속 세대의 한국근대사 인식에 영향을 끼쳤다.
특히 『국사』 교과서의 경우, 중고등학교 시절에 입시와 관련하여 진
리로 받아들이는 우리 현실을 감안할 때, 우리 국민 대다수의 대한제
국 인식이 여기서 비롯되었다고 해도 과언이 아니다.

한편, 소수이지만 일부 연구자들이 대한제국 정부가 추진한 사업을
주목하여 그 실체를 구명하고자 하였다. 이는 이제까지 독립협회와
대비하여 평가 위주로 진행된 접근 방법을 반성하면서 사업의 방향
과 내용을 심층 분석해야 할 필요성을 촉발시켰다. 물론 이에 대한
반론 역시 만만치 않았다. 이른바 광무개혁논쟁(光武改革論爭)이다.

그러나 이러한 논쟁은 탄탄한 실증 연구에 바탕하여 전개되었다는
점에서 종전의 논설적이고 정치적인 평가 방식을 극복하였다. 아울러
근대 개혁운동에 대한 실증적이고 구체적인 검토가 본격화하는 계기
를 마련하였다. 하지만 이러한 논쟁이 진행 과정에서 여러 차례의 논
평과 반론을 거침으로써 개혁 주체 문제로 국한되어 대한제국 문제
를 독립협회와 대비하여 개혁과 반동이라는 이분법으로 접근하기에

이르렀고 더 나아가 한국근대사 이해의 폭을 축소시키고 말았다. 이러한 문제점은 개설서에서도 그대로 드러나 체계보다는 정파 위주의 관점에 맞추어 정치적 사건을 나열하는 서술 방식을 온존시켰다.

중등학교 『국사』 교과서(이하 국사 교과서로 줄임)의 경우에는 그 정도가 심각하여 체계 자체가 자리를 잡지 못하여 파편적인 정치 사건의 나열과 독립협회에 대한 일방적인 찬사라는 인상을 지울 수가 없었다. 학생들이 대한제국을 독립협회와 병렬하여 평가할 뿐, 대한제국이 한국근대사에서 차지하는 역사적 위치를 가늠할 수 없음은 당연하였다. 나아가 한국근대사 전체를 정치 사건의 나열적인 연속과 운동의 전개, 심지어는 정파 싸움의 점철로 이해하고 있어 역사교육의 현장에서 이 문제는 늘 고민이 되지 않을 수 없다. 이는 한국근대사를 내적 계기에서 발전적 체계적으로 파악하지 못하고 승자 또는 동조자의 정치 논리에 매몰되어 근대계몽주의를 강고하게 지탱해 주는 우리 현실과 무관하지 않다. 대한제국 인식의 변천 과정과 국사 교과서 서술의 실제를 고찰하여 그 해소 방향을 모색하고자 하는 이유가 여기에 있는 것이다.

본고는 국사 교과서에서 드러나는 이런 문제점을 염두에 두고 대한제국 인식의 뿌리와 착종의 굴레를 검토하고자 한다. 이를 위해 1900년 이후 현재까지 발간된 국사 개설서 및 국사 교과서의 내용을 주로 분석하였다.[1] 다만 일부 개설서는 대중적인 파급력에도 불구하고 중등학교 국사 교과서를 활용하는 교육 현장과 떨어져 있어 분석 대상에서 제외되었다. 이는 일반 대중의 인식 문제와 관련하여 별도로 다룰 것이다.

---

[1] 검토 대상이 주로 국사 개설서와 교과서이므로 그 하한은 현재 중고등학교에서 사용하고 있는 제6차 교육과정 국사 교과서 발행 연도에 맞추었다. 따라서 이후 개설서와 연구 성과는 반영하지 않았다.

　2. 대한제국 인식(認識)의 뿌리

　대한제국은 1897년 10월 선포 이전부터 국내외상에서 많은 논란을 수반하였다. 그것은 칭제(稱帝) 건원(建元)의 필요성과 유효성에 대한 인식의 상이에서 비롯되었다. 나아가 광무 정권과 독립협회는 정체(政體) 수립(樹立)과 정국 운영을 둘러싸고 주도권을 다투었고 급기야는 광무정권이 만민공동회와 함께 독립협회를 해산하기에 이르렀다.

　이러한 일련의 과정은 후일 대한제국이 독립협회와 대비되어 평가를 받아야 하는 처지를 예고할뿐더러 독립협회에 직접 관여한 당사자나 이를 추종하는 신지식층(新知識層)이 광무 정권을 극도로 불신하고 대한제국 자체를 백안시하는 이유였다. 박영효 쿠데타 사건에 연루되어 종신형을 선고받은 이승만(李承晚)의 경우, 대한제국기의 상황을 다음과 같이 인식하였다.

　　　저 권리 있던 자들을 보라. …… 러시아 공사관을 산같이 의지하고 세상을 반대하여 천하에 두려운 것이 없는 줄 알고 못된 돈을 한없이 지어 백성이 살 수 없고 각국 상업이 손되되게 하매 누누이 경고하되 나의 권리라 하여 듣지 아니하며 黙鑄와 私鑄錢을 뒤로 터서 안팎으로 취리하며, 밭가리로 백성을 해하기와 참형을 내어 혹독한 야만의 일을 행하며, 연좌법을 회복하고자 하여 무수히 애를 쓰며 유무죄간에 미결수로 4~5년씩 재판 없이 가두어 두며 炮烙으로 살을 태우기와 제반 선고도 없이 죽이기와 충직한 사람을 얽어 도록을 꾸며 고발을 시키거나 억지로 구초에 내어 몰아넣기나 하며, 외양으로 한 일은 체통과 예절지키기며 등록찾기와 사직상소하기며 모든 문구 치레하기에 아무 일도 못하며, 백성은 울고 부르짖는 중에 놀이와 잔치는 날로 심하며 …… 2)

　그에게 광무정권은 러시아에 의존하고 악화(惡貨)를 남발하며 야

<hr>

2) 리승만, 『독립정신』, 1909, 27~28쪽(정동출판사, 1993년 복간본).

만적인 법률로 민인을 수탈하고 학대하는 정부로 비쳤던 것이다. 나아가 광무정권이 "민족운동을 말살시키려고 전력을 다했다."고 하여 정부의 독립협회 탄압을 신랄하게 비난할 정도였다.[3] 그리고 이승만의 추종 세력들은 그를 '애국애민(愛國愛民)의 열렬한 지사(志士)요 열사(烈士)'라 극찬하면서 독립협회와 만민공동회를 "근세(近世)의 조선에서 처음 널어난 유일한 민간정당으로서, 당시에 궁중부중(宮中府中)을 소청(蕭淸)하고, 민간사회를 혁신"하였다고 회고하였다.[4] 이광수(李光洙) 역시 「민족개조론(民族改造論)」에서 독립협회운동을 민족개조운동의 첫소리로 평가하고 당시 "집권자가 보부상파(褓負商派)를 떨어서 두들기는 바람에 그만 부서지고 말았다."고 하면서 당시 대한제국 정부의 탄압을 빼놓지 않았다.[5]

　이러한 인식은 이승만과 이광수의 경우에만 국한되지 않았다. 독립협회의 회장을 역임했던 윤치호(尹致昊)의 경우도 그러했다. 그는 독립협회의 활동을 회고하는 자리에서 대한제국 정부의 무능과 부패, 열강의 이권쟁탈 및 러시아의 간섭 등을 언급하는 한편 독립협회의 구국 운동과 정부의 탄압을 증언하였다.[6]

　이 시기의 대표적인 논객이라 할 차상찬(車相瓚)의 경우, 1920년대 후반 『별건곤(別乾坤)』에 일련의 글을 발표하면서 아관파천부터 독립협회의 해산에 이르는 과정을 구체적으로 기술하였다.[7] 그는 광무정

[3] 李庭植 譯註, 「靑年李承晩自敍傳」, 『新東亞』 1979년 9월호 권말 부록, 429~431쪽.
[4] 金一善, 「李承晩博士는 渾身都是熱」, 『開闢』 62, 1925년 8월호.
[5] 李春園, 「民族改造論」, 『開闢』 23, 1922년 5월호.
[6] 尹致昊, 「나의 追憶①~③ 獨立協會 當年을 回顧하는 尹致昊씨」, 『朝鮮日報』 1928. 12. 4.~12. 6 ; 尹致昊, 「그 당시의 追憶」, 『東光』 26, 1931년 10월호.
[7] 車相瓚, 「朝鮮最初의 民間政黨 獨立協會의 秘史, 政府를 彈劾하고 褓負商과 血戰하든 壯絶!悲絶!한 事實의 眞相公開」, 『別乾坤』 6, 1927년 12월호 ; 車相瓚, 「李太王俄館播遷事件 丙申二月大政變記, 建陽元年二月十一日」, 『別乾坤』 19, 1929년 2월호.

권=친러정권이라는 구도 아래 러시아의 이권 탈취를 매우 소상하게
밝히면서 독립협회가 '최초의 민간 정당'으로서 정부의 무능(無能)과
비정(秕政)을 열심히 탄핵했음을 높이 평가하였다. 특히 만민공동회
의 활동을 '초유의 통쾌한 일'이라 극찬하면서 정부의 배신과 독립협
회 탄압을 맹렬히 비난하였다. 아울러 관민공동회가 정부에 요구한
헌의 6조의 내용이 처음 소개되었다.

또한 당시 대표적인 민족개량주의자로서 국내 신지식인들에게 절
대적인 영향을 끼친 최남선(崔南善)은 『조선역사강화(朝鮮歷史講話)』
의 '독립협회(獨立協會)의 개혁운동(改革運動)'에서 대한제국의 성립
을 사건사로 처리하면서 독립협회의 러시아 이권 탈취 규탄과 내정
개혁 요구를 상세하게 소개하는 한편 정부의 독립협회 탄압과 배신
행위를 지적하였다.[8] 우선 『조선역사강화』에서 근대 부분의 구성을
보면 다음과 같다.

> 제4편 最近
> > 제42장 甲午更張
> > > 東學의 亂, 日淸의 交戰, 更張
> > 제43장 俄國의 갓가워짐
> > > 馬關條約과 日本의 遼東還付, 八月之變, 俄館播遷
> > 제44장 獨立協會의 改革運動
> > > 獨立協會, 大韓과 光武, 會商의 衝突

독립협회의 개혁운동을 별도의 장으로 설정하고 그 활동을 상세히
설명하고 있다. 반면에 대한제국은 단지 독립협회의 개혁운동을 소개

---

8) 이 글은 원래 1928년에 단행본으로 출간하려다 동아일보의 요청으로 同紙에 1930년
1월 12일부터 3월 15일까지 연재되었고, 그 뒤 단행본은 일제의 발간 금지로 紙型만
을 간직하였다가 1946년에 『朝鮮歷史』로 발간되었다(『六堂崔南善全集』1, 「朝鮮歷
史講話」 '朝鮮歷史通俗講話는 어떻게 쓴 것인가?').

하는 가운데 한낱 정치적 사건으로 치부되었다. 더욱이 대한제국은
청·일전쟁의 결과인 양 기술하면서 국호·연호 제정과 함께 명성왕
후에게 쫓겨난 엄비의 재등장을 간략하게 언급하고 있다. 대신에 대
부분의 지면은 독립협회와 황국협회의 충돌에 할애하여 독립협회 및
만민공동회의 활약과 정부의 기만적인 탄압을 상세하게 기술하였다.
　그러나 이런 서술 방식의 개설서만 존재한 것은 아니었다. 비록 논
조는 매우 유사하나 구성이 상이한 개설서들이 이미 출간되어 있었
다. 박은식(朴殷植)의 『한국통사(韓國痛史)』가 그것이다. 그는 대한
제국 성립 이후 제도 정비와 함께 독립협회를 탄압하는 정부의 보수
성과 의존성을 부각시키면서도 '국호대한위독립제국(國號大韓爲獨立
帝國)'이라는 절을 설정하여 대한제국 정부의 제도 정비와 독립협회
의 활동을 기술하였던 것이다.[9] 이는 여타의 국사 개설서에서 보기
어려운 구성 방식으로 대한제국의 국가 체제 및 역사성을 염두에 둔
게 아닌가 한다. 또한 대한제국의 무능과 외세 의존을 지적하면서도
독립협회의 경우에도 "지식의 근기(根基) 또한 유치하고 조천(粗賤)함
을 면치 못했고, 허영에 조급하고 미쳐 날뛰었으니 능히 엎어짐이 없
었겠는가."라 하여 비판의 칼날을 들이대었다.[10] 아울러 일본이 초기
에는 독립협회에 동정을 표했다가 러시아가 퇴조하자 이권 침탈을 위
해 독립협회를 파괴하고자 했다고 언급하였다. 이는 민족개량주의자
의 저술에서는 찾아볼 수 없는 지적이다.[11]
　그럼에도 불구하고 이런 국수보전(國粹保全) 계열의 역사서 대부분
은 국내에 들어올 수 없었기 때문에 대중적 파급은 최남선의 경우에

9)　朴殷植, 『韓國痛史』, 上海大同編譯局, 1915.
10)　위와 같음.
11)　위와 같음.

비할 바가 아니었다. 일제강점기 신지식층의 대한제국 인식은 기본적으로 최남선의 인식에 기반을 두었다 하겠다.

이와 같이 초기에는 신지식층 논객들이 독립협회의 활동을 회고하거나 찬양하는 차원에서 대한제국을 언급하다가 전문 역사연구자들이 구체 사실을 통해 독립협회의 활동을 전면 부각시킴으로써 대한제국은 개혁과 자주의 기수였던 독립협회를 탄압한 반동 수구로 기술되었던 것이다. 따라서 여기서 나타난 대한제국 인식이 이 시기 신지식층에게 심대한 영향을 끼쳤음을 짐작할 수 있다.

그런데 여기에는 일본 역사학자의 대한제국 인식도 크게 작용하였다. 하야시 다이스케[林泰輔]는 1901년 『근세조선사(近世朝鮮史)』 말미에서 다음과 같이 서술하고 있다.

> 이것(조선의 독립 : 필자 주)은 필경 日淸戰爭의 결과 일본의 승리로 돌아감으로써 조선은 앉아서 이 幸福에 遭遇하는 것을 얻을 수 있게 되었다. 그 후 國號를 韓으로 고치고 年號를 세워서 皇帝라 칭하고 祖宗을 追崇하여 형식상에서는 獨立帝國의 체면을 준비할지라도 그 內治의 實에 이르러서는 아직 舊時의 面目을 변화시킬 수 없으니 어찌 개탄스럽지 않으랴.[12]

대한제국은 형식상으로만 독립국일 뿐 내용상에서는 스스로 개혁할 수 없는 국가라고 단정하고 있다.

구보 덴즈이[久保得二] 역시 이러한 논조를 이어받아 대한제국을 '명의상(名義上)의 제국(帝國)'이라 명명하면서 러시아의 이권 침탈 과정과 일본의 반대 노력을 언급하였다.[13] 다만 특기한 점은 조선의 지사(志士), 즉 독립협회 인사들이 러시아의 이권 침탈을 반대했다는

---

12) 林泰輔, 『近世朝鮮史』, 早稻田大學出版部, 1901, 420쪽.
13) 久保得二, 『朝鮮史』 5, 博文館, 1910, 321쪽.

사실이다. 그러나 대부분은 러시아의 대한제국 침략에 지면을 할애하
면서 일제의 대한제국 강점을 정당화하였다.

이는 1927년 일본 역사학자들이 주도가 되어 편찬한『조선사대계
(朝鮮史大系)』에서 절정에 달했다. 즉 타율성론(他律性論)에 입각하여
조선의 최근세를 크게 '전시대(前時代)의 연장(延長)인 청복속시대(淸
服屬時代)', '독립시대(獨立時代)', '보호시대(保護時代)'로 나눈 가운데
대한제국의 성립을 시모노세키 조약의 산물로 기술하였다. 그리고 '대
한독립(大韓獨立)과 노국(露國)'이라는 장을 설정하여 아관파천 이후
러시아의 내정간섭을 기술하되 일본을 고의로 누락한 채 러시아를 비
롯한 서구열강의 이권 쟁탈을 상세하게 소개하였다. 또한 '독립협회
(獨立協會)와 보부상(負褓商)'이라는 소절을 설정하여 독립협회 및 만
민공동회의 인사를 '신지식(新知識)의 인(人)'이라 하면서 이권침탈 반
대 활동과 정부의 탄압 과정을 상세하게 기술하였다. 물론 이 장에서
는 타율성론에 입각하여 러일의 경쟁에 대부분의 지면을 할애했다. 따
라서 대한제국은 러일의 침탈 대상으로서 독립협회를 탄압한 무능하
고 수구적인 정부로 묘사되었던 것이다.[14]

이러한 인식은 민족개량주의자들이 한말 민족운동의 계보를 정식
화하면서 더욱 견고해졌다. 송진우(宋鎭禹)의 경우, 한국근대사를 독
립운동(獨立運動), 헌정운동(憲政運動), 사회개혁운동(社會改革運動),
신교육보급운동(新敎育普及運動)의 전개 과정으로 파악하고 여기에 독
립협회(獨立協會), 자강회(自强會), 대한협회(大韓協會), 각지방학회(各
地方學會)의 발흥(勃興) 등을 각각 적용하였다.[15] 따라서 여기에 대적

---

14) 杉本正介, 小田省吾,『朝鮮史大系』5 最近世史, 朝鮮史學會, 1927, 136~153쪽.
   이와 관련하여 趙東杰,『現代 韓國史學史』, 나남출판, 299~301쪽 참조.
15) 宋鎭禹,「世界大勢와 朝鮮의 將來」,『東光』22, 1931년 6월호.
   "이것이(현대문화의 서광 : 필자 주) 곳 지금부터 60년 전의 甲申政變의 개혁운동을

되었던 조선 정부와 대한제국 정부는 한국근대사에서 아무런 변화를
일으키지 못한 것으로 비쳤음은 당연하였다.

요컨대 일제강점기의 대한제국은 한국의 신지식층이나 일본 제국
주의자에게는 대단히 정치적인 관점에서 무능과 부패 그 자체로 인
식되었다. 다만 후자가 대한제국 시기를 '일로(日露)의 항충(抗衝)과
충돌(衝突)' 또는 '일로대항시대(日露對抗時代)'라 일컫던 반면에[16] 전
자는 '독립협회 시대'라고 일컬었다.[17] 그럼에도 한국의 신지식층이나
일본 제국주의자가 대한제국을 한국근대사상에서 지워버리고자 했음
은 공통이었다.

해방 이후 한국인 스스로 국사를 저술·출간하면서도 이러한 서술
방식은 변하지 않았다. 우선 최남선(崔南善)은 1946년 2월에 일제 강
점 기간에 저술한『조선역사강화(朝鮮歷史講話)』를『신판조선역사(新
板朝鮮歷史)』로 개제(改題)하여 급히 재간행하였다.[18]

이르키게 한 것이다. 물론 甲申政變의 개혁운동이 특수계급에 국한되엇고 또는 실패
에 歸하엿지마는 朝鮮社會에 중대한 파동과 영향을 이르킨 것만은 확실한 사실이다.
이 사조가 韓末 60년을 통하야 혹은 獨立運動이 되고 혹은 憲政運動이 되고 혹은
社會改革運動이 되고 혹은 新敎育普及運動이 되어서 一進一退의 형세를 이르키게
된 것도 과거의 사실이다. 이것은 獨立協會, 自强會, 大韓協會, 各地方學會의 발흥
등등으로 보아서 이것을 증명할 것이다."

16) '日露의 抗衝과 衝突'은 久保得二, 앞의 책, 316쪽 ; '日露對抗時代'는 大原利武,『朝鮮
史要』, 1929, 60쪽 참조.

17) 金一善, 앞의 글.

18) 최남선은 1947년에『國民朝鮮歷史』를 간행하였는데 내용은『新板朝鮮歷史』와 매우
유사하지만 장의 제목이 변경되었다. 특히 '독립협회의 개혁운동'이란 장 제목을
빼고 '대한제국'으로 대체하였다. 그 이유는 명확하게 알 수 없지만 序에서 "역사는
國民明鑑이오 國民精神의 培養土"라든가 "國民生活이 團合統制되는 째에 榮光과 福
利를 엇고 分裂對立하는 째에 恥辱과 禍害를 밧는 原理를 世界의 어느 歷史보담
朝鮮의 그것이 가장 明瞭하게 證明 …… "이라고 했듯이 국가사회 단위의 역사를
강조한 데서 비롯된 것으로 보인다(崔南善,『國民朝鮮歷史』, 東明社, 1947, 203~205
쪽). 그리고 이는『中等國史』(1947, 東明社)에도 반영되었다. 이에 관한 구체 검토는
별도로 다루고자 한다.

또한 이 시기 최초의 베스트셀러였던 김성칠(金聖七)의『조선역사』
는 대한제국의 역사를 근세사 장의 '일본과 러시아의 야망'이라는 절
에서 다루었다.[19] 그에게 대한제국은 단지 한국근세사의 일부로서
일본과 러시아의 쟁탈 대상으로 이해하였던 것이다. 이는 해방 이전
의 서술 논지와 다름이 없다. 즉 대한제국은 형식상으로만 독립 국가
이며 내용상으로는 러시아의 침탈을 받았으며, 독립협회는 이를 저지
하고 정치 개혁운동을 벌였지만 정부가 보부상을 불러들여 독립협회
와 충돌케 했다는 것이다.[20]

이러한 논조는 미군정기의 유일한 국사 교과서라 할 진단학회 편
『국사교본(國史敎本)』에 그대로 반영되었다. 대한제국의 수립을 간략
하게 언급하면서 대한제국=친러정권, 독립협회=자주라는 구도에서 독
립협회의 활동에 비중을 두고 기술하였던 것이다.[21]

손진태(孫晉泰)의 경우도 마찬가지이다. 그 역시 대한제국 정부를
무능하고 보수적이어서 독립협회를 유혈 탄압하였다고 기술하였다.[22]
다만 이 내용을 김성칠과 달리 '대한제국'이라는 절에서 다루었다. 이

19) 이 책은 1946년 조선금융조합연합회에서 발간되어 각지의 금융조합에 보급되었다.
시인 신경림은 어린 시절에 이 책을 깊이 탐독하였음을 회고하였다(「특집 세대별
증언 : 내가 받은 한국사교육」,『역사비평』15, 1991, 92쪽).
20) 김성칠,『조선역사』(앞선책 판, 1994), 1946, 223~224쪽.
21) 美軍政廳 文敎部,『國史敎本』(震檀學會 편), 1946, 160~161쪽.
22) 孫晉泰,『國史大要』, 乙酉文化社, 1949, 146쪽.
"1897년에 국호를 대한이라 하고 왕을 대황제라 하였다. 그러나 하등 실력도 없고,
국제 정세는 점점 험악화하고, 각처에 인민의 폭동은 일어나고 국민들의 마음은
극도로 동요되고 흥분하였다. 이해에 서재필이 미국으로부터 귀국하여 외부대신
고문이 되어 독립문을 세우게 하고 순국문과 영문의 독립신문을 내고, 여러 애국자들
은 정부에 열심으로 정치개혁을 권고하고 또 다수한 시민을 영솔하고 시위운동을
행하기도 하였다. 그러나 왕실 일파는 아직도 완고하여 철저한 문명정책을 쓰기
싫어하였으므로 독립당들을 미워하여, 지방부보상들을 모아 황국협회란 폭력단을
조직시켜 독립협회와 싸우게 하여 서로 유혈의 비극을 연출하기도 하였다."

는 이 절에서 구체적으로 적시하지 않았지만 독립협회와 광무정권의
대립·갈등을 대한제국이라는 체제 속에서 기술하려 한 게 아닌가 한
다.[23]

　이후 1950~60년대 개설서 중 가장 많이 읽혔던 이병도의『조선사대
관(朝鮮史大觀)』의 경우, 근세사의 '을미사변(乙未事變)과 나라의 신체
제(新體制)'라는 절에서 대한제국을 한마디로 "형식(形式)만은 독립국
(獨立國)의 신체제(新體制)를 더욱 갖추게 되었으나 내용(內容)은 정
반대(正反對)로 외국[外國, 특히 노국(露國)] 의존(依存)에 기울어져 명
실(名實)이 상부(相副)치 아니하였다."라고 평가하였다.[24] 이에 반해
대한제국=의존주의로 묘사하는 가운데 '독립협회(獨立協會)와 황국협
회(皇國協會)'라는 절을 설정하여 다음과 같이 기술하고 있다.

　　　新知識階級에는 覺醒의 기운이 움직인 지 임이 오랜지라 이 依存主義를
　　決코 對岸의 禍로 傍觀치는 아니하였다. 그래서 이때 政府의 그릇된 方針
　　을 彈劾하고 民衆의 啓蒙을 위하여 筆舌의 烽火를 든 人士가 많았다. 이들
　　은 주로 徐載弼을 中心으로 한 獨立協會의 鬪士들이었다. …… 皇國協會
　　는 李基東, 吉永洙, 洪鍾宇 등이 農商工部의 認許를 얻어 國內商人의 大組
　　織體인 褓負商을 이끌어 構成한 團體로, 그 主義는 政府를 支持하고 獨立
　　協會를 누르려함에 있었다. 皇國協會의 指導 人物은 保守的이고 그 支配
　　下에 있는 商民은 대개 無識한 階級으로 半테로團的 性質을 가졌음에 對
　　하여 獨立協會의 指導 人物은 대개 進步的 自由主義 思想을 가진 英美系
　　統의 新敎徒 혹은 그 感化를 받은 이로 國家의 獨立, 民族의 自立을 위한
　　社會運動政治運動과 自由主義的 革命에서 自主的인 獨自的인 思想을 表
　　明하여 자못 人氣를 끌게 되고 많은 優秀한 會員을 맞이하게 되었다.[25]

---

23) 이는 朴殷植의『韓國痛史』를 염두에 두고 구성한 것으로 보인다. 왜냐하면 이 시기
　　대부분의 개설서에서는 '獨立協會'와 관련하여 절 제목을 설정한 데 반해 손진태의
　　『국사대요』에서는 박은식의『한국통사』와 마찬가지로 '大韓帝國'을 절 제목으로 설
　　정했기 때문이다.
24) 李丙燾,『朝鮮史大觀』, 同志社, 1948, 546쪽.
25) 위의 책, 548쪽.

　이병도의 경우 역시 이전 개설서의 논지를 그대로 이어받고 있다. 나아가 독립협회를 황국협회와 대조하여 그 사상의 진보성과 자주성을 대단히 강조하고 있다. 즉 광무정권이 지원한 황국협회는 보수적이고 무식하고 반테러적인 상민으로 구성된 데 반해 독립협회는 국가의 독립과 민족의 자립을 추구했다고 결론짓고 있다. 특히 여기서 주목할 사실은 이전 개설서와 달리 독립협회 구성원의 성향을 소개하면서 진보적 자유주의 사상을 가진 영미(英美) 계통(系統)의 신교도(新敎徒) 또는 피감화자(被感化者)가 지도 인물이었다고 강조한 점이다.

　또한 이 개설서에서는 광무정권 자체를 직접 언급하고 있지 않으나 이와 유사한『국사개설(國史槪說)』에서 이를 다음과 같이 기술하였다.

　　當時 朝廷大臣과 一般官吏가 民論과 民團을 抑壓한 理由는 苛斂誅求와 奪取民財로서 私腹을 채이고 上部에 阿諂하여 왔음으로 民論民團은 이러함에 妨害와 支障이 됨으로 이를 두려워함에서 말미암은 것에 지나지 않은 것이었다. 이들은 民力을 養成하야 自强을 꾀하기는 고사하고 慶運宮이 各國公使館區域에 있음을 唯一한 太平基本이라 하여 國財를 蕩盡하고 外人에게 阿諂하기를 일삼았던 것이다.[26]

　광무정권은 부패와 무능, 외세 의존인 데 반해 독립협회는 개혁, 자주라고 기술했던 것이다. 아울러 광무정권이 독립협회를 혁파하는 과정에서 이승만을 하옥시켰음을 강조하였다.

　이병도의 이러한 대한제국 인식은 청년지도원(靑年指導員)의 교양

26) 서울大學校 國史硏究會 編,『國史槪說』, 弘文書館, 1952, 657쪽.
　　원제목은『朝鮮史槪說』로 李仁榮 지도하에 서울대학교 국사연구회에서 집필하여 1946년에 최초 간행되었다. 여기서는 1952년 4판본을 인용하였다.

을 위해 편찬된『국사(國史)와 지도이념(指導理念)』에서 여실하게 표출되었다.[27] 이제 근대주의와 계몽주의를 바탕으로 삼은 국가의 지도이념 속에서 한국근대사 체계가 자리 잡았던 것이다.[28]

이러한 논조는 이기백(李基白)의『국사신론(國史新論)』에서도 유사하다.[29] 특히 대한제국의 성립을 기술하면서 대부분 외국의 이권쟁탈과 관련하여 설명하였다.[30] 대한제국의 외세 의존과 무능을 여실하게 드러내 주고자 했던 것이다. 이 점에서 이병도의 대한제국관을 그대로 이어받아 기술하였음을 확인할 수 있다.

이러한 논조는 진단학회에서 1963년『한국사(韓國史)』를 편찬할 때 절정에 달했다.

---

[27] 李丙燾,『國史와 指導理念』, 三中堂, 1953, 40~41쪽.

[28] 方基中은 이병도의 '國史理念'을 국가에 대한 개인의 奉公精神과 전통적 지배가치 이념의 선양을 강조한 것으로 평가하고 있다(方基中,「解放後 國家建設問題와 歷史學」,『韓國史認識과 歷史理論』(金容燮教授停年紀念韓國史學論叢刊行委員會 編), 知識産業社, 1997, 108쪽). 그러나 여기에는 이러한 전통특수문화론과 함께 근대주의 및 계몽주의가 주조를 이루고 있음도 주목할 필요가 있다.

[29] 李基白,『國史新論』, 泰成社, 1961, 319~320쪽.
『國史新論』은 1967년에『韓國史新論』으로 개정되었으며 오랫동안 대표 국사 개설서로 인식되어 학계와 일반인들에게 많은 영향을 끼쳤다. 서평전문지『출판저널』은 문학, 인문, 사회, 문화, 예술 과학 등 각 분야 전문가 100인 추천을 받아 99년 첫호(1월 5일자)「21세기에도 남을 20세기의 빛나는 책들」에서 국내서적으로는 李基白의『韓國史新論』이 가장 많은 표를 얻었음을 소개하였다(『朝鮮日報』, 1998년 12월 31일).

[30] 위의 책, 319쪽.
"국왕이 외국공사관에 가 있고 이권이 속속 외국인의 손으로 넘어 가는 상태에 대하여 국민의 비난이 집중되었다. 특히 독립협회를 중심으로 한 운동이 그러하였다. 이에 고종은 경운궁(덕수궁)에 환어하여 국호를 대한, 연호를 광무라 고치고 왕을 황제라 칭하여 중외에 독립제국임을 선언하였다. 그러나 실상은 그렇지가 못하였다. 고종이 경복궁 아닌 경운궁에 있은 것은 러시아를 위시하여 미국·영국 등 경운궁을 에워싼 외국 영사관의 보호에 의지하려고 함이었다. 자기 나라의 수도에 있으면서도 외국인 일본이 무서워 국왕이 행동의 자유를 잃고 있었다. 다른 나라의 영사관에 의지하고야 안심하였던 것이다. 그러므로 이권은 계속해서 빼앗기고 있었던 것이다. 당시의 국정을 가히 짐작할 수 있는 일이다."

…… 王室을 中心으로 舊制度의 復設과 新制度의 開閉가 다시금 反復되니 開化에 대한 反動勢力은 이 구석 저 구석에서 대두되었다.[31]

라고 하면서 독립협회만이 이러한 사태에 대해 국민적인 자각 아래 이를 거부하고 또 항쟁하게 되었음을 다음과 같이 서술하고 있다.

오로지 開化獨立運動의 小數先覺者와 그들에 의해 啓蒙된 靑年知識層 및 이들을 支持하는 一部民衆이 있었을 뿐이니, 이러한 勢力의 結集體야말로 獨立協會 以外에서는 찾을 수도 없었다. 여기에 앞서부터 俄館의 國王께 속히 還宮키를 要請한 것도 獨立協會會員들이었고, 建陽 2년 以來 外勢의 弄奸을 拒否하여 獨立主權의 守護를 외쳐 昏迷에 기운 政府를 鞭撻하게 된 것도 其實은 獨立協會 뿐이었다. 처음에는 集會結社가 무엇이며 公開演說이 무엇이고 國家는 무엇이며 民權이 무엇인지 알지도 못하던 協會員들이었지만 이제는 불같은 愛國情熱을 雄辯으로 吐露하면서 果敢한 政治運動에까지 發展할 수 있게 된 것이 그들이었다.[32]

독립협회의 주권 수호 및 계몽 운동을 이같이 열변하였던 것이다. 나아가 칭제건원도 독립협회의 노력으로 보았다. 그러나 대한제국에 대해서는 비판적으로 논하였다.

그러나 저러한 形式과 體面만을 갖추어놓고 自主獨立의 內容과 實踐이 그에 따르지 못한다면 그 무슨 所用이냐. 新生 大韓帝國은 정녕 形式과 名稱만 그쳤고 內容에 있어서는 依然 帝露의 干涉과 列强의 弄絡을 免할 수가 없었다.[33]

대한제국의 성립에 역사적 의미를 전혀 부여하지 않았다. 반면에

31) 李瑄根,『韓國史』(震檀學會 編) 現代篇, 1963, 852쪽.
32) 위의 책, 885쪽.
33) 위의 책, 856~857쪽.

만민공동회의 러시아 이권 쟁탈 규탄운동을 강조하였다. 그래서 절
제목도 '대한제국(大韓帝國)의 성립(成立)과 만민공동회(萬民共同會)의
투쟁(鬪爭)'이라 명명하였다. 아울러 그 계획자로서 서재필의 활동을
극찬하고, 만민공동회를 근대적인 정치운동의 가두진출을 의미한다
고 보았다.

한편, 고종은 다음과 같이 만민공동회에 반감을 가졌다고 서술하고
있다.

> 事態가 이에 이르매, 高宗皇帝나 政府로서는 그동안의 失策을 反省하고,
> 모든 것을 是正하기에 努力하기 보다도 憎惡와 猜疑로만 獨立協會에 臨하
> 게 되었다. 이에서 그들은 獨立協會를 악화시키고 그 運動을 去勢하는 手
> 段으로, 우선 徐載弼을 除去하고 다음에는 褓負商패로「皇國協會」라는 反
> 動團體를 組織케 하여 獨立協會에 反擊을 加하기로 作定하였다. 猜疑와
> 陰謀는 그들의 特色이요 長技인만큼, 이때부터 徐載弼과 獨立協會에는 무
> 서운 魔手가 暗暗裡에 움직이게 되었다.34)

이제 감정적인 어법까지 구사하여 광무정권은 증오(憎惡)와 시의
(猜疑)에 싸여 음모를 꾸미는 반동 폭력 단체로 규정되었던 것이다.
그리고 독립협회의 해산과 대한제국의 붕괴를 다음과 같이 서술하였
다.

> 險惡한 外勢의 弄絡과 頑冥固陋한 政府를 相對로 저만큼 싸우면서 民衆
> 을 啓蒙하고 指導하던 獨立協會가 이처럼 또다시 彈壓당하여 그 指導者들
> 이 逮捕 및 投獄當하여 地下로 숨고 海外로 亡命하게 될 때 國家의 運命인
> 들 그 어찌 安全할 수 있으랴. 獨立協會의 解散은 모처럼 民衆에 뿌리박고
> 일어섰던 自主獨立의 近代化運動을 現實에서 扶殺시키고자 한 것이었다.
> 따라서 彈壓·投獄 當하는 愛國志士들의 運命보다도 그 나라 大韓帝國이

34) 위의 책, 862~863쪽.

오히려 먼저 崩壞되고 만 것이다.[35]

　　대한제국은 외세의 농락과 함께 광무정권의 완명 고루로 인해 독립협회를 탄압함으로써 국망을 자초했다고 판단하고 있는 것이다. 나아가 독립협회의 자주독립의 근대화운동으로 기미독립운동 그리고 대한민국 개건(改建)에도 빛나는 역사적 임무를 완수할 수도 있게 된 것이라 하여 대한민국의 정통성을 독립협회에 두었다.[36]

　　이는 이기백(李基白)의『국사신론(國史新論)』개정판인『한국사신론(韓國史新論)』의 근대 기술 부분에 영향을 끼친 것으로 보인다.[37] 즉『국사신론(國史新論)』에서 제6장 민족적 자각 정치단체의 활동에서 일부 기술되었던 독립협회의 활동이『한국사신론(韓國史新論)』에서는 '애국계몽단체(愛國啓蒙團體)의 활동(活動)'과 분리되어 '제2절 독립협회(獨立協會)의 활동(活動)'이라는 별도의 절로 편성되어 서술되었다는 점이다. 관련 부분은 다음과 같다.

　　이렇게 國王이나 大臣들이 外勢에 의존하여 國家를 보전하려는 고식적인 길을 취하고 있을 때에 政府의 무능한 시책을 비판하고, 民族의 自由와 獨立을 위하여 감연히 싸운 것은 일반 國民이었다. 특히, 西洋의 自由主義 사상을 배운 新知識層이 그러하였다. 이 知識層은 각종 政治團體를 조직하여 民族의 獨立과 民權의 確立을 위하여 투쟁하였던 것이다. 그러한 여러 政治團體들의 시초를 이루고 또 활동이 가장 맹렬하였던 것은 獨立協

---

35) 위의 책, 886쪽.
36) 위의 책, 887쪽.
37)『國史新論』(1961)과『韓國史新論』(1967)의 가장 큰 차이는 시기구분 방식이다. 즉 전자는 사회발전과 왕조를 혼합한 방식이었음에 반해 후자는 1976년 개정판에서 명확하게 드러나고 있듯이 사회적 지배세력의 변천과정에 기준을 두고 시기를 구분하는 방식이 완전하지 않지만 처음으로 적용되기 시작했음을 보여주고 있다. 따라서 근대사 부분에서 양자의 차이를 형식상에서는 대비하기 어렵지만 내용상에서는 대비하여 검토할 필요가 있다.

會였다. 獨立協會는 甲申政變에 실패한 뒤 美國에 망명하였던 徐載弼이 귀국하여 조직한 것이었다. …… 한국에서 民主主義 建設을 위한 노력이 행해진 것은 실로 獨立協會의 運動을 始初로 한다고 하겠다.[38]

독립협회는 민족의 독립과 민권의 확립을 위하여 투쟁한 정치 단체로 자리매김되었으며 더 나아가 민주주의 건설의 선봉으로 평가받은 것이다.

이러한 서술 방식은 국사 교과서에 그대로 반영되었다. 제2차 교육과정의 검정 국사 교과서가 대한제국 기간을 외세의존 특히 친러정책이 전개되는 시기로 파악하면서 독립협회를 이에 반대하여 민족, 민주, 구국운동을 추진한 것으로 평가하고 있다. 해당 내용을 추리면 다음과 같다.

역사교육연구회, 『고등 국사』, 교우사, 1965
민족의 자주독립운동 : 고종은 1년 만에 국민들의 요구에 응하여 경운궁으로 돌아왔다. 그 후 자주독립을 꾀하여, 대한 제국을 건국하고 황제의 자리에 올라 광무라는 연호를 세웠고, 지방 제도의 개혁, 신 군제의 편성, 신 교육령의 시행 등 독립국가로서의 새로운 체제를 갖추고자 노력하였다(1897). 그러나 표면 형식의 개편과는 실제로는 여전히 외국 세력의 제약을 벗어나지 못하였으니, 이러한 상태에 비추어 완전 자주독립의 열렬한 운동이 민간에서부터 터져 나왔다(181쪽). …… 선진문명에 눈이 뜬 지식 계급간에서 각성 운동이 태동한 지는 오래나 이때에 이르러 민족의 계몽, 정치 의식의 앙양, 폐정의 시정을 목적하는 자주독립운동으로 전개하였다. …… 인물을 투옥하고, 또한 정부파며 보수적인 황국협회의 보부상을 동원하여 테로로서 탄압하였다(182쪽).

이병도, 『인문계고 국사』, 일조각, 1968
독립협회의 활동 : 왕은 국내의 여론과 외국 사신의 권고로 이듬해인 1897년에 덕수궁으로 옮기고, 국호를 대한, 연호를 광무로 고치며, 황제 즉

38) 李基白, 『韓國史新論』, 一潮閣, 1967, 334쪽.

위식을 거행하는 등 독립국가의 면모를 유지하려 하였다. 그러나, 러시아
의 압력, 열국의 이권 쟁탈은 그대로 추진되어도, 정부는 이에 대한 아무런
반성의 표시도 없었다. …… 이(독립협회의 활동, 필자 주)에 독립 협회의
세력이 커가는 것을 두렵게 생각하고, 이기동·홍종우 등을 앞세워 이와
맞설 수 있는 어용단체를 조직하게 하니, 이가 곧 황국 협회이다. 이 회는
보부상을 끌어들여 독립 협회 인사들에게 테러를 가하는 등 온갖 방해와
탄압으로 독립 협회의 해산을 초래하게 하였다(213쪽).

　이홍직,『인문계고 국사』, 동아출판사, 1973
　독립 협회의 활동 : 러시아 공사관으로부터 환궁하여 경운궁으로 옮겨
온 고종은 독립 국가로서의 면목을 내외에 선양하기 위하여 나라 이름을
대한 제국이라 하고, 연호를 새로 광무라고 하였으며, 왕은 황제라 칭하고
새로 황제 즉위식을 거행하였다. 그리하여 표면상의 형식만은 독립국가로
서의 새로운 체제를 갖추게 되었지만, 실제에 있어서는 과거와 조금도 다
름이 없이 열강의 이권 쟁탈이 계속되고 있었으며, 정부는 이에 대한 아무
런 반성도 보이지 않았다. 이러한 정부의 무능에 반하여 국민의 민족의식
은 점점 고조되어 민족의 자주 독립을 부르짖는 소리가 높아 갔는데, 그중
에서도 가장 활발한 운동을 전개한 것이 독립 협회였다(205쪽).

　이들 세 교과서가 대한제국은 형식상 독립을 갖추었으나 실제상
외세 의존이어서 주권 국가가 아님을 지적하고 있다.[39] 특히 독립협
회의 활동을 탄압함으로써 수구 반동과 무능으로 일관했음을 강조하
고 있다. 더욱이 일제강점기 일본인들과 민족개량주의자의 논리와 비
교할 때 조금도 다르지 않음을 확인할 수 있다.[40] 이는 해방 이후에
도 근대주의와 계몽주의 논리가 팽배한 가운데 근대사 연구가 진척

39) 그 밖의 국사 교과서도 서술 경향은 대동소이하다. 그러나 김상기의 경우, 역사교육
　연구회나 이홍직과 달리 '대한제국의 성립'이라는 소절을 설정할 뿐만 아니라 "10월
　에는 황제 즉위식을 거행하여 대한제국의 면모를 갖추었다."라고만 기술하고 내용상
　의 주권 여부는 언급하지 않았다(김상기,『국사』, 장왕사, 1968, 205쪽).
40) 신석호의 경우, 대한제국의 성립을 청·일전쟁의 결과로 기술함으로써 일본인들의
　서술 내용을 그대로 따르고 있음을 확인할 수 있다(신석호,『인문계고 국사』, 광명출
　판사, 1973, 209~210쪽).

되지 않음으로써 해방 이전의 기술 방식을 그대로 따른 결과였다.

3. 대한제국 인식(認識)의 추이와 『국사』교과서의 서술

일제강점기 이래의 대한제국 인식은 1960대 중반에 들어와 새로운 국면을 맞았다. 1968년 김용섭(金容燮)은 광무연간의 양전(量田)·지계(地契)사업에 대한 실증적인 분석을 통해 봉건제 해체기의 농촌 경제 토지소유관계 및 일제의 토지조사사업을 이해하고자 하였으며 이 과정에서 광무정권의 역사성을 부여하였던 것이다.[41] 나아가 이를 필두로 광무개혁기의 양무감리 김성규(金星圭)의 사회경제론과 고종조 왕실의 균전수도(均田收賭) 문제, 갑신·갑오개혁기 개화파의 농업론을 검토함으로써 이 시기 농업 문제에 대한 해결 방안을 각 계층·계급의 자세와 처지에 따라 계통별로 정리하여 1975년에 『한국근대농업사연구(韓國近代農業史研究)』를 출간하였다.[42] 이러한 그의 연구는 종전까지 주류 시각에서 근대화론과 계몽주의에 입각하여 당연시하여 왔던 근대사 인식 체계에 수정을 가함으로써 근대사 인식의 폭과 깊이를 더하는 계기가 되었다.

한편, 신용하(愼鏞廈)는 1970년대 초반부터 독립협회를 왕성하게 연구해 오면서 주목할 만한 논문을 발표했다. 그리고 1975년에 이를 단행본인 『독립협회연구(獨立協會研究)』로 출간하였다.[43] 그의 연구는 통설과 맥락이 닿아 있지만 한편으로는 자료 발굴과 구체 실증을 통

---

41) 金容燮,「光武年間의 量田·地契事業에 관한 一研究」,『亞細亞研究』31, 1968(『韓國近代農業史研究』, 一潮閣, 1975 所收).
42) 金容燮,『韓國近代農業史研究』, 一潮閣, 1975.
43) 愼鏞廈,『獨立協會研究』, 一潮閣, 1975.

해 이전의 일면적이고 단편적인 수준에서 탈피하여 집대성시키고자
하였다. 이 점에서 종전 독립협회 연구의 수준을 한 단계 진전시켜
한국근대사 연구에 하나의 획을 그었음에 틀림없다. 그에 따르면 독
립협회의 사회사상은 '자주독립사상', '자주민권사상' 및 '자강개혁사
상'으로 집약될 수 있으며, 당시 특권적 수구세력에 대항하면서 성장
하는 모든 신흥사회세력의 의식과 이익을 포괄적으로 대변하고 새로
운 세계관을 체계화한 것이다. 그리고 이 과정에서 독립협회를 탄압
했던 광무정권은 그에게는 주류 시각과 마찬가지로 외세에 의존하고
부패와 무능으로 일관하다가 국권을 빼앗긴 특권 수구 세력의 정권
으로 비치기에 이르렀다.

이들의 성과는 해방 이전과 크게 달라진 게 없는 이 시기 학계의
현실을 감안할 때, 한국근대사 연구가 보다 실증적인 기반 위에서 체
계화할 수 있는 계기를 마련했다 하겠다. 나아가 학계에서 좀처럼 보
기 드문 논쟁으로 발전하였다. 이른바 광무개혁논쟁(光武改革論爭)
의 원천이 되었던 것이다.

그러나 이 논쟁은 애초에는 양자의 상호 서평에서 출발하였으나 다
른 연구자들이 가세하여 반론과 재반론을 거치면서 이른바 변혁 주
체 논쟁으로 비화하였다.[44] 즉 논의 구도가 한말 근대화의 주체가 광
무정권인가 아니면 독립협회인가라는 평가 위주의 방식으로 진행되
었던 것이다. 그리고 이후 학계에서 이 논쟁의 핵심을 추진 주체의
문제로 정리하기에 이르렀다.

---

[44] 논쟁의 경과와 의의에 관해서는 愼鏞廈, 『韓國史硏究入門』(韓國史硏究會 編), '大韓
帝國과 獨立協會', 知識産業社, 1981 ; 한국역사연구회 '광무개혁' 연구반, 「광무개혁'
연구의 현황과 과제」, 『역사와 현실』 8, 1992, 344~348쪽 ; 주진오, 『한국역사연구입
문③－근대 · 현대편－』(한국역사연구회 엮음), '대한제국과 독립협회', 풀빛, 1996
참조.

이러한 일련의 논쟁은 한국근대사 연구에 끼친 영향이 컸다. 이후
이 분야 연구는 광무개혁 논쟁의 성과를 바탕으로 삼아 진행되었다
고 해도 과언이 아니다. 그럼에도 불구하고 대부분의 연구가 논의의
중점을 추진 주체의 문제에 두었기 때문에 광무정권 대 독립협회라
는 대립 구도에서 자유롭지 못하였다. 즉 대한제국기의 농업, 상공업,
사상, 법제 등 여러 부문에 걸쳐 연구가 축적되었지만 이들 연구는 대
한제국기의 역사를 체계적으로 정리하는 데는 별로 도움이 되지 못
하였던 것이다. 이 점에서 이전의 정리 서술 방식에서 한 걸음도 전
혀 나아가지 못했다 하겠다. 1970~90년대의 한국사 개설서가 이를 단
적으로 보여준다.[45] 이기백의 경우이다.

〈표 1〉 李基白의 독립협회 · 대한제국 서술 구성

1976년 개정판	1999년 한글판
제14장 민족국가의 태동과 제국주의의 침략	제14장 민족국가의 태동과 제국주의의 침략
제1절 독립협회의 활동	제1절 독립협회의 활동
〈대한제국의 성립〉	〈대한제국의 성립〉
〈독립협회의 창립과 발전〉	〈독립협회의 창립과 발전〉
〈독립협회의 활동〉	〈독립협회의 활동〉

* 출전 : 李基白, 『韓國史新論』, 一潮閣, 1976과 1999.

1967년 초판본과 마찬가지로 1976년 개정판과 1999년 한글판도 그
간의 연구 성과를 일부 반영하였지만 독립 협회 위주로 개혁 주체로
설정하여 활동에 초점을 둔 반면에 대한제국은 형식상으로는 독립
제국이지만 실제에서는 외세에 의존하여 이권을 빼앗기는 존재로 기
술하고 있을뿐더러 광무개혁의 실체를 전혀 인정하지 않았다.[46] 더

---

[45] 여기서 들고 있는 개설서는 국정교과서에 많은 영향을 끼쳤다고 보이는 저서들이다.

욱이 대한제국 정부는 법률을 제정하고 국가정책을 집행하는 국가 기관임에도 불구하고 한낱 협회의 활동에 부속되어 서술되었다.

다음 한우근(韓㳓劤)의 『한국통사(韓國通史)』는 이러했다.

〈표 2〉 한우근의 독립협회 · 대한제국 서술 구성

1970년	1987년 개정판
제7편 현대	제7편 현대
제1절 자주 · 민권을 위한 투쟁과 계몽	제1절 자주 · 민권을 위한 투쟁과 계몽
독립협회와 대한제국의 성립	독립협회와 대한제국의 성립
〈독립신문과 독립협회의 결성〉	〈독립신문과 독립협회의 결성〉
〈대한제국의 성립과 외국인의 이권점거〉	〈대한제국의 성립과 외국인의 이권점거〉
〈독립협회의 활동과 해산〉	〈독립협회의 활동과 해산〉

* 출전 : 韓㳓劤, 『韓國通史』, 乙酉文化社, 1970과 1987.

한우근은 독립협회의 결성을 근대와 현대의 분기점으로 설정할 정도로 대단히 높이 평가하여 독립협회가 자주독립 의식과 민주주의 사상을 고취하기 위해 각종 활동을 전개했음을 강조했다. 이에 반해 광무정권은 독립협회의 주장과 달리 전제군주제를 고집하는 보수정권으로 평가함과 동시에 양전 · 지계사업을 단지 전세원(田稅源)의 확보를 꾀한 것으로 평가하고 있다. 또한 정부는 친러정권으로서 국내의 이권을 더 많이 열강에 할양함으로써 자주독립 · 민주국가 형성과는 역행하는 방향으로 몰고 갔다고 기술하였다. 특히 독립협회를 탄압함으로써 자주독립과 민권 운동은 좌절되고, 근대 민주주의 교육과 훈련의 새로운 기운은 일시 질식되었다고 기술하였다.

이들의 서술 경향은 1960년대의 그것과 매우 유사하여 독립협회

---

46) 『韓國史新論』에서는 光武 年間의 주요 사업이라 할 量田 · 地契 사업을 전혀 언급하고 있지 않다.

위주로 변혁 주체로 설정하여 근대사를 서술하였던 것이다. 따라서
1970년대 국정 『국사』 교과서에 그대로 반영되었다.

> 문교부 인문계고 국사, 1974
> Ⅳ. 근대 사회 1. 민족적 각성과 근대 문화의 수용
> (3) 민족의 각성
> 독립 협회의 활동 : 을미 사변과 아관 파천 이후 우리 나라는 외국의 잇
> 권 쟁탈의 싸움터가 되었고, 정치는 일본이나 러시아 세력에 의해 좌우되
> 었다. 그러나, 정쟁에 여념이 없는 부패한 정계는 민족과 국가의 이익보다
> 는 자기 일신과 자기 파의 당면 이익을 추구하는 외세 의존적인 이기주의
> 가 팽만하였다. 나라의 형편이 이와 같이 되자, 정계 일부와 국민 사이에서
> 는 이러한 위기를 극복하여 부국강병을 기약하는 자주 독립, 민권 신장, 개
> 화 혁신운동을 일으키어 민족적 각성에 크게 이바지하였다. 그중에 대표적
> 인 것이 독립 협회의 활동이었다. …… 정부는 한때 이와 같은 독립 협회를
> 통한 민중의 구국 자강책을 받아들여 실현하려고 하였다. 그러나, 보수적
> 집권층과 일제의 견제에 의하여 독립 협회는 정부의 탄압대상이 되었다.
> 그들은 반동적인 황국 협회를 만들어 독립협회의 본부를 습격하게 하고,
> 만민 공동회를 습격하여 유혈 사태를 일으키기까지 하였다(182쪽).
> 대한 제국의 성립 : …… 그동안 안으로 국민의 자주 민권 운동이 전개
> 되어 환궁의 여론이 커 갔고, 밖으로 러시아의 독점세력을 막으려는 일·
> 미·영 등의 국제적인 여론도 있어서 대한제국이 형성되었으나, 이것은 조
> 선 왕조의 마지막 형태에 지나지 않았다. 이와 같이 성립된 대한 제국은
> 관제를 개혁하고 지방에 13도제를 실시하였다. 또한, 신교육령에 의하여
> 소학교, 중학교, 사범학교 등을 설립하고, 독립협회의 건의를 받아들여 중
> 추원을 구성하여 민의가 반영되는 개혁 정치를 이루고자 하였다. 그러나,
> 대한제국은 열강의 간섭을 불식하지 못하였고, 정권 내부의 보수적 파쟁
> 의 요소를 개혁하지 못하였다. 그것은 고종이 자기 나라 서울에서도, 일본
> 이 두려워 경복궁 아닌 경운궁에 있으면서 러시아를 비롯한 미·영 등 경
> 운궁을 에워싼 외국 영사관에 의지하려는 태도에서도 나타났다. 그러므로,
> 잇권은 계속하여 열강들에게 빼앗기고 있었으며, 이런 속에서 고종의 전
> 제권을 부채질하는 보수적 집권층은 제각기 외세 의존적인 태도를 취하여
> 국민의 자주독립의 민권 운동을 반영시키지 못할 뿐 아니라, 도리어 그를
> 탄압하여서 정권을 연장하려 하였다. 이와 같은 현상은 결국 일본과 러시

아의 식민지 흥정과 전쟁 대상물이 되는 것을 막지 못하고, 러·일 전쟁으로까지 확대하게 만들었다(180~183쪽).

독립협회 운동을 민족의 각성으로 이해하는 한편 광무정권은 외세의존적이고 보수적이어서 독립협회를 탄압할뿐더러 러·일전쟁의 원인을 제공했다는 것이다. 즉 광무정권의 각종 사업을 서술하고 있지만 이는 매우 제한적인 의미를 가질 뿐이며 결국 독립협회 탄압과 외세의존으로 말미암아 국망을 자초했다는 기본 논지는 그대로 유지되고 있다.

그러나 1980년대에 들어와 『국사』 교과서 서술에서 새로운 경향이 나타났다. 그것은 광무개혁이 소절로 편성된 것이다.

국정 고등학교 국사 하, 1982
Ⅱ. 근대 사회의 성장 4. 근대 국가의 성립과 시련
(1) 제국주의 열강의 대립   생략

(2) 독립 협회의 활동과 대한 제국
독립 협회의 활동 : 정부는 한때, 이와 같은 독립 협회를 통한 민중의 구국 자강책을 받아들여 실현하려고 하였다. 그러나, 독립 협회의 급진적 개혁 요구와 세력 신장에 놀란 보수적 집권층은 독립 협회를 탄압하기 시작하였다. 그들은 황국 협회를 조직하여 독립협회의 본부와 만민 공동회를 습격하게 하여 혼란을 일으켰고, 사회 혼란을 이유로 독립 협회에 해산령을 내리고, 독립 협회의 간부를 투옥하였다.
자주적 근대 사상   생략
대한 제국과 광무개혁 : …… 대한 제국은 근대 국가로의 발전을 위하여, 관제를 개혁하고 사회·경제적인 자강 운동을 전개하였다. 또 신교육령을 발표하여 소학교, 중학교, 사범학교 등을 설립하고, 독립 협회의 건의를 받아들여 중추원을 구성하여 민의가 반영되는 개혁 정치를 실시하고자 하였다. 그러나, 대한 제국의 집권층은 독립 협회의 대중적 정치 운동이 절정에 달하자, 이에 의구를 느껴 독립 협회를 탄압하고 황제의 전제권을 강화

하며, 옛 것을 근본으로 하면서 이를 수정해 나가는 개혁의 방향을 택하였다. 대한 제국의 개혁은 주로 황제권의 강화와 자위 군대의 강화에 중점을 두었다. 1899년 8월 17일에 반포된 대한 국제는 바로 그 내용을 요약한 것으로서, 이것은 국가통치의 조직과 통치권의 행사를 규정한 국가의 근본법인 헌법과 같은 것이다. …… 또 자주적 외교로서 북간도와 블라디보스톡 지방으로 이주한 교민에 대한 보호 정책을 펴, 북간도 관리사와 블라디보스톡 통상 사무관을 설치하여 파견하고, 북간도의 영토 편입을 도모하였다. 경제적 개혁으로는 양전 사업과 상공업 진흥 육성책을 들 수 있다. 양전 사업은 국가 재정과 민생 안전의 기초였으나, 오랫동안 해결되지 못하여 민란의 요인이 되어 왔다. 가깝게는 동학 운동에서 전정의 모순에 대하여 개혁이 제기된 바 있었으니 내외 사정으로 실시하지 못했었는데, 이에 지계를 발급하여 토지의 근대적인 소유권 제도로 발전시키려고 하였다. 한편, 국력 증강의 바탕이 되는 상공업 진흥을 위해 각종 제조 공장을 설립하고, 민간제조 회사의 설립을 지원하였으며, 유학생의 해외 파견과 실업교육도 강화하였다. 또 통신·교통 시설도 계속 개선해 갔으며, 새 호적 제도의 제정, 병원 설립 등으로 사회 복지 시설의 확충을 도모하기도 하였다. 그러나, 대한 제국은 열강의 간섭을 배제하지 못하였고, 정권 내부의 파쟁을 제거하지 못하였다(95~100쪽).

이전 국정교과서에 비해 광무개혁의 내용을 소상하게 기술하고 있다. 특히 양전 사업과 상공업 진흥 육성책을 들어 광무개혁의 실체를 강조하고 있다. 그러나 광무정권이 왜 독립협회를 탄압했는지 그리고 독립협회 해산과 광무개혁이 어떤 선상에서 연관되는지를 이해할 수 없었다. 독립협회의 활동과 광무개혁의 실체 문제를 동시에 부각시키려고 한 나머지 딜레마에 이른 것이다.

이러한 딜레마는 1980년대 중반에 서술된 변태섭(邊太燮)의『한국사통론(韓國史通論)』에서도 그대로 반영되었다.

〈표 3〉 변태섭의 독립협회 · 대한제국 서술 구성

1986 1판	1999 4판

제2장 제국주의 침략과 국권수호운동
 Ⅰ. 독립협회의 활동과 대한제국
  1. 열강의 이권침탈
  2. 독립협회의 활동
  3. 대한제국의 성립과 광무개혁
	제2장 제국주의 침략과 국권수호운동
	 Ⅰ. 독립협회의 활동과 대한제국
	  1. 열강의 이권침탈
	  2. 독립협회의 활동
	  3. 대한제국의 성립과 광무개혁

* 출전 : 邊太燮, 『韓國史通論』, 三英社, 1986과 1999.

여기서는 전자의 개설서와 다소 상이함을 확인할 수 있다. 대한제국의 성립과 광무개혁이라는 소절이 편성되었다. 이는 1970 · 80년대 연구 성과를 나름대로 반영하고자 한 결과로 보인다.

우선 독립협회의 활동을 기존의 개설서와 달리 광무정권과 대립하여 부각시키기보다는 이 시기 개화 여론과 관련하여 정치 · 사회 개혁 운동으로 평가하고 있다. 따라서 광무개혁에 역사적 의미를 부여할 수 있는 여지가 있게 되어 광무정권의 개혁 사업을 상세하게 소개하였다. 즉 광무개혁의 방향과 함께 양전지계 사업, 상공업 육성정책, 군제 개편, 자주적인 외교 활동 등을 기술하였던 것이다. 끝으로 광무개혁의 의의를 다음과 같이 정리하고 있다.

광무개혁은 19세기 말 제국주의 열강의 침투 속에서 자주독립의 방책을 찾으며 근대사회로의 발전을 주체적으로 실현하기 위한 것이라고 할 수 있다. 즉, 앞서의 갑신정변이나 동학혁명, 그리고 갑오 · 을미개혁이 정상적인 수단에 의한 개혁이 아니라 외국의 간섭을 받는 가운데 혁명적인 방법으로 추진되었고, 국민의 호응을 받지 못하였던 것에 반하여 이 광무개혁은 자주적인 입장에서 근대적인 개혁을 추진하였다는 데에 그 역사적 의의가 있는 것이었다.[47]

여기서는 광무개혁의 자주성과 근대성을 인정하고 있는 것이다. 그러나 저자 자신도 각주에서 소개하고 있듯이 독립협회의 탄압을 들어 대한제국의 성립과 광무개혁이 가지는 근대적 의미를 부정적으로 평가하는 견해를 소개하고 있다.[48] 이는 절 제목에서 드러나듯이 여전히 개혁 추진의 주체를 둘러싼 논의 구도를 벗어나지 못함으로써 개설서에 그 고민이 반영된 게 아닌가 한다. 따라서 독립협회를 탄압한 보수적인 집권층과 광무개혁을 추진한 정권의 실체가 애매모호하게 처리되었다.

이러한 딜레마를 다른 방식으로 처리한 개설서가 강만길(姜萬吉)의 『한국근대사(韓國近代史)』이다. 그는 광무개혁 논쟁에서 이미 정치를 경제, 사회로부터 분리시켜 전자에서는 광무정권의 보수성을, 후자에서는 근대성을 부각시켰는데 결국 국민국가의 수립 여부에 입각하여 전제주의(專制主義) 강화로 국민국가의 수립에 실패했다고 평가하고 있다. 이는 대한제국 인식이 엇갈리면서 귀착된 결말이다. 그리고 독립협회의 한계와 함께 광무정권의 반동성을 언급하는 동시에 이런 딜레마의 해법을 피지배 대중의 항일 투쟁에서 찾기에 이르렀다.[49] 근대사회로의 이행에서 정부의 역할이 대단히 중요하고 엄연히 존재하였음에도 불구하고 더 이상 이를 다루지 않고 민중의 운동만 주목하였던 것이다.

이러한 서술 방식은 제5차 및 제6차 교육과정의 『국사』 교과서에

---

47) 邊太燮, 『韓國史通論』, 三英社, 1986, 411쪽.

48) 위와 같음.

49) "요컨대 광무개혁은 기술적·경제적·교육제도적인 면에서 어느 정도의 근대적인 개혁을 추진하여 갑오개혁을 추진하여 갑오개혁을 이어갔지만 정치적인 면에 있어서는 국민주권 체제와 거리가 먼 왕권의 절대화를 지향하고 있었다. 그 점에서 왕권을 견제하려 했던 갑오개혁에서 후퇴했다고 할 수 있으며 여기에 대한제국의 성격이 드러난다 할 것이다."(姜萬吉, 『韓國近代史』, 創作과批評社, 1984, 205쪽).

부분적으로 반영되었다.

> 국정 고등학교 국사, 1990
> Ⅱ. 근대 사회의 발전 2 .근대 의식의 성장과 민족 운동의 전개
> (3) 독립 협회의 활동과 대한 제국
>   독립협회의 창립과 민중 계몽 / 국권 · 민권 운동의 전개 / 독립 협
>   회 활동의 의의 / 대한 제국

> 국정 고등학교 국사, 1996
> Ⅱ. 근대 사회의 전개 2. 근대 의식의 성장과 민족 운동의 전개
> (4) 독립 협회 활동과 대한 제국
>   독립 협회의 창립과 민중 계몽 / 국권 · 민권 운동의 전개 / 독립 협
>   회 활동의 의의 / 대한 제국

여기서도 소단원 제목에서 볼 수 있듯이 독립협회와 대한제국의
대립 구도 위에서 독립협회 활동을 중심으로 서술하고 있다. 특히 소
단원 하위 항목의 대부분은 독립협회에 관한 서술이다. 특히 제4차
교육과정과 달리 여기서는 '광무 개혁' 용어 자체가 보이지 않는다.
다만 광무정권의 사업을 나열하고 다음과 같이 그 의미를 부여하고
있다.

> 대한 제국 : 대한 제국은 경제, 교육, 시설면에서 국력 증강을 위한 근대
> 화 시책을 추진해 나갔으나, 진보적 정치 개혁 운동을 탄압하여 국민적 결
> 속을 이루지 못하였고, 열강의 간섭을 배제하지도 못하였다(고등학교 국
> 사 1990, 98쪽).

> 대한 제국 : 이것은 다분히 복고주의적 성격을 띤 것이었다. 광무 정권
> 의 복고적 정책은 정치면에서 전제 왕권의 강화로 나타났다. 그러므로 광
> 무 정권은 입헌 군주제와 의회 설립을 주장하는 독립 협회의 정치 개혁 운
> 동을 탄압하였다.

이와 같이 광무 정권은 경제, 교육, 시설면에서 국력 증강을 꾀하였으나, 집권층의 보수적 성향과 열강의 간섭으로 인하여 큰 성과를 거두지 못하였다(고등학교 국사 1996, 95쪽).

기본 논지는 이전 교과서와 크게 다르지 않다. 대한제국과 독립협회를 대립 구도로 놓고 광무정권의 독립협회 탄압에 초점을 맞추고 있는 것이다. 다만 이전과 달리 광무정권을 '무능', '부패'라고 규정하는 표현들은 보이지 않는다. 그러나 광무정권이 추구한 전제군주정(專制君主政)은 전근대 보수반동의 정체(政體)로, 독립협회가 주장한 입헌군주정(立憲君主政)은 근대 진보의 정체(政體)로 구분함으로써 광무정권의 복고 보수의 성격을 강조하고 있다. 심지어 '헌의 6조'와 '대한국 국제'를 학습자료로 제시하는 가운데 원문과 달리 전자의 1조에서 '견고전제황권사(堅固專制皇權事)'라는 용어를 뺌으로써 각각의 정체를 극명하게 대비하고 있다. 반면에 독립협회 해산과 대한국(大韓國) 국제(國制) 제정 이후에 광무정권이 추진한 사업은 단지 국력 증강과 관련되어 사실 나열식으로 서술되었을 뿐, 대한제국 체제와 연관하여 한국근대사에서 차지하는 역사적 의미는 부여되지 않았다. 결국 각종 근대사업을 추진했음에도 불구하고 독립협회를 탄압하고 황제권을 강화했다는 이유만으로 광무정권은 태생상 개혁 사업의 실패를 안고 있었다는 결론이다.

따라서 학생들은 교과서에서 대한제국 시기가 이전 시기와 무엇이 같고 무엇이 다른가를 인식할 수 없다. 가령 근대국가 건설에서 대표 사업이라 할 광무 연간의 양전(量田)·지계사업(地契事業)이 조선시기의 양전사업과는 어떻게 같고 어떻게 다른지, 이후 일제의 토지조사사업(土地調査事業)과는 어떠한 관련이 있는지를 인식할 수 없다. 또한 한국사에서 최초의 형법이라 할 『형법대전(刑法大全)』이 이전의 법률과 어떻게 같고 어떻게 다른지 전혀 알 길이 없다. 요컨대 광무개혁의 실체는 차치하더라도 정치 사건 위주로 서술하다 보니 광무정권이 추진한 각종 사업이 지니는 역사적 의미가 무엇인지 더 나아가 대한제국 시기 전체가 독립협회, 농민운동 등 다양한 정치사회세력의 동향과 연관하여 설명할 수 없는 것이다. 대신에 이 시기는 광무정권이 정권 유지 차원에서 독립협회를 탄압하고, 대한국국제를 제정하는 등 보수 복고의 정책을 추진하다가 나라가 망해가는 기간으로 이해한다.

한편, 이런 서술 체제에서는 다른 처지에 놓였던 농민들의 동향을 안중에 두지 않고 있다. 대한제국 체제 전체에서 광무정권, 독립협회, 농민층 등이 추구했던 각각의 노선을 고려하지 않았기 때문이다. 즉 독립협회와 광무정권의 대립 구도 속에서 독립협회를 '민중에 기반을 둔 단체'로서 규정하고 독립협회의 활동과 사상을 집중 서술하다보니 농업문제, 농민문제, 농촌문제는 1894년 농민전쟁을 끝으로 퇴장되어 이 시기에서 누락된 것으로 보인다. 따라서 이후 농민층의 노선과 동향은 민족문제상에서만 처리되어 서술될 뿐 사회·계급문제로서 언급되지 않았다.

이런 점에서 해방 이후 50여 년이나 되는 1996년까지 대부분의 개설서나 국사 교과서의 대한제국의 서술 부분은, 기본 논지가 그대로 유지된 채, 내용이 보강된다든가 표현이 조금 바뀌었을 뿐이다. 여기에는 해방 이후 검인정 내지 국정교과서 발행제도에서 교육과정이 거의 바뀌지 않은 데서 그 이유를 들 수 있다. 그러나 근본상에서 보면 이는 한국근대사 인식 체계와 매우 밀접하게 관련되어 있다. 즉 일제강점기 이래 한국근대사를 '민족운동사'의 차원에서 갑신정변—갑오개혁—독립협회운동—애국계몽운동 위주로 정리한 가운데 여타의 내용은 보조 부분으로 취급하였던 것이다.

1910년 이전 시기의 역사는 거의 100년 전의 과거로 되고 있다. 그것은 더 이상 일제강점기 계몽주의자들이 경험하고 그들의 프리즘으로 보는 당대의 역사가 아니라, 사회구성원 전체의 차원에서 구체 작업을 통해 체계로서 정리할 근대 시기의 역사인 것이다. 따라서 과거 인식의 뿌리에서 나와 광무정권과 독립협회가 각각 추구했던 정치체제라든가 양자의 관계 등을 구체 실증에 기반하여 재검토해야 할 뿐만 아니라, 대한제국 체제를 둘러싼 이념, 법제, 토지문제, 상공업, 군제, 교육, 문화 등 각 분야의 사업 방향과 의미 등을 내적 계기에서 체계로서 인식하고 그 역사성을 추출해야 한다. 비록 짧은 기간이지만 근대 주권국가의 건설과 식민지화의 갈림길에 놓여 있었던 중요 시기인 만큼 '대한제국기(大韓帝國期)'라는 소시기(小時期)를 설정하고 이전 시기 및 이후 시기와 비교하여 무엇이 같고, 무엇이 다른지를 규명하여 체계할 필요가 있다.

더욱이 국사 교과서를 활용하고 있는 학교 현장에서 학습내용(學習內容)의 구조화(構造化)가 시급함을 고려한다면,[50] 사건 나열식의 개설서류에서 벗어나 소시기(小時期) 구분(區分)과 함께 내용의 구조화에 알맞은 교과서 서술 체제를 적극 개발해야 한다. 즉 대한제국은 조선왕조와 어떻게 같고 어떻게 다른가에 초점을 두고 이 시기의 당면 과제, 이를 둘러싼 각계·각층의 노선과 동향, 여기에 작용하는 국제 정세의 역학 관계, 광무 정권의 대응 논리 및 사업 내용 등이 주요 요소로서 짜임새 있게 서술되어야 한다. 물론 이러한 내용 요소들이 조

---

50) 학습 내용 구조화의 필요성에 관해서는 鄭善影,「歷史學習의 構造化를 위한 試論」, 『歷史敎育』30·31, 1982 ; 최상훈,「역사학습에서 '총괄(Colligation)의 이용」, 『歷史敎育의 理論과 實際』(梁豪煥 外), 三知院, 1997 ; 朴平植,「國史授業에서 學習內容의 構造化 方案－朝鮮前期 經濟分野를 事例로－」, 『歷史敎育』75, 2000, 23~24쪽 참조.

선말기 및 일제강점기와 상호 연계됨으로써 그 의미가 파악되도록 해
야 함은 말할 나위가 없다. 그리고 이를 위해서는 역사연구자가 작업
해 왔던 일방통행 방식의 교과서 편찬에서 벗어나 역사교과 연구자 및
역사교사와 함께 교과서 서술 체제를 실질상에서 고민하고 편찬하는
방식을 적극 모색해야 할 것이다.

그러나 이런 문제가 오늘날 교육과정과 떨어질 수 없는 점을 고려
할 때, 교과서 발행제도와 함께 교육과정 문제도 적극 고민할 필요가
있다.[51] 한 가지의 역사 인식이나 해석에서 벗어나 열린 서술 체계에
따라 여러 교과서가 편찬되고, 이에 대한 학교 현장에서의 검증이 수
반됨으로써 보다 나은 서술 체제가 자리 잡는 계기가 될 것이다. 그
리고 그 속에서 근대사 체계가 다양하게 시도되고 보다 나은 체계가
자리 잡힐 것이다. 또한 대한제국 문제도 여기에서 새롭게 인식할 수
있는 기반이 마련될 수 있을 것이다.

4. 결어

대한제국(大韓帝國)은 한국인들에게 오랫동안 무능과 부패, 외세 의
존으로 점철되는 가운데 조선왕조가 마지막 발버둥을 치며 내세운 허
식(虛飾)의 나라로 비쳐왔다. 여기에는 일본 제국주의자의 온갖 노력
이 결실을 맺었거니와 한국의 신지식층(新知識層) 스스로가 이러한 대

---

[51] 교육과정이 교육방향뿐만 아니라 교과서의 내용까지 결정해 왔다는 주장은 어제
오늘의 일이 아니다. 즉 국가의 교육 통제가 강화되면 될수록 교과서의 내용은 퇴행
을 밟아왔으며, 학생들은 천편일률적이고 파편적인 근대사를 학습해야 하는 것이다.
이에 관해서는 김한종, 「해방 이후 국사교과서의 변천과 지배이데올로기」, 『역사비
평』 15, 1991 ; 柳承烈, 「國史教科書 編纂의 問題點과 改善方向」, 『歷史教育』 76, 2000
참조.

한제국상(大韓帝國像)을 만드는 데 이바지했다는 측면이 엄연히 존재한다. 그것은 구체 사실에 대한 학문적 검토에 앞서서 독립협회 인사를 비롯한 근대 계몽주의자들이 그토록 소망했던 입헌군주정(立憲君主政) 수립 노력이 좌절되고 대신에 근대 제국주의 문명의 세례를 받는 가운데 깨달은 신념에서 비롯되었기 때문이다.

최남선(崔南善)의 경우, 신지식층의 이러한 신념에 입각하여 한국 역사를 서술하였으며 대한제국 문제 역시 여기서 벗어나지 않았다. 즉 독립협회와 대한제국의 대립 구도를 진보와 보수로 설정하고 독립협회의 활동을 높이 평가했던 반면에 광무정권의 무능, 부패, 외세 의존성을 부각시켰던 것이다. 이는 송진우(宋鎭禹), 이광수(李光洙) 등 민족개량주의자의 근대사 인식과 맥락을 같이 하는 동시에 이후 후속 세대의 한국근대사 인식에 커다란 영향을 끼쳤다.

따라서 해방 이후에도 이러한 근대사 인식은 결코 흔들리지 않았으며 대한제국은 여전히 독립협회를 탄압하고 국망을 초래한 책임을 면할 길이 없었다. 이병도(李丙燾)의『조선사대관(朝鮮史大觀)』, 이선근(李瑄根)의『한국사(韓國史) 현대편(現代篇)』등은 이러한 인식을 뒷받침하는 국사 개설서로서 후속 연구자와 대중에게 대한제국의 역사성을 몰각시키는 데 일익을 담당했을뿐더러 한국근대사에서 오로지 갑신정변(甲申政變) – 갑오개혁(甲午改革) – 독립협회(獨立協會) – 애국계몽운동(愛國啓蒙運動)으로 이어지는 '민족운동사'의 계보만을 혁혁하게 남게 하였다.

이러한 근대사 서술 체제는 여타 개설서와 검인정, 국정 국사 교과서에 영향을 끼쳤다. 한국인들의 역사 인식 형성에 지대하게 기여한 이기백(李基白)의『한국사신론(韓國史新論)』의 경우, 기존의 개설서와 마찬가지로 독립협회와 대한제국의 대립 구도 속에서 독립협회의 이념과 활동을 평가 위주로 서술하는 반면에 대한제국의 외세 의존성을 부각시키는 데 많은 지면을 할애했다. 물론 그 사이에 이른바 광무개혁논쟁(光武改革論爭)이 벌어졌고, 이런 기조 속에서 대한제국기 연구가 상당히 축적되었다. 그러나 이러한 논쟁이 진행되면서 개혁의 추진 주체 문제로 국한된 반면에 대한제국 정부가 벌인 사업의 역사상 의미라든가 근대국가 건설에서 중심 내용인 국가체제(國家體制) 문제가 심도 있게 다루어지지 않았다. 따라서 개설서에서는 기존의 서술 체제대로 독립협회(獨立協會)의 자주 국권 사상, 자유 민권 사상, 자강 개혁 사상만이 근대민족운동의 핵심 내용으로 부각된 반면에 대한제국은 독립협회를 탄압한 주체로서 그것이 지니는 보수 반동성이 일제의 침략과 함께 식민지화의 주된 요인으로 서술되어 왔다.

오늘날의 대한제국 인식은 이처럼 일제강점기 근대 계몽주의자들의 인식 체계에서 벗어나 있지 못하다.[52] 이는 근대사 연구의 방향과 수준보다는 '역사를 위한 역사'라는 표방과 달리 근대주의(近代主義)와 계몽주의(啓蒙主義)에 오랫동안 젖어 있었던 100여 년의 뿌리에서 비롯된 것이 아닌가 한다.

또한 국사 교과서도 마찬가지여서 검인정(檢認定), 국정(國定) 가릴 것 없이 이러한 서술 체제를 따랐다. 그 점에서 개설서의 대부분과 함께 국사 교과서는 이전의 논지 그대로 미군정기(美軍政期)의 『국사

---

[52] 최근 李泰鎭은 일제가 침략을 정당화하기 위해 벌인 고종시대사 왜곡 작업의 실상을 드러내는 한편 대한제국기에 정부가 추구한 자력 근대화의 성과들을 발굴하고 그 의미를 재조명하였다(이태진, 『고종시대의 재조명』, 태학사, 2000). 이에 대해 '勤王史學'이라는 따가운 비판이 일고 있지만, 이제까지의 논의들이 일부를 제외하고는 일제가 만들어 놓은 '高宗時代觀'을 정면으로 거론하지 않고 그 위에서 전개되었다는 점을 감안한다면 이런 작업은 이후 대한제국기 연구를 활성화시키고 그 수준을 진전시키는 계기가 되리라 본다.

교본(國史敎本)』이래로 50년 이상을 유지해 왔던 셈이다. 그만큼 한
국 사회에서 근대 계몽주의가 끼친 영향이 크고 깊었던 것이다. 그리
고 여기에는 교육과정(敎育課程)을 통제하는 국가의 기본 방침과 교육
과정 내용이 세세하게 반영되는 교과서(敎科書) 발행제도(發行制度)
가 한몫을 하였다. 그래서 국정 국사 교과서의 편찬에 참여하는 한편
의 목소리가 주류 개설서의 뒷받침 아래 학생들의 한국근대사 인식
에 크게 작용하였다.

　이제 이러한 인식과 제도의 굴레에서 벗어나 대한제국을 역사상에
서 자리 매김하고 학교 현장에 적합하게 서술할 필요가 있다. 그리고
그 방향은 학생들이 이 시기의 역사성(歷史性)을 인식할 수 있도록 조
성하는 데 두어야 한다. 즉 대한제국기는 조선시기와 어떤 면에서 같
고, 어떤 면에서 다른지 그리고 일제강점기와 어떤 연관 속에서 파악
해야 하는가에 초점을 맞추어야 한다. 나아가 학교 현장에 알맞은 학
습내용의 구조화를 염두에 두고 개별 내용 요소를 짜임새 있게 배치
하여 서술 체계를 구성하는 한편 교과서 발행 제도와 교육과정 문제
를 심도 있게 다룸으로써 이러한 논의들이 수평적이고 민주적으로
수렴될 수 있는 기반을 조성해야 할 것이다.

＊

尹世哲敎授停年紀念歷史學論叢刊行委員會 編, 『歷史敎育의 方向과 國史敎育』, 솔, 2001
所收. 2014 補.

제10장

『일그러진 근대』와 서양사 연구자의 한국근대사 인식

1.

오늘날 우리 역사학계는 포스트모던 역사학이 소개되면서 백가쟁명(百家爭鳴)의 시대를 맞이하고 있다. 나아가 일본 교과서 파동, 친일파 청산 문제 등 시사(時事)와 맞물려 학계 일각에서는 한국사의 인식 체계와 서술 방식을 근본상에서 비판하기에 이르렀다.

역사학계의 이런 현상은 예전에 보기 힘들었다. 다만 1980년대 중반 재야사학이 『국사』교과서의 고대사 서술 내용을 시비하며 식민사관의 재판(再版)이라고 신랄하게 비판한 정도이다. 이에 반해 철학계와 문학계, 사회과학계 등에서는 서구의 이론들을 대거 소개하여 우리 인식의 지평을 확대하고 기존 연구의 시각과 방법론을 재검토하는 계기를 마련하였다. 근대화론을 비롯하여 신좌파이론, 종속이론, 구조주의, 관료적 권위주의론, 세계체제론 등 다양한 이론들이 풍미하였다. 그러나 이런 이론들은 한국 사회와 문화를 설명하는 과정에서 그 한계를 드러내면서 곧 소멸하였다. 그것은 뿌리가 없고 자생력을 확보하지 못했기 때문이다.

1990년대 초반 현실 사회주의의 붕괴는 철학계와 문학, 사회과학계를 강타하더니만 무풍지대였던 우리 역사학계에도 영향을 끼쳐 서양사연구자들이 페미니즘, 신문화사론, 미시사 이론 등 다양한 사조와 역사 이론들을 집중 소개하고 있는 실정이다. 나아가 이들 연구자의 일부는 국가·계급 중심의 인식 체계를 거대 담론이라고 비판하며 이를 해체할 것을 주장하고 있다. 특히 이러한 주장이 국사학계의 역사 인식 체계를 겨냥하고 있어 자칫 국사학계와 서양사학계의 논쟁으로 비칠 수도 있다. 이 중에서 민족주의 논쟁은 국사학계와 역사교육계에 자기 성찰의 기회를 제공하였음에도 불구하고 이들 학계의 우려와 비판을 초래하고 있다. 이런 논쟁이 구체 연구에 기반하기보다는 문제점 제시 방식의 비판으로 일관함으로써 자료를 수집, 고증, 종합 정리한다는 역사 연구 방법의 절차가 무시되고 있기 때문이다.

이 점에서 박지향 교수가 저술한 『일그러진 근대 : 100년 전 영국이 평가한 한국과 일본의 근대성』(푸른역사, 2003, 334쪽)도 전자와 마찬가지로 포스트모던 역사학의 이론에 입각하여 근대성의 문제를 정면으로 제기하고 있어 이러한 우려와 비판을 자아낼 수 있다. 그러나 본서는 저자가 오랜 구상 아래 단계적으로 추진한 제국주의 연구의 연속 저작물일뿐더러 관련 자료를 광범하게 구사하고 이를 분석하여 동아시아 근대의 실체와 성격을 구명하려는 점에서 관련 학계는 내용을 신중하게 검토하고 그 성과를 조심스럽게 평가해야 할 것이다.

따라서 저자의 이전 저작인 『제국주의 : 신화와 현실』(2000)과 『슬픈 아일랜드』(2002)에서 보이는 접근 방식을 검토할 필요가 있다. 크게 네 가지 부면이다.

　우선 전자의 경우, 기존의 제국주의 연구를 충실하게 소개하는 가운데 제국주의 문제를 정치·경제 차원에서 접근하는 방식에서 벗어나 문화·정신 차원에서 접근함으로써 고전적인 제국주의 이론의 한계를 지적하는 동시에 오늘날 식민지 유산의 문제를 또 다른 각도에서 보고 있다. 즉 제국주의와 식민지는 일방적인 지배와 종속이 아니라 서로 변화를 야기할 수 있는 상관관계와 상호작용이라는 맥락에서 식민지 지배자와 종속민을 바라보고 있다. 그리하여 저자는『슬픈 아일랜드』에서 영국이 아일랜드에 지적·문화적 충격을 가해 아일랜드의 정체성 형성에 개입하였을뿐더러 아일랜드도 영국의 정치 구도를 바꾸었다고 주장하고 있다. 저자의 이러한 접근 방식은『슬픈 아일랜드』의 프롤로그에서 언급한 바와 같이 일본제국주의와 식민지 조선의 경우에도 그대로 적용하여 양자의 상호 작용을 분석할 필요성을 역설하고 있다. 그리고 본서에도 미처 서술되지 않았지만 영국이 보는 조선의 근대성을 분석한 바와 같이 이후 작업으로 조선이 보는 영국의 근대성을 설정하고 있다.

　또한 저자는 젠더의 문제와 담론 분석 등 최근의 연구 방법론들을 구사하고 있다. 이는『제국주의 : 신화와 현실』(2000)에서 이미 논급함으로써 기존의 제국주의 이론이 간과했던 식민지에서의 여성의 지위 문제와 지배자의 남성성(男性性)과 종속민의 여성성(女性性) 등을 환기하고 있다. 그리하여 이런 방법론은 본서에도 그대로 적용되어 동일한 식민주의 담론이라도 남성 제국주의자와 여성 제국주의자의 담론 차이를 드러내고 있다.

　다음 저자는『제국주의 : 신화와 현실』부터 본서에 이르기까지 줄곧 비교사적 접근을 시도하고 있다. 저자에 따르면 비교사(比較史)는 역사학의 꽃으로 "우리의 참모습에 더욱 잘 접근할 수 있을 뿐만 아니라 다양한 세상을 바라보는 다원적 시각을 갖출 수" 있게 한다고 보고 있기 때문이다. 그리하여 『제국주의 : 신화와 현실』에서는 영국 제국주의에 주안을 두면서도 일본 제국주의를 부분 부분 논급하여 양자의 내용과 특징을 비교하는 한편 본서에서는 영국 제국주의 담론을 통해 일본과 조선의 근대성을 상호 비교하고 있다.

끝으로 저자는 영국 근대사 전공자임에도 불구하고 한국의 근대성 문제를 늘 염두에 두고 작업해 온 탓인지 그의 저서들에서는 일제 식민 지배의 수탈성 문제라든가 친일파 문제를 다른 각도에서 언급하고 있을뿐더러 우리 학계의 '이분법적' 인식'을 우려하면서 거대 담론의 해체를 강조하고 있다. 이는 일련의 저서들이 역사의 현재성에 초점을 두고 우리 역사학계의 갱신(更新)을 촉구하는 목소리가 아닌가 한다.

저자의 이런 접근 방식은 그의 주장대로 '담론 분석과 역사 연구의 바람직한 결합 상태'를 향한 도정으로 보인다. 이 점에서 본서는 우리 역사학계가 그동안 소홀시해 왔던 담론(談論, discourse)의 문제를 동아시아 근대사 좁게는 한국의 근대사와 연계하여 구체적으로 검토할 수 있는 실마리를 제공하고 있다 하겠다.

평자는 저자의 이러한 일련의 작업이 서양 제국주의 연구에 그치지 않고 궁극적으로는 한국의 근대성을 해명하는 데 초점을 두고 있다고 판단하여 감히 서평을 쓰기에 이르렀다. 물론 영국근대사에 문외한인 평자가 저자의 소중한 연구 성과를 잘못 이해하고 우를 범할 소지가 많다. 그러나 한국사 연구자와 서양자 연구자의 간극, 우리 역사학계에 엄연하게 존재하고 있는 포스트모던 역사학에 대한 인식의 차이를 냉정하게 직시하고 그 위에서 상호 간의 대화와 소통을 기할 수 있는 자리를 마련할 필요가 있다. 평자는 이런 점을 염두에 두고

본서의 특징과 의미 그리고 문제점을 지적하고자 한다. 넓은 양해를
구한다.

2.

본서는 저자의 일관된 문제의식과 지속적인 작업을 거쳐 저술된
책으로 전문학술지에 개별 논문으로 발표된 뒤 새로운 글쓰기 방식
으로 재구성되었다. 본서의 내용과 특징을 살피면 다음과 같다. 체제
는 총 6장으로 구성되어 있으며 프롤로그와 에필로그가 앞뒤로 붙어
있다.

　프롤로그는 본서의 총론격으로 한국의 근대성 문제를 제기하고 있다. 먼저 저자는 근대성의 기원, 이상형을 고찰한 뒤 '근대적 서양'과 '전근대적 비(非)서양'의 상호 작용을 강조하며 일원론적 역사관의 허구를 비판하고 있다. 즉 일원론적 역사관은 시간과 공간, 근대와 전근대의 복잡한 구성을 간과함으로써 서구 중심의 지배 담론을 강화하였다는 것이다. 그리고 국민국가는 그러한 근대성 담론의 한 축으로 비판하고 해체해야 할 대상으로 파악하고 있다. 또한 근대성과 젠더의 관계에 주목하여 여성의 근대성 문제를 제기하고 있다. 다음 민족주의와 식민주의라는 이분법적 인식을 비판하면서 한국의 근대사를 식민지 근대성이라는 틀에 의해 재고할 것을 요구하고 있다. 끝으로 저자의 주된 텍스트라 할 조지 커슨의 여행기와 이자벨라 버드 비숍의 여행기를 영국의 오리엔탈리즘적 시각과 연계하여 소개하고 있다.

1장은 영국과 일본, 한국 세 나라가 각각 근대성 담론을 어떻게 형성해 갔는가를 정리하고 있다. 먼저 영국을 비롯한 유럽이 근대화 과정에서 타자를 주변화하는 양상과 특징을 고찰하고 있다. 다음 일본이 서양의 문명을 수용하고 내재화하는 가운데 다른 아시아 사회를 타자화하는 한편 영국 제국주의와 대립할 때는 근대의 초극과 대동아공영권을 내세우며 '아시아 속의 일본'을 외치는 양상을 보이고 있음을 강조하고 있다. 따라서 저자에 따르면 일본의 이러한 자기 분열적인 정체성이 일본과 주변 국가의 관계를 정상화시키지 못하는 요인으로 작용하고 있다고 진단하고 있다. 끝으로 조선의 경우, 문명 개화를 꿈꾸며 제국주의를 수용하는 과정을 간략하게 소개하고 있다.

2장은 저자가 여행기라는 텍스트를 분석함으로써 영국이 일본과 조선을 어떻게 인식하고 식민주의 담론을 강화해 갔는가를 해명하고 있다. 요지는 이러하다.

(1) 비숍과 커즌이 일본의 표상(表象)을 진보를 뜻하는 '떠오르는 태양의 나라'로, 한국의 표상을 정체(停滯)를 뜻하는 '고요한 아침의 나라'로 여기고 있다.

(2) 비숍과 커즌이 공히 타자에 대한 우월적 시각을 드러내면서도 각각 여성과 남성이어서 전자는 약자와 '고귀한 야만인'에 대한 존경심을 어느 정도 유지하고 있는 반면에 후자는 남성적 식민주의의 오

만함이 지나치다. 식민주의 담론이라도 여성과 남성의 경우가 동일하지 않은 셈이다.

(3) 인종과 젠더의 요소들이 일본인과 한국인들의 반응에 각각 다르게 작용하였다. 즉 전자의 경우, 여성인 비숍을 젠더보다는 백인종으로 여긴 반면에 후자의 경우, 비숍을 곤혹스러운 도전으로 받아들였다.

3장과 4장은 2장에서 근거로 제시한 여행기 텍스트에서 벗어나 영국 외교문서 등 각종 자료를 활용하여 영국이 일본과 한국을 보는 시각의 변천을 시기별로 추적하였다. 요지는 이러하다.

(1) 영국은 일본을 1905년 로일전쟁 이전에는 우호적이고 긍정적으로 인식한 반면에 일본이 로일전쟁에서 승리한 이후에는 경계하기 시작하였고 1차 세계대전 종전 무렵에는 비판적으로 보기 시작했다. 영국인들은 이처럼 자기들 편리한대로 일본의 타자성을 구성하였고 일본을 심각하게 받아들이지 않았다는 셈이다.

(2) 이에 반해 영국은 한국을 처음부터 극도로 부정적으로 인식하였고 문명 퇴화의 전형적 본보기로 간주하였다. 즉 영국은 문명사회의 척도를 통해 한국을 아프리카나 다를 바 없는 야만국으로 판단하였다. 따라서 영국은 일제의 식민통치 문제점을 지적하면서도 한국의 자주독립 능력을 인정하거나 지원하지 않았다. 오히려 일제의 통치가 한국에 좀 더 안정되고 효율적인 행정과 물질적 번영을 가져다 줄 것으로 전망하였다. 이는 1919년 3·1운동 이후에도 마찬가지여서 영국은 한국인을 동정하지만 그들의 "고칠 수 없는 비효율성"을 한탄하였다.

5장은 저자가 『제국주의 : 신화와 현실』(2000)에서 제기한 이래 자기와 타자의 상호 작용 문제를 염두에 두고 일본이 영국을 보는 시각의 변천을 개관하고 있다. 크게 두 시기로 보고 있다. 하나는 1905년 이전 시기로 일본이 영국 문명을 존재하는 최상의 문명이자 근대성의 표징으로 여겨 흠모하고 배우려 한 시기이다. 또 하나는 1905년 이후 시기로 일본의 부상에 따른 영국인들의 거부감이 커지자 일본이 이에 민족주의자들을 중심으로 반감을 갖기 시작하였고 태평양전쟁을 거치면서는 근대성 초월을 외치며 영 제국을 지탄한 시기이다.

6장은 영 제국주의와 일본 제국주의의 공통점과 차이점을 서술하고 있다. 이 내용은『제국주의 : 신화와 현실』(2000)에서 이미 논급되어 있는 내용을 보완 정리한 부분으로 일본 제국주의는 서양의 제국주의 담론을 그대로 수용하면서도 영국식 간접통치보다는 동화정책을 추구하였음을 고찰하고 있다. 사실 본장은 체제상 한국인의 영국 인식이 되어야 했다. 그러나 저자도 언급한 바와 같이 자료 부족을 이유로 1장에서 간략하게 다루는 정도로 그치고 있다.

에필로그는 본서의 성과에 기반하여 자기와 타자, 문명과 야만, 남성과 여성이라는 이분법적 사고를 비판하면서 이후 작업의 방향이 쌍방적인 혹은 다면적인 관계, 그리고 쌍방향의 대화모색을 목표로 진행되리라고 전망하고 있다. 아울러 일원론적인 역사관과 '사명감'이 역사를 왜곡하는 지름길로 간주하며 곡해와 왜곡의 거울을 깨는 작업을 주문하고 있다.

3.

본서는 이처럼 영국인의 시각을 통해 동아시아 식민주의 담론의 특질과 그 변화 과정을 추적하였다. 이러한 작업은 종래 국사학계가 소홀히 해 왔던 외부의 시각이라든가 텍스트에 담긴 담론의 문제를 본격 탐구하는 계기를 제공하고 있다. 그러나 역사관과 접근 방식이 기존의 경우와 너무 상이할뿐더러 작업 구도가 방대하여 본서의 진면목을 제대로 이해하기 위해서는 저자의 이후 성과물마저 섭렵해야 하지 않나 한다. 따라서 평자는 담론과 역사적 사실의 관계에 국한하여 몇 가지 사항을 지적함으로써 소임을 마치고자 한다.

담론과 역사적 사실의 관계는 텍스트 읽기의 문제라는 점에서 본서의 주된 텍스트인 여행기 자체가 여행기 저자의 담론을 반영할지언정 사실 자체를 담보하고 있는가이다. 즉 여행기에 기술되어 있는 내용이 여행기 저자의 담론에 맞추어 재구성되었다고 한다면 이런 기술 내용은 사실의 곡해일 수 있다. 그러나 본서의 저자는 식민주의 담론이 문명과 야만이라고 하는 이분법적 인식에 기초하고 있음을 폭로하는 데 그칠 뿐 이러한 담론을 받쳐주는 근거 사실들을 역사적 맥락에서 분석하고 있지 않다. 오히려 그 기술 내용을 아무런 사료비판(史料批判) 없이 그대로 받아들임으로써 담론의 진술을 역사적 사실로 등치하고 있지 않나 한다. 심지어 동일인의 여행기에서 달리 기술되는 내용을 어떻게 설명할 것인가라는 문제에 봉착할 수 있다. 실례를 들면 다음과 같다.

비숍의 경우, 시기별로 한국을 보는 시각이 다르다. 즉 1894년만 하더라도 서울의 모습을 "더럽고" "냄새나고" 등의 형용사로 묘사했던 비숍이 1896년 가을에는 서울의 모습을 다음과 같이 묘사하고 있다.

> 한국의 발전은 단지 넓은 도로를 만드는 것에만 있었던 것은 아니다. 수없이 많은 좁은 길들이 넓혀지고, 도로는 포장되어 자갈이 깔리고 있다.

그리고 돌을 재료로 한 배수구는 그 양쪽 측면을 따라 만들어지고 있다.
이러한 많은 작업과 함께 자극적이고 혐오스럽던 서울의 악취는 사라졌
다. 위생에 관한 법령이 시행되었고, 집 앞에 쌓인 눈을 그 집 식구들이
치우는 것이 의무일 정도로 한국의 문화 수준은 높아졌다. 그 변화는 너무
커서, 나는 1894년이었다면 서울의 특징을 나타내는 한 장면이라고 해서
사진을 찍었을지도 모를, 그 특징적인 빈민촌을 발견할 수가 없었다. 한국
인들은 어떤 행정적인 계기만 주어지면 무서운 자발성을 발휘하는 국민들
이다. 서울은 한국적인 외양으로 재건되고 있지 절대로 유럽적으로 재건
되고 있지는 않다.

비숍은 이처럼 한국 사회의 변화상을 놓치지 않고 긍정적으로 기
술하였던 것이다. 특히 한국인을 1896년 이전에는 무기력하고 게으른
국민으로 묘사했건만 여기서는 무서운 자발성을 발휘하는 국민으로
단정하고 있다. 물론 비숍은 저자의 지적대로 근본상에서 식민주의
담론에서 벗어날 수 없었다. 그러나 비숍이 여기서 드러내고 있듯이
식민주의 담론과 달리 또 다른 진실을 보이고자 했던 것은 아닐까.
　이러한 진술은 런던『데일리 메일』의 극동 특파원이었던 맥켄지의
경우에도 드러난다. 그는 일본의 선전에 오염된 사람들의 주장을 일
축하면서 다음과 같이 진술하고 있다.

　　일본의 터무니없는 선전에 오염된 사람들은 "한국인이 열등 민족이어서
자치를 하기에는 적합하지 않다."고 말한다. 한국이 서구 문명과 접촉한 지
는 얼마가 되지 않았지만 그러한 비난이 거짓이라는 것은 이미 분명해졌
다. 舊한국의 정부는 부패했으며, 쓰러질 수밖에 없었다. 그러나 그 국민들
은 기회가 있을 때마다 그들의 능력을 보여주었다. 만주에서는 대부분 일
본의 압제를 피하여 망명한 수십만 명의 한국인들이 근면하고 풍요로운 농
민이 되었다. 하와이에서는 5천 명의 한국인들이 주로 노동자로 일하고 있
으며, 그들의 가족들은 사탕수수밭에서 일하고 있다. 그들은 자녀 교육을
위하여 1인당 매년 20달러씩 저축을 하고 있다(『한국의 독립운동』).

그는 비숍과 달리 대한제국 정부의 무능과 부패를 꼬집고 있지만 역사의 주체를 구성하는 사회구성원에 초점을 맞추어 한국인의 자치 능력을 높이 평가하고 있는 것이다.

이러한 평가는 영국인이 아니라 러시아인인 파냐 이사악꼬브나 샤브쉬나가 1940년대 경성에 체류하면서 한국인에게서 받은 인상을 진술한 내용에서도 보인다.

> "이 세상에는 두 개의 수수께끼가 있습니다." 선교사 데이비슨은 말했다. "유럽의 알바니아와 아시아의 조선이지요. 그 두 나라는 어떻게 예견할 수 없는 수수께끼 같은 나라입니다." 내 생각에 그는 잘못 판단한 것 같다. 그 나라에 대한 진실이 서서히 드러내기 시작했는데, 그 나라는 정말로 동화처럼 아름다운 맑은 아침의 나라였고, 그 민족은 탄압받고 괴로움을 당할지라도 결코 복종하지 않는, 동아시아의 가장 오래된 민족들 중의 하나였다(『식민지 조선에서』).

이러한 평가는 맥켄지의 평가와 매우 유사하다. 물론 이런 평가가 소비에트 러시아 사회주의자 여성의 시각에서 피압박민족인 한국인을 동정하고 일제의 통치를 비판하려는 의도에서 이루어졌음을 간과해서는 안 된다. 그럼에도 불구하고 관찰자의 처지와 세계관에 따라 진술 내용이 이처럼 각각 다르다는 점은 담론과 역사적 진실의 거리를 냉철하게 직시할 필요가 있다. 다시 말해 담론 분석과 함께 역사 고유의 방법론에 입각하여 역사적 진실에 다가서려는 노력이 경주되어야 한다.

또한 저자는 민족주의 담론을 정면으로 비판하기 위해 1928년부터 2년간 경성제국대학에서 영어를 가르친 소설가 드레이크의 진술을 다음과 인용하고 있다.

어떤 민족이 강압적으로 통치 받고 있다면 그것은 그들 내부에 그럴 만
한 이유를 가지고 있기 때문이다. 적극적이든 소극적이든 멸망한 민족은
스스로에게 책임을 져야만 한다. 조선이 악의 무고한 희생자들이라고 심
약하게 동정해서는 안 된다.

저자의 말대로 우리에게는 쓴소리이다. 그러나 이 진술이 '우리가
그동안 간과해 온 진실'이라는 저자의 주장은 섣부른 판단이 아닌가
한다. 이 역시 식민주의 담론의 반영이기 때문이다. 따라서 이것이 진
실이 되기 위해서는 관련 자료 및 시대상과 연계하여 치밀하게 분석
하고 종합적으로 판단한 뒤에나 가능할 것이다. 특히 드레이크가 일
제에 의해 설립된 경성제국대학이 초빙한 인사라는 점에서 그의 진
술에는 엄밀한 사료 비판이 적용되어야 한다. 아울러 저자가 드레이
크의 이런 진술에 입각하여 제기한 책임론 문제는 저자가 늘 경계하
고 있는 도덕사관(道德史觀)의 맹점(盲點)을 제대로 짚은 측면이 있
거니와 역으로 저자도 역사학의 현재성에 치중한 나머지 과학으로서
의 역사학에서 벗어날 여지가 있는 게 아닌가 한다. 책임론 문제는
역사학 연구와 별개로 도덕적·정치적·법적 차원에서 접근해야 할
것이다.

그 밖에 비교사학 방법론의 문제라든가 민족주의 담론 등도 깊이
고구할 점이다. 그러나 이런 작업은 역사학의 근본 작업이라 할 사실
규명이 따라가지 않을 때 공허함을 떨칠 수가 없다. 그래서 이런 문
제는 저자의 이후 성과물들을 세심하게 검토하면서 본격 논의하여야
할 것 같다.

평자는 장문에 걸쳐 서평을 달아보았다. 여기에는 평자의 천학(淺
學)으로 인해 저자의 의도와 내용을 잘못 이해함으로써 귀중한 연구
성과에 누를 끼칠 수 있다. 그러나 한국의 근대성 문제는 탈식민주의

론이든 동아시아론이든 한국의 과거, 현재 그리고 미래를 역사적 맥락에서 접근하고 그 의미를 세계사적 시각에서 공유하는 작업이 선행될 때 그 논의의 방향이 명료해지고 내용이 알차게 되리라 생각한다. 한편, 본서를 비롯한 저자의 저작물들은 한국사연구자들이 과학적 방법론에 입각하여 역사적으로 접근하기보다는 민족적 '사명감'과 현재주의에 매달려 작업해 온 부분은 없지 않은지를 자성할 수 있는 계기를 제공하고 있다. 이 점에서 내부와 외부, 자기와 타자의 끊임없는 대화와 팽팽한 긴장이 필요하다. 그리고 저자가 제시한대로 '담론 분석과 역사 연구의 바람직한 결합 상태'를 향한 실증 연구가 계속되어야 한다. 저자의 다음 저작물을 기다리는 까닭은 이 때문이다.

『歷史學報』180, 書評 2003 揭載, 2014 補.

제11장
___

국사 대중화의 추이와 시기별 특징*

1. 서언

*19*45년 8월 15일 일제에게 빼앗긴 나라를 되찾았던 만큼 국사 (國史)의 대중화(大衆化)는 매우 절실하였다. 한국인이 한국 인으로서의 정체성(正體性)을 지니고 국사(國史)를 체계적으로 이해하 는 가운데 신국가건설(新國家建設)에 기여하고자 하였기 때문이다.[1]

이러한 대중화는 크게 두 가지 방면에서 전개되었다. 하나는 위로부 터의 대중화 방식이고 다른 하나는 아래로부터의 대중화 방식이었다.

그런데 이는 시기별 국가적·사회적 요구와 대중화 주도층의 성향 에 따라 그 목표와 성격이 달랐다. 즉 국사 대중화의 개념과 범주의 차이에서 잘 드러나듯이 시대적·사회적 요인과 맞물려 ① 국사 기본

___

* 이 글은 본래 영문으로 게재되는 학회지에 수록된 까닭에 문장이 축약되고 일부 각주가 생략되었다.
1) 李景植, 「韓國 近現代社會와 國史敎科의 浮沈」, 『사회과학교육』 1, 1997, 39~40쪽 ; 徐毅植, 『한국고대사의 이해와 '국사' 교육』, 혜안, 2010, 249~255쪽.

지식의 보급이라든가 ② 한국사 연구 성과의 확산 등의 지식·정보
차원에서부터 ③ 민족으로서의 자각과 주체성·정체성의 함양 또는
④ 계급으로서의 혁명 의식 고양이라든가 ⑤ 역사쓰기 주체로서의
실천성 강화라는 의식 개혁 차원에 이르기까지 각양각색의 형태로
드러났다. 나아가 이러한 다양성은 대중화 실현의 방도를 규정하고
영향을 미쳤다.

본고는 1945년 8월 15일 광복 이래 현재까지 국사 대중화의 추이
(推移)를 시기별로 검토하고 그 특징을 일별(一瞥)하고자 한다. 그리
하여 오늘날 국사 대중화가 지니는 의미를 되새겨보고 이러한 대중
화 노력에 영향을 받거나 역으로 이를 추동시킨 일반 대중의 역사 인
식을 엿볼 수 있으리라 본다. 다만 본고는 국사학자(國史學者)의 역사
관(歷史觀)과 일반 대중들의 역사 인식 사이에서 작용하는 상호 관계
를 염두에 두었기 때문에 당대의 학문적 성과를 체계적으로 정리·서
술하여 저자의 전체적인 역사상(歷史像)을 구현한 국사 개설서를 중
심으로 국사 대중화의 추이를 고찰하고자 한다.

2. 해방 직후 국사 열기(熱氣)와 국사 개설서(概說書)의 보급(1945~1953)

한국사에서 국사의 대중화는 근대개혁기 주권국가 건설과 국권수
호를 목표로 삼아 본격적으로 진전되었다. 대한제국기 정부의 역사 편
찬 사업과 이어서 나타난 계몽운동가(啓蒙運動家)들의 위인전(偉人傳)
출간은 이를 단적으로 보여준다.[2] 계몽운동가의 이러한 작업은 역사

---

2) 金泰雄, 「근대 개혁기 고종정부의 서구 전장(典章) 탐색과 만국사 서적 보급」, 『세계
   속의 한국사』(李泰鎭 敎授 停年紀念論叢 刊行委員會 編), 太學社, 2009.

편찬물을 통해 민인들에게 민족 성원으로서의 정체성(正體性)과 자부심(自負心)을 자각케 하고 국권수호의 당위성을 일깨우는 데 목적을 두었다. 비록 이러한 노력이 일제에 나라를 강탈당하고 역사를 빼앗기게 되어 수포로 돌아갔음에도 불구하고 그 의도와 정신만은 출판물을 통해 근근이 유지되는 가운데 광복을 맞아 전면화될 수 있었다.

광복 직후 인쇄시설의 미비와 종이 공급의 악화에도 일반 대중들의 국어(國語)와 국사(國史)에 대한 열기는 뜨거웠다. 빼앗긴 우리말과 역사에 대한 갈증이 무엇보다 컸기 때문이다. 이에 정부 당국(美軍政廳)은 한국인 일반의 요구를 수용하여 교과서를 편찬하고 학생들에게 공급함으로써 학교 교육의 정상화를 꾀하였다. 1945년 10월에 편찬·출간된 『국사교본(國史敎本)』 중등학생용과 초등학생용은 미군정청의 재정적 지원과 진단학회(震檀學會), 조선학술원(朝鮮學術院)의 노력에 힘입었다. 머리말이나 간행사가 없어 편찬 취지가 명확하게 드러나지 않았지만 나머지 말을 통해 사대주의(事大主義)의 관성(慣性)을 비판하면서 국사교육의 목표를 다음과 같이 밝히고 있다.

> 과거를 똑바루 회고하고 반성하고 현하의 내외정세를 잘 파악하는 동시에 大局的인 입장에서 小我 小局的인 태도를 버리고 앞으로 신국가 신문화의 건설을 위하여 一路 매진하여야 하겠고 또 나아가 세계의 평화와 문화에 이바지할 각오와 자부심을 가져야 할 것을 거듭 말하여 둔다.

이처럼 해방 정국에서 신국가·신문화의 건설에 궁극적인 목표를 두고 과거에 대한 올바른 인식과 국제 정세 파악의 필요성을 강조한 셈이다. 이어서 문교부는 1946년 5월 "자주 독립과 아울러 우리의 빛나는 역사를 찾자는 전 국민적 요망에 대응하여" 오늘날 국사편찬위원회의 전신인 국사관(國史館)을 설치하였다.

또한 이런 교과서의 내용을 널리 알리기 위해 교사들에 대한 강습회가 자주 열렸다. 1945년 12월 경기도 학무과에서 개최한 강습회를 비롯하여 수많은 교원 강습회가 열렸다. 특히 대학에서 역사교사를 양성하기 위해 정부가 1946년 7월 경성사범대학과 경성여자사범대학에 역사과를 설치한 조치는 잃어버린 역사를 되찾고 자기 줏대를 세우고자 했던 국민적 열망과 학계·교육계의 노력 덕분이었다.[3]

그러나 이러한 노력도 1946년 9월 교수요목(教授要目) 제정을 앞두고 미군정청이 제정한 사회생활과(社會生活科) 위주의 교육과정(教育課程)과 이른바 서양문화사(西洋文化史) 위주의 교육계·학계 풍토, 고리타분한 용어(用語) 나열식(羅列式)의 국사 교과서 편찬 속에서 결실을 맺지 못하였다.[4] 즉 미군정청이 내력과 전통이 전혀 다른 한국에 미국식 사회생활과 교육을 무리하게 이식시키고 서양사 중심의 역사 교육을 중시한 나머지 정상 궤도에도 오르지 못한 한국사 연구와 국사교육은 답보 상태를 면치 못하였다.

한편, 민간출판사에서도 국사 개설서를 출간하는 데 힘을 기울였다. 이 중 김성칠(金聖七) 교수(1913~1951)가 집필한 『조선역사』(1946), 『고쳐쓴 조선역사』(1948)는 단연코 큰 인기를 모았다. 처음에 2만 부를 간행하려 하였지만 50일 만에 호화판 500부, 보통판 5만 부로 계획을 수정했고 1946년에만 6만 부가 판매되었다. 일반 대중들의 수요가 매우 컸기도 하거니와 당시 많이 쓰던 한문식 글쓰기를 벗어나 한글로 쉽고 아름답게 서술함으로써 당시로서는 '새로운 유형의 역사책'으로 호평을 받았기 때문이다. 당시 저자는 이러한 역사책의 간행 필

---

3) 歷史科 六十年史 編纂委員會, 『서울大學校 師範大學 歷史科六十年史』, 2008, 18~20쪽.
4) 이에 관해서는 李景植, 앞의 논문, 39~43쪽 참조.

요성을 머리말에서 다음과 같이 언급하고 있다. 당시 국사 대중화의
방향과 의미를 잘 보여주고 있어 장황하지만 인용하면 다음과 같다.

> 작년 여름 해방 이후로 한두 학교의 아이들에게 국사를 가르칠 기회를
> 얻어서 아이들이 읽을 국사책이 시급히 필요함을 느꼈다. 외국사람들 같
> 으면 어머니의 무릎에서도 재미난 역사 이야기를 들을 수 있었고 유치원
> 의 그림책에서도 아름다운 역사의 모습을 구경할 수 있었지만, 조선 아이
> 들은 소학생이고 중학생이고 간에 우리 역사에 대해서 전연 백지일 수밖
> 에 없었다. 그리고 그들의 불같은 국사 지식에의 요구를 채워주기 위해서
> 도 필요하거니와 오랫동안 그릇된 일본 교육으로 말미암아 부지중에 아이
> 들의 뇌수에 밴 자기모멸의 사상을 씻어버리고 우리 민족에 대한 자신을
> 불어넣어주기 위해선, 그들에게 똑바로 쓰이고 그들이 읽을 수 있도록 쉽
> 게 쓰인 국사책이 무엇보다도 필요함을 절실히 느꼈다. 이것은 지방 청년
> 에게 역사를 배워줄 때도 역시 같은 느낌이었다.5)

이 내용을 정리하여 국사 대중화의 필요성과 방법을 논한다면 다
음과 같다. 첫째, 일제의 일본화정책(日本化政策)으로 인해 한국사(韓
國史)에 무지한 한국인 아이들에게 국사 지식을 가르쳐 주어야 한다.
둘째, 일제(日帝)의 식민사관(植民史觀) 교육에 따른 한국인 자신의
자기모멸(自己侮蔑) 사상(思想)을 속히 제거하고 민족적(民族的) 자
부심(自負心)을 불어넣어야 한다. 즉 주체적(主體的) 정체성(正體性)
의 확립이다. 끝으로 국사 대중화의 방법으로 제대로 읽게 하기 위해
국사책을 쉽게 쓰는 방법을 제시하고 있다. 이처럼 이 구절에는 국사
(國史) 기본(基本) 지식(知識)의 습득(習得)과 민족적 자부심의 고양(高
揚) 그리고 쉽고 재미있는 국사책 쓰기라는 국사 대중화의 핵심이 들
어 있다.

저자의 이러한 의도와 집필 방침은 당시 많은 청소년들에게 영향

5) 김성칠, 『조선역사』, 머리말, 조선금융조합연합회, 1946.

을 끼쳤다. 훗날 한국의 농촌(農村)과 토속(土俗)을 시로 노래한 시인 (詩人) 신경림(申庚林)은 한 해 동안에 이 책을 다섯 번 읽을 정도로 재미가 있었으며 훗날 국사 관련 책을 좋아하게 된 결정적인 책이라고 회고하는 한편, 학교에서 제대로 배우지 못했던 국사를, 이 책을 통해서나마 배울 수 있었음을 강조하였다.[6] 요컨대 6·25 남북전쟁과 국사교육(國史敎育)의 제도적(制度的) 불비(不備)로 말미암아 국사교육이 제대로 이루어지지 않은 현실에서 민간 중심의 국사 대중화 노력은 몇몇 개개인의 노력과 대중들의 욕구에 힘입어 조금씩 결실을 맺었다.

그 밖에 서울대학교 국사연구실(國史硏究室)은 역사교사(歷史敎師)들의 전공지식을 함양하고 교수능력(敎授能力)을 제고하기 위해『조선사개설(朝鮮史槪說)』(유인물, 1946)을 발간하였다. 또한 이병도(李丙燾)의『조선사대관(朝鮮史大觀)』(1949), 전석담(全錫淡)의『조선사교정(朝鮮史敎程)』(1948), 손진태(孫晋泰)의『국사대요(國史大要)』(1949)도 손꼽을 만한 개설서였다.[7]

3. 사회재건기(社會再建期) 정부 주도 아래 국사 대중화의 양상과 특징 (1953~1987)

6·25 남북전쟁은 남한의 교육에도 영향을 미쳤다. 우선 교육시설의 극심한 파괴와 재학생의 감소로 인해 학교 교육이 정상적으로 운영될 수 없었다. 더욱이 정부가 경제 재건을 최우선 과제로 삼고 경

---

6) 신경림,「세대별 증언 내가 받은 한국사 교육 50대 : 잃어버린 국사시간 12년」,『역사비평』17, 1991.
7) 趙東杰,『現代韓國史學史』, 나남출판, 1998, 342~344쪽.

제 복구 사업에 예산을 편중하였기 때문에 학부모의 교육비 부담은 좀처럼 줄지 않았다.

그러나 광복 이래 정부와 민간단체가 벌인 문맹퇴치운동이 성인교육, 학교교육 등을 중심으로 지속적으로 전개됨으로써 해방 직후에는 80%에 육박하였던 문맹률이 1959년에는 22.1%로 낮아졌다.[8] 또한 정부가 추진한 의무교육정책은 초등교육을 급격하게 팽창시키는 요인으로 작용하였다. 그 결과 전쟁 중의 피해에도 불구하고 1950년대 말에는 초등학교 취학률이 100%에 달하였다.[9] 이는 문자를 읽고 쓸 수 있는 인구의 지속적인 증가를 예고한다.

하지만 이러한 노력이 개별 국사교육의 강화로 이어지지 못했다. 그것은 일제가 남기고 간 식민사관(植民史觀)의 잔재(殘滓)를 극복할 만한 조건과 역량을 갖추지 못하였을뿐더러 일반 대중이 국사에 관심을 기울일 만한 계기가 없었기 때문이다. 오히려 일각에서는 학생 생활 중심의 교육 과정 실시를 역설하며 역사·공민·지리를 하나의 교과서로 통합해야 한다고 주장하였다. 비록 이러한 움직임이 과거에 대한 역사적인 이해 및 성찰의 필요성과 함께 통합사회과의 문제점을 제기한 학계와 교사들의 반대로 수포로 돌아갔지만, 그 파장은 적지 않았다.[10]

이러한 상황에서 4·19 혁명은 일반 대중이 민족주체의식(民族主體意識)을 각성하는 계기가 되었다. 나아가 이는 학계와 교육계에서 식민사관의 극복 문제를 전면으로 제기할 수 있는 여건을 제공하였

---

8) 김기석·강일국, 「1950년대 한국 교육」, 『1950년대 한국사의 재조명』(문정인·김세중 편), 선인, 2004, 532~533쪽.

9) 위의 책, 540~544쪽.

10) 김태웅, 「해방 후 서울대학교 사범대학 역사과의 이력과 학문·교육」, 『미래교육 변화와 중등교육 : 과제와 지향』(서울대학교 사범대학 편), 학지사, 2007, 222~223쪽.

다. 물론 4·19 혁명 이전부터 식민사관의 극복 문제가 조심스럽게 모색되었다. 다만 이러한 모색은 일부 선구적인 학자에 국한되었을 뿐 학계와 교육계의 일반으로 확산되지 못하였다.

이후 1965년 한일국교(韓日國交) 정상화(正常化)는 정부든 민간이든 민족주체성 문제를 최우선 화두로 삼지 않을 수 없는 상황으로 이끌었다. 정부는 일반 대중의 국교 정상화 반대 움직임을 무마하면서 이후 일본의 경제(經濟)·문화적(文化的)인 침투(浸透) 우려(憂慮)를 해소하기 위해 이 문제를 전면으로 내세우는 한편 민간 역시 4·19 혁명에 이어 한일국교 정상화 반대 운동 속에서 민족을 재발견하였기 때문이다.

그리하여 정부는 1965년 8월 주체성의 확립과 퇴폐적인 외래 풍조의 방지를 위해서 "민족적 위인(偉人), 선현(先賢)의 사상과 업적을 선양하고 국사교육을 대중화한다."라는 실천요강(實踐要綱)을 발표하였다. 나아가 이러한 조치는 국사교육 강화 노력으로 나타났다. 학계 역시 1967년 12월 '한국사연구회(韓國史硏究會)'를 창립하면서 국사의 대중화에 발맞추어 한국사 연구의 전문성 강화에 힘을 기울였다.[11] 이 중 서울대학교 문리대 사학과(史學科)로부터 국사학이 독립하여 별도의 학과로 설치됨은 대표적인 노력의 성과였다.[12]

또한 1961년 식민사관의 극복을 내세우며 당시 한국사학계의 연구 성과를 반영하여 서술한 이기백(李基白)의 『국사신론(國史新論)』은 학계와 일반 대중을 연결시키는 매개 고리가 되어 국민의 역사 인식 증대에 크게 기여하였다. 2009년 현재 대략 100만 부 이상 판매된 것으로 알려졌다.[13] 이후 1970년대에는 한우근(韓㳓劢)의 『한국통사(韓國

---

11) 申奭鎬, 『韓國史硏究』 1, 創刊辭, 1968.
12) 『東亞日報』, 1968년 8월 6일.

通史)』, 변태섭(邊太燮)의 『한국사통론(韓國史通論)』이 출간되면서 이
들 개설서는 이기백의 『한국사신론(韓國史新論)』과 함께 이른바 3대
국사 개설서라고 불렸다. 국사 개설서의 시대가 열린 것이다.

언론계 역시 국사 대중화에 이바지하고자 하였다. 우선 당시 『동아
일보(東亞日報)』는 1969년 12월 4일자 보도에서 1960년대 학계를 되
돌아보면서 다음과 같이 기술하고 있다.

> 靜態的 宿命的 國史觀을 극복, 主體的이며 動態的 民族史的 史觀을 세
> 우려는 國學의 새물결은 人類學, 考古學, 藝術史의 領域을 넓히며 經濟學
> 政治學 社會學의 지원으로 심화되면서 李基白敎授의 「國史新論」으로부터
> 李光麟敎授의 「韓國開化史硏究」에 이르기까지 거세게 번져나갔다. 傳統
> 의 再發見과 近代化의 주체화 욕구에 의한 국학의 연구는 實學 이후의 근
> 대사와 孫寶基교수의 古代民族開發은 주목할 성과를 이루고 있다.

언론의 이러한 보도는 언론계 역시 한국학계(韓國學界)는 물론 작
게는 한국사학계(韓國史學界)의 연구 성과를 대중에게 알림으로써 국
사 대중화에 앞장섰음을 보여준다.

이어서 한우근의 『한국통사』 출간을 두고 『동아일보(東亞日報)』는
1970년 3월 25일자 기사에서 다음과 같이 평하였다.

> 韓國史學의 主體的 體統 樹立이란 60년대의 과제가 이기백 교수의 『國
> 史新論』에 예시되었다면 한교수의 『通史』는 그것을 심화, 정착시킨 셈이
> 다. 무엇보다 그의 공헌은 한국사의 주역을 한국인으로 환원시켰다.

나아가 『동아일보』는 청·일전쟁과 러·일전쟁의 제목명이 목차
항목에서 삭제된 것을 예로 들면서 현대 이후의 역사를 외세에 대한

---

13) 전덕재, 「이기백의 한국고대사 연구」, 『한국고대사연구』 53, 2009, 83쪽.

항쟁이란 적극적인 민족적인 차원으로 끌어올렸다고 평하였다. 특히 여기에는 직전에 발견된 구석기유물(舊石器遺物)의 발굴 성과를 반영하여 고대사를 서술하였음에 주목하였다.

또한 일각에서는 학계의 이러한 연구 성과가 일반 대중에게 보급되지 않은 점을 비판하기도 하였다. 즉 학교의 교육과정과 각종 고시(考試)를 통해 국사 지식을 보급하는 데 머물지 말고 각계 계층의 수준에 걸맞은 읽기 쉬운 역사서를 편찬할 것을 주문하기도 하였다.[14] 그리고 이러한 노력은 궁극적으로 국사를 통한 민족정기(民族正氣)와 개개인의 자긍심(自矜心), 정신무장(精神武裝)까지 가능할 것이라고 전망하였다. 이를 두고 1969년에 국사편찬위원장이었던 김성균(金聲均)은 '국사(國史)의 국민상식화(國民常識化)'라 불렀다.[15] 국사 대중화의 또 다른 이름이라고 할 만하다.

한편, 정부는 1968년 12월 국민교육헌장(國民敎育憲章) 선포를 계기로 국민윤리의 실천을 내세우며 반공교육(反共敎育)과 국사교육(國史敎育)을 강화하겠다는 방침을 제시하였다.[16] 이어서 1972년 5월 공무원임용시험 과목이 영어 등 외국어 과목에 큰 비중을 두고 있음을 비판하였다. 특히 우리나라 역사를 많이 알아야 할 외교관을 뽑는 4급 외무직 임용시험에 국사 과목이 아예 빠졌다는 점을 통탄하였다.[17] 이에 정부는 국어와 함께 국사를 공무원 임용시험에 필수과목으로 선정하고자 하였다. 정부 스스로가 임용시험 과목 설정을 통해 국사의 대중화를 주도하고 있음을 보여주었다.

---

[14] 金聲均, 「國史의 國民常識化 제창─民族的 自負心과 勇氣를 갖기 위하여」, 『東亞日報』, 1969년 12월 9일.

[15] 『東亞日報』, 1970년 2월 14일.

[16] 『東亞日報』, 1969년 11월 26일.

[17] 대통령기록관 소장, 「國史敎育 强化方案 建議」(1972. 5.11).

이어서 정부는 1972년 5월 11일 '교육(教育)의 국적(國籍)을 찾자'는 대통령 박정희의 제창에 따라 국사교육강화위원회(國史教育强化委員會)를 문교부 산하에 설치하면서[18] 민족적(民族的) 사관(史觀)에 입각해서 우리 국사를 체계 있게 연구해 나가는 데 중점을 두고 있음을 밝혔다.[19] 특히 국사의 대중화 문제까지 연구케 될 것임을 강조하였다. 즉 ① 중고교 외국사 교과구성 ② 국사교육 내용의 체계화 ③ 국사교사의 양성과 학습지도 ④ 국사의 대중화 또는 사회화운동을 중점으로 연구할 것이었다. 이 중 문교부가 준비한 교육개정 개편 시안은 이미 1972년 5월 11일 대통령으로부터 결재를 받았던 터였다. 나아가 정부는 국가시험은 물론 일반 취직시험 등 각종 시험에 국사 문제를 반드시 출제하도록 규제한다는 방침을 밝혔다.[20] 아울러 국사 과목을 대학입학예비고사에서 독립적으로 출제하며 국사를 대학에서도 필수시험 과목으로 채택하도록 종용할 것임을 발표하였다. 이러한 조치는 국사를 경시하는 풍조를 배제하고자 하는 정부의 의도에서 비롯되었다.

나아가 정부는 장기적인 전망 아래 민족적 사관에 입각한 국사교육을 실시하기 위해서 국사과 교육방향이나 구조를 연구하고 이에 따라 교과과정도 전면 개편하였다.[21] 특히 정부는 국사의 대중화 또

---

[18] '국사교육강화위원회'의 원래 명칭은 '국사교육개선위원회'였으며 심의 기능에 국한되었다. 그러나 대통령 비서실을 거쳐 대통령에게 보고된 뒤 '국사교육강화위원회'로 변경된 듯하다. 이에 관해서는 대통령기록관 소장, 「民族主體性 確立을 위한 教育課程改編」(試案, 文教部, 1972. 5.10)과 「國史教育 强化方案 建議」(1972. 5.11) 참조.

[19] 『京鄉新聞』, 1972년 5월 11일. 국사교육강화위원회의 설치 배경과 활동에 관해서는 趙美暎, 「해방 後 國史教科의 社會化와 '國史科'의 置廢」, 『歷史教育』 98, 2006, 48~52쪽 ; 차미희, 『한국 중·고등학교의 국사교육—국사과 독립시기(1974~1994)를 중심으로—』, 교육과학사, 2011, 35~45쪽 참조.

[20] 대통령기록관 소장, 「國史教育 强化方案 建議」(1972. 5.11).

[21] 제3차 교육과정기 국사과 교육과정의 방향과 내용에 관해서는 차미희, 앞의 책, 45~62쪽 참조.

는 사회화를 위해 평이한 문체의 역사책을 발간하여 국민들에게 보급하고 국가공직시험은 물론 일반회사의 시험에서 국사를 채택하도록 하기 위해 필요하면 관계 법령을 제정하고자 하였다. 당시 언론계에서는 정부의 이러한 조치가 대입예비고사 수험생들에게 부담을 주지만 그 정신만은 고교교육 정상화와 민족적인 긍지를 학생 때부터 심어준다는 뜻에서 바람직하다고 평가하였다. 특히 고등고시(高等考試)에서 당초 필수로 지정되었다가 중도에 없어진 국사시험 과목이 다시 필수과목이 되었다.

　그러나 학계에서는 정부의 국사교육 강화와 국사연구 장려라는 기본적인 문제의식에는 찬성하지만, 학문(學問)으로서의 비판(批判)의 자유(自由)와 독립성(獨立性) 훼손을 이유로 관(官)이 개입하여 학회(學會)를 통합(統合)하고 한국학센터를 설립하는 것에는 반대하였다.22) 대신에 대학에서의 국사연구와 국사교육이 활발해질 수 있는 발판을 마련해 주는 것이 가장 시급하다고 주장하였다. 또한 정치적인 의도에서 즉흥적인 발상으로 시작된 국사연구의 위험성을 우려하면서 우선 정부가 추진해야 할 일은 '사람을 기르는 일이라'고 강조하였다.

　한편, 수차례 논의를 거듭한 국사교육강화위원회(國史敎育強化委員會)는 역사의 주체를 '민족'으로 단일화시켰다. 즉 종래 계급적 모순이나 소수 엘리트에 의한 역사 인식 방법을 일단 배제하고, 역사를 민족 전체의 산물로 규정한 것이다. 나아가 성장세대의 인격 형성을 위해선 종전에 지나친 개인의 강조로 민족역량이 과소평가된 태도를 지양하고 중고교생부터 역사의식을 길러주는 방향으로 교과서를 개편하기로 결정하였다. 그 결과 중고등학교에 국사교과를 신설하였으

22) 『東亞日報』, 1972년 5월 18일.

며 대학에서는 국사가 교양필수과목이 되었다. 이에 학계에서는 이러한 교육목표 설정작업에 대해 찬성하면서도 연구가 뒷받침되지 않은 사관(史觀)의 정립(定立)은 단시일에 이룩할 수 없으며 민족적 철학(哲學)의 수립(樹立)은 국사학 자체 연구만의 영역이 아니라는 이유에서 경계하였다. 아울러 이러한 국사교육의 강화가 세계사교육에 대한 경시(輕視)로 나아갈 것이라는 우려를 표명하였다.[23]

그럼에도 불구하고 정부의 주도 아래 국사의 대중화는 급속하게 진행되었다. 우선 1980년대 일본역사교과서 왜곡 사태를 맞아 신군부 정권은 자신들의 취약한 정당성을 보완하기 위해 국사교육강화 방침을 밝히면서 입시에서 국사 과목의 배점을 늘리고 교과서의 내용 중 근세사 및 현대사 부분을 강화하고자 하였다. 이에 당시 친정부 언론 매체에서도 북한의 도발과 버마 암살테러사건, KAL기 피격사건 및 이란·이라크 전쟁, 레바논 사태 등을 내세워 국민들의 역사의식 함양을 강조하였다. 즉 우리 국민의 역사의식이 혼란되고 이러한 의식의 혼란은 역사적 인식의 눈을 흐리게 했다고 하면서 "국민 모두가 역사를 만들고 생활화한다는 투철한 사명감을 가져야 한다."고 외치며 '국사교육의 대중화'를 강조하였다.[24] 그리하여 국사교육의 대중화는 "역사에 관한 교양서적이 많이 나와서 중고등학생 및 대학생은 물론이오, 일반 시정의 사람들도 역사서적을 많이 읽고 그 나름대로의 역사의식을 배양하는 것은 오늘의 민족시련을 극복하는 슬기를 체득하는 의미에서 매우 바람직하다."고 역설하였다. 요컨대 국사의 이러한 대중화는 국민의식(國民意識)의 배양을 목표로 한 것이었다.

정부도 이러한 목표를 분명히 하였으니 1987년 3월 국사관(國史館)

[23] 『京鄉新聞』, 1972년 5월 26일.
[24] 『京鄉新聞』, 1984년 2월 27일.

준공식에서 대통령 전두환은 "식민사관, 사대주의, 유물사관을 극복하는 것이 오늘의 우리에게 주어진 과제"라고 말하고 "국사교육은 우리 자신과 후손들에게 조상의 위대함과 민족의 우수성을 올바르게 인식시켜 민족적 긍지와 자신감을 북돋워 주는 데 힘써야 할 것"이라고 강조하였다.[25] 이른바 민족적 사관을 내세워 독재정권을 유지하고자 한 신군부정권(新軍部政權)의 국사교육관(國史敎育觀)을 잘 보여준다. 이처럼 이 시기 국사 대중화의 요체와 목표는 민족을 내세운 반공국가주의(反共國家主義)와 매우 밀접하다고 하겠다.

4. 사회재조기(社會再造期) 다양한 사론(史論)의 대두와 국사 대중화의 새 경향(1987~현재)

1980년대 후반 민주화 운동에 동참하거나 공감하는 소장 국사학자와 교사들은 신군부 정권의 이러한 국사 대중화 작업에 맞서 민중사관(民衆史觀)을 내세우며 아래로부터의 대중화 방식을 추진하였다. 이는 1987년 6월 민주화 운동을 전후하여 반공 군부독재 체제가 동요하여 새로운 민주사회체제가 등장하는 과정에서 나타난 역사학계의 새로운 변화였다.

첫 계기는 1986년 소장 학자들이 중심이 되어 서술한『한국민중사』의 출간이었다. 이 책은 민중이 역사의 주체라고 주장함으로써 민족이 역사의 주체라고 하는 제도권의 민족사관을 비판하였다. '민중적 입장에서 한국사를 정리하고'자 하는 이른바 민중사학(民衆史學), 민중사론(民衆史論)의 대두였다. 한편, 이 책은 1970・80년대 민주화 운

25)『東亞日報』, 1987년 3월 24일.

동에 영향을 받는 가운데 조선후기 사회경제사와 한국근현대사 연구 분야에서 거둔 학문적 성과를 반영하여 체계화시킨 국사 개설서였다. 특히 현실과 분리된 채 오로지 입학과 취직 시험에 나오는 사지선다형(四枝選多型)의 역사, TV 교양강좌에 나오는 교양지식으로서의 역사를 거부하였다는 점에서 종전에 관이 주도하거나 학교 교육 위주의 국사 대중화를 전면 부정하였다. 그것은 반공 국가주의 역사관의 폐기를 의미하였다. 대신에 일반 대중들이 '올바른 역사 인식', '역사관'을 지니기를 원하는 동시에 '대중적 요구에 답한다'는 전제 위에 서술하고자 하였다. 그리하여 '쉽고 재미있게, 그러면서도 의미 있고 정확하게'라는 목표를 내세워 국사의 대중화 방법을 제시하였다. 이전에도 눈높이에 맞는 역사 서술 방식을 주장하기는 하였지만 일반 대중을 독자로 한 개설서에서는 『한국민중사』가 처음이었다.

　이어서 역사문제연구소가 1986년 '한국 근현대의 여러 문제를 공동 작업을 통해 연구하고, 이를 일반 대중에게 널리 알리는 역사 대중화'를 표방하고 설립되었다. 아울러 1987년 9월 민주화 운동에 고무되어 '역사연구의 대중화와 새로운 역사 인식의 정립을 위한 대중역사지'를 표방하면서 역사·시사 계간지 『역사비평』을 창간하고 대중과의 접점을 넓혔다. 창간호에서 표방한 한 대목을 보면, "이제 사회의 민주화와 민족의 통일을 지향하는 역사의 새로운 도정에서 더 이상 한국 근현대사 연구는 고원한 상아탑에서만 머무를 수 없고 또한 교조적으로 대중에게 주입될 수만은 없다. 이제 한국 사회와 한국 역사의 주체인 민중은 자기 자신의 역사지식을 회복해야 될 때이다. 역사 비평은 새로운 역사 인식의 대중적 확립을 바라는 모든 이의 것이 되고자 한다."라고 했다. 학계가 연구실이라는 울타리에서 벗어나서 일반 대중에 다가가 새로운 역사 인식의 확산을 모색하였던 것이다. 또한

여기에는 『한국민중사』 사건 증언기록이 수록되었다. 양자의 관계를
잘 보여주는 자료라고 하겠다.

이어서 소장 역사학자들의 주도 아래 설립된 구로역사연구소는 기
존의 역사서술을 지배계급의 입장에서 왜곡 서술된 역사라고 비판하
면서 민중 주체의 우리 민족사를 체계화한다는 취지 아래 1990년에
『바로 보는 우리 역사』를 출간하였다. 책 서문에서 그 발간의 목적과
취지를 다음과 같이 밝히고 있다.

> '80년 이후 역사의 주체로 성큼 나선 이 땅의 민중과 청년학생들은 미래
> 의 역사를 새롭게 창조해 나아가며 그에 걸맞은 역사를 요구하고 있다. 우
> 리는 이러한 현실의 요구에 답하기 위하여 지배계급의 역사를 비판하고
> 민중 주체의 우리 민족사를 체계화하여 바로 보는 우리 역사라는 이름으
> 로 세상에 내어 놓는다. 우리는 이 책을 『바보사』로 약칭하기를 주저하지
> 않으면서 지금껏 지배자들이 항상 우매하고 무식하다고 깔보고 짓밟아 온
> 민중의 역사를 참되게 대변하고자 한다. 고통과 굴종의 역사를 거부했던
> '80년대 민중의 역사를 마무리하는 시점에서 우리는 이 『바보사』가 '90년대
> 에도 이 땅의 민주화와 통일을 위해 힘찬 진군을 멈추지 않을 민중의 가슴
> 에 살아 숨 쉬는 바로 보는 우리 역사이기를 기대한다.

그리하여 이 책은 현장 노동자들의 필독서가 될 정도로 많은 주목
을 받아 10여 만부가 팔렸다. 여기에는 서술 내용을 관철하고 있는 민
중사관의 영향과 함께 당시 노동운동의 활성화와 평이한 서술 문체
에 힘입은 바가 크다.[26] 이어서 1992년에는 한국역사연구회에서 『한
국역사』를 출간하였다. 이에 대해 학계 일부에서는 『한국민중사』, 『바
로 보는 우리 역사』, 『한국역사』를 해방 직후에 출간된 전석담(全錫
淡)의 『조선사교정(朝鮮史敎程)』(1948)에 이어 마르크스의 유물사관

---

26) 이에 관해서는 朴準成, 『박준성의 노동자 역사 이야기』, 7. 역사를 어떻게 보아야
   할까?, 이후, 2009 참조.

에 근거한 국사 개설서라고 평가하기도 하였다.[27]

한편, 원로(元老) 국사학자(國史學者) 이기백(李基白)은 국사 대중화를 염두에 두되 재야사학자(在野史學者)의 국수주의사관(國粹主義史觀)과 진보 진영의 민중사관(民衆史觀)에 맞서 1987년 8월 역사대중잡지인『한국사시민강좌』를 창간하였다.[28] 그는 연구 못지않게 그 결과를 시민(市民)과 공유하는 것을 중요하게 생각하였다. 이어서 이기동(李基東)은 민중사학의 문제점을 '민중론과 계급 투쟁론의 문제', '현재성과 실천성의 문제', '민중·민족 주체의 근대화론의 문제', '정치사적 파악의 몰각' 등의 네 가지로 제기하였다.[29]

이처럼 국사의 대중화 문제는 국사 기본 지식의 보급, 학문적 성과의 확산이라는 차원을 넘어서서 대중의 역사 인식을 둘러싼 '민족사관(民族史觀)'과 '민중사관(民衆史觀)' 사이의 주도권 다툼으로 발전하였다. 그리고 이러한 형세는 21세기에 들어와 뉴라이트의 등장과 함께 새로운 국면을 맞았다. 여기서는 신자유주의(新自由主義)의 기치 아래 문명화론(文明化論)과 경제성장론(經濟成長論)을 주장하며 민족사관과 민중사관을 정면으로 비판하는 가운데 대중을 계몽하기 위해 한국사 개설서를 출간하였다.[30] 이제 학계 내부의 논쟁을 넘어 대중의 역사 인식을 장악하기 위한 쟁투로 발전하였으며 심지어『한국근·현대사』교과서를 둘러싼 논쟁으로 번져가면서 정치·사회 문제로 비화되기에 이르렀다.

반면에 노태우 정부가 들어선 뒤 세계화 기치가 힘을 점차 떨치면

---

27) 鄭杜熙,『하나의 역사, 두 개의 역사학』, 소나무, 2001, 106~107쪽.
28) 全德在, 앞의 논문, 91쪽.
29) 李基東,「民衆史學論」,『現代 韓國史學과 史觀』(盧泰敦 등), 翰林科學院叢書 1, 一潮閣, 1991.
30) 교과서포럼,『한국 근·현대사―대안교과서』, 기파랑, 2008.

서 보수 진영이든 진보 진영이든 국사를 독재정권하 국책과목(國策科目)으로 비판하면서 국사는 독립 교과로서의 위상을 상실하고 사회과(社會科)로 도로 편입되었다. 심지어 국사교과서마저 사회 교과서에 통합될 위기에 몰리기도 하였다. 학교 교육을 통한 위로부터의 대중화 작업이 스스로 멈추면서 오로지 서술 내용만이 세인의 관심 대상이 되었다.

이제 여러 사회세력들은 제각기 민간 차원에서 각축(角逐)을 벌이면서 국사의 대중화에 몰입하기 시작하였다. 언론계(言論界)의 가세 역시 이러한 지경에 이르는 큰 요인이 되었다. 국사의 이러한 대중화는 일반 대중을 둘러싼 역사관(歷史觀)의 경쟁이자 보수와 진보 식자층 사이의 주도권(主導權) 다툼을 알리는 전주(前奏)였다. 그런데 이러한 쟁투는 고스란히 일반 대중들에게 피해로 돌아갈 여지가 커졌음을 예고한다. 즉 학계·교육계 차원에서 학문적으로 논쟁하고 연구를 통해 심화시켜야 할 사안이 학교 현장과 일반 대중들의 차원으로 번져가고 정치적·사회적 문제로 비화됨으로써 대중들의 역사 인식이 상호 소통과 공존의 자리에서 벗어나 매우 경직(硬直)된 이데올로기적 지점(地點)에 서게 되고 대중들 간에 상호 충돌할 가능성이 높아지고 있다. 이는 자칫하면 역사허무주의(歷史虛無主義)에 빠지거나 현재주의(現在主義)에 갇혀 결국은 국사의 대중화를 오히려 가로막는 요인이 될 것이다. 한편, 대중들은 지적(知的) 호기심과 상상력을 자극하거나 교양주의(敎養主義)에 머무는 역사서와 사극(史劇)에 몰입하거나 오로지 시험 과목으로서 국사 개설서를 들여다보는 지식소비자로 전락할 것이다.

5. 결어

　국사의 대중화는 근대개혁기 주권국가 건설과 국권수호를 목표로 삼아 본격적으로 진전된 이래 오늘날까지 수많은 굴곡을 거쳤다. 이러한 대중화의 방식은 크게 위로부터의 대중화 방식과 아래로부터의 대중화 방식으로 나눌 수 있다. 전자는 정부가 학교교육 등 제도교육을 통해 추진하였던 데 반해 후자는 일반 민간인들이 출판물과 강연 등 민간 매체를 통해 추진하였다. 그리고 국사의 이러한 두 가지 대중화 방식은 시기에 따라 목표와 내용을 달리하며 상호 영향을 미쳤다.

　1945년 8월 15일 광복은 그동안 일제의 극심한 탄압으로 빈사지경에 이르렀던 국사의 대중화 노력이 다시 본격화될 수 있는 계기가 되었다. 우선 문교부가 국사 교과서를 편찬하여 자라나는 후속 세대들에게 민족 정체성을 심어주고 국사에 대한 인식을 제고하고자 하였다. 민간에서도 몇몇 저자와 출판사를 중심으로 국사의 대중화에 진력하였다. 특히 후자는 6·25 남북전쟁과 국사교육의 제도적 불비로 인해 국사교육이 제대로 이루어지지 않는 현실에서 민인들의 국사에 대한 인지도를 제고함으로써 국사의 대중화에 이바지하였다.

　따라서 이러한 대중화 노력은 4·19 혁명을 계기로 민족주체의식의 자각과 연계되면서 더욱 활성화되었다. 그리고 1965년 한일국교(韓日國交) 정상화(正常化)는 정부든 민간이든 민족주체성 문제를 최우선 화두로 삼으면서 식민사관의 극복 문제를 전면으로 제기하는 계기가 되었다. 그 결과 정부와 학계, 교육계에서 한국사연구와 국사교육을 강화해야 한다는 목소리가 높아졌다.

　이런 분위기에서 이기백 교수의 『국사신론』을 비롯한 여러 국사 개설서가 출간되었다. 이들 책은 식민사관의 극복을 내세우며 당시 한국사학계의 연구 성과를 반영하여 서술함으로써 학계와 일반 대중을 연결시키는 고리가 되었을뿐더러 국민의 역사 인식 고양에 기여하였다.

정부 역시 한국사연구와 국사교육의 활성화를 위해 1972년 5월 국사교육강화위원회를 설치하였다. 이 중 국사교육과정의 개편과 함께 국사의 대중화가 가장 관심을 끄는 사안이었다. 국사교과목이 독립교과로 되었으며 나아가 입시와 각종 고시에서 비중이 높아졌다. 그러나 정부가 국사교과서를 국정화(國定化)하고 이른바 민족적 철학을 담음으로써 반공 국가주의 경향이 국사교과서에서 큰 비중을 차지하였다. 특히 1980년대 들어와 정권을 장악한 신군부는 민주화 운동을 탄압하고 정권의 정당성을 확보하고자 할 의도로 민족적 사관을 내세워 이른바 국민의식(國民意識)의 배양에 힘썼다.

그러나 신군부의 이러한 노력에도 불구하고 민주화 운동이 확산되는 가운데 소장 국사학자들을 중심으로 반공 국가주의 역사관의 폐기를 주장하면서 민중적 처지에서 한국사를 정리하고자 하는 노력들이 경주되었다. 『한국민중사』, 『바로 보는 우리 역사』 및 『한국역사』는 이러한 민중사관에 입각하여 서술된 대표적인 개설서였다.

이러한 국사 개설서의 출간은 아래로부터의 국사 대중화가 본격화되었음을 의미한다. 그런데 이는 단지 국사에 대한 인지도의 제고에 국한되지 않고 기존의 민족사관에 대한 도전이기도 하였다. 이에 이기백을 비롯한 원로 국사학자들이 민간 차원에서 국사 대중화를 시도하면서 민족사관과 민중사관의 대립이 불거졌다. 특히 21세기에 들어와 민족사관과 민중사관을 비판하는 뉴라이트가 등장하면서 이제 사관 문제는 학계 내부의 논쟁을 넘어 대중의 역사 인식을 장악하기

위한 쟁투로 발전하였다. 심지어 이러한 쟁투는『한국근·현대사』교
과서를 둘러싼 논쟁으로 번져가면서 정치·사회 문제로 비화되기에
이르렀다.

　그러나 이러한 논쟁은 학계와 교육계 차원에서 학문적으로 논쟁하
고 연구를 통해 심화시켜야 할 사안으로서 정치권과 언론계가 개입
하여 정치·사회적 문제로 비화시켜서는 안 된다. 이는 대중들의 역
사 인식을 이데올로기 지점으로 이끌뿐더러 궁극적으로는 역사허무
주의를 증폭시킴으로써 오히려 국사의 대중화를 가로막기 때문이다.

Northeast Asian History Foundation, *Journal of Northeast Asian History* 9-1, 2012
揭載, 2014 補.

제12장

'국사(國史)' 명칭의 연원과
중등학교 역사교육에서 '국사' 명칭

1. 중등학교 교과서 『국사』, 명칭 논란에 휩싸이다

20 05년 현재 우리 사회에서는 보수와 진보, 전통과 현대, 계급
과 민족, 친미와 반미, 친일과 항일, 반북과 친북, 윤리와 반
윤리 등등을 둘러싼 논란들이 끊임없이 제기되고 있다. 이를 두고 시
대의 전환과 진보 진영의 성장에 대한 보수 진영의 반발에서 비롯되
었다고 보는가 하면 진보 진영이 주도권을 계속 놓치지 않기 위해 정
치적 이슈를 만드는 과정에서 파생되었다고 보기도 한다. 나아가 이
런 논란은 교육과정 개편과 맞물려 증폭되는 가운데 역사 교과서 편
찬 문제로 비화되기도 하였다. 특히 역사 교과서의 용어 기술 문제는
초미의 관심사여서 여당과 야당을 비롯한 정치 집단과 여러 세력들
이 자기의 이익·가치를 관철시키려는 의도를 가지고 여기에 직접 간
접으로 관여하려고 한다. 그리하여 이런 역사 용어의 형성 배경과 역
사적 실체에 조금이라도 다가서려기보다는 오로지 미래를 명분으로

현재의 눈과 자기 처지에서 재단하고 해석할 뿐이다. 이제 역사 용어
는 과거의 사건, 제도와 인물의 실체 및 역사적 성격을 이해하기 위한
매개체라기보다는 오로지 오늘과 미래의 삶을 위해 만들어진 담론의
산물일 뿐이다.[1]

  역사 용어를 둘러싼 논란이 이처럼 진행되는 가운데 중등학교 역
사 교과서의 하나인 '국사' 명칭에 대한 비판은 근래 민족주의 비판과
맞물려 점차 세를 얻어 가고 있다. 물론 여기에는 입론과 처지, 노선의
차이로 말미암아 세계화 요구의 연장선에 있는 경우, 소수자 · 약자 · 여
성의 인권을 강조하는 경우와 포스트모더니즘의 선봉에 서 있는 경우
로 나누어 볼 수 있다. 그러나 보수든 진보든 내부 일각에서는 중등
학교 교과서 『국사』의 구성 체계와 서술 내용을 두고 민족주의를 확
대 재생산하는 기제의 원천으로 간주하는 가운데[2] 중등학교 교육과
정에서 명명되어 교과서 명칭으로 쓰이고 있는 '국사' 명칭마저 비판
의 도마에 올려놓고 있다. 나아가 이러한 비판의 위세와 구실에 위축
되어 버린 나머지 학계와 중등학교 역사교육 현장의 일각에서는 자
기 성찰과 타자에 대한 배려를 내세워 스스로 '국사' 명칭마저 버리려
는 모습을 보이고 있다. 왜 '국사'라는 명칭마저 스스로 버리려고 하는
것일까. 명칭을 시비하는 쪽이나 이에 귀를 기울이며 고개를 끄덕이
는 이들의 주장은 이러하다.

  첫째, 우리나라 역사를 '국사'라고 부를 경우, 다른 나라의 경우와
달리 용어 자체가 객관성이 없다는 점이다. 다른 나라 역사교육의 경

---

[1] 이와 관련하여 李景植, 「韓國史 敍述에서 用語選定의 傾向」, 『歷史敎育』 56, 1994
; 金鎭圭, 「國史敎科書의 歷史用語 選定 機制」, 서울大學校 碩士學位論文, 2000 참조.
[2] 이와 관련된 대표 저서는 다음과 같다.
김기봉, 『'역사란 무엇인가'를 넘어서』, 푸른역사, 2000 ; 임지현 · 이성시 엮음, 『국사
의 신화를 넘어서』, 휴머니스트, 2004.

우, 교과서의 명칭을 중국사, 일본사, 미국사, 독일사 등등으로 명명
하는데 왜 여기(한국)서만 '한국사'로 부르지 않고 '국사'로 부르는가
를 문제 삼고 있다.

둘째, '국사' 명칭 자체가 배타성을 내포하고 있다는 점이다. 즉 '국
사'라는 명칭 속에는 국외자, 소수자를 배제, 억압하고 자기 민족의
우월성을 강조하려는 음험한 의도가 숨어 있다는 것이다. 특히 이런
혐의를 입증하기 위해 국사교육이 근대 국민건설기에 '상상의 공동체'
라고 하는 민족(民族)의 발명(發明)과 함께 시작되면서 대내적으로 자
기 영토의 주민을 결집시키고 통제하는 한편 타국에 대한 침략과 식
민지배를 정당화시키는 이념 교육의 주요 수단이라는 점을 강조하고
있다.

셋째, '국사'라는 명칭은 일제강점기 천황 중심의 국체유지(國體維持)
와 충군애국(忠君愛國)을 핵심으로 삼아 이 땅에서 자행된 군국주의
교육, 황국신민교육의 산물이라는 점이다. 특히 일본의 후쇼사 역사
교과서에서 극명하게 드러나듯이 일제의 패망에도 불구하고 우리나
라의 경우도 일제강점기의 '국사(國史)' 체계를 이어받아 '국사' 명칭을
쓰고 있다는 점이다.

넷째, '국사' 과목이 유신시대 박정희 정권의 적극적인 지원 아래 독
립교과가 되었으며 정권의 나팔수로 구실했다는 점을 지적하면서 '국
사'라는 명칭 자체가 민주주의의 압살과 국가주의의 부활을 풍긴다는
점이다. '국사'는 그 자체 국가주의인 셈이다.

물론 대다수 한국사 연구자와 역사 교사, 일부 사회과학 연구자들
은 이들의 이런 비판을 받아들이고 있지 않다. 왜냐하면 이런 비판이
한국의 현실에서 어떠한 의미를 갖는가를 따져보았을 때 회의 어린
시선을 거둘 수가 없을뿐더러 대안 없는 비판이라고 간주하기 때문

이다. 나아가 국민국가가 "다수 민중들이 스스로의 삶을 보장해 주는 최후의 울타리"가 될 것이라는 기대 효과를 들어 민족주의의 필요성을 강조하기도 한다.[3] 그러나 이러한 대응 논리는 이념과 이념의 대립, 세력과 세력의 싸움을 부추기거나 혼란을 증폭시킬 뿐, '국사'의 실체에 조금이라도 들어가려는 노력을 보여주지 못하고 있다. 그런 점에서 이 글은 저간의 사정을 염두에 두되 '민족' 담론이라는 거대한 논란의 도가니에 들어가기보다는 역사학 연구의 방법론에 따라 자기 역사의 전통 및 내력과 관련하여 '국사' 명칭의 연원을 구체적으로 다루는 한편 현재 논란이 되고 있는 국사 교과서 명칭의 의미를 검토하고자 한다. 다만 분량의 제약과 글의 논쟁적인 성격으로 말미암아 시론(試論)에서 벗어나지 못했음을 미리 밝혀둔다.

2. '국사' 명칭의 연원과 의미

옛 문헌에서 '국사'라는 명칭이 처음 보이는 것은 『삼국사기(三國史記)』권 제4 신라본기(新羅本紀) 제4, 진흥왕(眞興王) 6년 7월에서이다.

> 6년(545) 가을 7월에 伊湌 異斯夫가 아뢰었다. "나라의 역사國史는 임금과 신하의 선악을 기록하여 褒貶을 萬代에 보이는 것이니, 이를 편찬하지 않으면 후대에 무엇을 보이겠습니까?" 왕이 진실로 그렇다고 여겨 大阿湌 居柒夫 등에게 명하여 선비들을 널리 모아 국사를 편찬케 하였다.

---

3) 김동춘, 『근대의 그늘―한국의 근대성과 민족주의』, 당대, 291~294쪽 ; 양정현, 「역사교육에서 민족주의를 둘러싼 최근 논의」, 『歷史敎育』95, 2005, 25~27쪽.

　여기서 보이는 '국사(國史)'라는 명칭은 단순한 보통명사라기보다
는 책의 제목을 가리킨다. 그리고 편찬 동기가 포폄(褒貶)을 만대(萬
代)에 보이는 데에 있음에 유교적 역사 서술의 영향을 크게 받았음을
확인할 수 있다. 그런데 왜 '국사'라고 이름을 지었을까. 그것은 왕의
통치 즉 한 국가의 권력이 직접적이든 간접적이든 미치는 영토에서
벌어진 과거의 역사를 정리하려 했기 때문이다. 신라국이 서술 단위
인 셈이다. 물론 서술의 주된 대상은 왕의 출자, 언행 및 신하의 언행
이었을 것이다. 그 밖에 여기에는 왕의 통치를 받는 백성들이 포함되
었을 것이다. 그러나 신라국과 함께 다른 나라를 포함하는 역사를 쓰
려고 했다면 김부식(金富軾)의『삼국사기(三國史記)』처럼 다른 이름
을 붙였을 것이다.

　이후 신라의 삼국 통일과 고려의 후삼국 통일을 계기로 일국가의
식(一國家意識) 아래 동일 종족, 동일 문화 의식이 형성되면서 '국사'
는 동일 종족의식과 문화의식을 담는 그릇으로 발전하였다.

　우선 태조 왕건(王建)이 내린 훈요(訓要) 10조 중에 네 번째의 경우
를 보자.

　　우리 동방은 오래 전부터 중국 풍습을 본받아 문물 예악 제도를 다 그대
　로 준수하여 왔다. 그러나 지역이 다르고 사람의 성품도 각각 같지 않으니
　구태여 억지로 맞출 필요는 없다. 그리고 거란은 우매한 나라로서 풍속과
　언어가 다르니 그들의 의관 제도를 아예 본받지 말라!4)

　중국의 문화를 동아시아 보편 문화로 숭상하고 거란의 문화를 경

---

4)『高麗史』권2, 世家 제2, 太祖 26년 夏4월.
　"惟我東方 舊慕唐風 文物禮樂 悉遵其制 殊方異土 人性各異 不弼苟同 契丹是禽獸之
　國 風俗不同 言語亦異 衣冠制度 愼勿效焉"

멸하는 화이관(華夷觀)에 머무르면서도 풍토론(風土論)과 문화 의식
에 입각하여 타문화, 타종족과 구별하려는 자아의식과 개별의식을 보
이고 있다. 이는 중앙집권국가 아래 언어 및 종족의 유사성과 역사
경험의 공유에서 비롯되었다. 그것은 '유아동방(惟我東方)'으로 잘 표
현되고 있다.

김부식의 『삼국사기』도 이런 바탕 위에서 다음과 같이 편찬의 필요
성을 강조하였다.

> 지금의 學士, 大夫들은 5經과 諸子의 글 및 秦漢 이래 역대의 역사에는
> 혹 두루 통하여 상세히 말하는 자가 있어도 우리나라의 일[吾邦之事]에 대
> 하여는 도리어 그 始末을 까마득히 알지 못하니 심히 한탄스러운 일이
> 다.[5]

김부식은 여기서 중국의 역사는 잘 알지만 우리나라의 일[吾邦之事]
을 모르는 현실을 개탄하고 있다. 나아가 중국에 맞서서 자기 나라를
지킨 고구려(高句麗) 을지문덕(乙支文德)을 칭송하였다.

> 煬帝가 요동 전쟁에 보낸 군대는 이전에 유례없이 많았다. 고구려는 한
> 귀퉁이의 작은 나라로서 능히 이를 막아내어 스스로를 보전하였을 뿐 아
> 니라, 그 군사를 거의 다 섬멸한 것은 [을지문덕 한 사람의 힘이었다. 경전
> 에 이르기를 "군자가 있지 않으면 어찌 능히 나라를 유지할 수 있으랴?' 하
> 였는데, 참으로 옳은 말이다.

김부식은 주지하는 바와 같이 신라계승의식의 자세를 견지하면서
도 신라의 적대국이었던 고구려의 을지문덕을 군자로 비유함으로써
국가수호의식을 강조하는 한편 고려 이전의 모든 국가의 역사를 고

---

[5] 『三國史記』, 進三國史記.

려 역새吾邦之事] 체계에 적극 편입시키고 있다. 이는 국가의식의 발로였다. 또한 그는 『삼국사기』에 삼국의 예(禮), 악(樂), 풍속(風俗), 경제(經濟), 천문(天文), 지리(地理) 등을 기록함으로써 신라의 삼국 통일 이래 내려온 동일문화 의식을 발전시켰다. 이 점에서 『삼국사기』는 시간상에서는 삼국으로부터 고려 초기까지 아우르며 공간상에서는 신라, 고구려, 백제를 아우르는 영토를 역사의 서술 대상으로 삼았으며 문화상에서는 정치, 경제, 사회, 문화(협의의 의미)를 담아냈다. 그래서 훗날의 역사가 일연(一然)과 이규보(李奎報)는 『삼국사기』를 나라의 역사를 기록하였다고 하여 '국사(國史)'라 불렀다. 『삼국사기』는 '국사'인 셈이다. 그리고 『삼국유사(三國遺事)』를 비롯한 이후 여러 역사서들은 『삼국사기』가 무시하거나 간과한 고조선의 세계와 또 다른 문화의 세계를 발견하여 보완하였다.

물론 김부식 이전부터 '국사'는 실록(實錄)을 가리켰다. 실록을 편찬하는 관리들을 '수국사(修國史)'니 '감수국사(監修國史)'니 불렀을뿐더러 실록을 국사라 부르는 경우가 『고려사(高麗史)』에 자주 보인다. 그러나 실록 말고도 다른 역사서도 국사라 불렀다. 대표적인 경우로 고려 공민왕 때 이제현(李齊賢)이 편찬에 착수한 『국사(國史)』를 들수 있다. 이 책은 고려 태조 이래의 역사를 편찬한 당대사였다. 그 밖에 충렬왕 때 오양우(吳良遇)가 편찬했다고 알려진 역사서의 제목도 '국사(國史)'였다.

이러한 '국사' 편찬은 조선시기에 들어와 국가의식과 문화의식이 강화되면서 더욱 활발해졌다. 특히 세종대 훈민정음(訓民正音) 창제는 이 시기 국사 편찬에 깔려 있는 생각을 잘 보여준다. 여기에 담긴 문화의식을 정확하게 보기 위해 한문 원문을 제시하면 다음과 같다.

異乎中國 與文字不相流通 故愚民 有所欲言而終不得伸其情者 多矣[6]

국어(國語, 나라의 말), 즉 우리말이 중국말과 다르다는 점을 들어 문자인 훈민정음의 창제 배경을 설명하고 있다. 여전히 우민(愚民)은 통치의 대상이지만 이들 우민을 문자사용의 주체로 승격시키는 데 여기에는 독자적인 문화 의식이 작용하였다.

그리하여 조선전기에는 이러한 문화의식에 바탕하여 『동국통감(東國通鑑)』, 『동국사략(東國史略)』, 『동국세년가(東國歲年歌)』가 편찬되었다.[7] 비록 내용상 중세적 화이관을 극복하지 못하였지만 형식상에서는 중국과 별개로 나라의 역사를 통사 형식으로 정리하였다. 특히 조선 이전의 역사를 '동국(東國)'이라는 명칭 밑에 한 계통으로 정리하였다는 점에서 동국사는 나라의 역사 즉 국사였다. 그것은 과거 역사에 대한 끊임없는 탐구와 중앙집권제의 강화, 문화의식의 성장에서만 나올 수 있었다.

나아가 이는 학문의 차원에 머물지 않고 어린 학생인 동몽들의 학습 교재인 『동몽선습(童蒙先習)』에도 반영되었다. 비록 저자 박세무(朴世茂)가 소중화(小中華)를 내세우고 있지만 여기에는 동방(東方)이라는 범주를 설정한 뒤 우리나라의 역사를 단군조선부터 삼국시대, 고려시대, 조선 태조의 왕조 개창까지 일목요연하게 서술하고 있다. 그러나 이 책은 경전에 중심을 두었을뿐더러 중국사에 부용(附庸)되어 있는 방식이었다.

그렇다면 조선후기 역사서 즉 '국사'는 이전과 어떻게 다를까.[8]

---

6) 『訓民正音解例本』.

7) 한영우, 『역사학의 역사』, 지식산업사, 2002, 143~158쪽.

8) 이에 관해서는 韓永愚, 『朝鮮後期 史學史研究』, 一志社, 1989 ; 趙誠乙, 『朝鮮後期史學史研究』, 한울아카데미, 2004 참조.

이 시기는 교환경제의 발달과 전국적 시장권의 성장, 신분제 동요
에 힘입어 화이관을 극복해 가는 가운데 문화적 동일성, 경제적 단일
성을 점차 확보해 가는 시기이다. 『동사(東史)』를 지은 허목(許穆)은
동국의 지리적 문화적 고유성을 강조하였으며『동국여지지(東國輿地
誌)』를 쓴 유형원(柳馨遠)은 고구려뿐만 아니라 고조선의 중심 지역도
요동 지방으로 비정하여 고조선과 고구려를 다시 발견하기에 이르렀
다. 또한『동사』를 쓴 이종휘(李種徽)는 혈통에 초점을 두고 단군 조
선을 역사의 중심으로 올려놓았으며 지역적으로는 만주 지방과 한반
도 북부를 중심 무대로 설정하였다. 그리고 이는 유득공(柳得恭)의
『발해고(渤海攷)』에서 보이듯이 고토회복(故土回復)에 대한 의지로 발
전해 갔다.9)

한편, 이익(李瀷)과 정약용(丁若鏞)은 중국 중심의 화이관을 극복하
면서 독자적인 개별의 시대를 열 수 있는 기반을 조성하였다.10) 또한
『택리지(擇里志)』를 쓴 이중환(李重煥)은 국토를 단지 사대부의 거주
공간 또는 국가의 부세 수취 대상으로 파악하지 않고 일반 민인들이
물산을 생산하고 유통하는 경제 공간으로 보기 시작하였다.11)

이제 조선후기 '국사'는 이전의 역사적 전통과 내력에 대한 끊임없
는 탐구와 사회 변동에 힘입어 새로운 지평을 열어갔다. 아울러 이러
한 국사는 근대 '국사'의 원형질로서 자양분을 제공할 준비를 갖추고
있었다. 이는 훗날 신채호(申采浩)를 비롯한 근대 역사학자들에게 영
향을 끼쳤다.

---

9) 韓永愚, 위의 책.
10) 韓永愚, 위의 책.
11) 박광용, 「이중환」, 『한국의 역사가와 역사학 상』(조동걸, 한영우, 박찬승 엮음), 창작
    과비평사, 1994.

3. 역사교육에서 '국사' 명칭의 의미와 곡절

근대개혁기에 들어와 역사교육은 경전교육(經典敎育)에서 벗어나 독자적인 영역들을 확보해 갔다. 즉 이전만 하더라도 역사교육은 초·중등 단계에서는 문자 교육 또는 경전 교육의 보완 교육에 지나지 않았지만 갑오개혁을 거치면서 독립적인 교과목으로 서게 되었다. 1895년 8월 1일에 공포된 〈소학교령(小學校令)〉을 보면 고등과에 '외국역사(外國歷史)'와 함께 '본국역사(本國歷史)'가 설정되었다.[12] 종전의 동몽 교재에서 보이는 경전 중심, 중국 역사 중심에서 벗어나 독자적인 역사교육, 개별적인 국사교육이 가능하게 된 것이다. 또한 국사교육의 근간인 '국체(國體)의 대요(大要)'는 일본사인 『국사(國史)』와 달랐다. 즉 후자에서 말하는 국체의 대요는 '황통(皇統)의 무궁(無窮)'과 '역대 천황(歷代天皇)의 성업(盛業)'이었던 데 반해 전자에서 말하는 국체의 대요는 '건국(建國)의 체제(體制)'와 '현군(賢君)의 성업(盛業)'이었다. 그리하여 후자에서는 온갖 신화가 난무하였지만 전자는 이전 역사학의 전통에 따라 신화의 역사라기보다는 문화의 유래와 '개국의 유래'를 밝히고 있다. 이 점에서 훗날 황국사관의 국사와는 달랐다.[13]

또한 사립학교에서도 국사교육을 장려하였으니 역사가 정규 과목에 들어 있었으며 입학시험에도 국사가 포함되었다.[14] 그리하여 이 시기에는 많은 국사교과서가 편찬되었다. 『조선역대사략(朝鮮歷代史略)』(學部, 1895), 『조선역사(朝鮮歷史)』(學部, 1895), 『아국약사(我

12) '소학교령', 1895년 8월 1일.
13) 梁正鉉,「近代 改革期 歷史敎育의 展開와 歷史 敎材의 構成」, 서울大學校 博士學位論文, 2001, 42~44쪽.
14) 이에 관해서는 金興洙,『韓國歷史敎育史』, 大韓敎科書株式會社, 1992, 42~46쪽 ; 梁正鉉, 위의 논문, 56~94쪽 참조.

國略史)』(學部, 1898), 『동국역대사략(東國歷代史略)』, 『대한역대사략
(大韓歷代史略)』, 『보통교과동국역사(普通敎科東國歷史)』(玄采, 學部
刊行, 1899), 『동사집략(東史輯略)』(金澤榮, 1902), 『대동역사(大東歷
史)』(崔景煥, 1905), 『대동역사략(大東歷史略)』(鄭喬, 1905) 등등이 그
것이다. 이들 교과서는 조선 초기 『동국통감(東國通鑑)』이나 조선후
기 실학 역사서에 영향을 받았으며 단군조선부터 당시까지의 역사를
기술하고 있다. 특히 단군조선을 통해 애국심을 고취하였으며 심지어
『역사집략(歷史輯略)』(金澤榮, 1905)과 『대동역사』는 발해 역사를 상
세히 다룸으로써 조선후기에 이미 보이는 고토 회복 의식을 계승하
는 동시에 당시 대한제국의 주권국가 수립 노력을 학문상에서 뒷받
침하고 있다.

그러나 1910년 8월 국망(國亡)과 함께 나라의 역사를 가리키는 '국
사'는 사라졌다. 나라가 망해 국사를 사용할 수 없기 때문이다. 대신
에 『조선통사(朝鮮通史)』(林泰輔), 『조선사대계(朝鮮史大系)』(小田省
吾), 『조선사(朝鮮史)』(朝鮮總督府), 『조선역사(朝鮮歷史)』(李昌煥), 『조
선사개설(朝鮮史槪說)』(三品彰英) 등등의 책들이 나왔다. 여기서 표
기한 '조선사'는 일본 제국주의가 통치하는 조선 지역의 역사를 가리
켰다. 또한 우리 역사를 정리하기 위해 일제가 만든 역사 편찬 기관
은 '조선사편수회(朝鮮史編修會)'였다. 이제 '국사'는 내용을 강탈당했
을뿐더러 이름마저 잃어버림으로써 한낱 지역의 역사를 가리키는 '조
선사'로 대치되었다. 반면에 대한제국을 강점한 일본제국주의의 역사
가 '국사'라는 이름으로 이 땅에서 활개를 쳤다. 교과서의 경우도 마
찬가지여서 일본사 교과서를 『보통학교국사(普通學校國史)』, 『초등국
사(初等國史)』라 불렀다. 그것은 일본 천황들의 성덕과 인종적 문화
적 역사적 우월성을 강조함으로써 일제의 한국지배를 정당화하는 한

편 '조선인'을 일본 천황의 신민이라는 생각을 가지도록 하는 교과서
였다.15)

　한편, 나라의 독립을 갈구하는 지식인과 민중들은 잃어버린 국가를
대신하여 나라를 되찾는 주체로 민족을 설정하였다. 이러한 민족은
신라의 삼국통일 이래 '국사' 속에서 때로는 족속으로, 백성으로, 민인
으로, 때로는 인민으로 표기되었던 국가의 구성원이었다. 빼앗긴 나
라 대한제국을 찾으려 했던 박은식(朴殷植)은 『한국통사(韓國痛史)』
서문에서 다음과 같이 말하고 있다.

　　옛사람이 이르기를 나라[國]는 멸할 수가 있으나 역사[史]는 멸할 수가
　없다고 하였으니 그것은 나라는 形體[形]이고 역사는 精神[神]이기 때문이
　다. 이제 한국[韓]의 형체는 허물어졌으나 정신만이 독존할 수는 없는 것인
　가. 이것이 [韓國痛史]를 저작하는 소이다. 정신이 보존되어 멸하지 아니하
　면 形[國家]은 부활할 시기가 있을 것이다. …… 오늘날 우리 민족[吾族] 모
　두가 우리 조상[吾祖]의 피로써 골육을 삼고 우리 조상의 혼으로 靈覺을 삼
　고 있으니 우리 조상은 신성한 敎化가 있고 신성한 政法이 있고 신성한 文
　事와 武功이 있으니, 우리 민족이 그 다른 것에서 구함이 옳다고 하겠는가.
　무릇 우리 형제[我兄弟]는 서로 생각하고 늘 잊지 말며 형체와 정신을 전멸
　시키지 말 것을 구구히 바란다.16)

　그는 "나라는 멸하여도 역사는 멸할 수가 없다."[所謂國可滅, 而史不
可滅]는 역사편찬 정신에 입각하여17) 『한국통사』를 쓰면서 독자 대상
을 혈통의 유사성에 바탕하여 오랜 기간에 걸쳐 국가 생활[정치] 경험
과 문화 경험을 공유[교화(敎化), 정법(政法), 문사(文事), 무공(武功)]한

<hr/>

15) 이에 관해서는 金興洙, 앞의 책, 122~149쪽 ; 梁正鉉, 「日帝 强占期 歷史敎育 理念과
　　政策 : 1920~30년대 중반 普通學校를 중심으로」, 『國史館論叢』 77, 1997 참조.
16) 朴殷植(이장희 역), 『韓國痛史』, 博英社, 1974, 14~15쪽.
17) "國可滅, 而史不可滅"은 『隋書』와 『高麗史』에 나오는 구절이다.

오족(吾族), 즉 민족에 두었다. 따라서 민족은 서양의 역사 전통 및 경험과 달리 근대 지식인의 발명이 아니라 신분의 해방과 인간의 해방을 향해 나가는 인민들의 오랜 역사 경험과 힘찬 도정 속에서 발견된 존재였다.

그리하여 1945년 8월 15일 박은식이 애타도록 고대했던 민족의 해방이 찾아왔다. 이는 잃어버린 나라의 말, 나라의 역사가 부활하는 순간이었다. 또한 신국가건설기에 중요한 사업인 교육사업을 궤도에 올리기 위해 교과서도 배부되지 못하는 열악한 여건에서 초·중등학교는 한국문화사, 국사개요, 한글철자법 및 일상 회화, 애국가와 기타 창가를 교수하였다.[18] 이어서 1946년 5월 26일 진단학회(震檀學會) 이름으로『국사교본(國史敎本)』이 세상에 나왔다. 1910년 나라가 망한 지 36년 만에 한국인이 쓴 '국사' 교과서가 처음 나온 것이다. 이 교과서는 우리 민족문화와 국가사회의 변천발전의 대요를 간략하게 서술한 교재로 일제강점기의 국사 교과서와 달리 신화와 영웅의 역사를 배제하고 있다.[19]

이후 '국사'라는 이름의 교과서들이 보이기 시작하였다. 심지어 이후 시기의 대학교 교재도『국사대관(國史大觀)』(李丙燾),『국사개론(國史槪論)』(韓㳓劤, 金哲埈),『국사신강(國史新講)』(李弘稙, 韓㳓劤, 申奭鎬, 曹佐鎬)처럼 '국사(國史)'를 붙였다.

한편, 안재홍(安在鴻)과 함께 신민족주의(新民族主義) 사학(史學)을 제창한 손진태(孫晉泰)는 민주주의적 민족적 견지에서 엄정한 과학적 비판을 강조하면서 1948년에 간행한 저서의 이름을『국사대요(國史

---

18) 이에 관해서는 金泰雄,「新國家建設期 敎科書 政策과 運用의 實際」,『歷史敎育』88, 2003, 73쪽.
19) 이에 관해서는 文鳳珠,「解放 直後의 文化建設 運動과〈國史敎本〉」, 高麗大學校 碩士學位論文, 1988 참조.

大要)』라 지었다. 그리고 그의 국사에 대한 시각과 방법론을 이 책 서문에서 밝히고 있다. 장황하지만 인용하면 다음과 같다.

> 우리 민족은 4~5천 동안 만주와 반도라는 동일 지역 내에서 성장하였고, 동일한 혈족체로서 동일한 문화 속에서 변함없이 공동 운명체 생활을 하여 온 단일 민족이므로, 우리 역사는 곧 민족사가 되는 것이다. 그러므로 우리 역사는, 우리 민족이 과거에 민족으로서 어떻게 생활하였으며 어떠한 경우에 민족으로서 강하였고, 또 그 생활이 행복하였으며, 어떠한 경우에 약하고 불행하였으며, 어떠한 문화를 건설하였고, 다른 민족과는 어떠한 문화적 투쟁 관계를 가졌거나 하는 것을 사실 그대로 분명하게 아무런 숨김없이 인식하고, 또 그 사실에 대하여 진정한 민주주의적인 민족적 입장에서 엄정한 과학적 비판을 가하여, 그 잘못된 일은 깊이 반성하게 하고, 좋은 것을 조장함으로써 앞으로의 민족 생활에 가장 참다운 길을 찾는 데에 그 연구의 목적과 의의와 과학적 가치가 있는 것이다. 그러므로 역사학은 지난날의 이야기 주머니가 되어서는 안될 것이요, 민족의 장점만을 자랑하는 선전서가 되어도 안 될 것이요, 오직 진실하고 엄정한 과학이어야 할 것이다.

그가 추구했던 신민족주의 사학은 오랜 세월 역사적 활동을 벌였던 민족의 생활에 근간을 두되 비과학적인 야담(野談)도 아니요 민족의 우월성을 강조하여 다른 나라와 민족을 경멸하는 쇼비니즘의 산물도 아니었다.

또한 민족사와 세계사의 관계를 다음과 같이 언급하고 있다.

> 우리 민족사는 우리 민족만으로 만들어진 것이 아니요, 우리 민족이 세계 여러 민족 중의 하나임과 마찬가지로, 우리 민족사도 또한 세계사 속의 하나인 것이다. 우리는 고대로부터 이웃한 여러 다른 민족과 직접 간접으로 복잡한 문화 관계, 투쟁관계를 맺어 왔으므로, 세계사를 통하여서만 비로소 우리 민족사를 이해할 수 있고, 또 우리 민족사를 빼고는 세계사를 이해할 수 없는 것이다. 수천 년 전 옛날부터도 그러하였거늘, 하물며 세

계가 이웃화한 금일에 있어서랴. 우리는 쇄국적인 배타적, 독선적 사이비
한 민족 사상을 버리고, 개방적이요, 세계적이요 평등적인 신민족주의 입
장에서 우리 민족사를 연구하고 이해하여야 할 것이다. 그래야만 비로소
우리 민족의 살아 나아갈 참다운 행복의 길을 찾아낼 수 있을 것이요 우리
민족사 연구의 과학적 사명을 이룰 수 있을 것이다.

그는 이처럼 민족사와 세계사의 관계를 대립과 공존의 관계로 보
면서 세계사적 보편성과 민족사적 개별성을 드러내려 하였다. 그럼에
도 그는 우리나라의 역사를 '한국사'라 하지 않고 '국사', '민족사'라 불
렀다. 그리고 '국사'와 '민족사'는 별개가 아니라 동일하였다.
　나아가 그는 신민주주의(新民主主義) 국사교육론(國史敎育論)을 제
창하였다. 여기서 그는 봉건사상(封建思想)의 파기와 민주주의(民主
主義)의 선양, 국수주의(國粹主義)의 파기와 세계주의(世界主義)의 강
조를 언급하였다.[20] 특히 계급투쟁 위주의 소련적(蘇聯的) 국사교육
(國史敎育)과 강자 문화 위주의 영미적(英美的) 국사교육(國史敎育)을
경계하였다. 그리하여 그는 이런 국사교육의 극복 방향을 다음과 같
이 설파하고 있다.

　　盲從과 事大는 민족의 발전을 저해할 뿐 아니라, 잘못하면 민족을 망치
　　는 것이다. 우리는 그들의 장점을 취하고 단점을 버리어 조선민족에게 적
　　절하고 유리한 민주주의 이념을 창건하여야 할 것이다.

그의 이런 주장은 국제적으로는 모든 민족의 평등과 친화와 자주
독립을, 국내적으로는 모든 국민의 정치적, 경제적, 교육적 균등과 그
로 인한 약소민족의 단결과 발전을 요청하는 방향으로 나아간다. 아

---

20) 孫晉泰, 「國史敎育 建設에 대한 構想－新民主主義 國史敎育의 提唱－」, 『새교육』
　　1-2, 1948.

울러 금나라 역사를 국사에 넣자고 제안하였다.

이런 가운데 1946년 3월에 설치된 국사관(國史館)에 이어 정부 수
립 직후 1949년 3월 국사편찬위원회(國史編纂委員會)가 정식으로 설
립되었다. 이는 조선사편수회를 이어받는 게 아니라 멀리는 유사 이
래 역사편찬의 전통에서부터 가까이는 조선 시기의 실록 편찬 전통
을 이어받아 '국사'를 편찬하는 기구였다. 그리하여 국사편수관은 이
전 시기의 감수국사(監修國史)에 해당하였다. 잃어버린 역사를 다시
나라의 힘으로 편찬하기에 이른 것이다.

그러나 이 땅에 미국식 사회생활과가 시민교육(市民教育)이란 구실
아래 학계의 거센 반대에도 불구하고 적극 도입됨으로써 국사는 독
립교과로서의 지위를 잃고 역사적 배경과 학문적 계통이 전혀 다른
사회과에 부속되고 말았다.[21] 물론 이후에도 역사학계와 역사교육계
는 이를 전면 비판하며 역사교육의 정상화를 역설하였다. 서양사 연
구자이자 사범교육을 담당했던 김성근(金聲近)은 역사교육의 강화를
다음과 같이 주장하였다.[22] 첫째, 국민의식의 확립을 들고 있다. 이는
그 자신도 언급하였듯이 고루한 국가주의가 아니라 현하의 위기를
극복하는 차원에서 민족적 공동운명의식과 운영연대 의식을 내실로
하고 있어 역사적인 이해와 성철을 도외하고는 파착(把捉)될 수 없다
고 본 것이다. 둘째, 후진성의 극복을 강조하면서 세계사적 통찰과 우
리의 역사적 현실에 대한 엄정한 자기비판에서 출발해야 하며 이것

---

[21] 이에 관해서는 李景植, 「韓國 近現代社會와 國史教科의 浮沈」, 『社會科學教育』 1, 1997 ; 趙美暎, 「解放後 國史教科의 社會科化 問題와 國史科 設定의 始末」, 서울大學校 碩士學位論文, 2003 참조.

[22] 金聲近, 「統合社會科와 歷史教育」, 『教育』 1, 1954. 이에 관해서는 김태웅, 「해방 이후 역사교육 논의의 궤적과 역사교과의 위기」, 『세계화 시대의 한국역사교육의 방향과 과제』(연구책임자 양호환), 한국학술진흥재단 2003년도 협동연구지원사업, 2004 참조.

이 역사교육이 담당해야 할 주요한 임무라고 주장하였다. 즉 주체성의 확립, 국제정치와 사회에 대한 객관적인 이해와 서방문화의 본질에 대한 이해가 필요하다는 것이다.

이러한 노력이 역사교과의 독립으로 나아가지는 못했지만 1955년 8월 제1차 교육과정에서는 그동안 난립했던 역사 관련 교과목의 명칭이 각각 '국사'와 '세계사'로 정착하는 계기가 되었다. 그러나 민족 자주를 외치는 4·19 혁명에도 불구하고 교육과정 구조는 좀처럼 바뀌지 않았을뿐더러 과목명마저 '사회'로 바뀌기까지 하였다. 드디어 국사와 세계사의 교과목 명칭마저 잃게 되었다. 특히 중학교 '사회Ⅱ'는 국사와 세계사 부분을 철폐하고 시대별로 함께 기술하는 병행형(竝行形)으로 구성하였다. 이것은 소위 통합사회과의 원칙을 제2차 교육과정에서 한층 강화한다는 데서 나온 소산이었다.[23] 그러나 이러한 통합원칙은 실제에서 그대로 구현되지 못했을뿐더러 오히려 혼란만 가중시켰다. 역사분야의 경우, 세계사를 국사의 전개 순서에 맞추어 붙인 것에 지나지 않아 역사의 구조적 특징이나 사회적 성격을 비교하고 이해하는 데 더욱 혼선과 단층만 야기함으로써, 오히려 역사를 체계적으로 파악하는 데 더 많은 어려움을 제공하였다.[24]

한편, 이러한 교육과정의 파행을 목도하면서 학계와 민인 대중 사이에서 국사교과의 정상화를 요구하는 목소리가 높아졌다. 1945년 광복 이래 추구한 국사교육의 방향을 이어받는 가운데 한국사 연구의 성과가 축적된 결과였다. 그리하여 1969년 문교부는 제2차 교육과정의 부작용을 해소하기 위해 국사와 세계사를 다시 분리시켰다. '국사'라는 명칭이 교과서 명칭으로 부활하기에 이르렀다. 나아가 역사교육

---

23) 조미영, 앞의 논문, 13~15쪽.
24) 정선영 외, 『역사교육의 이해』, 三知院, 2001, 286쪽.

정상화를 요구하는 학계와 일반 민인들의 기대에 부응하기 위해 1972
년 국사교육강화위원회(國史教育强化委員會)가 조직되었고 동년 5월
국사교육 강화 방안이 결정되었다.[25] 그리하여 제3차 교육과정에서
는 국사 교과목이 사회과에서 분리되어 독립교과로 설정되기에 이르
렀다.

　그러나 1972년 이른바 10월 유신 선포 이후 국사교육강화의 방향은
학계의 구상과는 다른 방향으로 진행되었다. 우선 국사교육강화의 취
지와 달리 국사만 사회과에서 분리 독립하였을 뿐 세계사는 여전히
사회과 속에 남아 있게 됨으로써 역사 과목은 국사과의 국사와 사회
과 속의 세계사라는 이중적인 기형구조에 갇혀 있게 되었다. 또한
1973년에 단행된 국사 과목의 국정화(國定化)로 말미암아 정권이 역
사구성이나 해석, 그리고 서술에 간섭하고 국사교육에 획일주의를 강
요할 수 있게 됨으로써 국사 교과서는 정권을 홍보하는 교과로 전락
하기에 이르렀다. 따라서 이 문제는 역사학계에서 심각한 논란을 초
래하였다. 이러한 사태는 변태섭(邊太燮)이 이미 예견했던 상황으로
국사와 세계사의 간극을 벌리는 계기가 되었을뿐더러 『국사』 교과서
가 파시즘 교과서로 낙인찍히는 계기가 되었다. 그리하여 국사 과목
이 이처럼 정권에 의해 '강요된 중시'를 당함으로써 훗날 통합사회과
론자들에 의해 '국책과목(國策科目)'이라는 오명을 쓰기에 이르렀다.

　드디어 국사교과는 1980년대 말 '민주화'라는 정치적 변동 속에서
마련된 제6차 교육과정에 따라 독립 교과로서의 지위를 상실하고 사
회과에 다시 통합되었다. 여기에는 사회, 지리 등 사회과와 관련된 각
종 교과의 이해관계가 반영되었다. 물론 이들 교과학문은 국사교육을
'정치의 시녀'로 깎아내리는 한편 현대사회의 이해를 위한 역사적 시

─────────────
[25] 대통령기록관 소장, 「國史教育 強化方案 建議」(1972. 5.11).

각과 사회과학적 시각의 통합을 내세웠다. 그러나 이러한 주장은 구실에 지나지 않을 뿐 실제로는 자신의 영역을 확대하기 위한 표면적 발언에 지나지 않았다. 더군다나 동·서양사학계의 일부도 이런 비판 대열에 참여하였다. 국사교육이 지나치게 강조됨으로써 세계사교육이 약화되었다고 여기던 터였기 때문이었다. 그렇다고 역사교육이 동·서양사 연구자들이 기대했던 방향으로도 가지 못했다. 이후 세계사교육이 강화되기는커녕 오히려 세월이 흐를수록 약화되었다. 사회과 통합 체제가 강화되면 될수록 역사교육의 위기가 가중되었기 때문이다.

현재 '국사'라는 역사교과목은 중학교 세계사와 달리 명칭을 잃고 있지 않을뿐더러 내용상 사회과에 통합되지 않았다. 그것은 통합사회과론자의 끈질긴 주장에도 불구하고 일반 민인들의 정서가 이를 허용하지 않기 때문이다. 예컨대 1991년 당시 제6차 교육과정을 제정하는 과정에서 중고등학교를 불문하고 국사교과를 폐지하여 통합사회과 교과서에 편입시킨다든가 선택과목으로 만들려는 정부의 시도가 역사학계, 역사교육계의 비판과 더불어 일반 민인들, 대다수 언론의 거센 반발로 좌절되었다. 그러나 역사교육의 위기는 여기에 그치지 않았다. 제7차 교육과정 시기에는 중학교 국사 수업의 주당 시수에서 1시간이 줄어들었으며 세계사는 심화 선택과목으로 전락하면서 점차 파탄지경에 이르고 있다. 그런 가운데 세계화의 물결과 포스트모더니즘의 거센 풍랑으로 사회과 교육과정, 아니 전체 교육과정의 문제는 차치한 채 역사교육 내부에서 국사 연구자와 동·서양사 연구자들이 내용 영역을 둘러싸고 더욱 소원한 모습을 보이고 있다. 심지어 역사학계, 역사교육계의 일각에서는 『국사』 교과서에 국가주의(國家主義) 교과서(敎科書)라는 낙인을 찍고 '국사' 명칭마저 폐기할 것을 주장하고 있다.

4. 명칭은 역사적 성격을 담되 주체적 자세를 견지해야 한다

이제 '국사' 명칭을 반대하는 이들에게 답할 때가 되었다. 크게 두 가지로 나누어 보자.

첫째, 우리나라에서만 자국의 역사를 왜 유달리 '국사'라 부르는가.

우선 중국사나 일본사 명칭의 경우, 객관적인 명칭이라고 볼 수 없다는 점이다. 이미 본론에서 언급했듯이 천하의 중심이라는 '중국' 명칭 자체는 특정 왕조를 가리키지 않고 진한(秦漢) 이래 오랫동안 중화의식을 풍기며 불려온 명칭이다. 따라서 중국의 모든 왕조를 포함하는 전체 역사의 총칭인 중국사(中國史)는 여기서 벗어나지 않는다. 오히려 중국사를 '국사'로 부를 경우, 각 왕조의 역사를 가리킬 여지가 있으며 어느 소수 민족의 국가를 지칭하는 등 역사 서술 범위와 대상이 줄어들 여지가 많아진다.

'일본사(日本史)'의 경우도 마찬가지이다. 일본은 7세기 다이카 개신 이전에 이미 제정된 이래 한 번도 국호가 바뀐 적이 없기 때문에 일본사는 바로 국사를 지칭하였다. 물론 메이지 시기 이래 황국사관(皇國史觀)에 입각하여 '국사(國史)'로 쓰기도 하였다. 그리고 1945년 맥아더 극동 사령부 군정 이후 일본어(즉 국어)와 달리 '일본사'로 바뀌었다. 그럼에도 서술 내용상 조금 바뀌었을 뿐 '일본사'라는 명칭이 '국사'의 의미에서 크게 벗어나지는 않았다. 일본이란 명칭 자체가 해가 뜨는 나라 즉 근본이라는 자민족 우월의식이 깔려 있기 때문이다. 이처럼 '중국사'와 '일본사'는 우월의식이 들어있든 역사성을 가지고 있든 주체적인 자세에서 자국의 역사를 부르는 명칭이다.

물론 독일이나 영국처럼 자국의 명칭을 붙이지 않거나 우리 역사(국사)라는 명칭을 붙이지 않기도 한다. 그러나 동아시아 국가와 달

리 유럽 국가의 문화는 그리스, 로마 문화와 연결되었을뿐더러 국가
의 성장이 인근 국가와 끊임없이 투쟁하거나 교류하면서 이루어졌다.
따라서 '역사'라는 명칭이 부합할 수 있다. 그러나 내용을 들여다보면
자국 중심의 역사임에는 분명하다. 미국의 경우는 미국사라는 교과목
이 존재한다. 특히 영국의 경우, 최근에 국가교육과정 표준화 과정에
서 역사교육의 목적을 열거한 가운데 '정체성을 심어준다'를 강조하
고 있다.26) 이에 반해 우리나라의 경우, '국사'는 오랫동안 한 곳에 살
면서 축적된 국가 생활 경험과 문화의식, 혈통의 유사성 등에 근간하
여 불려왔다.

한편, 객관성을 들어 중고등학교 '국사' 과목의 명칭을 '한국사'로 바
꾸어 불러야 한다는 주장도 만만치 않다. '국사'에 대한 편견과 오해
는 본론에서 지적한 바여서 다시 언급하지 않거니와 국어의 어법상
화법상 따져볼 필요가 있다. 즉 우리말에서는 의미상의 주어는 생략
될뿐더러 소유격마저 쓰지 않는다. 자국의 말을 나라말이라든가 국어
라고 부르듯이 자국사를 우리 역사, 국사라고 불러왔다. 오히려 '한국
사'라 부를 때는 외국인이 우리 역사를 부를 때 사용하는 명칭이거나
우리가 외국인들에게 자국의 역사를 소개할 때 쓰는 번역어이다. 만
일 우리 자신이 자국의 역사를 '한국사'라 부른다면 스스로가 객관화
한다는 구실 아래 자기 자신을 타자화(他者化)시키는 셈이다. 나아가
주체(主體)의 과잉(過剩)을 경계한 나머지 자존(自存)의 근거(根據)마
저 상실하고 만다. 더욱이 '한국사' 명칭은 우리나라의 역사임에도 불
구하고 우리나라에서 '중국사', '일본사', '독일사' 등등과 동기(同價)로
세계 여러 나라 역사의 하나로 간주될 뿐이다. '국사'와 '세계사'를 병

___

26) 「20세기 영국의 역사교육」, 『세계화 시대의 한국역사교육의 방향과 과제』(연구책임
자 양호환), 한국학술진흥재단 2003년도 협동연구지원사업, 2004.

립해야 하는 이유가 여기에 있다.

　다음 공교육이 마지막으로 이루어지는 중등학교 교육 단계는 학생들이 인격상, 지식상, 정서상 여전히 성장해야 할 여지가 많은 발달단계로 이들 학생이 자기 존재의 근거라 할 정체성(正體性)을 확인할 수 있는 여건이 마련되어야 한다. 그리하여 학생들은 공민(公民)으로서 주체성(主體性)을 획득하면서 훗날 다른 나라 국민과 당당하게 협력하고 교류하고 경쟁하는 인간으로 성장할 수 있다. 물론 사회과를 비롯한 다른 과목에서는 시민교육이 함께 이루어져 공민과 시민의 조화를 꾀할 수 있다. 이에 반해 대학 교육 단계는 학생들이 사회진출을 앞두고 학문과 기술을 연마하는 곳으로 정체성을 따로 배양할 단계를 지나 개인의 독자성과 개별성을 계발하는 단계이다. 그만큼 중등학교 역사교육은 공민교육의 근간이라 하겠다.

　또 대학교육과 학계에서는 우리나라의 역사를 '한국사'라 부른다. 그러나 이 역시 꼭 반드시 주체성과 역사성에 부합한다고는 말할 수 없다. 다만 중고등학교의 경우처럼 국사교육을 통해 정체성(正體性)의 확보에 있지 않고 학문의 탐구에 주안을 둔다는 점에서 '한국사' 명칭을 사용하여도 무방할 수 있다. 물론 이러한 명칭도 후술하는 바와 같이 민족의 역사로서 의미를 규정함을 전제로 한다.

　다음 남북으로 분단되어 있는 상황에서 자국의 역사를 '한국사'라고 부를 경우, 오해의 여지가 있다. 즉 '한국사'는 한민족의 역사일 수도 있지만 대한민국의 역사로서 이북에 자리한 또 다른 국가의 역사를 배제하고 만다. 한마디로 '한국사'는 반쪽자리의 역사인 셈이다. 그리고 '중국사', '일본사'의 경우와 달리 '한국사'는 특정 시대의 국호라고 오해될 여지가 많으므로 자국의 역사 전체로 총칭되는 것은 혼란을 초래할 수 있다. 그런 점에서 '국사'는 과거에 이루어진 통일국가의 역사적 경험에 근거하여 미래의 통일을 적극 담아낼 수 있는 명칭이 아닐까.

자국 역사 교과서의 명칭은 이처럼 자기 나라의 역사적 경험과 사회적 요구에 맞추어 명명되었다. 우리나라의 경우, 국사는 삼국 통일 이래 집권적 통일 국가와 공통된 사회생활의 경험을 담으며 국가의 역사를 아우르는 민족의 역사로서 단계마다 하나씩 하나씩 정체성을 확보해 가면서 연면히 내려온 명칭이다. 따라서 다른 나라의 경우를 들어 '국사'의 명칭이 객관성이 없다는 지적은 대단히 비역사적이고 선입견에 사로잡힌 소견이다.

둘째, 유사(有史) 이래 대한제국기까지 내려오던 '국사'의 의미를 무시한 채 황국사관, 박정희 이데올로기와 연계하여 '국사'의 해체를 주장하거나 명칭을 문제 삼는 경우이다. 그 주장의 입론을 보면 한마디로 국사 교과서는 국가주의(國家主義)를 재생산하고 민주주의(民主主義)를 압살하는 과목이라는 것이다. 특히 '국사'라는 명칭이 그 상징성을 잘 보여준다는 것이다. 나아가 서술의 주체로 초지일관되게 나오는 민족을 두고 여러 비판이 나올 수 있다. 어떻게 초역사적(超歷史的)인 민족(民族)이 나올 수 있느냐라고. 그러나 '나라의 역사'로서 출발한 국사는 이후 집권적 통일국가의 경험과 공통된 사회생활의 발전에 힘입어 단계적으로 발전한 정체성을 근간으로 하고 있는 반면에 근대 이후 오로지 제국주의 침략에 맞서서 만들어진 근대 민족주의 산물도 아닐뿐더러 국가주의(國家主義)와도 밀접하게 연결되어 있지 않다. 오히려 '국사'는 손진태의 경우처럼 민족의 우월 의식을 강조하거나 다른 국가와 민족에 대한 경멸을 조장하는 것을 경계해 왔다. 나아가 자기 민족과 국가의 활동에 대한 반성을 금과옥조로 여겨 왔다. 물론 다른 민족에게 해악을 가한 월남 민간인 학살 문제는 깊이 있게 고민해야 할 사안이다. 그러나 반대로 학계에서도 지적하고 있듯이 실증주의라는 명분으로 고대사를 너무 왜소화되지 않았는가 라는 반성도 제기되고 있다. 그런 점에서 '국사' 교과서에서 보이는 서술 주체인 '우리'는 인종주의(人種主義)에 빠져든 쇼비니스트도 아니고 민주주의를 압살하려 한 파시스트도 아니다.[27] 그것은 국가의 성원으로서 역사적으로 형성된 민족이라는 서술의 주체이자 단위일 뿐이다. 따라서 우리의 경우, 서양의 민족 형성 과정과 다르다는 점을 인정한다면 이런 문제 제기는 공허한 메아리에 불과하다.

그렇다면 논의의 요점은 '국사'를 어떻게 서술하는가에 있다. 과거에는 이남이나 이북이나 정권의 안보를 위해 정치 선전으로 일관된 측면이 적지 않았다. 그러나 그것은 반성의 대상이지 이것으로 '국사' 명칭 문제에 혐의를 두는 처사는 온당하지 않다. 오히려 일본의 후쇼샤扶桑 : 동쪽 바닷속의 해가 뜨는 곳에 있다고 이르는 상상의 나무 즉 일본 자체를 뜻함] 역사교과서는 교과서 이름에 일본사가 아니라 '역사'라고 붙여놓고 일본의 역사만을 서술하고 있다. 그리고 내용은 오로지 포스트모더니즘 역사 인식을 들먹이며 약소국가와 민족을 짓밟은 일본제국주의의 역사를 미화하고 있지 않은가. 따라서 '국사'를 '한국사'로 바꾸어야 한다는 주장은 명분이 너무 작고 이유가 본지를 건들지 못하고 있어 논란을 위한 논란일 뿐이다.

역사교육의 위기는 선학들이 이미 언급한 바와 같이 단지 국사교육의 문제에서 비롯된 게 아니다. 그것은 크게는 한국 교육과정 전반의 문제에서, 작게는 통합사회과 방향에서 비롯되었다. 따라서 이러한 위기의 극복도 역사교육의 독립에서 구해야 할 사안이지 '국사' 명

---

[27] 이와 관련하여, 서의식, 「포스트모던 시대 한국사 인식과 교육의 방향」, 『포스트모더니즘과 역사학』(김기봉 외), 푸른역사, 2002 참조.

칭을 두고 시시비비할 게 아니다. 그렇다면 역사학계, 역사교육계가 역사교과의 독립이라는 공동 목표 아래 현실을 직시하고 단합하여 공동으로 매진해야 한다. 그리고 이를 위해서는 학계는 여전히 정리되지 못하고 온갖 혼란을 겪고 있는 사안들을 차분하고 집중적으로 탐구하고 종합 정리하는 한편 역사교육 현장은 학계의 엄정한 연구 성과에 바탕을 두되 국가적, 사회적 요구와 학생의 눈높이에 맞추어 살아있는 교수학습방법론을 진전시켜야 할 것이다. 물론 양자의 과제는 따로따로 진행되는 게 아니라 상호 긴밀한 관계 속에서 이루어져야 함은 말할 나위가 없다. 또한 '국사' 명칭을 비롯한 여러 역사 용어는 온갖 편견(偏見), 부설(浮說)과 이해관계에 얽혀 소모적인 논쟁을 벌이지 말고 좀 더 시간을 두고 연구 성과와 사회 자정(自淨) 능력(能力)을 기다리면서 적절한 의미를 갖는 명칭으로 정돈되어야 할 것이다. 따라서 역사학과 역사교육에 지대한 열정과 애정을 갖는 이라면 이 점 동의하리라 믿는다. 아울러 주체적인 자세를 견지하되 타자와 상호 소통할 수 있는 역사교육을 기대한다.

『역사교육』71, 전국역사교사모임, 2005 揭載, 2014 補.

제3부

국사 자료의 비판적 탐구

제13장

한국 근현대 역사사진(歷史寫眞)의 허실(虛實)과 정리 방향*
: 국사 개설서와 제7차 교육과정 교과서를 중심으로

1. 서언

그래에 낡고 오래된 사진들이 발굴되거나 사진집에 실려 일반 대중들에게 공개되고 있다. 이들 사진은 창작보다는 기록에 중점을 두고 있어 기존에 문자 자료에 의거한 역사 연구의 공백들을 채울뿐더러 새로운 영역의 개척에 촉매 구실을 하고 있다. 즉 이들 사진은 인물 연구는 물론 당시의 복식, 건축, 도시 시설, 농촌 경관 등과 함께 일상생활 연구에 전거 자료로 활용되고 있다. 더욱이 디지털 기술의 발달과 인터넷의 광범한 보급에 힘입어 복제와 유통이 용이해짐으로써 활용의 대상이 많아지고 범위가 넓어지고 있다.

한편, 시각 매체가 발달하는 가운데 학생과 일반 대중들의 시각 매체에 대한 관심이 폭발적으로 높아지면서 문자 위주로 구성된 교재

---

* 사진의 학술적 활용에 도움을 주신 관계자와 여러 기관에 감사드린다. 아울러 교과서에 수록된 사진들의 오류는 2012년 3월 현재 바로잡혔음을 밝힌다.

의 비중은 줄어들고 있다. 특히 이러한 경향은 언어적 매체에 가장 많이 의존하는 역사연구와 역사교육도 마찬가지여서 국사 개설서와 교과서 등의 교재에서는 사진이 대거 수록되고 있다.[1] 이는 문자 텍스트의 가독성(可讀性)을 높이고 역사의 현장을 생생하게 전달함으로써 학습자들의 학습 의욕을 유발시키고 이해도를 제고시킬 수 있다는 장점 때문이다.[2]

하지만 여기에 수록된 사진들이 다른 예술 사진 작품과 달리 전거가 분명하지 않을뿐더러 설명문(이른바 캡션)이 부실하고 정확하지 못해 신뢰도를 떨어뜨리고 있다.[3] 아울러 사진 자료에 본래 담겨 있던 촬영 의도와 이미지를 간과한 채 무비판적으로 활용하는 경우도 보인다. 여기에는 생생하고 극적인 데다가 사실에 대한 틀림없는 재현, 존재 증명의 기능을 본성으로 하는 태생적(胎生的) 객관(客觀)이라는 전제가 깔려 있기 때문이다.[4] 그리고 교재에 수록할 때 사진의 선정과 지면 배치에 대한 체계적인 검토가 수반되지 않아 오히려 사진은 본문 내용을 장식하거나 심지어 호도된 이미지를 재현하기도 한다.

---

[1] 사진과 그림을 활용한 국사 개설서로서 최초의 책은 1993년에 출간된 『사진과 그림으로 보는 한국의 역사』(웅진) 시리즈였다. 이후 『사진과 그림으로 보는 북한 현대사』(2004)와 『사진과 그림으로 보는 한국 현대사』(2005)가 출간되었다. 아울러 1993년 이래 '사진과 그림으로 보는' 시리즈는 동양사와 서양사의 경우에도 빈번하게 출간되었다.

[2] 역사 교과서에서 삽화의 일종이라 할 사진의 교육적 효과에 관해서는 지모선, 「역사 교과서 제2차 세계대전 삽화 자료 비교 분석—한·중·일·미·독 교과서를 중심으로」, 『역사교육연구』 9, 2009 참조.

[3] 최근에 아이리스 창의 『난징의 능욕』에 수록된 사진을 둘러싼 논란에서 볼 수 있듯이 사진 신뢰도의 문제는 일본 극우 정치 세력이 일본군의 난징 학살을 부인하는 근거로 비화하기도 하였다. 이에 관해서는 테사 모리스-스즈키, 『우리 안의 과거—렌즈에 비친 그림자 : 사진이라는 기억』(김경원 譯), 휴머니스트, 2006, 107~112쪽 참조.

[4] 이에 관해서는 테사 모리스-스즈키, 위의 책, 112쪽 ; 이경민, 『제국의 렌즈』, 산책자, 2010, 113쪽 참조.

이 글은 국사 개설서와 교과서 등 국사 교재에 수록되어 있는 한국 근현대 사진들의 현황을 분석함으로써 문제의 소재를 구체적으로 파악하는 한편, 역사사진의 학문적·교육적 효과를 재검토하면서 이러한 문제를 해소할 수 있는 방안으로서 사진 족보 제작의 필요성을 강조하고자 한다. 다만 여기서는 주제의 범위와 지면 관계상 근현대 사진 전체보다는 교재에 수록되어 있는 사진들을 다루고자 한다. 따라서 교재에 좀처럼 수록되지 않는 학술 사진은 제외시켰다.

2. 정체불명의 역사사진과 역사 서술에서 활용

근래 사진집이 줄이어 출간되면서 많은 관심을 끌고 있다. 그것은 여기에 수록된 사진들이 역사 교과서를 비롯한 수많은 교재의 자료로 이미 활용되었거나 이후에도 널리 이용될 수 있기 때문이다. 그리고 최근에는 외국인이 남긴 사진이라든가 미국과 러시아의 공문서관 등지에서 문서와 함께 사진이 공개되면서 일반 출판사에서 이런 사진들을 사진집 형태로 출간하고 있다.[5] 한편, 지방자치단체에서도 여러 형태로 역사사진집을 다수 출간하고 있다. 이는 디지털 기술의 발달에 힘입어 이전보다 저렴한 가격으로 고품질의 사진집을 출간할 수 있는 여건이 조성된 가운데 일반인들의 시각 자료에 대한 관심이 높아졌기 때문이다.

그러나 이들 사진집은 많은 문제점을 내포하고 있다. 특히 인터넷에서 유통되고 있는 사진은 더욱 그러하다.[6] 따라서 이러한 사진들을

---

5) 대표적인 사진집으로 미 국립문서기록보관청, 박도 編,『지울 수 없는 이미지－8·15 해방에서 한국전쟁 종전까지－』, 눈빛, 2004를 들 수 있다.

활용하기 위해 재수록한 교재의 신뢰도는 자연히 떨어질 수밖에 없
다. 크게 두 부문으로 나누어 접근할 수 있다. 하나는 전거(典據)와
설명문(說明文)의 부실(不實) 등의 사진(寫眞) 외적(外的)인 문제이며,
또 하나는 사진 조작(造作), 이미지 왜곡(歪曲) 등의 사진 내적(內的)
인 문제이다.

우선 사진 외적인 문제를 살펴보자. 이 문제는 크게 전거의 부실과
설명문의 오류로 나누어 볼 수 있다.

① 전거의 부실이다. 사진집의 대다수는 수록 사진의 전거를 제시
하지 않는 경우가 부지기수이다. 예컨대 1978년에 출간된 동아일보사
의 『사진으로 보는 한국백년』 시리즈와 1988년에 출간된 조선일보의
『사진으로 본 감격과 수난의 민족사-1945년 해방에서 6·25 전쟁까
지』는 역사사진집의 원조로서 그 의미가 적지 않았지만 극히 일부를
제외하고는 수록 사진의 전거들을 밝히고 있지 않다.7) 이후 1987년
서문당에서 출간된 『사진으로 보는 독립운동』 등의 사진집도 사정은
마찬가지였다.8) 다만 1987년 7월에 일본에서 출간되고 2009년 9월에
출간된 『한일병합사 1875~1945 사진으로 보는 굴욕과 저항의 근대사』
와 『모던의 유혹 모던의 눈물』의 경우,9) 맨 뒷면에 사진 제공자와 출
전을 밝히고 있다. 그러나 이 역시 개별 사진 자체에 대한 전거를 일
일이 제시하지 않고 뭉뚱그려 제시할 뿐이다. 특히 이런 전거도 사진
이 원래 수록되어 있던 책자나 사진 제공자를 밝히지 않고 2차 전거

---

6) 이에 관해서는 김태웅, 「日帝强占期 群山地域 寫眞의 現況과 史料化 問題」, 『역사연
   구』 15, 2005 참조.
7) 東亞日報社, 『寫眞으로 보는 韓國百年』 시리즈, 1978 ; 朝鮮日報社, 『사진으로 본
   감격과 수난의 민족사-1945년 해방에서 6·25 전쟁까지』, 1988.
8) 서문당, 『사진으로 보는 獨立運動』, 1987.
9) 신기수 編, 『한일병합사 1875~1945 : 사진으로 보는 굴욕과 저항의 근대사』(이은주
   譯), 눈빛, 2009 ; 노형석, 『모던의 유혹 모던의 눈물』, 생각의 나무, 2004.

라 할 사진집을 제시하는 데 머무르고 있다. 반면에 1998년에 출간된
『서울의 옛모습』과 2009년에 출간된『서양인이 만든 근대 전기 한국
이미지』의 경우,¹⁰⁾ 가능한 한 원래 수록되어 있던 책자를 밝히고 있
다.¹¹⁾ 이 점은 이전 사진집에서 볼 수 없었던 장점으로서 이를 통해
연구자와 독자가 추후 원본과 비교할 수 있다. 그러나 이런 경우는
극히 드문 예에 속한다.

② 이들 사진집에 수록되어 있는 개별 사진에 대한 설명문도 오류가
적지 않다. 이는 크게 원본 자체 설명문의 오류, 중간본 설명문의 오류,
집필자의 사진에 대한 착각에 따른 오류 등으로 나누어 볼 수 있다.

우선 사진집 수록 사진의 원안 자체가 오류를 안고 있는 경우이다.
〈그림 1〉은 이른바 아관파천 관련 사진이다.

〈그림 1〉의 경우는 학계에 논쟁거리를 제공한 사진이다. 처음에는
동아일보사와 서문당의 경우에서 보듯이 아관파천 관련 사진으로 소
개하면서 정설로 굳어졌다.¹²⁾ 또한 일각에서는 고종에게 대포를 헌
납하는 장면으로 고증하기도 하였다.¹³⁾ 그러나 이들 출판사가 원안
으로 사용한 1907년 9월 7일자 프랑스『일뤼스트라시옹(Illustration)』
지에 〈그림 1〉의 설명문과 같이 '서울의 쿠데타―한국 황궁의 안뜰

---

10) 서울특별시박물관,『서울의 옛모습』, 1988 ; 홍순민·박현순·강명숙,『서양인이 만
든 근대 전기 한국 이미지』, 청년사, 2009.
11) 물론 이 사진들도 인화된 사진 자체가 아니라 책자에 수록되어 있는 사진을 복제하였
다는 점에서 신뢰성에 타격을 입힐 수 있다. 다만 여타 사진집과 달리 사진 촬영
당시의 시점과 가까운 책자를 활용하였다는 점에서 여타 사진집에 비해 신뢰도가
높은 편이라고 할 수 있다.
12) 동아일보사,『寫眞으로 보는 韓國百年』1, 1978, 100~101쪽 ; 서문당, 앞의 책, 40쪽.
아울러 이 사진은 중등학교 교과서를 비롯하여 각종 교재에 수록되었다.
13) 홍순민 외,『서양인이 만든 근대 전기 한국 이미지Ⅰ―서울 풍경』, 청년사, 2009,
207~208쪽 ; 이순우 카페, 일그러진 역사의 현장 http://cafe.daum.net/distorted 2009.
11.30.

에서. 중앙 창문의 흰옷 입은 두 명 중 왼쪽이 폐위된 황제 이형, 중
앙이 새 황제, 왼쪽 창문의 두 환관 사이에 있는 세자 영친'이라는
구절과 함께 사진이 실린 것을 보면 이는 고종이 강제로 퇴위를 당
한 뒤 촬영된 사진임을 추정할 수 있다.[14] 특히 1906년에 방문하여
1907년 말에 돌아간 맥켄지의 서술과 사진 제시는 매우 주목할 만하
다. 즉 그는 1908년에 간행한 *THE TRAGEDY OF KOREA*에서 이 사진
이 비록 변형되기는 하였지만 "궁궐 내시와 같이 있는 한국의 전 황
제(EX-EMPEROR), 황제(EMPEROR)와 세자(CROWN PRINCE)"라고 설명
하는 한편, 이 사진을 고종의 퇴위 관련 서술 지면에 배치하고 있다는
점에서 고종의 강제 퇴위 이후라고 볼 수 있다.[15] 다만 고종의 강제
퇴위 이후 일본이 왜 대포를 돈덕전 앞으로 끌고 왔는지는 좀 더 고민
해야 할 점이다. 이 점에서 이순우가『황성신문(皇城新聞)』과『만세
보(萬歲報)』,『데라우치 마사타케 일기[寺內正毅日記]』를 근거로 1907
년 6월 데라우치가 고종에게 대포를 헌납하는 장면으로 추정하였
다.[16] 그러나『일뤼스트라시옹』이나 멕켄지가 각각 설명문과 본문에
서 밝히고 있듯이 고종의 강제 퇴위와 무관하다고 할 수 없다. 이 점
에서 이 사진은 여전히 촬영자의 촬영 의도를 알지 못하는 한 의문이
완전히 해소될 수 없다. 그럼에도 이 사진은 2009년 교육과정에 입각
하여 집필된 고등학교 검정『한국사』교과서에 여전히 아관파천과 관
련하여 수록되어 있다.[17]

---

[14] 이태진은 가쿠쇼인[學習院] 대학이 소장하고 있는『韓國寫眞帖』(統監府, 1910)에 근
거하여 일제가 고종황제의 퇴위를 강요하면서 무력 시위하는 장면으로 파악하고
있다. 이에 관해서는『朝鮮日報』2005년 3월 22일 참조.
[15] McKenzie, Fred A., *The Tragedy of Korea,* Hodder and Stoughton London, 1908,
pp.156~157.
[16] 이순우 카페, 일그러진 근대 역사의 현장 http://cafe.daum.net/distorted 2006.11. 8.
[17] 이인석 외,『고등학교 한국사』, (주)삼화출판사, 2010, 179쪽.

〈그림 1〉 서울의 쿠데타 - 한국 황궁의 안뜰에서(중앙 창문의 흰옷 입은 두 명 중 왼쪽이
폐위된 황제 이형, 중앙이 새 황제, 왼쪽 창문의 두 환관 사이에 있는 세자 영친)

* 출전 : 『일뤼스트라시옹(Illustration)』(프랑스), 1907년 9월 7일자.

〈그림 2〉 군산항 서쪽 언덕에서 내려다본 전주통(1920년대)
* 출전 : 서문당, 『사진으로 보는 近代 韓國』上, 1988, 132쪽.

〈그림 3〉 군산전주통(群山全州通)의 좌우(左右)
* 출전 : 群山千葉商店, 『開港拾週年紀念 群山及附近風景寫
眞帖』, 1909

다음은 사진의 원안 설명문은 정확하였지만 재수록 과정에서 오류를 야기한 사진이다. 〈그림 2〉는 서문당 판 사진집에 수록된 사진으로 1920년대 군산 전주통 거리로 설명하고 있다.

그러나 이런 연대 추정은 오류이다. 왜냐하면 이 사진과 동일한 사진이 〈그림 3〉과 같이 1909년 지바상점[川葉商店]이 발행한 『군산급부근풍경사진첩(群山及附近風景寫眞帖)』에 수록되어 있다. 따라서 이 사진은 1909년 직전의 모습이다. 물론 이러한 오류는 편집자의 사소한 실수로 보일 수 있다. 그러나 일본인들이 1910년 이전에 이미 전주통에 거주하며 이 지역의 상권을 주도했음을 보여준다는 점에서 이러한 오류는 일본인들의 정착 과정을 잘못 파악할 수 있는 근거를 제공하는 셈이다.

특히 이러한 오류가 이후 시정되지 않은 채 여타 사진집이나 교재에 수록되고 있어 문제의 심각성은 더욱 크다. 예컨대 〈그림 4〉에서 볼 수 있듯이 학계가 공들여 제작하고 많은 연구자와 독자들이 활용하고 있는 『옛 사진 속의 전주』에서도 이를 그대로 인용하여 수록하였다.

〈그림 4〉 군산 시가지(1920년대)

* 출전 : 국립전주박물관, 『옛 사진 속의 전주 1894~1945』, 1998, 28쪽.

또한 원래 설명문이 있음에도 제대로 확인하지 못하고 사진만 추출하여 설명문을 붙인 경우도 있다. 〈그림 5〉는 사진작가 무라카미 텐진[村上天眞]이 1895년 2월 27일 서울의 일본영사관 구내에서 찍은 사진으로 일본 도쿄[東京]의 슌요도[春陽堂]가 1895년 5월 10일 발매한 『전국(戰國) 사진화보(寫眞畵報)』 14권에 수록되면서 세상에 알려지게 되었다.[18]

---

18) 金文子, 『명성황후 시해와 일본인』(김승일 譯), 태학사, 2010, 381~385쪽.

〈그림 5〉 동학 농민군의 지도자 전봉준
(관군에게 체포되어 서울로 압송되는 모습)
* 출전 : 국사편찬위원회, 『고등학교 국사』, 두산동아, 2002, 335쪽.

그러나 대다수의 교재와 관련 연구에서는 이 사진을 전봉준이 서울로 압송되는 장면으로 설명하였다. 다만 외솔회가 '1894년의 동학봉기' 80주년 기념 『나라사랑』 특집호로 발행한 '녹두 장군 전봉준(全琫準)'에서는 1960년대

제2차 교육과정기의 검정교과서 및 1974년 제3차 교육과정기의 중학교 국정 『국사』 교과서와 달리 "심문을 받기 위해 짚둥우리에 실려 법정으로 끌려가는 전봉준 장군"이라고 설명하고 있다.[19] 이후 이 사진을 수록한 어느 누구도 출처를 밝히지 않거나 근거를 제시하지 못한 채 동아일보사의 『사진으로 보는 한국백년』 1을 비롯하여 많은 사진집이나 교재들이 최근까지도 전봉준이 순창에서 체포되어 서울로 압송되는 장면으로 소개하고 있다.[20] 그리고 이러한 설명은 정설이 되어 국정교과서를 비롯한 온갖 교재에 인용되었다.[21] 사진 설명문을 작성함에 원출처를 전혀 추적하지 않고 장면 자체만 보고 판단한 데 따른 오류였다.[22]

---

[19] 외솔회, 『나라사랑』 15, 1974의 첫머리 그림(口繪).

[20] 동아일보사, 앞의 책, 92쪽 ; 우윤, 『전봉준과 갑오농민전쟁』, 창작과비평사, 1992의 첫머리 그림 ; 역사문제연구소, 앞의 책, 1993, 55쪽.

[21] 이와 관련하여 金文子는 관련 기사를 근거로 『한일병합사』를 비롯하여 많은 사진집들에서 전봉준의 首級으로 설명한 사진도 농민군 지도자 최재호, 안교선의 머리임을 주장하였다. 신기수 編, 앞의 책, 22쪽 ; 김문자, 앞의 책, 379~380쪽 참조.

[22] 현재까지 파악한 바에 따르면, 압송 장면을 보여주는 사진은 아니지만 전봉준의

심지어는 고증(考證)의 부재로 인해, 친일파 단체인 일진회(一進會)가 주도했던 행사가 독립협회가 주도한 행사로 둔갑하기도 하였다. 〈그림 6〉은 실제로 『사진과 그림으로 보는 한국의 역사』3의 사진과 설명문으로 이 경우에 해당한다. 특히 이들 사진과 설명문은 서문당 사진집에 수록된 사진과 설명문을 그대로 인용하였다.

그러나 이순우는 이 사진이 독립협회의 강연회에 모여든 군중들의 모습이 아니라 1905년 일진회 주관의 국민연설대(國民演說臺)에 모인 군중의 모습이라고 주장하고 있다. 그 근거로 이 사진의 원판으로 조지 래드의 『이토 후작과 더불어 한국에서』(1908)와 함께 당시 『대한매일신보(大韓每日申報)』와 『황성신문(皇城新聞)』의 관련 기사, 태극기가 걸려 있는 국민연설대의 존재 등을 들었다.[23] 즉 그는 『대한매일신보(大

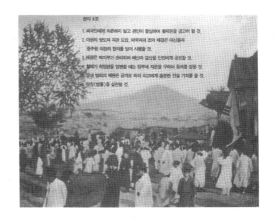

〈그림 6〉 독립관에 모여든 민중들
* 출전 : 역사문제연구소, 『사진과 그림으로 보는 한국의 역사』3, 웅진닷컴, 73쪽.

〈그림 7〉 독립관에 모여든 민중들
* 출전 : 김한종 외, 『한국근·현대사』, 금성출판사, 2003, 109쪽

얼굴만 따로 떼어내서 수록한 지면은 『東亞日報』 1933년 10년 11일자이다. 따라서 이 사진은 많이 유포되었던 것으로 추정된다. 이후 전체 압송 장면은 金庠基, 『東學과 東學亂』, 한국일보사, 1975, 153쪽에 수록되어 있다.
23) 이순우, 『통감관저, 잊혀진 경술국치의 현장』, 하늘재, 2010, 104~108쪽.

韓毎日申報)』의 해당 기사와 우측 끝에 보이는 건물이 독립관 옆 일
진회 본부 건물의 하나인 국민연설대라는 점을 근거로 들어, 이 사진
의 군중은 독립관에 모인 독립협회 회원들이 아니라 1905년 이후 일
진회 주관의 국민연설대에 모인 시민들로 보아야 한다고 고증하였
다.[24] 그럼에도 불구하고 이 사진 역시 2009 교육과정에 입각하여 집
필된 고등학교 검정 『한국사』 교과서에 여전히 독립협회 운동과 관련
하여 수록되어 있다.[25]

이처럼 전거가 분명하고 설명이 정확한 사진을 수록해야 할 개설
서와 교과서에 엄격한 고증을 거치지 않은 사진이 수록된 셈이다. 이
는 애초에 이를 수록했던 사진집의 오류에서 비롯되었다. 그러나 이
를 제대로 검증하지 않은 학계의 소홀함도 반성할 필요가 있다.

그렇다면 이러한 문제점을 왜 지금에서야 알게 되었는가. 이는 그
동안 역사사진에 대한 관심이 없었기 때문이다. 즉 이전만 하더라도
개설서나 교과서에 사진들이 매우 적게 실려 사진에 대한 사료 비판
을 가할 필요가 없었다. 그러나 현재는 이들 사진을 대거 교재에 수
록함에도 미처 문자 자료와 달리 사료 비판이 수반되지 않았다. 문자
자료의 경우, 매우 엄격한 고증 작업을 거치는 데 반해, 사진의 경우
전거가 불충분함에도 불구하고 이를 수행하지 않았던 셈이다. 아울러
문자 자료가 전할 수 없는 역사의 생생함을 전달할 수 있다는 장점에
비중을 둔 가운데 출판계가 일반 대중들의 관심에 부응하려는 상업
적 타산도 여기에 한몫을 하였다.

다음은 설명문이 없는 가운데 필자나 편집자의 착각에서 비롯된

---

[24] 2007년 5월 29일에 발표한 '근대 전기(1867~1910) 서양인들이 남긴 한국에 대한 이미
지 자료'에 관한 발표회. 이순우, 위의 책, 103쪽.

[25] 이인석 외, 『한국사』, (주)삼화출판사, 2011, 179쪽 ; 한철호 외, 『한국사』, (주)미래엔
컬쳐그룹, 2011, 167쪽.

〈그림 8〉 건준 모임에서 연설 중인 여운형
출전 : 서중석, 『사진과 그림으로 보는 한국
현대사』, 웅진지식하우스, 2005, 26쪽.

〈그림 9〉 연설 중인 여운형
* 출전 : (사)몽양여운형선생기념사업회 홈페이지
www.mongyang.org, 2009. 7. 9.

오류이다. 〈그림 8〉은 서중석의 『사진과 그림으로 보는 한국 현대사』
에 수록된 사진이다.[26] '건준 모임에서 연설 중인 여운형'으로 제목을
뽑고 "조선건국준비위원회는 빠른 시일 내에 자주적인 국가를 건설하
기 위해 적극적으로 건국활동을 벌여나갔다."로 설명하고 있다.

여기서도 이 사진의 전거를 밝히고 있지 못하다. 다만 이 사진이
사단법인 몽양여운형선생기념사업회의 홈페이지 자료실에 올라와 있
는 것으로 보아 이 사진을 사용한 것으로 보인다.[27] 또한 이 홈페이
지는 〈그림 9〉와 같이 배경을 좀 더 좁게 잡은 사진도 올라와 있다.
이 사진의 상단 선언서 끝을 자세히 보면 흐릿하지만 단체명이 '건국
준비위원회(建國準備委員會)'가 아닌 '건국동맹(建國同盟)'이라는 글
자로 보인다. 또한 중단의 제목은 '건국동맹 정책(政策)'이라고 명기
되어 있다. 이는 이 모임이 해방 이전 건국준비위원회의 모태였던 건
국동맹의 모임이 아니라 1945년 9월 건준이 해체되고 인민공화국이
성립된 이후 여운형이 정당 차원에서 결성한 건국동맹임을 확인해

26) 서중석, 『사진과 그림으로 보는 한국 현대사』, 웅진지식하우스, 2005, 26쪽.
27) (사)몽양여운형선생기념사업회 홈페이지 www.mongyang.org, 2009. 7.9. 검색.

준다.[28] 건국동맹은 10월에 신탁통치를 반대하였으며 11월 12일에 조선인민당(朝鮮人民黨)으로 개칭하였다.[29] 이 점에서 이 사진은 건국동맹의 창당과 관련된 집회의 사진으로 추정된다.

이처럼 한국근현대사에서 중요한 사건을 담고 있는 사진들은 촬영일시, 장소 및 촬영자의 불명으로 인해 고증하기 힘들다. 더욱이 사료비판을 가하지 않은 채 근거 없는 추정만 이루어졌다.

다음 사진 내적인 문제를 살펴보자. 이는 크게 사진 조작과 이미지 왜곡 문제로 나누어 볼 수 있다.

① 촬영자가 의도적으로 사진을 조작한 경우이다. 여기에는 사진을 합성하거나 연출하여 사진을 촬영한 경우가 포함된다.

우선 사진을 합성하여 조작한 경우로 〈그림 10〉의 고종 황제 가족사진은 이를 잘 보여준다. 상단 왼쪽 세 번째 인물이 영친왕(英親王)으로서 다른 인물의 시선과 달리 시선이 사진기를 향해 있지 않을뿐더러 그 위치도 다른 인물들의 간격과 달리 매우 좁은 사이에 있다. 또한 사진에 보이는 덕혜옹주(德惠翁主, 1912년생)의 나이와 영친왕(1897년생)의 나이를 비교하고, 영친왕의 귀국 시점(1918)에 비추어 보았을 때 영친왕과 덕혜옹주가 너무 어리게 보인다.[30] 이 점에서 이 사진은 1915년경에 찍은 사진으로 국내에 존재하지 않았던 영친왕의 사진을 여기에 합성시켰다고 볼 수 있다.

---

28) 『자유신문』, 1945년 11월 7일.
29) 『중앙신문』, 1945년 11월 12일. 이와 관련하여 정병준, 『몽양여운형평전』, 한울, 1995, 163~164쪽 ; 이정식, 『여운형 시대와 사상을 초월한 융화주의자』, 서울대학교출판부, 2008, 564~565쪽 참조.
30) 이순우, 앞의 책, 213~220쪽.

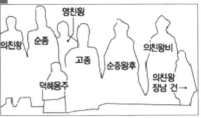

〈그림 10〉 고종 일가의 가족 사진(필자 주)
* 출전 : 「東亞日報」 2004년 5월 6일, 이석 제공.

   그러면 일제는 왜 이처럼 사진을 조작해야 했는가. 그것은 당시 국
제 정세에서 유추해 볼 수 있다. 1910년 일제의 대한제국 강점 이후
미·일 관계와 영·일 관계는 이전과 달리 중국·만주 문제를 둘러싸
고 불편하기 시작하였다. 즉 일본이 대한제국을 강점하는 데 그치지
않고 만주를 실질적으로 경영하면서 이에 대한 영·미 양국의 불만이
어떤 형태로든 한국문제 처리에 영향을 미칠 가능성이 높았다. 러시
아도 일제의 대한제국 강점을 공식적으로 수용하였으나 비공식적인
차원에서는 상당히 감정적인 대응을 보였다.[31] 그리고 이는 1910년대
한반도를 둘러싼 구미열강과 일본의 갈등을 예고하였고 실제로도 그
런 방향으로 전개되었다. 특히 일제가 제1차 세계대전 중에 중국에
'21개조 요구'를 제시함으로써 영·미의 대일(對日) 경계심을 돋우었
다.[32] 따라서 일제로서는 구미 열강의 한반도 인식에 신경을 곤두세

31) 구대열, 『한국국제관계사 연구 1 : 일제시기 한반도의 국제관계』, 역사비평사, 1995,
   113~125쪽.
32) 현광호, 「국권상실 전후 시기(1905~1918) 동아시아 국제정세의 변동과 한민족의 국권
   회복운동」, 『한국문화』 52, 300~305쪽.

郡は...朝鮮貿易が...地心中の引揚島貿...その近隣の...宣支運教両所の海二溜岡...木内市...、ち...も写を圖闘...さ...地に...場市地内は...器の...以品を...り山や...南方...。ち...て、群物に... 覽知を...果要の...岡山勝...で山の...人山の...木都...4曜...り...埠を...江江...山...す...れ...例の...小大は...例...に...襄...足...に...器...し...岡山...の...の...系器...（動...水生器）

月十年...ち...あ...隣の...川...都の...京...少占...を...位一...器...を...金て...し...と...遮...出...器の...末...は...悪...河...。て...長を...多...曜...酸の...常...、...器...を...警...探...長の...南...圏...は...に...内...酸...方...を...器の...器...小...怒...非は...一...臨...工...務...器...ち...ある...一...機...工...水...数...も...に...申...厚...。し...場...機...業...木...を...索...に...申...器...ち...上...場...務...て...し...用...何...を...器...務の...用...形...逆...器...逆...器...。は...に...期...時...場の...器...に...川...器...熊...流...端...器...河...丸...。湖...河...器...か...的...暁...流...。ち...西方...国...探...原...東...は...り...双第一...島...ち...西方...探...探...器...大...は...副...旦...物の...り...ち...西石...器...二...り...よ...石...器...十...六...器...五...ち...し...と...器...時

〈그림 11〉 군산항의 미곡 선적(필자 주)

* 출전 : 山本三生 編輯代表, 『日本地理大系 제12권(朝鮮篇)』, 改造社, 141~142쪽.

우는 가운데 구미 열강이 일제의 조선 통치에 간섭할 여지를 줄이기 위해 조선 황실가족의 단란한 모습을 보여주고자 했다. 결국 이 사진은 이런 국제 정세와 역사적 맥락 속에서 일제에 의해 조작되어 세상에 나오게 된 것이다. 이처럼 사진 중에는 촬영자나 지시자의 정치적 의도에 맞추어 조작되는 일이 왕왕 이루어졌다.[33]

② 편집자가 사진을 편집하는 과정에서 착오로 오류를 범하는 경우이다. 이는 사진에 대한 몰이해라든가 해당 지역과 사건에 대한 착각에서 빚어졌다. 〈그림 11〉은 동일한 배경의 사진을 둘로 나누어서 편집한 사진인데 이후 편집자가 실수로 전혀 별개의 사진으로 나누어 수록하고 있다.

〈그림 12〉와 〈그림 13〉을 〈그림 11〉과 비교할 때 배경이 연결된 사진을 좌우로 이등분하여 상하로 배치함과 동시에 별도의 설명을 부기함으로써 독자에게 동일한 사진을 서로 다른 사진으로 오인하도록 하였다. 이는 연구자나 독자들에게 군산항의 전체 모습을 볼 수 없도록 만들었다.

---

[33] 사진의 조작은 정치적 이해관계에 부합되어 이루어졌다. 이에 관해서는 지젤 프로인트, 『사진과 사회』(성완경 譯), 눈빛, 2006, 173~192쪽 참조.

산항에서의 쌀선적 모습 (1920년대 말)

999년 5월 1일 개항한 군산은 조선 최대의 쌀 수출항으로, 1929년 당시 군산항의 수출액 34,223,289圓 ·운데 쌀 수출액이 33,673,896圓으로 전체 수출액의 98%를 차지하였다. (『日本地理大系』에서)

40. 선적을 기다리는 군산항의 쌀(1920년대 말)

일본으로 쌀을 선적하기 위해 혼잡한 군산항의 모습이다. 당시 충청남도·전라북도에서 생산된 쌀은 금강의 수로(水路)나 호남선 철도에 의해 군산으로 운송되었다. 군산항을 통한 쌀 반출량은 연간 170만석에 이를 정 도였다. 당시의 군산항은 마치 전쟁터를 방불했다고 한다. (『日本地理大系』에서)

〈그림 12〉(左)와 〈그림 13〉(右) 군산항의 미곡 선적(필자 주)

* 출전 : 국립전주박물관,『옛 사진 속의 전북 1894~1945』, 1998, 29쪽.

③ 이른바 생생한 내용을 전달하고 극적인 효과를 거두기 위해 연출한 장면을 카메라로 찍어 사실인 양 속인 사진의 경우이다. 〈그림 14〉는 여러 포털 사이트에 올라왔을뿐더러 〈그림 15〉와 같이 많은 교재와 교과서에 그대로 수록되었다.

이러한 사진은 흔하지 않을뿐더러 너무 극적이어서 '사진의 유혹'에 넘어갔을 것이다. 그리하여 많은 이들이 교재에 수록한다든가 개인 홈페이지에 많이 올렸다. 심지어는 중등학교 교과서에도 수록하였다.

그러나 이 낙서는 "조선총련 산하 단체인 재일본조선문학예술가동맹이 한일수교에 대한 반대 운동의 일환으로 1965년에 제작한 영화 '을사년의 매국노'를 촬영하는 가운데 연출된 것이다. 이 영화에 강제연행의 흔적을 담기 위해 제작진 4명이 치쿠호 탄광촌에서 현장 촬영을 했다. 그때 폐허가 된 징용공 합숙소에서 제작진 가운데 녹음을 담당한 여성이 나무를 꺾어 벽에 문제의 낙서를 새긴 것이다. 위조 사실을 상세히 밝힌 니시니폰신문[西日本新聞]의 취재에 대해, 영화 제작진 가운데 한 사람은 당시 폐허가 된 합숙소에서 촬영할 것이 없어서, 제작진이 모두 합의하여 낙서를 새기도록 했으며, 부드러운 필

<그림 14> 규슈 탄광 조선인 징용자의 낙서(가칭)
* 출전 : 인터넷과 각종 신문 포탈 홈페이지.

<그림 15> 징용된 한국인이 탄광벽에 남긴 글씨
* 출전 : 주진오 외,『한국근·현대사』, 중앙교육진흥원, 2003, 175쪽.

체로 하기 위해 여성에게 쓰도록 했다는 사실을 자백했다."[34] 그 결과 내용의 신뢰도는 물론 역사 교재 자체의 신뢰도를 추락시키면서 일본 극우파의 비판 대상이 되었다.

④ 편집자가 사진 촬영자의 본래 의도를 모른 채 단지 편의상 수집하여 편집한 뒤 수록한 사진의 경우이다. 즉 촬영자의 의도라든가 역사적 맥락을 파악하지 못하고 주변에서 쉽게 구할 수 있는 사진이어서 교재에 왕왕 수록하는 경우가 많다. <그림 16> 고종의 초상은 국정교과서를 비롯하여 많은 교재와 사진집에서 수록하고 있다. 특히 대한제국 수립과 관련하여 이 사진을 제시하고 있다.

<그림 16>은 이경민의 주장에 따르면, 황실 전속사진사인 무라카미 텐신[村上天眞]이 1907년 가을 강제 퇴위를 당한 고종을 찍은 사진이다.[35] 그런데 고종이 입은 제복은 당시 대한제국의 외교권이 넘어

---

34) 金光烈,『足で見た筑豊 : 朝鮮人炭鑛勞動の記錄』, 2004, 130~150쪽(최영호,「강제징용 조선인 노동자 낙서는 연출된 것」,『한일시평』84, 2005년 11월 22일에서 재인용).
35) 이경민,『제국의 렌즈』, 산책자, 2010, 38~46쪽.

가고 원수부(元帥府)가 폐지된 상태에서 황제로서 갖추어야 할 대원수(大元帥)의 복장이 아닌 특수복이다. 이후 이 사진은 일제의 각종 사진집에 단골로 수록되었다. 이는 일제가 의도적으로 대한제국 황실의 권위를 낮출뿐더러 대한제국의 주권이 일제에게 넘어갔음을 보여주려는 의도에서 비롯되었다. 그러나 해방 이후 우리나라의 사진집과 교재의 편찬자들은 일제의 이런 의도를 모를뿐더러 대한제국 황제의 격식과도 부합하지 않은 이 사진을 즐겨 수록하였다.

〈그림 16〉 고종 황제
* 출전 : 김광남 외,『한국근·현대사』, 두산동아, 2003, 75쪽.

⑤ 촬영자나 편집자가 국가나 사회, 계급의 이익을 위해 근대 과학의 힘을 빌려 물상(物像)의 이미지를 재현한 사진의 경우이다.[36] 이는 크게 두 가지로 나누어 볼 수 있다. 하나는 촬영 당시부터 촬영자의 시선, 감정이나 이해를 투영시켜 재현하는 방식이다. 또 하나는 편집자가 편집 과정에서 병치, 나열, 확대, 축소 등을 통해 편집의 의도를 관철시키는 방식이다.

---

[36] 이에 관해서는 캐롤 스콰이어즈,「사진은 어떻게 국가와 계급의 이익에 부합하는가」, 리차드 볼턴 編,『의미의 경쟁 : 20세기 사진비평사』(김우룡 譯), 눈빛, 2001 ; 서울대학교 박물관,『그들의 시선으로 본 근대』, 2004 ; 지젤 프로인트,「정치적 도구로서의 사진」, 앞의 책 ; 테사 모리스-스즈키, 앞의 책, 139~163쪽 참조.

〈그림 17〉 간척지(不二拓地)
* 출전 : 朝鮮敎育會, 『朝鮮資料寫眞』, 1929, 第52圖.

　〈그림 17〉은 불이농장주식회사(不二農場株式會社)가 경영하는 군산(群山) 지방(地方) 간척지(干拓地)의 전경으로 일본인의 간척 노력을 돋보이기 위해 촬영했으며 이후 국정교과서인 『지리(地理)』에 수록되었다.

　한편, 〈그림 18〉은 일종의 개설서이자 사진집으로서 학자는 물론 일반인들이 자주 보는 『일본지리대계(日本地理大系), 조선편(朝鮮篇)』에 수록된 사진으로 여기에는 개설적인 설명이 부가되어 있다.[37] 즉 일제강점기의 사진엽서와 마찬가지로 야만과 문명이라는 이분법적 시각 아래 한국 전통의 서당과 근대 보통학교가 대비되어 있다.[38]

---

[37] 山本三生 編輯代表, 『日本地理大系 第12卷(朝鮮篇)』, 改造社, 1930, 359쪽.
[38] 일제강점기 다수의 사진엽서는 조선총독부 또는 민간 출판사가 이른바 식민지개발론을 부각시키거나 '內鮮融和論'을 뒷받침하는 이미지로 호도하기 위해 제작된 것이다. 여기서는 일제 통치하 진정한 조선의 모습과 조선인의 삶은 존재하지 않았다. 오히려 일제가 만들어 놓은 근대화된 조선의 조작된 이미지만 존재했을 뿐이다. 이에 관해서는 권혁희, 『조선에서 온 사진엽서』, 민음사, 2005 참조.

〈그림 18〉 전통 교육과 근대 교육(필자 주)

우선 상단의 사진은 조선후기 서당을 서술하는 지면에 곧잘 수록되었다. 그러나 이 사진은 조선총독부의 이른바 시정(始政) 2주년을 기념하여 제작한 엽서 사진의 일부이다.[39] 주지하다시피 이러한 사진은 일제의 통치를 정당화하고 미화하기 위해 강점 이전 서당과 강점 이후 보통학교를 비교하여 수록한 것이다.[40] 특히, '야만과 문명', '전근대와 근대'라는 이분법적 시각이 반영된 가운데 여학생 수업 사진을 수록함으로써 일제가 여성 교육을 진작시키려 했음을 부각시키고 있다는 점에서 매우 신중하게 다루어야 할 사진이다.

또한 일제의 조선 통치 성과를 홍보하기 위해 제작된 사진집을 그대로 활용하거나 교재에 수록하기도 하였다. 예컨대 『일본지리풍속대계(日本地理風俗大系)』와 『일본지리대계(日本地理大系)』는 조선총독부, 조선항공연구소와 언론기관인

---

[39] 권혁희, 앞의 책, 시정 기념엽서, 120쪽 재수록.

[40] 이에 관해서는 서울대학교 박물관, 『그들의 시선으로 본 근대』, 2004 ; 이가연, 「1910년대 조선총독부 발행 施政기념 사진엽서를 통해 본 식민지 조선의 이미지」, 東亞大學校 碩士學位論文, 2007 ; 최길성, 『영상이 말하는 식민지 조선』, 민속원, 2009 참조. 그 밖에 리차드 볼턴 編, 앞의 책; 테사 모리스-스즈키, 앞의 책 참조.

압강일보사(鴨江日報社) 등이 사진을 촬영, 제공한 사정만 보아도 짐작할 수 있다.[41] 특히 이 사진들이 조선총독부가 시행하거나 하고자 하였던 사업과 관련된 것으로 보아 선별(選別)과 배제(排除)를 통해 이미 한차례 걸러진 사진들이다.[42] 즉 이들 사진은 일제 강점 이전과 이후를 비교하며 그들의 통치를 선전하고 미화하는 데 적합한 사진들이다.

끝으로 촬영자가 고의적으로 대상의 이미지를 조작하지 않거나 자신의 의도를 적극적으로 담지 않더라도 사진 자체가 대상을 미화시킬 수 있다.[43] 반대로 촬영자가 대상의 또 다른 진실을 재현하거나 사진 설명을 정확하게 붙이고자 하여도 사진 자체에는 미학적 이미지로 가득 찬다. 그래서 사진 설명은 모든 사진에 내재된 의미의 복수성 탓에 무너진다. 예컨대 20세기 초 미국의 방적공장과 광산에서 착취당하던 어린이들을 찍은 루이스 하인의 사진에서도, 세월의 시험을 더 오랫동안 견뎌낸 것은 제재의 적합성이 아니라 사진의 아름다운 구성과 우아한 원근법이었다. 사진의 미학적 경향 탓에 세상의 고통을 전달하는 매개체로서의 사진은 그 고통을 중화시켜 버린다. 카메라는 경험을 축소하고 역사를 구경거리로 변질시키기 때문이다. 다만 현행 교과서 등에서는 이런 미학적 요소들이 그리 발견되지 않는 까닭에 여기서 실례를 들기 어렵다. 그럼에도 교과서를 비롯한 다양한 교재를 편집하는 과정에서 사진의 이런 속성을 충분히 감안하여 사진의 진실을 제약하거나 호도하는 요소들을 가능한 한 줄일 필요가 있다.

이처럼 현재 국사 개설서나 교과서에 수록되어 있는 사진들은 전

[41] 범선규, 「『일본지리풍속대계』와 『일본지리대계』(조선편)의 사진이 갖는 자료적 의의와 활용방안」, 『한국사진지리학회지』 17-1, 2007, 82~83쪽.
[42] 범선규, 위의 논문, 87쪽.
[43] 수전 손택, 『사진에 관하여』(이재현 譯), 시울, 2005, 161~164쪽.

거가 불명확하고 설명문이 부실하다. 더욱이 촬영자나 편집자의 손을
빌어 과거 제국주의(帝國主義)라든가 백인(白人)의 시선(視線)을 그대
로 옮겨와 재현하고 있다. 이는 사진이 가지는 장점을 약화시키면서
오히려 역사를 왜곡할 가능성을 높이는 것이다.

3. 역사 교재에서 사진의 선정 · 배치와 설명의 허실

사진에 대한 엄격한 비판과 고증을 거쳐도 여전히 남는 문제가 있
다. 즉 이런 사진들 중에서 무엇을 선정하여 어떻게 교재의 지면에
배치할 것인가이다. 이는 사소한 문제로 보일 수 있다. 그러나 수록
사진의 내용에 따라 이를 보는 독자나 학습자는 그 시대와 사건을 다
르게 인식할 수 있다. 또한 배치 방식에 따라 독자와 학습자에게 미
치는 영향은 매우 다르다.[44] 이 중 일제강점기의 경우, 일제의 침략을
보여주는 사진은 논란거리가 되지 않지만 독립운동단체의 활동을
보여주는 사진은 좌 · 우파의 활동에 대한 평가와 관련하여 시비 거
리가 될 수 있다. 특히 해방 후의 경우, 좌 · 우의 대립 · 갈등이 심각
한 데다가 6 · 25 남북전쟁이라는 동족상잔의 비극으로 비화하였기 때
문에 그러한 논란이 더욱 심각하다.

따라서 해방 이후의 역사를 다루는 서술 내용에서 사진의 선정과
배치를 둘러싼 논란이 조금씩 야기되었다.[45] 이는 좌 · 우대립의 문제

---

[44] 역사 교과서에서 사진의 교육적 효과에 관해서는 지모선, 앞의 논문, 2009 참조.
[45] 사진 선정과 배치 문제는 교재 집필자의 의도에서 비롯되기보다는 편집자들이 사진
이 희소한 가운데 양호한 사진을 찾는 과정에서 논란거리의 사진을 우연히 수록하기
도 한다. 따라서 학계나 일반인들은 사진에 대해서 민감한 반응을 보이지 않았다.
다만 교과서 내용을 둘러싼 논란이 증폭되는 가운데 사진을 둘러싼 논란이 조금씩
일어났다.

〈그림 19〉 모스크바 삼상회의 지지 시위   〈그림 20〉 신탁통치 반대 시위

가 사진의 선정과 배치에도 영향을 미쳤기 때문이다. 대표적인 사례
로 〈그림 19〉와 〈그림 20〉에서 볼 수 있듯이 해방정국에서 반탁과 찬
탁을 둘러싼 군중들의 모임 사진을 들 수 있다.

　이 사진의 대부분은 동아일보 편찬의 『사진으로 보는 한국백년』 2
에 수록된 사진을 인용한 사진이다.[46] 국정교과서를 비롯한 교재에
수록되어 있는 사진은 여기에 해당한다. 따라서 해방정국기 반탁 시
위와 모스크바 3국 외상회의 결정 지지 시위에 관한 장면은 이 사진
을 통해 재현되었다. 예컨대 역사학연구소의 『함께 보는 한국근현대
사』나 교과서 포럼의 『대안 교과서 한국근·현대사』 등 이른바 진보
와 보수를 가리지 않고 이 사진을 활용하여 왔다.[47]

---

[46] 東亞日報社, 『사진으로 보는 한국백년』 2, 1978, 346~347쪽.

〈그림 21〉모스크바 3국 외상 회의 결정 지지 시위 　　　〈그림 22〉신탁통치 반대운동

　그러나 교과서의 경우는 사정이 달랐다. 금성교과서에 수록된 〈그림 21〉과 〈그림 22〉의 경우, 대표적인 사례이다.[48]

　〈그림 21〉를 〈그림 19〉와 비교하면 사진 속 인물들의 모습이 뭉그러져 있음을 확인할 수 있다. 이는 〈그림 19〉를 그대로 제시할 경우, 모스크바 3국 외상 회의 결정 지지 시위 군중이 반탁 시위 군중보다 많게 보여 학생들이 오해할 수 있다는 검정심의위원의 지적에 따라 사진을 좁게 잡아 변형시켰기 때문이었다. 일반인을 대상으로 한 개설서의 경우, 무심코 지나칠 사진이 교과서의 경우에는 매우 민감하게 반응한다는 점을 보여준다 하겠다. 그래서 일부 교과서는 모스크

---

47) 역사학연구소,『함께 보는 한국근현대사』, 서해문집, 2004, 279쪽 ; 교과서 포럼,『대안 교과서 한국근·현대사』, 기파랑, 2008, 139쪽.
48) 김한종 외,『한국근·현대사』, 금성출판사, 2003, 259쪽.

바 3국 외상회의 결정 지지 시위 사진은 제시하지 않고 오로지 반탁 시위 사진만 수록하기도 하였다. 그러나 이러한 지적은 이후에도 일 관되게 적용되지 않았다. 2009년 개정 고등학교『한국사』의 경우, 심 의를 통과한 검정교과서의 다수가 동아일보 편찬 사진집에 수록된 사진을 그대로 수록하고 있다.[49]

이러한 사례는 6 · 25 남북전쟁 이후 양쪽의 피해를 생생하게 보여 주는 사진의 경우에서도 발견된다. 즉 제7차 교육과정기 대다수의 『한국근 · 현대사』교과서들은 서울과 평양의 피해 모습을 보여주는 사진을 배치하였다.[50] 〈그림 23〉은 금성출판사의『한국근 · 현대사』 에 수록된 해당 사진이다.[51]

〈그림 23〉 전쟁으로 파괴된 서울(좌)과 평양(우)

이 사진은 남북이 공히 전쟁으로 많은 피해를 입었음을 보여주고 있다. 그러나 모든 교과서가 남북한의 피해를 보여주는 사진을 수록하

---

49) 한철호 외,『한국사』, (주)미래앤컬쳐그룹, 2010, 299쪽 ; 이인석 외,『한국사』, (주)삼 화출판사, 2010, 306쪽 ; 도면회 외,『한국사』, 비상교육, 2010, 313쪽.
50) 김한종 외,『한국근 · 현대사』, 금성출판사, 2003, 325쪽 ; 주진오 외,『한국근 · 현대 사』, (주)중앙교육진흥연구소, 2003, 291쪽.
51) 김한종 외, 위의 책, 325쪽.

지는 않았다. 천재교육의
경우, 남한의 피해 사진
만을 수록 배치하였다.52)
두산은 남북한 모두 파괴
장면을 수록하지 않고 피
해 상황만 도표로 제시하
였다.53)

이와 같이 사진 선정과
배치에는 집필자의 의도
가 의식적이든 무의식적
이든 담겨 있다. 나아가
사진 선정과 배치를 둘러
싼 논란이 교과서 집필자
에 국한되지 않고 사회
정치적 환경에 음으로 양
으로 영향을 받고 있다.

〈그림 24〉 일본 항복 관련 서술 부분과
사진 배치(필자 주)

이러한 사정은 외국 교과서의 경우에도 마찬가지로 나타나고 있
다. 특히 전쟁 및 폭력과 관련된 사진에서 두드러진다. 〈그림 24〉는
도쿄서적[東京書籍]이 출판한 일본사 교과서에 수록된 사진과 서술 내
용이다.54) 여기서는 일본군의 침략 사진은 넣지 않고 미군의 원자폭
탄 투하에 따른 히로시마[廣島]의 폐허를 보여주는 사진과 오키나와[沖
繩]전(戰)에서 부상당한 소녀의 참상 사진을 수록하고 있다.

52) 김흥수 외, 『한국근·현대사』, 천재교육, 2003, 283쪽.
53) 김광남 외, 『한국근·현대사』, (주)두산, 2003, 280~281쪽.
54) 田邊 裕 외, 『新しい社會 歷史』, 東京書籍, 2005, 177쪽.

일단 히로시마의 피폭 참상을 보여주는 사진의 크기가 다른 사진에 비해 매우 크다. 그것도 상단 전면에 배치함으로써 전쟁의 참상을 알리기보다는 일본인의 피해를 강조하는 듯한 느낌으로 다가온다. 물론 이러한 서술과 사진 게재가 인류 차원에서 핵전쟁의 체험이 기억되고 꼭 전달되어야 한다는 소명의식을 담고 있다. 그러나 다른 민족의 수난과 고통을 언급하지 않음으로써 일본인 자신을 가해자에서 피해자로 둔갑시켜 버린다. 예컨대 오키나와전에서 부상당한 여자 어린이 사진을 작은 크기이지만 상세한 설명문을 붙여 전쟁의 피해를 극적으로 전달하고 있다. 반면에 난징학살이나 한국인 의병 탄압, 징용 관련 사진은 거의 수록되어 있지 않다.[55] 이 교과서의 편찬자들은 침략 내용을 본문에서 서술할지언정 침략의 이미지를 남기지 않는 가운데 일본인들의 피해만을 부각시키고자 했기 때문이다. 다만 짓쿄출판사(實敎出版社)가 간행한 『고교일본사(高校日本史) A』의 경우, 〈그림 25〉와 같이 히로시마 원폭 참상과 도쿄 대공습 사진을 수록하지 않고 우측 상단에 '한국인원폭희생자위령비(韓國人原爆犧牲者慰靈碑)' 사진을 수록하고 있다.[56]

사진의 이러한 선정과 배치는 일본인의 피해만 강조하는 기존의 교과서와 달리 일본인은 물론 한국인을 비롯한 아시아인 전체가 피해자임을 제시함으로써 학생들에게 전쟁의 참극을 알리고자 하였기 때문이다. 이러한 시도는 사진을 통해 주류(主流)의 역사상(歷史象)을 교정하려는 노력이다.

55) 다만 175쪽에 '일본군에 의한 희생자의 기념비' 사진을 수록하면서 싱가포르에서 다수의 중국계 시민들이 살해당했음을 설명문으로 붙이고 있다. 그러나 중간 하단에 조그맣게 수록함으로써 일본인의 피해 이미지를 상쇄시키지 못한다(田邊 裕 외, 앞의 책, 175쪽).
56) 宮原武夫·石山久男 외, 『高校日本史A』, 實敎出版株式會社, 2009, 145쪽.

ポツダム宣言

六、吾等ハ無責任ナル軍国主義ガ世界ヨリ駆逐セラルルニ至ル迄ハ平和、安全及正義ノ新秩序ガ生シ得サルコトヲ主張スルモノナルヲ以テ日本国国民ヲ欺瞞シ之ヲシテ世界征服ノ挙ニ出ツルノ過誤ヲ犯サシメタル者ノ権力及勢力ハ永久ニ除去セラレサルヘカラス

八、「カイロ」宣言ノ条項ハ履行セラルヘク又日本国ノ主権ハ本州、北海道、九州及四国並ニ吾等ノ決定スル諸小島ニ局限セラルヘシ

九、日本国軍隊ハ完全ニ武装ヲ解除セラレタル後各自ノ家庭ニ復帰シ平和的且生産的ノ生活ヲ営ムノ機会ヲ得シメラルヘシ

十、吾等ハ日本人ヲ民族トシテ奴隷化セントシ又ハ国民トシテ滅亡セシメントスルノ意図ヲ有スルモノニ非サルモ吾等ノ俘虜ヲ虐待セル者ヲ含ム一切ノ戦争犯罪人ニ対シテハ厳重ナル処罰ヲ加ヘラルヘシ日本国政府ハ日本国国民ノ間ニ於ケル民主主義的傾向ノ復活強化ニ対スル一切ノ障礙ヲ除去スヘシ言論、宗教及思想ノ自由並ニ基本的人権ノ尊重ハ確立セラルヘシ

十三、吾等ハ日本国政府ガ直ニ全日本国軍隊ノ無条件降伏ヲ宣言シ且右行動ニ於ケル同政府ノ誠意ニ付適当且充分ナル保障ヲ提供センコトヲ同国政府ニ対シ要求ス右以外ノ日本国ノ選択ハ迅速且完全ナル壊滅アルノミトス

[日本外交年表竝主要文書]

◆韓国人原爆犠牲者慰霊碑　広島・長崎で被爆した朝鮮人は7万人と推計されている。この碑は平和公園の外側にあったが1999年、公園内に移設された。広島。

人以上の県民が犠牲になった。こうして沖縄では、県民の4分1にあたるおよそ15万人が命を失うなか、6月末に沖縄守備軍はほぼ壊滅し、沖縄はアメリカ軍の占領下にはいった。

日本の降伏

連合国軍との戦闘で日本軍の敗色が濃厚になったころ、中国戦線では毛沢東・朱徳らの指導する中国共産党が解放区を拡大し、アジア各地でも朝鮮人民革命軍や韓国光復軍、ホー=チ=ミン指導のヴェトナム独立同盟(ヴェトミン)、フィリピンの抗日人民軍(フクバラハップ)などが抗日運動を続けていた。

1945年2月、米・英・ソの連合国首脳はヤルタ会談をひらき、秘密協定でドイツ降伏後2〜3か月以内にソ連が対日参戦することを決めた。ついでドイツ降伏後の7月、アメリカ・イギリス・中国は3国共同でポツダム宣言❶を発表し、日本に無条件降伏を求めた。天皇制維持をねらいとして、ソ連を通じて終戦工作を画策していた鈴木貫太郎内閣は、ポツダム宣言を黙殺すると発表した。これに対してアメリカは、8月6日、広島に原爆を投下し、ソ連は8日、日本に宣戦布告して9日に満州・朝鮮に侵入し、関東軍を壊滅させた。この日、長崎にも原爆が投下された。天皇制護持の確証がえられないとして敗戦の決断をのばしていた政府・軍部も、8月14日に無条件降伏し、15日正午から昭和天皇のラジオ放送(玉音放送)という異例の手段で敗戦を国民に知らせた。9月2日、東京湾のアメリカ艦船ミズーリ号上で降伏文書の調印がおこなわれ、アジア太平洋戦争はおわった。1931年からの15年におよぶ戦争(15年戦争)は、(→p.136)大日本帝国の敗戦で幕をとじた。この戦争でアジア・太平洋地域の人々に与えた惨害はじつに膨大で、死者の数は約2000万人をこえ、日本人の犠牲者310万人をはるかにうわまわるものであった。そして精神的、物的被害もこれにまさるものがあった。

❺ ソ連参戦後、住民をおきざりにした関東軍の敗走と、ソ連国境におかれた満蒙開拓団からの引揚げの困難として、多くの死者と「中国残留日本人孤児」がうまれた。またソ連は満州から60万人以上の軍人・民間人をシベリアなどに連行し、強制労働に従事させた(シベリア抑留)。シベリアからの引揚げは1949年にほぼ終ったが、この間、約6万人にのぼる死者を出した。

❻ アジア太平洋戦争によるアジア諸国の死者の数は、各種の文献および各国政府見解などを総合すると、中国約1000万人、朝鮮約20万人、台湾約3万人、ヴェトナム約200万人(大部分は餓死といわれる)、インドネシア約400万人、フィリピン約111万人、インド350万人(大部分はベンガルの餓死者)、マレー・シンガポール約10万人、ビルマ約15万人と推定される。

16　日本の敗戦　**145**

〈그림 25〉 일본 항복 관련 서술 부분과 사진 배치(필자 주)

1 핵 시대의 도래

1945년 8월 9일, 나가사키 폭탄 투하 후 발생한 핵 버섯구름의 모습이다.

2 다시는 이런 일이 없기를!

INTERNÉS ET DÉPORTÉS POLITIQUES
FAMILLES DES INTERNÉS ET DÉPORTÉS POLITIQUES

plus jamais ça!

TOUS UNIS pour la renaissance de notre patrie
pour une paix féconde par l'union de tous les alliés

FÉDÉRATION NATIONALE des DÉPORTÉS et INTERNÉS PATRIOTES
10, RUE LEROUX, PARIS 16e

홀로코스트(Holocaust)의 참상을 알리는 프랑스 정부의 포스터(1945).

〈그림 26〉 핵시대의 도래와 다시는 이런 일이 없기를

    반면에『독일 · 프랑스 공동역사교과서-1945년 이후 유럽과 세계』
에서는 일본 대다수의 교과서와 달리 제2차 세계대전의 참상과 관련
하여 〈그림 26〉과 같은 사진[삽화]을 수록하고 있다.[57]

    미군이 아시아 · 태평양 전쟁 기간에 나가사키[長崎]에 떨어뜨린 원
폭의 무서움을 소개하는 동시에 바로 옆면에는 홀로코스트 포스터를
보여주고 있다. 물론 독일 교과서에서도 자기들의 피해 상황을 보여
주는 사진을 다수 싣고 있다. 그러나 그들의 범죄 행위도 알리는 사
진도 수록한다. 가령『안네의 일기』를 소개하면서 순진무구한 안네의
얼굴을 보여주거나 아우슈비츠 수용소의 참혹한 광경을 보여준다.[58]

---

[57] 페터 가이스 · 기욤 르 캉트랙 외,『독일프랑스공동역사교과서-1945년 이후 유럽과
세계-』(김승렬 외 譯), 동북아역사재단, 2008, 24~25쪽.

[58] Daniela Bender 외, *Geschichte Und Geschehen* 4, Klett, 2007, p.133.

이처럼 개설서나 교과서에 어떤 사진을 선정하여 어떻게 배치하느냐에 따라 독자나 학습자가 인식하는 사건의 이미지는 매우 달라진다. 따라서 이는 독자나 학습자가 특정 삽화 사진에 영향을 받지 않고 총체적이고 온전하게 당대의 시대상과 사건을 인식할 수 있도록 사진 선정과 배치에 신중을 기해야 한다.

4. 역사사진의 학문적·교육적 효과와 사진 족보 제작

역사사진은 역사 교재에서 활용할 때 많은 제약과 한계를 지니고 있음은 분명하다. 그러나 촬영자나 편집자의 시각과 의도에 대한 파악과 암묵적인 해석에 대한 비판을 전제로 한 가운데, 엄격한 사료 비판과 고증을 거친다면 가장 좋은 사료가 될 수 있다. 왜냐하면 사진은 여전히 흘러간 과거의 흔적과 이야기를 보존하고 궁극적으로 자신은 물론 이를 둘러싼 세계의 변화를 생생하게 보여주기 때문이다. 따라서 문자 자료에서 막연하게 파악했던 역사적 사건과 일상생활 등을 연구하는 데 대단히 유용한 자료이다.

우선 문자 자료에서 막연하게 파악했던 일상생활의 실태를 파악할 수 있다. 〈그림 27〉의 경우, 1922년에 설립된 공주군 귀산 개량서당에서 1936년 2월 개교기념식을 거행하는 장면을 보여준다. 여기서는 전통 시대에 볼 수 없는 풍경들이 고스란히 남아 있다.

무엇보다도 여학생이 매우 적지만 오른쪽 맨 끝에 줄지어 서 있음을 확인할 수 있다. 9명 남짓한 여학생들이 머리를 땋아서 길게 늘어뜨리고 이제 남학생과 같은 공간에 서 있게 된 것이다. 비록 그 숫자는 매우 적지만 한국 여성 교육이 이제야 걸음마를 하기 시작했음을

〈그림 27〉 공주 귀산 모범서당 개교 기념식 전경(국가기록원 소장)

단적으로 보여준다 하겠다. 또한 60~70명가량 되는 남학생도 비록 교복을 입지 않았지만 모두 검은 교모를 모두 쓰고 있다. 그리고 이들은 나이별로 줄을 맞추어 서 있다. 어린 학생은 자그마한 운동장의 왼쪽 끝줄에, 가장 큰 학생은 오른쪽 끝줄에 서 있는 것이다. 그것도 바람이 칼날 같은 2월경 꿈쩍도 하지 않고 똑바로 줄지어 있어 일제 하 교육의 일면을 엿볼 수 있다. 모든 게 통일되고 획일적으로 운영하는 학교의 모습이 여기서도 진솔하게 드러나 있는 것이다. 또한 줄도 구분되고 늘어져 있어 학령 구분 없이 방안에서 개별로 학습하는 게 아니라 과정을 구분하여 학급을 구성하고 다양한 교과목을 가르쳤으리라 쉽게 짐작된다.

교사(敎師)들은 9명이나 보인다. 일반공립보통학교에 비할 수 없지만 당시 2인 이상의 교사가 가르치는 서당이 10% 내외임을 감안할 때, 매우 큰 서당인 셈이다. 이런 정도의 규모라면 단지 수신, 한문 등만 배우는 서당은 아니었다. 여기서는 산술, 일어, 체조, 창가 등 신식 교과목도 가르쳤다.[59] 두루마기를 입은 연로 교사들이 대부분인

〈그림 28〉 영국 기자 멕켄지가 촬영한 의병 부대의 모습(경기도 양평, 1907년 11월 경 촬영)
  * 출전 : F. A. McKenzie, *The Tragedy of Korea*, E. P. Dutton & Co., New York, 1908.

가운데 제복을 입은 젊은 교사들도 간혹 보이는데 이들 교사가 이런 신식 과목을 맡았을 것이다.

교사(校舍)는 일본식 양옥도 전통 기와 한옥도 아니고 어느 마을에서도 쉽게 볼 수 있는 초가집이다. 그럼에도 가운데는 현관을 두었고, 입구 왼쪽에는 학교 현판이 붙어 있다. 그리고 창문을 설치하여 채광에도 무척 신경을 쓰고 있음을 볼 수 있다. 그 점에서 일본인들이 위생이 엉망이라고 자주 질타했던 전통 서당과는 딴판이었다.

다음 사진 분석을 통해 역사적 사건의 큰 흐름을 함축적으로 파악할 수 있는 실마리를 찾을 수 있다. 〈그림 28〉은 맥켄지가 1907년 11월 경기도 양평에서 직접 촬영한 의병 관련 사진이다. 의병의 모습이 온전하게 나오는 사진은 이것이 유일하다.

그리고 이 사진은 촬영 시점으로 보아 1907년 8월 군대 해산 이후 군인들이 의병에 가담한 모습을 잘 보여준다. 또한 나이 어린 소년이

---

59) 개량서당에 관한 최근 연구로는 林種善, 「日帝 强占期(1920~1930년대) 朝鮮人의 書堂 改良運動」, 『歷史敎育』 71, 1999 ; 金炳睦, 「일제강점기 초기 改良書堂의 기능과 성격」, 『史學硏究』 78, 2005 참조.

〈그림 29〉 호남 의병장의 모습(필자 주)
* 출전 : 山本誠陽 編輯 兼 發行, 『南韓暴徒大討伐紀念寫眞帖』, 1910.

의병에 가담했음도 확인할 수 있다. 게다가 의병들이 소지한 총기가 무엇인지 추적할 수 있는 실마리를 제공하고 있다. 촬영자가 분명하고 촬영 일시를 남겨 놓은 데다가 군인과 앳된 소년 병사가 보이기 때문에 이러한 추정이 가능하다. 이처럼 사진은 문헌 자료가 전하지 못하는 당시의 모습을 생생하게 보여주고 있다. 특히 이런 사진을 당시 관련 기사와 연계하여 검토하면 문헌 자료에서 확인할 수 없었던 풍부하고 다양한 모습을 복원할 수 있다. 이처럼 전거가 분명한 경우는 활용의 폭이 넓다.

제3자가 촬영한 사진은 아니지만 일제 스스로가 기념하기 위해서 사진집으로 제작한 경우가 있다. 〈그림 29〉가 그것이다. 예컨대 호남 의병장들의 면모를 파악할 수 없는 가운데 김의환이 1987년 일본 고서점에서 구입한 『남한폭도대토벌기념사진첩(南韓暴徒大討伐紀念寫眞帖)』은 이들 의병장의 모습을 확인할 수 있는 사진을 수록하고 있다. 그동안 이 사진들이 발굴되지 않은 것은 항일의병 탄압에 종사한 일본 고급장교들이 '한국임시파견대(韓國臨時派遣隊)' 이름으로 극히

제한된 부수를 만들어 그
들만이 비장했기 때문이
다.[60] 특히 이들의 가슴
에서 각자의 번호가 부착
되고 명단이 설명문에 들
어가 있어 그들의 신원을
확인할 수 있다.

〈그림 30〉 러·일전쟁기 일본군의 대포 사격 연습

그러나 전거의 불분명으
로 활용하지 않는 경우도
만만치 않다. 〈그림 30〉의
경우, 서문당에 실린 사진
으로 '1905년, 서울 남산에
서 훈련이라는 명목으로
대포를 배치, 위협시위를
하고 있는 일본군'이라고
기술되어 있었는데,[61] 이

〈그림 31〉 경성(京城)에서 아군(我軍)의 연습(練習)
* 출전 : 『韓國寫眞帖』(1905. 6, 국립중앙도서관 소장).

후 일각에서는 을사늑약과 관련하여 남산에서 위협 사격하는 일본군
의 모습으로 추정하기까지 하였다. 이에 일부 연구자들은 이런 추정
에 이의를 제기하면서 이 사진을 신뢰할 수 없다고 하여 을사늑약 관
련 사진에서 제외시켰다. 『미래를 여는 역사』의 경우, 필자는 이 사진
의 근거를 찾을 수 없어 결국 수록하지 못했다.[62]

---

60) 김의환, 「『南韓暴徒大討伐紀念寫眞帖』 해설」, 『民族文化論叢』 8, 1987.
61) 서문당, 앞의 책, 49쪽.
62) 『미래를 여는 역사』의 해당 지면에는 사진은 수록되지 못하고 의병 봉기 지역과
   신분·직업별 분포도만 수록되었다. 한중일3국공동역사편찬위원회, 『미래를 여는
   역사』, 한겨레신문사, 2005, 78~79쪽.

그런데 1905년 6월 20일 사이키 히로시[齋木寬直]가 펴낸『한국사진
첩(韓國寫眞帖)』(博文館, 東京)에서 〈그림 30〉과 동일한 사진을 찾을
수 있었다(〈그림 31〉). 여기에 첨기되어 있는 발행 일자와 설명문을
통해 1905년 6월 이전에 일본 포병대대가 서울 왜성대에서 대포 사격
을 연습하고 있음을 확인할 수 있다. 따라서 이 사진은 1905년 11월
을사늑약과 직접적으로 관련이 없는 사진임에는 분명하다. 그러나
일제가 러·일전쟁 중에 궁궐 밖에 대포 사격을 가함으로써 서울 시

민들에게 공포와 두려움
을 안겨 주었음을 확인할
수 있다. 따라서 이러한
점들을 충분히 숙지한 뒤
적절하게 활용할 필요가
있다.

〈그림 32〉 일본의 침략에 항거하여
철도를 파괴한 죄로 처형되는 3명의 한국인
 * 출전 :『르 크로와 일뤼스트레』, 1905. 5.21.

　　다음 문자 자료와 비교
하여 사진 자료를 꼼꼼히
분석하면 사진 자료의 사
료적 가치를 높일 수 있
다. 〈그림 32〉는 이를 잘
보여준다.

　　〈그림 32〉 역시 철도 부
설 방해냐 철도 파괴냐 하
는 논란이 있었다. 그러나
『한국사진첩』을 통해 '철
도선로방해자'를 사형시키

〈그림 33〉 철도선로 방해자의 사형 집행

는 장면임을 알 수 있다(〈그림 33〉). 물론 촬영 각도가 다르고 총살자

의 모습이 달라 동일 사건임을 확신할 수 없다. 그러나 당시 일본이 철도를 파괴하거나 철도선을 방해하는 의병들을 사형에 처했음을 확인할 수 있다. 아울러 일본인들은 이런 사진들을 공개함으로써 한국인들이 공포감에 떨도록 하였음을 짐작할 수 있다.

특히 〈그림 32〉는 국가보훈처의 연구에 따르면, 여기서 총살을 당하는 의병은 김성삼, 이춘근, 안순서라는 인물로 1904년 9월 21일 군법회의에서 사형을 언도받은 후 곧바로 공덕리 야산에서 처형당한 것으로 파악하고 있다. 또한 대한제국 정부가 이 사건을 문제 삼음으로써 한국 측 문헌에 남아 있게 되었다.[63] 그리고 이들 의병이 활약했던 행위도 파악할 수 있다. 즉 이들 의병은 고양(高陽) 귀룡고지(歸龍古地)에서 군용철도(軍用鐵道)에 쓰이는 보인도를 전회범과(轉回犯科)한 일로 체포되어 총살을 당한 것이다. 따라서 이런 내용을 사진 설명문에 담아야 할 것이다.[64] 이는 사진 자료가 지니는 한계를 문자 자료를 통해 보완하는 동시에 문자 자료가 가지는 한계를 생생한 사진을 통해 보완함으로써 그 효과를 증대시킬 수 있음을 보여준다.

아울러 시기는 다르나 배경이 유사한 배경의 사진을 수집하여 비교하면 역사 현장의 변화를 추적할 수 있다. 이사벨라 버드비숍의『한국과 이웃 나라들』에 수록되어 있는 〈그림 34〉, 호너 B. 헐버트의『대

[63] 당시 대한제국 정부는 漢城府判尹 金奎熙의 報告書內 "日本兵站司令部가 日本軍用鐵道를 龍山 부근에서 방해한 韓人 金聖三, 李春勤, 安順瑞를 총살하였다."고 하는데, 설령 軍法을 違犯했다하더라도 犯科한 이유를 我政府에 會辦하여 처벌함이 人命愼重과 友邦篤誼에 타당할 것이라는 照會를 보냈다(『內部來去文』, 照會 제57호, 발신자 : 宮內府大臣臨時署理屈衛隊摠管署理內部大臣 陸軍副將 李容泰/外部大臣 李夏榮, 1904년 10월 3일).
[64] "日本尉官 1名이 인솔하는 8명의 憲兵이 阿峴 거주 金聖三, 楊州 거주 李春勤, 新水鐵里 거주 安順瑞 등 3人을 孔德里에게 礮殺하다. 이들은 軍用鐵道에 妨害를 하였었다."(『皇城新聞』, 光武 8년 9월 22일).

한제국의 멸망』에 수록되어 있는 〈그림 35〉 및 E. J. 해리슨의『바이
칼의 동쪽, 평화냐 전쟁이냐』에 수록되어 있는 〈그림 36〉은 이를 잘
보여준다.[65] 홍순민 팀에 따르면 이 사진은 전차 개통 시점, 성곽 모
습, 도로 가옥 형태 등을 감안하면 각각 1989년, 1899년 12월~1900년
7월 사이, 1900년 7월 이후~1907년 10월 이전으로 보아야 한다는 것이
다.[66] 이를 통해 광무정권이 추진했던 전차 부설 사업과 서울 개조
사업의 변화를 추적할 수 있는 단서를 발견할 수 있다.

〈그림 34〉 남대문
* 출전 : Isabella B. Bishop, *Korea and Her Neighbour* vol. Ⅱ.

---

[65] 〈그림 34〉와 〈그림 35〉는 홍순민 외, 앞의 책, 14쪽 재수록 ; 〈그림 36〉은 홍순민
외, 앞의 책, 16쪽 재수록.
[66] 홍순민 외, 앞의 책, 15~17쪽.

〈그림 35〉 서울의 남대문
* 출전 : Homer B. Hulbert, *The Passing of Korea*, 1906.

〈그림 36〉 오늘의 남대문
* 출전 : E. J. Harrison, *Peace or War, East of Baikal*, 1910.

현재 많은 사진들이 발굴의 순간을 기다리고 있다. 이 중에는 여느 가정집 사진첩에 수록되어 있는 까닭에 지방자치단체가 지역의 역사를 편찬하는 과정에서 많이 발굴되었다. 그러나 여전히 발굴의 손길이 미치지 못하고 있음도 현실이다. 또한 일본인과 서양인들이 제작한 사진집과 사진엽서 등도 외국에 소재되고 있으며 그 분량도 만만치 않다. 이런 류의 사진과 사진집도 속히 발굴하거나 수집해야 할 것이다.

그러나 무엇보다도 발굴·수집과 함께 정리가 필요하다. 물론 현재 생산되고 있는 사진에 대한 정리는 말할 나위도 없다. 아울러 이와 함께 현재 각 도서관에 소장되어 있는 사진집들을 정리할 필요가 있다. 이 중에는 조선총독부가 출간한 『조선총독부재직기념사진첩(朝鮮總督府在職紀念寫眞帖)』, 『공진회기념사진첩(共進會紀念寫眞帖)』 따위의 사진집들이 대종을 이룬다. 촬영·편찬의 의도가 대단히 정치적임에도 불구하고 이들 사진도 사료 비판을 거치고 문자 자료와 대조하여 검토한다면 중요한 사료로 거듭날 수 있다. 나아가 이런 사진자체가 당시 촬영자나 편집자들의 의도를 여실히 담고 있어 이 시기 일제의 정치 선전과 이미지 만들기 등을 파악할 수 있다. 그리고 일제나 어용 기관에서 간행한 『조선(朝鮮)』 같은 잡지라든가 구관제도(舊慣制度) 조사자료(調査資料) 중에서 중요 사진을 추출할 수 있다. 이를 통해 조선총독부 사업에 참여한 인물, 관련 건물, 사업의 실태 등을 파악할 수 있다. 〈그림 37〉과 〈그림 38〉은 『1927년 조선총독부재직기념사진첩(朝鮮總督府在職紀念寫眞帖)』에 수록되어 있는 사진으로 1927년 당시 조선사편수회(朝鮮史編修會)의 이나바 이와키치[稻葉岩吉]과 홍희(洪熹)의 모습을 보여준다.

또한 신문에 수록되어 있는 사진들도 유의해 할 자료들이다. 비록

〈그림 37〉 이나바 이와키치
[稻葉岩吉]

〈그림 38〉 홍희(洪熹)

신문 사진이라 상태는 좋지 않지만 여타 자료와 비교하여 검토한다면 좋은 사료로 거듭날 것이다.[67]

따라서 이런 역사사진은 단계별로 정리할 필요가 있다. 개별 사진과 문자 자료의 관계, 사진과 사진 사이의 관계, 사진집과 개별 사진의 관계 등을 염두에 두면서 전거를 분명히 달고 설명문을 대폭 보완해야 한다. 이는 일종의 사진 족보 제작이라 하겠다. 그러한 점에서 서울대학교 중앙도서관 소장 구관도서와 규장각에 소장되어 있는 단행본과 개별 문서 속의 사진들을 적극 검색하여 정리할 필요가 있다. 개별 사진의 목록 정리, 그리고 전거 표기와 설명문 붙이기 및 디지털화를 통한 사진 자료의 유통과 공유 등이 반드시 수반해야 할 작업임은 말할 나위도 없다. 나아가 이들 사진을 전산상에서 분류하여 주제별로, 사건별로 검색할 수있는 데이터베이스가 구축되어야 한다. 이런 작업은 역사사진에 대한 비판 작업에서 발생하는 불필요한 낭비와 불신감을 줄임으로써 고스란히 학문적 성과로 연결될 것이다.

한편, 사진 족보의 정리와 체계화는 역사사진의 활용 폭과 대상 범위를 확대할 수 있는 길을 열어준다. 우선 이처럼 엄격한 사료 비판

67) 新聞寫眞과 관련하여 崔仁辰, 『韓國新聞寫眞史』, 열화당, 1992 참조.

을 거쳐 나온 사진들은 전거가 분명하고 설명문이 정확하므로 강의자가 신뢰하여 폭넓게 활용함으로써 수강생들의 이해도를 높일 수 있다. 다음 국사 개설서와 교과서의 경우도 편찬자와 집필자들이 이들 사진을 믿고 활용할 수 있으므로 그 활용 폭이 넓어지고 지면은 풍부해질 것이다. 이는 일반 대중과 학생들이 우리 역사를 체계적이고 흥미롭게 학습함과 함께 동시에 생생한 역사적 현실로 인식할 수 있는 계기로 작용할 것이다. 문서 아카이브즈와 함께 역사 사진 족보 제작을 비롯한 사진 아카이브즈 작업을 활성화해야 하는 이유가 여기에 있다.

5. 결어

근래에 국사 개설서와 교과서에는 많은 사진들이 수록되어 있다. 이는 사진 자료가 학습자와 일반 독자에게 역사의 생생한 장면을 제공함으로써 문자 서술의 가독성을 높이고 학습의욕을 유발할 수 있다는 장점 때문이다.

그러나 이러한 장점을 제약하는 요소도 만만치 않다. 이는 단적으로 개설서와 교과서에도 그대로 적용된다. 요컨대 전거가 분명하지 않은 데다가 설명문이 부실하고 정확하지 못해 신뢰도를 떨어뜨리고 있다. 아울러 사진 자료에 본래 담겨 있던 촬영 의도와 이미지를 간과한 채 무비판적으로 활용하는 경우도 보인다. 그리고 교재에 수록할 때 사진의 선정과 지면 배치에 대한 체계적인 검토가 수반되지 않아 오히려 사진이 본문 내용의 장식물이 되거나 반대로 호도된 이미지를 재현하기도 한다.

　따라서 이러한 제약 요소의 비중을 줄이고 진본성(眞本性)을 높이기 위해서는 문자 자료와 마찬가지로 사료 비판이 수반되어야 한다. 크게 외적 비판과 내적 비판으로 구분할 수 있다. 즉 여기서는 문자 자료와 달리, 사진 자체 혹은 사진에 대한 설명문과 같은 외적인 문제에 초점을 두는가에 따라 각각 내적 비판과 외적 비판으로 규정할 수 있다.

　우선 외적 비판은 설명문의 오류를 시정하거나 부실한 내용을 보완하는 일이다. 내적 비판은 촬영자나 편집자의 의도와 시선을 충분히 감안하면서 조작된 사진의 원모습을 복원하거나 만들어진 이미지의 효과를 최대한 감쇄시키는 일이다.

　또한 사진과 문자 자료의 관계에서도 많은 문제점을 지니고 있다. 이는 사진의 선정과 배치에서 단적으로 드러난다. 편집자가 외부의 이해관계에 종속되거나 스스로 대변함으로써 사진의 진실을 호도하거나 특정의 주의 주장을 시각적으로 부각시키기도 한다.

　그러나 사진은 이러한 제약과 한계에도 불구하고 자체의 장점이 만만치 않기 때문에 학문적·교육적으로 활용할 필요가 있다. 그것은 역사적 사건의 단서를 찾는다거나 문자 자료에서 파악할 수 없는 일상생활 등을 복원하고자 할 때 가장 적합한 시각 자료이기 때문이다.

　따라서 사진의 활용도를 높이기 위해서는 진본성을 확인하는 작업과 함께 사진 아카이브즈라 할 사진 족보의 제작이 필요하다. 특히 정체불명의 사진과 조작된 사진이 난무하는 인터넷 상용 시대에 더욱 절실하다.

*

『歷史敎育』 119, 2011 揭載, 2014 補.

제14장

국사교재에서 문학작품의 활용 실태와 내용 선정의 방향

1. 서언

현재 제7차 교육과정에 입각하여 집필된 고등학교 교과서『국사』와『한국근·현대사』에는 적지 않은 문학작품의 일부 내용이 원문 그대로든 요약 형태든 다양한 방식으로 수록되어 있다. 또한 일부 역사교사들은 수업 현장에서 문학작품(文學作品)을 교수학습자료로써 활용하고 있다. 이는 사료학습(史料學習)과 탐구활동의 비중이 높아지는 가운데 문학작품이 학생들의 흥미와 관심을 유발한다고 판단하기 때문이다.

문학작품의 이러한 활용은 1980년대에 문학작품의 일부 내용이 역사 개설서에 점차 수록되기 시작한 시점까지 소급할 수 있다. 그리고 1997년부터 순차적으로 적용된 제7차 교육과정의 중등학교 교과서인『국사』와『한국근·현대사』에는 이전과 달리 문학작품이 탐구활동의 자료로 수록되었다. 물론 이는 역사학 및 역사교육 내부에서 대두한 새로운 경향과 함께 학생들과 일반 대중이 늘 접하는 TV사극과 역사소설 등의 영향에서 비롯되었다. 또한 문학작품의 교과서 수록 여부를 떠나 기존의 역사서에서 채울 수 없는 사료의 한계를 보완할 수 있다고 여겼기 때문이다.

그러나 고전소설(古典小說), 역사소설(歷史小說), 사극(史劇) 등의 문학작품이 일반 사료(史料)를 대신하여 역사교육 현장에서 탐구활동의 주된 자료로 부각되지 않을까 하는 우려도 적지 않다.[1] 나아가 조만간 학생과 일반 대중이 역사가들의 엄격한 사료 비판을 거쳐 저술된 역사책이나 교과서를 외면하는 대신에 문학 작가들이 일부 사료를 실마리로 삼아 상상력을 발휘한 끝에 창작한 문학작품을 통해 당대의 역사를 이해하고 재구성할 것이라는 전망도 나오고 있다.[2] 이는 역사와 문학의 경계가 점차 허물어지고 있음을 보여주는 징후라고 하겠다.

물론 이러한 우려와 전망이 극단으로 치달음으로써 종래대로 허구와 사실의 엄격한 구분을 강조하고 문학과 역사의 친연성(親緣性)을 애써 간과하려는 시도도 나올 수 있다.[3] 이는 포스트모더니즘에 대한 경계(警戒)와 더불어 역사학(歷史學) 정체성(正體性)의 위기와 맞물려 있다.[4] 그러나 이러한 시도는 양자의 기원과 서사적 플롯 구조에서 비추어 보았을 때, 그 파급 효과가 결코 크지 못할 것이다. 오히려 사라진 것을 찾아서 기워 넣고, 빠진 것을 채우는 역사학 고유의 사료론

---

[1] 최상철, 「역사이론의 앵글에 잡힌 역사 소설」, 『한국사시민강좌』 41, 2007, 266~267쪽.

[2] 김기봉, 『역사들이 속삭인다』, 프로네시스, 2009, 116~117쪽 ; 전평국, 「영화의 역사화 범주 가능성에 관한 연구」, 『영화연구』 35, 2008, 21~27쪽.

[3] 정통적 역사가들은 역사 연구에서 문학작품, 연극 및 그 밖에 여러 작품들을 무시하며 특히 역사소설에 대해 가혹한 기준을 적용하였다. 차하순 외 공저, 『역사와 문학』, 서강대학교 인문과학연구소, 2006, 57쪽.

[4] 권덕영, 「역사와 역사소설, 그리고 사극」, 『역사와 현실』 60, 2006, 145~146쪽.

(史料論)에 입각한 위에서 왜곡되거나 망실된 역사를 복원하고 민중의 심성과 생활 세계를 발견해야 한다는 역사학계 내부의 목소리에서 발견할 수 있듯이 문학작품의 활용에 대한 요구는 점차 커질 것이다. 이 중 소설은 오랫동안 역사 이해의 주요한 구성 요소였다.

한편, 역사교육 현장은 이러한 역사학계의 변화에 영향을 받으면서도 내러티브에 대한 관심의 증대에 힘입어 문학작품을 광범하게 활용해야 할 필요성을 역설하였다.[5] 특히 교육은 그 속성상 학생들의 흥미 유발과 역사적 사고력의 신장에 주안을 두기 때문에 문학작품의 활용에 대한 기대는 더욱 커져 갔으며 실제로도 그러하였다.[6]

그러나 문학과 역사는 친연성을 지니고 있음에도 차별성을 가지고 있다. 고전소설이든 근현대 소설이든 사회 현실을 제재(題材)로 빌려 시대상을 일정하게 반영한다고 하더라도 작가의식과 상상력으로 빚은 허구임에 반해 역사는 역사가의 상상력이 가미되었다고 하더라도 역사적 사실에 바탕을 두고 있다. 이러한 원칙은 역사교육이 역사학

[5] Levstik & Papps, "Exploring the development of Historical Understanding", *Journal of Research in Social Education* 21(1987) ; the California department of Education, *With History-Social Scince for all-access For every Student*, Sacramento, California department of Education, 1992, pp.1~5 ; 신진균, 「역사학습에서 역사소설의 활용」, 『慶尙史學』 14, 1998, 57~63쪽 ; Wanda J. Miller, "Introduction" in *Teaching U.S. History Through Children's Literature*, Englewood, Teacher Ideas Press, 1998 ; Linda S. Levstik · Keith C.Barton, 『초·중학교에서 학생들과 조사 연구하는 역사하기』(배한극·송인주·주웅영 역), 아카데미프레스, 2007, 178쪽 ; 조정숙, 「문학작품을 활용한 중학교 국사수업의 실제」, 『歷史敎育論集』 37, 2009, 186~193쪽 ; 남경화, 「일제하 지식인 소설을 활용한 생활사 수업」, 韓國敎員大學校 碩士學位論文, 2009. 5~7쪽 ; 정민영, 『『한국 근·현대사』 수업에서의 문학작품활용연구―광복 이후를 중심으로―」, 西江大學校 碩士學位論文, 2009, 8~11쪽.
[6] 1993년 영국의 Wareham 중학교 학생들을 대상으로 실시한 연구를 통해 학생들이 역사와 영문학을 연결시키는 교과과정에 열성적이었음을 확인할 수 있다. 이에 관해서는 Dave Martin & Beth Brooke, "Getting Personal : Making effective use of historical fiction in the history classroom", *Teaching History* 108, 2002.

과 매우 밀접한 이상 마찬가지로 적용된다. 따라서 문학과 역사의 이러한 관계를 염두에 두면서 국사교재(國史敎材)에서 문학작품을 어떻게 활용할 것인가를 심도 있게 궁구할 필요가 있다. 이를 위해서는 역사교육 차원에서 문학작품 활용의 필요성을 염두에 두되 학습 효과와 한계를 추출하기보다는 현재 국사교재에 수록되어 있는 문학작품의 활용 실태를 면밀하게 분석함으로써 문학작품을 교재에 수록하는 과정에서 고려해야 할 요인과 문학작품 내용의 선정 방향 등을 검토하고자 한다. 이는 정사(正史) 위주의 사료학습 방식에서 벗어나서 새로운 탐구학습방식을 모색하는 작업의 전제인 셈이다.

2. 작품 활용의 이론적 · 역사적 근거와 실태

문학과 역사는 인간의 행위를 기술한다는 점에서 그 뿌리가 같다.[7] 또한 문학과 역사는 그 비중이 다를 뿐 이야기의 구조를 가지고 있어서 이야기를 구성하는 배경, 환경 등이 들어가기 마련이다. 이 점에서 신화(神話)와 전설(傳說) 등도 예외가 아니어서 일차적으로는 역사와 뿌리를 같이한다고 하겠다.[8] 그 모두가 인간이 한 일을 이야기하기 때문이다. 따라서 문자로 기록된 모든 것이 문학이라는 광의의 개념은 여기서 논외로 하더라도 문학과 역사가 여러 단계를 거쳐 명확하게 분화된 이후에도 양자는 수시로 만나게 되고, 더러는 양자의 경계가 매우 모호한 경우도 있다.[9]

---

7) 허승일, 『다시 역사란 무엇인가』, 서울대학교출판문화원, 2009, 2쪽.
8) N. A. 에로페에프, 『역사란 무엇인가』(신승원 옮김), 공동체, 1991, 13~22쪽.
9) 화이든 헤이트, 『19세기 유럽의 역사적 상상력-메타역사』(천형균 옮김), 문학과지성사, 1991, 17쪽 ; 千二斗, 「문학적 진실과 역사적 진실」, 『문학적 진실과 역사적

　　물론 소설을 비롯한 문학작품은 역사와 달리 사실(事實)이 아니라
허구(虛構)에 기반한다.[10] 그러나 허구로서 표상되는 문학적 공간도
결국에는 시대성(時代性), 역사성(歷史性)을 반영하지 않을 수 없다는
점에서 역사와의 친연성을 지니고 있다.[11] 그래서 문학 속에 표상되
는 현실은 분명 가공의 현실임에도 그 안에서 우리는 살아있는 특정
한 한 시대의 삶의 양상이 직접·간접으로 반영되어 있음을 발견한
다. 이를 일러 문학의 시대성이라는 말로 표현하거니와 이러한 문학
의 시대성이야말로 역사성과 다르지 않다.[12]

　　한편, 허구의 세계를 빚어내는 작가나 시인의 문학 행위 자체는 당
대 사회의 한 현상으로 필연적으로 당대 사회를 반영할 수밖에 없다
는 점에서 시대적·역사적 성격을 띤다. 물론 그러한 행위 중에는 통
시대적이고 보편적인 감수성과 문학적 상상력에 의존한 경우도 많다.
그러나 이 역시 그의 감수성과 상상력에 영향을 끼친 역사적·사회적
현실을 의식적이든 무의식적이든 그의 작품 속에 수용하지 않을 수
없다.[13]

진실』(한국문학평론가협회 편), 白文社, 1992, 28쪽 ; 프랑수아 도스, 『역사철학』(최생
　　열 역), 동문선, 2000 ; 박진, 「역사 서술의 문학성과 역사소설의 새로운 경향」, 『국어
　　국문학』 141. 2005, 83~85쪽.
10) 역사를 문학과 마찬가지로 저자의 이데올로기적 관점이 내포된 과거에 대한 문학적
　　재구성에 불과하다고 주장한 헤이든 화이트조차도 역사 내러티브가 사료와 과거의
　　흔적에 연관된다는 점에서 허구적 문학과 다르다고 보았다. 도날드 E. 폴리킹호르네,
　　『내러티브, 인문과학을 만나다』(강현석 외 공역), 학지사, 2009, 132쪽.
11) 라이오넬 트리링, 『文學과 社會』(梁炳鐸 譯), 乙酉文化社, 1960, 139~142쪽.
12) 에드워드 사이드는 『맨스필드 파크』, 『제인 에어』 등 19세기 영국 소설을 분석하여
　　내러티브와 사회적 공간이 불가분리에 있으며 나아가 제국의 이익을 지키고 공간의
　　이미지를 창출하였음을 강조하였다. 에드워드 사이드, 『문화와 제국주의』(김성곤·
　　정정호 옮김), 도서출판 창, 1995, 131~159쪽.
13) 千二斗, 「문학적 진실과 역사적 진실」, 앞의 책 ; 차하순 외, 앞의 책, 83쪽 ; 김욱동,
　　『『광장』을 읽는 일곱 가지 방법 – 비평의 광장』, 문학과지성사, 1996, 17~18쪽.

그러나 문학과 역사는 분명 별개의 영역이다. 문학은 참신하고 풍부한 상상력에 기반하여 허구를 창조한 데 반해 역사는 정확한 고증에 기반하여 과거의 사건과 인간 행위 등을 서술한다는 점에서 양자는 근본적으로 다르다.[14] 물론 문학에서도 실제로 일어난 일, 또는 역사에서 제재를 빌려 오기도 하고 허구 아닌 진실을 느낄 수 있도록 개연성(蓋然性)을 갖추어야 한다.[15] 이른바 역사소설이나 전기적 소설이 대표적인 경우에 해당한다. 그러나 문학은 작가의 의도, 세계관과 상상력에 입각하여 그러한 제재를 질서와 차원이 다른 공간에서 재구성해야 할뿐더러 이 과정에서 관철되는 개연성이 사실성 그 자체를 가리키지 않는다.

요컨대 문학 속에서 필연적으로 시대성·역사성이 반영될 수밖에 없다고 하더라도 이 또한 어디까지나 허구적 공간 안에서 재구성된다는 점을 간과할 수 없다. 따라서 역사학이든 역사교육이든 문학작품의 허구성을 떼어 내고 좀 더 역사적 사실에 가까운 내용을 추출하여 활용할 필요가 있다.

하지만 역사학과 역사교육 부문에서는 문학과 역사의 차별성보다는 양자의 친연성에 중점을 두고 문학작품의 활용에 관심을 기울였다. 문학작품이 일찍부터 역사가들과 역사교사들의 관심 대상이 되었던 이유가 그것이다.

우선 문학은 그 연원과 전개 과정을 보았을 때 역사를 보완한다고 여겼다. 조선(朝鮮)과 명(明)·청(淸) 시대의 일부 학자들에 국한되지만, 그들은 전통적으로 문학과 역사의 관계에 주목하며 소설의 활용에 신중하지만 관심을 드러냈다. 즉 소설의 허구성을 경계하면서도

---

[14] 千二斗,「문학적 진실과 역사적 진실」, 위의 책, 30쪽 : 허승일, 앞의 책, 2~3쪽.
[15] 서지문,「역사의 사실과 문학의 진실」,『한국사시민강좌』41, 235쪽.

소설이 역사(歷史)뿐만 아니라 경전(經典)을 보완할 수 있다고 판단
하였다. 왜냐하면 소설은 빠진 이야기들을 모아 그것을 기록하고 통
속적인 교화의 수단으로 활용할 수 있기 때문이다.[16] 나아가 시(詩)
가 세상에 일어나는 변고를 기재하여 그 득실을 분명하게 보여줄 경
우에는 시사(詩史)라 불렀다.[17] 두보(杜甫)의 시가 대표적인 예이다.
　문학의 이러한 보사적(補史的) 성격은 서양의 경우에서도 발견된
다. 구술 음유시인들은 연대기 작가들과 많은 부분에서 동일한 방식
으로, 동일한 신뢰성을 가지고 역사를 전달하였다.[18] 심지어 역사소
설이 역사를 생생하게 만들었을뿐더러 더욱 신뢰할 수 있는 과거의
안내자라는 주장이 제기되기도 하였으며 일부 성직자들은 소설이 가
장 설득력 있는 방법이라 여기고 대중들에게 종교적 메시지를 이해
시키기 위해 역사소설을 실제로 쓰기도 하였다.[19]
　문학의 이러한 성격은 한국 근대에서도 발견된다. 신채호(申采浩)
와 박은식(朴殷植)은 국민들의 민족의식을 각성시키고 국권회복운동
의 당위성을 설파하기 위해『이순신전(李舜臣傳)』,『강감찬전(姜邯贊
傳)』,『최도통전(崔都統傳)』등의 역사전기물을 집필하였다.[20] 역사
에서 제공하는 제재를 배경과 줄거리로 삼아 역사(歷史)의 문학화(文
學化)를 꾀했던 셈이다.
　다음 일부 학자들은 일찍부터 반영론적 관점에 입각하여 문학이 당

16) 최기숙,『17세기 장편소설연구』, 月印, 1992, 50~51쪽 ; 류사오평,『역사에서 서사로-
　　중국의 서사학-』(조미원, 박계화, 손수영 옮김), 길, 2001, 94쪽 ; 김문경,『삼국지의
　　영광』, 사계절, 2002, 84~85쪽.
17) 張維,『鷄谷集』권5, 詩史序 ; 李翼,『星湖塞說』권28, 詩入門. 이와 관련하여 이영주,
　　『杜甫詩話에 보이는 杜詩』, 서울대학교출판부, 2006, 65~66쪽 참조.
18) 데이비드 로웬덜,『과거는 낯선 나라다』(김종원, 한명숙 옮김), 개마고원, 2006, 505쪽.
19) 위의 책, 508쪽.
20) 송재소, 강명관, 해제『신채호소설선』, 동광, 1990.

대의 현실을 반영한다고 보았다. 청말(淸末) 량치차오[梁啓超]는 문학
작품의 필요성을 다음과 같이 강조하고 있다.

> 그 冥想을 좇아서 어느 정도까지는 붓 가는 대로 사건을 서술하였다고
> 하더라도, 어쨌든 그 장소, 환경을 헤아날 수 없다. 그러므로 알지 못하는
> 사이에 드디어 그 당시 사회의 배경을 일부분 써 내게 된다. 그러므로 후
> 세의 역사가에게 재료를 공여한다.[21]

이러한 그의 언술은 소설이 허구에 속하지만 그 배경은 역사에서
많이 취한다는 뜻이다. 이는 역으로 루카치가 언급한 대로 역사소설
이 어떤 시대에 대해서 '때와 장소의 구체적인 묘사'를 제공하고 있음
을 말해준다.[22]

특히 역사저술이 자신들의 학문성에 적합지 않다고 간주해서 퇴짜
놓은 부분들을 바로 문학이 수용한다. 즉 문학은 과거에 숨결을 불어
놓음으로써 학문적인 역사 연구에서 빚어진 추상성을 메울 수 있었
다.[23] 때문에 문학은 사실상 역사학의 작업에서 확고한 부분을 넘겨
받았다.

이후 20세기 중반을 거치면서 사회사를 연구하는 데 소설을 적극
활용하고자 하는 움직임이 두드러졌다. 중국의 경우, 『홍루몽(紅樓
夢)』을 번화한 세가의 생활상을 기록한 것이라고 보았다.[24] 또 『유림
외사(儒林外史)』는 선비의 생활을, 『팽공안(彭公案)』은 비밀사회를 기
록한 것으로 이는 모두 매우 좋은 사회사의 자료라는 것이다. 우리의

---

21) 梁啓超, 『中國歷史研究法』 제4장, 上海 : 商務印書館, 1930, 91쪽.
22) 테라 모리스-스즈키, 『우리 안의 과거』(김경원 옮김), 휴머니스트, 2006, 59쪽.
23) 호르스트 슈타인메츠, 『문학과 역사』(서정일 옮김), 예림기획, 2000, 26쪽 ; 데이비드
    로웬딜, 앞의 책, 507쪽.
24) 杜維運, 『增補新版 歷史學研究方法論』(權重達 譯), 一潮閣, 1984, 146쪽.

경우, 1960년 4·19 혁명을 거쳐 1970년대에 접어들자 국사학 연구의
성과들이 축적되고 조선후기의 역사상이 새롭게 인식되면서 조선후
기 소설과 야담(野談)을 주목하기 시작하였다. 그 결과 고전소설과 야
담의 내용을 조선후기의 역사상을 풍부히 하는 배경으로 인식하였
다.[25] 이후 이러한 시도는 서사시(敍事詩)로 확대되면서 타 시대의 연
구에도 영향을 미치기 시작하였다.[26] 이는 리얼리즘에 대한 국문학계
의 관심에서 비롯된 측면도 많지만 국사학계의 연구 성과가 미친 영
향도 적지 않았다.

　문학과 역사의 이러한 상보적 기능은 소장학자를 중심으로 국사학
계의 관심을 끌기 시작하였다. 특히 1980년대에 들어와 이른바 민중
사학(民衆史學)이 등장하고 역사의 대중화가 소장학자들을 중심으로
전개되면서 문학작품이 국사 개설서에 실리기 시작하였다. 1986년에
출간된『한국민중사』는 대표적인 경우로 여기서는 기존의 개설서 및
교과서와 달리 문학작품의 내용이 사료로서 개설서에 최초로 첨입되
었다. 이는 실증주의를 내세우며 지배층 위주의 서술 방식을 견지하
였던 기존의 역사학계 풍토를 비판하면서 새로운 글쓰기 방식을 견
지하였던 데서 비롯되었다.[27] 비록 역사의 생생함을 전달하기 위해
단편적인 인용에 지나지 않았지만 기존의 글쓰기 방식에서 전혀 시
도하지 않았던 새로운 방식이었다. 예컨대 임제(林悌)의 한시(漢詩)를
인용하여 조선 중기 농민의 고통을 사실적으로 묘사하거나[28]『흥부

25) 李佑成, 林熒澤,『李朝後期漢文短篇集』, 一潮閣, 1983.
26) 林熒澤,『李朝時代 敍事詩』상·하, 創作과批評社, 1992.
27) 배성준,「1980~90년대 민중사학의 형성과 소멸」,『역사문제연구』14, 2010, 39쪽 ;
　　전명혁,「'민중사' 논의와 새로운 모색」,『한국민중사의 새로운 모색과 역사쓰기』,
　　역사학연구소 편, 선인, 2010.
28) 한국민중사연구회,『한국민중사』Ⅰ, 풀빛, 1986, 295쪽,

전』을 통해 조선후기 신분제의 동요를 생생하게 전달하고자 하였
다.29) 이후『한국민중사』의 이러한 글쓰기 방식을 이어받은『바로 보
는 우리 역사』역시 문학작품을 대거 인용하였다. 특히 정약용의「애
절양가(哀絶陽歌)」라는 한시(漢詩) 전부를 인용하여 19세기 군정(軍政)
의 문란상과 농민들의 고통을 생생하게 전달하고자 하였다.30) 그리
고 이러한 시도는 1990년대 초반에 본격화되었다. 1993년『역사비평』
은 '역사학자가 본 우리 소설'이라는 구석을 두고 한국 근현대 소설을
통해 조선후기와 한국 근현대의 역사상을 복원하고자 하였다. 비록
작가 의식과 작품의 형상화 문제에 초점을 맞추었지만 결과적으로
문학작품이 시대적·사회적 산물임을 인식하고 문학작품을 적극 활
용하고자 하는 노력을 보여주었다.31) 그 밖에 학계는 아니지만 역사
의 대중화에 노력해 온 작가들을 중심으로 '역사의 한 순간을 생생한
숨결로 사로잡은 문학작품을 소개'함으로써 한국현대사를 보다 생동
감 있게 느껴보자는 의도에서 여러 글들이 발표되었다. 이 중 이재규
가 1994년에 출간한『시와 소설로 읽은 한국 현대사』는 대표적인 저
서이다.32) 이는 당시 리얼리즘 문학에 대한 관심이 제고되는 가운데
'역사 속에서의 문학 읽기, 문학을 통한 역사 읽기'의 일환으로서 문학
작품을 통해 현대사를 생생하게 성찰하려는 노력의 산물이었다.

---

29) 위의 책, 322~323쪽.
30) 구로역사연구소,『바로보는 우리역사』1, 거름, 1990, 205쪽.
31) 지수걸,「역사학자가 본 우리 소설 : 식민지 농촌현실에 대한 상반된 문학적 형상화
　－이광수의『흙』과 이기영의『고향』을 중심으로－」,『역사비평』22, 1993 ; 전우용,
　「사학자가 본 우리 소설 :『삼대』에 그려진 식민지부르주아지의 초상－존재와 의식
　의 괴리, 그 일체화」,『역사비평』23, 1993 ; 강이수,「사회학자가 본 우리 소설 식민지
　하 여성문제와 강경애의『인간문제』」,『역사비평』24, 1993 ; 박광용,「역사학자가
　본 역사소설 소설『영원한 제국』: 풍부한 상상력·빈곤한 역사의식」,『역사비평』
　25, 1993.
32) 이재규,『시와 소설로 읽은 한국현대사 1945~1994』, 심지, 1994.

이러한 글쓰기 방식은 2000년대에 들어와 조선후기 사회사 연구와 맞물려 심화되었다. 『역사비평』은 2001년 겨울호를 시작으로 '문학 속의 사회사'라는 구석을 두고 10개의 글을 실었다.[33) 이 글들은 문학 작품을 단편적으로 인용하던 방식에서 벗어나 문학작품 자체를 집중 분석하고 이를 국사학계의 연구 성과와 연계하여 조선후기 사회사를 복원하고자 하였다. 여기에는 『흥부전』을 비롯하여 『허생전』, 『춘향 전』 등 조선후기의 대표 고전소설이 대거 활용되었다. 이러한 시도는 문학비평 차원에서 역사적 배경으로 치부되었던 구성 요소에서 벗어 나 작가의 의식, 인물의 행위 등을 통해 당시 사회상을 추출하고자 하 였던 시도였다. 이후 일부 역사학자들은 고전소설을 활용하여 조선후 기 사회사를 대중적으로 풀어냈다.[34)

한편, 역사교육 현장에서는 일찍부터 문학작품에 눈을 돌렸다. 이 는 역사의 문학화를 통해 탄생한 극화학습(劇畫學習)에서 이미 단초 를 보였으며[35) 사료학습에서 문학작품을 활용하기 시작하였다. 김환 수는 조선후기 농민의 삶을 중심으로 사료학습의 가능성을 논하는 한편, 정약용의 「애절양가」를 소개하여 조선후기 농민의 군역 문제를 생생하게 전달하고자 하였다. 특히 이전의 개설서와 달리 정약용이

---

33) 최윤오, 「흥부전과 조선후기 농민층 분화」 / 이욱, 「허생전과 조선후기 상업의 발달」, 『역사비평』57, 2001 ; 김성우, 「홍길동전 다시 읽기 : 조선사회 경직화와 마이너리티 의 저항」 / 정지영, 「장화홍련전과 조선후기 재혼가족 구성원의 지위」, 『역사비평』 61, 2002 ; 신동원, 「심청전으로 읽은 맹인의 사회사」 / 남지대, 「토끼전에 비친 조선 의 관직과 忠」, 『역사비평』63, 2003 ; 권내현, 「춘향전－이몽룡을 통해 본 조선의 양반관료」 / 정지영, 「변강쇠전－조선후기 성 통제와 하층여성의 삶」, 『역사비평』 65, 2003 / 정연식, 「춘향전－가공의 현실에 투영된 꿈」 / 신동원, 「변강쇠가로 읽는 성, 병, 주검의 문화사」, 『역사비평』67, 2004.
34) 신병주, 노대환, 『고전 소설 속 역사 여행』, 돌베개, 2002.
35) 서울 강서·남부지역연구모임, 「신분해방운동, 만적의 봉기주제 : 신분해방을 위한 움직임－만적의 봉기－」, 『역사교육』9, 전국역사교사모임, 1990.

이 시를 짓게 된 경위를 상세하게 설명하면서 작가의 의도와 사실성
을 덧붙이고 있다. 이는 기존의 개설서에 수록되어 있는「애절양가」
의 서술 부분에서 볼 수 있듯이 작가나 작품에 대한 분석을 거치지
않은 채 시 한편을 소개하는 수준에 머물렀다면 여기서는 이러한 한
계를 넘어서 작품의 사실성을 드높임으로써 사료로서의 가치를 드러
내고 있다. 아울러 정약용의 여타 시를 소개하면서 작품 배경을 소개
하고 있다. 이는 임형택의『이조후기 서사시』를 통해 얻은 작품에 관
한 정보에 힘입은 바가 크다.

  나아가 역사교육 현장에서는 역사소설을 탐구학습자료로 활용할 수
있는 이론적 근거를 모색하는 한편 활용의 실제를 다각도에서 검토
하였다. 신진균의 경우, 역사의 인문학적 특성과 함께 역사적(歷史的)
사고력(思考力)이라 할 추체험(追體驗)과 감정이입(感情移入) 기능에
주목하여 역사소설이 역사적 이해의 수단으로 역사학습에 적합함을
주장하였다.36) 또한 역사교사들 중에 일부는 조선후기 고전소설이나
일제강점기 근대 소설을 활용하여 이 시기 사회를 분석하는 수행평
가 과제물을 제시하였다.37)

  그런데 이러한 시도의 기저에는 현장 교육에서 사료학습의 타당성
을 인정하는 가운데 소설이 당대의 사회 현실을 객관적 배경으로 하
고 있으며 당대인들의 시대정신이 반영되어 있다는 전제가 깔려 있
었다. 아울러 여기에는 어떤 수준에 있는 학생이든지 전기나 역사소
설과 같이 잘 만들어진 흥미로운 역사 내러티브를 듣거나 읽을 때 다
른 형태의 역사보다도 더 적극적으로 반응한다는 전제도 깔려 있었

---

36) 申振均,『歷史學習에서 歷史小說의 活用』, 慶尙大學校 碩士學位論文, 1997.
37) 김일규,「소설을 읽고 조선 후기 사회 분석하기」,『역사교육』45, 전국역사교사모임,
    1999 ;「소설로 보는 일제강점기의 삶」, 전국역사교사모임 제2회 역사교육 워크숍
    자료집,『국사 교과서의 민족 이해』, 2000.

다.38) 그래서 역사교사들은 주요 고전소설이나 역사소설을 활용하여 학생들의 흥미와 관심을 유발하고자 하였다.

그러나 이러한 전제는 지나치게 기계적 반영론에 매몰되거나39) 학습 효과의 감성적 측면에 치중한 나머지 문학작품의 사료적 가치에 대한 검증이 수반되지 않을뿐더러 작가의 문학적 상상력을 과소하게 평가하는 오류를 야기하였다. 즉 사료 비판과 문학비평이 가해지지 않음으로써 문학작품이 탐구활동자료로서의 조건에 부합되지 않는 여러 한계를 그대로 노출시키고 말았다. 그 결과 학생들은 교재에 수록된 문학작품의 잘 만들어진 이야기에 압도되어 역사적 정확성을 시비하지 않는다.40) 아울러 역사소설에서 흔히 볼 수 있듯이 이야기에 내재된 사건에 대한 도덕성 판단을 유도함으로써 큰 범주의 역사적 사건들에 대한 도덕성 판단으로까지 확대시키기도 한다.41) 이러한 한계와 오류는 제7차 교육과정(1997)에 입각하여 집필된『국사』와『한국근·현대사』교과서에 그대로 투영되었다.

〈부표 1〉은 제7차 교육과정기『국사』와『한국근·현대사』교과서에 수록된 문학작품의 일부 사항이다.

여기서 볼 수 있듯이 문학작품이 특정 교과서에 국한되지 않고 1종 교과서나 검인정 심의를 통과한 모든 교과서에 수록되어 있다. 이는 이전 교육과정과 달리 1종이든 2종이든 역사교육 현장에서 논의되거나 실제로 활용된 문학작품을 자료로서 인식하고 활용할 수 있는 계

---

38) the California Department of Education, *with History—Social Science for All Access for Every Student*, Sacramento : the California Department of Education, 1992, pp.1~12.
39) 허만욱,『현대소설의 이해와 비평적 감상』, 보고사, 2006, 22쪽.
40) 양호환,「내러티브의 특성과 역사학습에서의 활용」,『사회과학교육』2, 서울대학교 사범대학 사회교육연구소, 1998, 16~17쪽.
41) 양호환, 위의 논문, 16~17쪽.

기를 제공하였다. 물론 이는 제7차 교육과정기『한국근·현대사』교과서에 적용된 검인정교과서 발행 체제와 밀접한 관련을 가지고 있다. 국가 기관이 아닌 민간인이 주도하면서 편찬·서술의 경직성에서 벗어날 수 있었기 때문이다. 그러나 검인정교과서에 국한하지 않고 1종 교과서에도 수록되어 있다는 점에서 발행 체제의 변화와 함께 1980·90년대 역사개설서의 새로운 서술 방식과 역사교육 현장의 목소리가 제7차 교육과정기 교과서 편찬·서술 방식에도 영향을 미친 것으로 보인다.

대상 시기는 조선후기부터 근현대에 두루 걸쳐 있다. 작품의 장르는 소설(小說)이 대부분을 차지하고 시(詩)도 적지 않다.

다음 문학작품의 이러한 활용 실태와 함께 탐구학습으로서의 의미와 한계를 짚어보기로 하자.

첫째, 이들 작품은 대부분 교과서 본문을 도와주는 읽기자료로 설정되었다. 즉 본문의 내용과 연관된 시대나 상황을 배경으로 삼은 소설의 일부 내용을 적극 활용하였다. 특히 일부 교과서는 문학작품 활용 구석을 일정하게 배치하여 학생들이 본문을 이해하는 데 도움이 될 수 있도록 설정하고 있다. 그러나 이들 작품은 아주 짧은 분량으로 수록되어 있다. 학생들에게 흥미를 불러일으킬 수 있는 자료가 될 수 있겠지만 이런 자료의 의미와 학습효과가 분명하게 드러나지 않는다.

둘째, 문학작품의 원문을 인용하기보다는 내용을 요약하여 설명하는 경우가 많다. 이것은 지면의 제약에서 오는 문제점일 수도 있겠다. 그러나 결과적으로는 이러한 기술 방식은 소설이 제공하는 배경의 생생함을 감소시킬뿐더러 자칫하면 소설을 자료로 활용하기보다는 흥미 본위로 소개하는 데 그칠 수 있다. 아울러 설령 원문을 인용한다고 하더라도 매우 짧은 인용문이고 그 자체도 어떠한 맥락에서 나오는지를 파악하기가 어렵다.

셋째, 일부 교과서에서는 작가를 간략하게 소개하고 있지만 대부분의 교과서가 작가의 문제의식과 작품세계 등을 거의 소개하고 있지 않다. 그래서 작가의 본래 의도를 제대로 반영하지 않고 오히려 교과서 집필자의 의도를 부각시킬 가능성이 높다. 이는 작품을 제대로 이해하는 데 난점으로 작용하였다.

넷째, 시대적 배경이 작가의 활동 시점과 일치하는가 여부를 구분하지 않고 당대와 일치한다는 전제 아래 동일하게 처리함으로써 작품 배경의 사실성 여부를 비판하지 못함은 물론 작가의 세계관이 작가 당대의 산물인지 아니면 후대의 산물인지를 구분할 수가 없다.

그러면 이상에서 언급한 사항들을 염두에 두면서 문학작품 읽기 자료를 통해 그 의미와 문제점을 구체적으로 검토해 보자. 여기서는 모든 자료를 검토하기보다는 자료의 특징을 단적으로 보여주는 일부 자료를 중심으로 다루기로 한다.

우선 조선후기 상업의 발달을 보여주는 대표적인 문학작품으로 거론되는 『허생전』의 일부 내용을 보자.

> 그(허생)는 안성의 한 주먹에 자리 잡고서 밤, 대추, 감, 배, 귤 등의 과일을 모두 사들였다. 허생이 과일을 도거리로 사 두자, 온 나라가 잔치나 제사를 치르지 못할 지경에 이르렀다. 따라서 과일 값은 크게 폭등하였다. 허생은 이에 10배의 값으로 과일을 되팔았다. 이어서 허생은 그 돈으로 곧 칼, 호미, 명주 등을 사가지고 제주도로 들어가서 말총을 모두 사들였다. 말총은 망건의 재료였다. 얼마 되지 않아 망건 값이 10배나 올랐다. 이렇게 하여 허생은 50만에 이르는 큰돈을 벌었다.[42]

이 내용은 『허생전』 중에서 도고(都賈) 상업(商業)의 특징을 잘 보

---

[42] 국사편찬위원회, 『국사』, 2002, 179쪽.

여주는 구절로서 『국사』 교과서의 '조선 후기 경제구조와 경제생활
4. 경제상황의 변동 (3) 상품화폐 경제의 발달'에 수록되어 있는 읽기
자료이다. 이 자료가 수록된 단원은 주지하다시피 국가권력에 기대어
상권을 장악하고 있는 시전 상인과 비교하여 사상(私商) 도고가 민간
상업의 발전에 힘입어 성장하는 과정을 보여주는 단원이다. 그러나
여기에 요약 형태로 제시되어 있는 내용을 보면 작가 박지원이 오히
려 사상 도고의 폐단을 신랄하게 비판하고 있다. 즉 사상 도고는 시
전 상인과 비교하여 다를 게 없는 매점매석(買占賣惜) 상인으로 비친
다. 물론 이러한 묘사는 작가 의식을 매우 강렬하게 드러내는 여타
고전소설의 시대적·사회적 배경에 비해 매우 생생하다. 그러나 이는
본문에서 제시하고 있는 조선후기 사상 도고의 역사상(歷史像)과 괴
리를 빚고 있다. 오히려 학생들은 시전 상인과 달리 국가 권력에 기
대기보다는 자신의 자본에 근간하여 성장하는 도고를 보지 못하는
대신에 시전 상인과 다를 게 없이 독점적 지위에 기대어 부를 축적하
는 상인의 작태만을 볼 뿐이다. 특히 작자인 박지원 스스로가 도고
상업을 "소인지매(小人之賣)"이고 "병기국(病其國)"할 악덕이라 지탄하
고 있다.[43]

　이 점에서 한편의 글을 읽기 자료로 활용할 때, 흥미와 관심에 주안
을 두기보다는 작가의 문제의식을 바탕에 깔고 접근하여 작가의 세
계관과 사회인식을 먼저 소개했어야 했다. 즉 박지원의 북학사상(北
學思想)을 전면에 내세워서 주자학적 권위주의와 북벌운동(北伐運動)
의 허구성을 비판하는 북학파의 사상을 이해하는 데 이 자료를 활용

---

[43] "이건(도고) 백성들을 못살게 하는 방법이야 후세에 나라 일을 맡은 자 가운데 만약
　　나의 이 방법을 쓰는 자가 있다면, 반드시 그 나라를 병들게 하고 말거요."(박지원,
　　「허생전」, 『연암 박지원 소설집』(리가원·허경진 옮김), 한양출판, 1994).

했어야 했다.[44] 그런데 여기서는 단지 도고 상인을 언급함으로써 본 문의 맥락과 닿아 있지 않을뿐더러 작가의 문제의식을 부각시키지 못하였다.

다음 일부 교과서는 조선후기 민중 의식의 성장과 서민문학의 발달을 생생하게 보여주기 위해 고전소설인『춘향전』의 일부 내용을 읽기 자료로 제시하고 있다. 대표적인 예로 금성출판사의『춘향전』기술 내용을 들 수 있다.

> 춘향모가 기가 막혀, "양반이 그릇됨에 못된 농마저 들었구나." 어사는 짐짓 춘향 어미가 어떻게 하나 볼까 하고, "시장하여 나 죽겠네. 내게 밥이 나 한 줄 주소", "밥 없네!" 어찌 밥이 없을까마는 홧김에 하는 말이었다.

교과서 집필자는 이 내용을 통해『춘향전』의 작가가 월매를 감싸주고 있는 '배려'의 모습에서 조선후기 서민 문학의 발달 모습을 찾아볼 수 있다고 설명하고 있다.

『춘향전』은 알다시피 허구와 과장이 적절히 배치되면서 그럴듯한 이야기가 전개되는 소설이다. 특히 시대적 배경을 사실적으로 묘사하기보다는 작가의 문제의식을 잘 드러내주는 소설이어서 금성교과서의 저자도 이 부분을 부각시키고자 하였다. 그럼에도 이러한 고전소설에서 묘사하고 있는 내용이 학생들에게는 조선후기의 사회상을 그대로 보여준다는 착각을 불러일으키고 있다는 점에서 작품 배경의 사실성 여부를 따져볼 필요가 있다. 그런데 교과서의 집필자는 정작『춘향전』이 당시의 사실과 부합하지 않는 여러 이야기가 들어 있음을 염두에 두고 있지 않다. 예컨대 기생의 딸 춘향이 신분의 굴레를 벗

---

44) 이상택·성현경 편,『한국고전소설연구』, 새문사, 1983, 434~449쪽.

어날 수 있었을까, 이몽룡이 약관의 나이로 장원 급제하고 곧바로 어사로서 자기의 연고지인 남원 지역으로 파견될 수 있었을까, 신관 사또인 변사또의 수청 강요와 사형 판결은 있을 수 있나 따위다.[45] 이러한 일들은 조선후기 사회의 현실과 동떨어진 것이다. 물론 전술한 바와 같이 기생의 딸이 현실적 조건을 이겨내고 신분적 상승을 꾀하는 데서 당시 민중들의 신분 상승 욕구를 읽어낼 수 있다. 그러나 사실성 여부에 대한 설명이 따르지 않는 한 이러한 민중 의식은 매우 제한된 범위에서만 다루어야 하는 한계에 봉착한다. 더욱이 이러한 읽기 자료에서는 민중의 의식마저 감지할 수 없다. 오히려 여기서는 월매의 익살스러운 모습만 볼 뿐이다.

끝으로 송기숙의 소설 『암태도』의 일부 내용을 인용한 대한교과서의 읽기 자료는 여타 교과서의 읽기 자료와 달리 원문을 그대로 실어 암태도 소작 쟁의를 생생하게 전달하고자 하고 있다. 내용에 따르면 도마름인 도리우치가 소작인 서동수 집에 찾아가 소작료를 독촉하는 장면을 묘사하고 있다. 그러나 원문의 일부만 제시하였을 뿐 작가에 대한 소개, 작품 세계 등에 대한 개요가 모두 생략되어 있을뿐더러 읽기자료가 어떤 맥락에서 나오는지를 확인할 수 없다. 그래서 학생들이 이 자료를 읽으면서 무엇을 알아야 하고 느껴야 하는지가 불분명하다. 다만 집필자는 이 소설이 1920년대 조선인 농민들의 실상을 생생하게 묘사하고 있음을 부기하고 있다. 그러나 이 역시 읽기 자료에 상세하게 묘사되어 있지 않다.

한편, 시(詩)를 읽기 자료로 활용한 교과서가 적지 않다. 이들 읽기 자료는 시의 내용 중에서 메시지를 함축하고 있는 구절을 끌어내어 역사적 사건의 의미를 극적으로 전달하고자 하였다. 예컨대 4·19 혁

---

45) 정연식, 「춘향전─가공의 현실에 투영된 꿈」, 『역사비평』 67, 2004.

명을 노래한 신동엽의 『껍데기는 가라』를 읽기 자료로 활용한 두산동 아의 경우, 이러한 읽기 자료를 통해 4 · 19 혁명의 역사적 의미를 보여주고 있다. 그러나 시 자체가 지니는 함축적 성격을 고려하면, 작가의 시대 의식과 시 자체에 대한 심층적인 설명이 불비함은 매우 아쉬운 대목이다. 이러한 한계는 여타 교과서의 경우도 마찬가지이다.

또한 내용에서 드러나는 역사성의 경우에도 문제점을 지니고 있다. 예컨대 정약용의 「애절양가」의 경우, 조선후기 삼정 수탈을 매우 사실적으로 형상화하고 있다는 점에서 독자인 학생들에게 끼칠 감정이입의 효과를 극적으로 높이고 있다. 그러나 여기서는 탐관오리의 포악성만 드러내어 윤리적인 문제를 제기할 뿐 조선후기 부세제도의 역사적이고 구조적인 모순을 적시하고 있지 못하다. 즉 지배층의 수탈에 따른 민중의 고통만이 형상화되어 있는 나머지 작가를 알려주지 않거나 본문과 연계되지 않는다면 어느 시대의 사건인지를 알 수 없다. 따라서 이런 서사시를 읽기 자료로 활용할 때, 당시 부세구조의 모순과 연계하여 일어난 현상임을 부기함은 물론이고 작가의 각성된 의식을 설명할 필요가 있다.

끝으로 대부분의 시(詩)가 단지 장식적인 효과를 거두거나 감흥을 끌어내기 위해 읽기 자료로 활용되고 있음을 확인할 수 있다. 대단원이나 중단원 초장에 배치되거나 단편적인 소개에 머무르고 있기 때문이다. 이는 학생들의 학습 동기를 유발하는 효과는 있으나 정작 본문과의 연계성을 드러내지 못하는 한계를 드러낸다.

이처럼 교과서에 수록된 문학작품을 통해 사료학습의 가능성과 함께 한계를 동시에 확인하였다. 우선 문학작품의 활용을 통해 이제까지 국사 교과서의 약점이라 지적되었던 사실 위주의 무미건조한 서술과 역사적 상상력을 허용하지 않는 딱딱한 서술 체제에서 벗어나서 역사적 사건과 인간의 활동을 생생하게 전달할 수 있을뿐더러 상상력을 통해 감정이입할 수 있는 여지를 넓혀 놓았다. 반면에 문학작품의 시대적 배경, 사건, 인물 묘사와 관련되어 기술된 여러 요소들의 역사성(歷史性)과 사실성(事實性)의 문제에 대한 검토를 거치지 않고 기계적으로 활용함으로써 문학의 특징이라 할 허구성을 간과하는 오류를 범했다. 특히 작가의 문제의식과 창작 의도 등을 전혀 고려하지 않아 이른바 기계적 반영론의 한계를 고스란히 노출시켰다. 아울러 문학작품 활용의 가능성에 역점을 두고 고민해 온 역사교사와 연구자들의 경험적 성과와 방법론도 여기서는 제대로 적용되지도 못하였다.

물론 이러한 한계는 교과서 지면상의 제약 요소 등에서 비롯되었다. 한정된 지면에서 작가의 세계관, 주제 의식 및 작품 세계를 소개할 수 있는 면이 절대적으로 부족하다. 물론 수업 시수의 모자람은 말할 나위도 없다. 그러나 그 사정을 들여다보면 교과서 집필자 스스로가 문학과 역사의 관계를 심층적으로 고민하지 않았을뿐더러 사료 학습으로서의 의미와 한계를 고민하지 않은 결과이다. 단지 당시의 역사상을 생생하게 전달하고 감흥적 효과를 거두려는 의도에서 비롯되었음을 부인할 수 없다.

그렇다고 문학작품의 활용에 많은 제한이 따르므로 이를 방기할 것인가. 오히려 정통 사료, 즉 정사(正史)에 매달려야 하는가. 더욱이 미시사(微視史), 심성사(心性史)가 새롭게 대두하면서 문학작품에 대한 수요가 커져가는 가운데 학습 활용의 문제점을 들어 이를 거부할 것인가. 그렇지 않다면 새로운 변화가 무엇인지를 정확히 파악하는 한편 엄격한 사료 비판과 정형화된 문학비평의 기준을 적용할 수 있는 프로그램이 개발될 필요가 있다. 다음 장에서는 이에 관해서 검토할 것이다.

3. 작품 활용 가능성의 새로운 지평과 내용 선정의 방향

1990년 중반에 들어와 일기 시작한 국사학계의 신문화사(新文化史)와 미시사(微視史)에 대한 관심은 2000년대에는 더욱 높아졌다. 이러한 변화는 1990년대 초반에 사회주의권이 붕괴하고 한국 사회가 민주화되는 가운데 서양사학계를 매개로 서구학계의 신문화사와 미시사가 소개되면서 드러나는 조짐에서 이미 감지되었다.[46] 그리고 2000년대에 들어와 국사학계에서는 대중적인 개설서 형태에서 벗어나 점차 연구 성과물로 발전시켰다. 즉 독립운동과 계급운동에 가려져 버린 민중의 일상생활과 개인의 내면세계에 관심을 기울이면서 이런 서술 방식의 연구가 본격화되었다.[47] 이러한 경향은 전술한 바 사회사 연구의 연장선에서 문학작품을 다루던 『역사비평』 시리즈의 글들과 달리 국사학계의 연구 영역에서 새로운 변화를 예고하며 종래에 관심의 영역이 아니었던 일상생활과 내면세계에 대한 연구로 확장되었다.

그러나 이러한 관심이 곧바로 많은 연구 성과로 이어질 수는 없었다. 사기록물(私記錄物)이 대단히 불충분한 데다가 발굴이 더뎠기 때문이다. 물론 고문서(古文書)를 통해 민중의 일상생활을 해명하려는 연구들이 나오기도 하였다.[48] 그러나 고문서의 대다수가 어디까지나 개인(個人)과 관아(官衙) 사이에서 오고간 문서라서 그 한계를 애초

---

46) 우인수, 「조선 시대 생활사 연구의 현황과 과제」, 『歷史敎育論集』 23·24, 1999, 828~829쪽 ; 곽차섭 엮음, 『미시사란 무엇인가』, 푸른역사, 2000, 30~34쪽 ; 李賢兒, 「역사학습에서 '보통사람'에 대한 인식」, 서울大學校 碩士學位論文, 2008, 4~18쪽.

47) 연세대학교 국학연구원 편, 『일제의 식민지배와 일상생활』, 혜안, 2004 ; 방기중 편, 『일제 파시즘 지배정책과 일상생활』, 혜안, 2004 ; 공제욱·정근식 편, 『식민지의 일상, 지배와 균열』, 문화과학사, 2006.

48) 한국고문서학회, 『조선시대 생활사』 1·2·3, 역사비평사, 1996·2000·2006 ; 국사편찬위원회, 『고문서에게 물은 조선 시대 사람들의 삶』 1·2, 두산동아, 2009.

부터 안고 있었다. 아울러 개인의 내면세계와 일상생활을 직접적으로 엿볼 수 있는 일기(日記)가 발굴됨에도 여전히 그 숫자는 매우 적었다. 그렇다고 국사학계가 곧바로 문학작품으로 관심으로 돌리기에는 여러 가지 장애가 뒤따랐다. 전술한 바와 같이 『역사비평』에서 다루었지만 문학작품의 한계만 노정될 뿐이다.

한편, 역사교육 현장에서는 일찍부터 소설에 관심을 기울인 터에 신문화사와 미시사 연구에 영향을 받아 소설을 매개로 개인의 내면세계와 일상생활에 접근하고자 하였다.[49] 소설 등의 문학작품이 신문화사와 미시사가 그려내고 있는 세계와 별반 다르지 않는 구체적인 세계를 제시하고 있기 때문이다.[50] 하지만 이러한 관심도 문학작품이 그려 내고 있는 모습이 사료로서의 가치를 검증받지 못하면 그 의미가 퇴색할 수밖에 없다.

이처럼 국사학계는 일상생활과 개인의 내면세계에 관심을 두고 있음에도 외국의 경우와 달리 문학작품에 대한 관심은 매우 낮았다. 주지하는 바와 같이 문학작품이 사료로서의 가치를 지니고 있는가, 어떤 문학작품을 사료로서 활용할 수 있는가 등에 대한 전반적인 검토가 따르지 않았기 때문이다. 또한 역사교육 현장도 사료 비판을 거치지 않은 문학작품들을 임의적으로 선택하여 단편적으로 활용함으로써 문학작품 선정의 기준이 흔들리고 활용도가 매우 제한될 수밖에 없었다.

그러나 서구 역사학계의 신문화사와 미시사가 국내 학계에 미친 영향에 힘입어 문학작품이 사료로서 지니는 가치가 점차 제고되리라

---

[49] 남경화, 「일제하 지식인 소설을 활용한 생활사 수업」, 韓國敎員大學校 碩士學位論文, 2009.
[50] 까를로 진즈부르크, 「가능성의 증명」, 『미시사란 무엇인가』(곽차섭 엮음), 푸른역사, 2000, 230~231쪽 재인용.

는 예상이 나오고 있음도 사실이다. 거기에는 서구 학계의 주장대로
공중(公衆)의 여론(輿論)과 심성(心性), 거리, 주택, 아파트, 오두막집
같은 일상생활을 통찰할 수 있는 단서가 담겨 있기 때문이다.[51] 특히
거시사(巨視史) 연구의 대표라 할 서구의 마르크스주의 역사학계 내
부에서 문화(文化)를 중시하는 역사가들의 연구는 더욱 주목받을 만
하였다. 이는 대단히 새로운 변화였다. 이 중 결정적인 계기를 마련해
준 영국의 문화유물론자 역사학자인 E. P. 톰슨의 경우, 산업혁명기에
노동자들이 경제적 착취를 어떻게 느끼고 경험하였던가를 묘사하면
서 역사의 문학성을 중시하였다.[52] 여기서 톰슨은 노동자의 생활수
준을 다룸에 있어 임금, 물가, 노동시간, 주택보급률, 의복, 식품 등의
요소에 대한 계량적 분석을 비판하였다. 대신에 그는 강화된 노동기
율, 작업의 격화, 수공예적 기술이 무의미해짐으로써 겪는 좌절감, 가
족생활의 균형이 깨어짐으로 인해서 생기는 고통, 도시생활에서의 상
실감 등에서 보이는 노동자들의 "전체적 경험"을 고려해야 한다고 주
장하면서 당대 문학작품에 주목하였다. 그리하여 톰슨은 러디즘 운동
가들의 문서를 직접 인용하는 가운데 샬롯 브론테의『셜리』같은 소
설이나 당시 신문기사 등의 문헌들의 정당성을 되묻는 인용과 인용
의 상호텍스트성을 통해 초기 노동운동처럼 공식적 기록 이면에 숨
겨져 있는 역사적 실상에 접근하고자 하였다.[53] 따라서 역사학계나
역사교육 현장에서 문학작품을 탐구활동자료로 활용할 빈도가 높아

[51] Allan H. Pasco, "Literature as Historical Archive", *New Literary history* 35-3, 2004, p.373.

[52] 김기봉,「역사서술의 문화사적 전환과 신문화사」,『오늘의 역사학』(안병직 외), 한겨레신문사, 1998, 8쪽 ; 김남수,『『영국 노동 계급의 형성』에 대한 연구』, 韓國敎員大學校 碩士學位論文, 2003, 38쪽 ; 허승일, 앞의 책, 149쪽.

[53] 에드워드 파머 톰슨,『영국 노동 계급의 형성』(김경옥, 김인중, 나종일, 노서경, 유재건, 한정숙 옮김), 창작과비평사, 2000, 555~602쪽.

지리라고 예상된다.[54]

한편, 문학계에서는 일부에 지나지 않지만 '증언(證言)으로서의 문학', '기록(記錄)으로서의 문학'에 주안을 두고 일부 작가들이 문학작품을 통해 역사의 또 다른 진실을 복원하고자 하였다. 이러한 노력은 크게 두 가지 지점으로 나타났다. 하나는 외세의 강점과 급격한 사회변동으로 빚어진 자료의 소실로 인해 왜소화된 역사를 확충할뿐더러 분단과 전쟁, 체제 대립으로 역사의 진실이 은폐되고 왜곡되었다는 인식에서 비롯되었다. 또 하나는 거시적인 역사의 흐름 속에서 일반인의 일상생활과 개인의 내면세계를 통해 역사 속에서 개인의 문제를 탐구하고자 하는 시도에서 나왔다.

우선 전자와 관련하여 1945년 해방 이후 동족상쟁과 좌우 이데올로기적 갈등으로 말미암아 남쪽이든 북쪽이든 사회주도층 일방의 기록만이 보존됨으로써 주류 사회에서 소외되거나 배제된 집단과 개인의 기록이 남겨지지 못한 점에 주목하였다. 따라서 문헌 자료에 크게 의존하는 역사학의 고유 특성상 비주류의 역사와 일반 민인의 삶은 좀처럼 역사적 사실로 자리 잡기가 어려웠다. 그 결과 국가의 공식적 기록은 역사적 사실로 자리매김하되 나머지의 기록들과 목소리들은 침묵을 강요당하거나 사장되어야 했다.

이에 한국근현대사를 체계화하기 위해서는 이렇게 배제되거나 사장된 기억들을 역사로 복원할 필요가 있다. 문학작품과 구술기록은 이러한 복원의 실마리를 제공한다. 그런데 구술기록은 오랫동안 금기

---

[54] 최근에 필자는 金東仁의 여러 소설을 활용하여 일제하 조선인들의 華僑 認識을 추출하고자 하였다. 또한 이상의는 그의 논문에서 蔡萬植의 소설 『孟巡査』와 『太平天下』 일부 내용을 인용하여 당시 경찰의 受賂와 瀆職 행위 및 조선인 일부의 羨望을 구체적이고 생생하게 묘사하였다. 김태웅, 「1920·30년대 한국인 대중의 華僑 認識과 國內 民族主義 系列 知識人의 내면세계」, 『歷史敎育』112, 2009, 125~126쪽 ; 이상의, 「일제하 조선경찰의 특징과 그 이미지」, 『歷史敎育』115, 2010, 192~194쪽.

시되었던 내용을 최근에 들어와 체험자의 증언을 통해 공개되는 내용이어서 서사로 발전하기 위해서는 좀 더 정리할 시간이 필요하다.[55] 반면에 일부의 문학작품은 문학적 상상력을 가미하되 작가의 경험, 민중의 삶을 바탕으로 삼아 역사적 진실을 오래전부터 복원하고자 한 노력의 소산이어서 한국근현대사의 은폐되거나 왜곡된 진실을 해명할 수 있는 단서를 제공하였다. 즉 시나 소설이 허구에 바탕을 둔다고 하더라도 시대적 · 사회적 배경을 씨줄로 삼고 인물을 날줄로 삼아 역사적 진실에 다가가고자 하는 노력을 전개했다. 특히 이러한 노력은 남북분단과 동족상쟁에 따른 망각의 강요 속에서 더욱 빛을 발하였다.

문학계의 이러한 노력은 두 방면에서 이루어졌다. 하나는 부조리의 현실을 고발하여 역사적 진실이 위장되고 훼손됨을 조명하였다. 또 하나는 위장되고 훼손된 역사적 진실의 복원을 위한 치유의 지평을 제시하였다.[56] 그 결과 역사적 진실이 문헌 자료를 통해서는 전해줄 수는 없었지만 문학작품을 통해서 소생할 수 있었다. 이 점에서 문학작품은 역사가가 다루지 못하는 당대의 망각된 세계를 되살릴 수 있는 좋은 길이다.

여기에 부합되는 한국의 대표적인 문학작품으로 이병주(李炳注)를 비롯한 여러 작가들의 소설을 들 수 있다. 이 작품에는 작가들이 살아온 시대와 개인적인 체험이 녹아 들어가 있다.[57] 작가는 역사적인 실화를 동아줄로 삼아 역사의 그물에 걸리지 않은 숱한 인간사, 승자

---

55) 이용기, 「한국근현대사 관련 구술자료 수집 및 관리 현황」, 『현황과 방법, 구술 · 구술 자료 · 구술사』(국사편찬위원회 편), 2004, 136쪽.

56) 千二斗, 「문학적 진실과 역사적 진실」, 앞의 책, 16쪽.

57) 김윤식, 김종회, 『문학과 역사의 경계에 서다-낭만적 휴머니스트, 이병주의 삶과 문학』, 바이북스, 2010, 70쪽.

가 되지 못해 이름조차 남기지 못한 패자들, '역사'의 행간에 묻혀버린 비극의 주인공들을 찾아 그들을 조명하고 의미를 부여하였다.[58] 특히 이들 작가는 역사와 문학의 상관성을 통찰하는 데 남다른 데가 있어, 역사의 그물로 잡을 수 없는 삶의 진실을 문학이 표현한다는 확고한 시각을 정립해 놓았다.[59] 표면상의 기록으로 나타난 사실과 통계 수치로는 시대적 삶의 실상이 노정한 질곡과 그 가운데 스며 있는 사람들의 뼈아픈 사연들을 제대로 반영할 수 없다는 논리였던 것이다.

다음 후자와 관련하여 일찍부터 일상생활의 소소한 면을 묘사하거나 개인의 내면세계를 심층적으로 파헤쳐 간 작품들이 일찍부터 발표되었다는 점이다. 이는 작가 스스로 당대에 구체적인 공간에 거주하며 체험하고 인식했던 대상의 실사(實寫)였다. 이런 점에서 문학은 중요한 구실을 한다. 문학은 당장 긴요해 보이지 않는 인간의 일상적 행태와 감정을 많이 다룬다. 공식적이기보다는 개인적이며 공개적이기보다는 은밀한 세계를 다룬 것이 많다. 역사와 문학의 만남을 통해 인간의 본질과 내면이 더욱 충실히 이해될 수 있는 것이다.

이 중 일상생활의 사소한 측면을 정밀하게 묘사한 대표적인 작품으로 박태원의 『천변풍경(川邊風景)』을 들 수 있다.[60] 여기서 그는 1930년대 청계천 주변 중하류층의 도시 생활의 풍속과 습관을 치밀하게 묘사하고 있다. 이를 위해 그는 대상에 대한 주체적 인식을 앞세우지 않고 객체화된 사물을 정밀하게 관찰, 묘사하면서 개별적인 사건들의 편린들을 공간적 형태로 제시하였다. 그리하여 1930년대 도시화에 따른 지각 변동과 서울 시민들의 삶의 모습을 재현하였다.[61]

---

58) 김윤식, 김종회, 위의 책, 81쪽.
59) 김윤식, 김종회, 위의 책, 105쪽.
60) 『川邊風景』은 박태원이 쓴 소설로 1936년 8월부터 10월, 1937년 1월부터 9월까지 『朝光』紙에 연재되었다. 그 뒤 1938년 博文書館에서 단행본으로 출간되었다.

　다음 박태원과 달리 개인 자체의 일상생활에만 매몰되지 않고 역사의 거대한 흐름 속에서 개인의 생활 세계를 정확하게 재현하는 문학작품이 다수 발표되었다. 이런 문학작품에서 박완서의 성장소설들은 이를 잘 보여준다. 그는 기억의 치밀함과 솔직함에 기대어 그의 성장 과정을 한국현대사와 연계하여 구체적이고 미시적으로 묘사하였다. 가령 『그 산이 정말 거기 있었을까』에서 박완서는 전쟁 기간 중 피난가지 못한 서울 주민의 소소한 삶을 세세하게 증언하는 가운데 고통의 나날을 견디면서 두려움에 떨었던 심정을 토로하였다.[62] 그러므로 이 글은 문학평론가 이남희가 지적한 대로 소설이기 이전에 기록이다. 즉 이 작품에는 직접 체험하지 않고, 들은 이야기로 또는 짐작이나 상상으로는 쓸 수 없는 세세한 풍경, 장소, 인물, 사건과 감정들이 가득하다. 그 만큼 정확하고 세세한 기록들은 그 자체로 진실의 힘을 갖는다. 이처럼 사적이고 문학적인 기록이 공적이고 역사적인 기록보다 때론 더 소중한 의미를 지닐 수도 있음을 보여준다. 그리고 작가 자신도 이렇게 강조하고 있다.

　　뼛속의 진까지 다 빼 주다시피 힘들게 쓴 데 대해서는 아쉬운 것투성이지만 40년대에서 50년대로 들어서기까지의 사회상, 풍속, 인심 등은 이미 자료로서 정형화된 것보다 자상하고 진실된 인간적인 증언을 하고자 내 나름으로는 최선을 다했다는 걸 덧붙이고 싶다.[63]

　이 점에서 소설을 비롯한 문학작품은 일상생활이나 내면세계를 이

61) 장수익, 「박태원 소설과 풍속의 의미 -『천변풍경』을 중심으로-」, 『한국어문학』 32, 2008 ; 김정현, 김태영, 「소설 『천변풍경』 속에 나타난 1930년대 청계천 주변 서민생활공간」, 『대한건축학회 학술발표대회 논문집』 27-1(51), 2007,
62) 박완서, 『그 산이 정말 거기 있었을까』, 웅진닷컴, 1995.
63) 박완서, 「작가의 말」 『그 많던 싱아는 누가 다 먹었을까』, 웅진닷컴, 1992.

해하는 데 매우 유용한 자료임을 확인할 수 있다. 따라서 이런 점들을 고려한다면, 소설은 "종래의 지나치게 좁고 엄격한 실증 방식보다는 보다 더 넓은 의미의 입증 방식을 포용하는 '가능성의 역사'이자 딱딱하고 분석적인 문체가 아니라 구체적인 사건의 전말을 말로 풀어나가는 듯한 '이야기로서의 역사'로서 역사학습에 활용될 수 있는 좋은 학습자료가 될 수 있다.[64]

그런데 이러한 문학작품을 사료로 활용하기 위해서는 먼저 작품 해석에서 반영론적 관점을 전제로 한다.[65] 즉 반영론적 관점은 작품에 나타난 현실과 대상 세계의 관련성에 초점을 맞추어 작품을 해석하는 관점으로 문학이 실제 현실의 무엇을 반영하고 있는가를 중시하는 방법이다. 다시 말해 이러한 관점은 문학이 단순한 상상력의 소산이라고 보는 관점을 거부하고, 작품이 현실을 반영하면서 당대의 현실과 시대적 성격 가운데 어떤 점을 강조하고 어떤 점을 누락시켜 작품을 재구성하는가 하는 작가의 세계관과 현실 인식을 파악해야 하는 것이다. 다음 문학작품을 엄선해야 할뿐더러 엄선의 기준을 마련해야 한다. 즉 문학작품을 탐구활동자료로 활용하기 위해서는 일반자료와 마찬가지로 엄밀한 사료 비판 과정을 거쳐야 하는 한편 작가의 주체적 창작 활동의 산물이라는 점에서 문학비평이 가해져야 한다. 특히 작가의 의도, 세계관, 등장인물의 전형성에 대한 비평이 매우 중요하다는 점에서 반드시 부가되어야 한다.

우선 작가의 집필 의도와 시대적 배경을 찾아야 한다. 예술적 형상화냐 아니면 문학을 통한 사실의 복원인가를 정확하게 파악할 필요가 있다. 이러한 파악 방식은 모든 사료는 그 저술의 배경을 감안하

---

64) 곽차섭 엮음, 앞의 책, 2000, 14쪽.
65) 허만욱, 『현대소설의 이해와 비평적 감상』, 보고사, 2006, 21쪽.

여 비판적으로 읽어야 한다는 주장과 상통한다. 문학적 성격이 강한 역사서나 역사적 성격이 강한 문학작품이나 모두 저자나 편자의 입장을 감안해서 읽어야 한다는 말이다. 문학이든 역사든 그것이 어디에 속하든 그 저술의 배경 시각 또는 세계관을 염두에 두고 읽어야 하는 것이다. 물론 이 과정에서 무엇보다 작가의 교육, 생활수준, 독서, 가족 상황, 교우 관계, 애정 관계, 채무 관계, 그 밖에 사소한 습관이나 취미 등을 포함한 전기적(傳記的) 사실에 비추어 문학작품을 분석해야 함은 말할 나위도 없다.[66] 이 점에서 역사 비평 방법 중 전기(傳記) 비평에서 활용하는 방법론에 유의할 필요가 있다.

다음 문학작품에서 나오는 사건과 배경의 사실 여부를 확인하는 작업이 필요하다. 이를 위해서는 신문이나 회고록, 심지어 공문서 등 여타 자료와 활용할 문학작품의 내용을 상호 대조해야 한다. 이 점에서 이를 두고 문학비평에서 지칭하는 원전(原典) 비평(批評) 방법이라 할 수 있다.[67] 물론 원전 비평에서는 역사적 사건뿐만 아니라 다른 작가의 작품에서 간접 또는 직접적으로 영향을 받지 않을 수 없다. 그럼에도 다른 작가의 작품 역시 시대적 · 사회적 성격을 지닌다는 점에서 사건이나 역사적 인물과 밀접한 자료들과 꼼꼼히 대조하여 비판할 필요가 있다. 이는 일종의 사료 비판(史料批判)이라고 하겠다. 가령 염상섭의 『삼대(三代)』는 이 시기 여러 군상의 인간들이 품고 있던 내면세계를 치밀하게 형상화하는 작품으로 평가받고 있음에도 전우용의 지적대로 작가의 일관되지 못한 의식으로 인해 독자들의 혼란을 일으켰다.[68] 즉 작가가 『삼대』를 『조선일보(朝鮮日報)』지에 연

---

[66] 김욱동, 『『광장』을 읽는 일곱 가지 방법』, 문학과지성사, 1996, 21~24쪽.

[67] 김욱동, 위의 책, 27~29쪽.

[68] 전우용, 「사학자가 본 우리 소설 : 『삼대』에 그려진 식민지부르주아지의 초상—존재와 의식의 괴리, 그 일체화」, 『역사비평』 23, 1993.

재하기 시작할 시점인 1931년 1월에는 민족주의자와 사회주의자의 우정에 초점을 맞추어 집필해 나갔지만 집필이 종료되는 시점인 7월에는 사회주의자의 경직성과 배신을 두드러지게 부각시켰다. 이는 작가가 신간회(新幹會)의 창립과 해소 과정을 보면서 그의 의식이 변화되었기 때문이다. 그런데『삼대』가 다루고 있는 시기가 정우회 선언 이후인 1926년 겨울부터 신간회 결성 시점인 1927년 초봄까지라는 점에서 사회주의자의 경직성과 배신을 논할 시기가 아니다. 오히려 역사적 사실에 비추어 본다면 민족주의자와 사회주의자 사이에 밀월이 형성되는 시기이다. 이 점에서 작가는 1931년 7월 신간회 해소에 대한 인식을 1926년 초봄~1927년 초봄까지의 상황에 투사하고 있는 셈이다. 이는 시점의 혼란을 가져옴으로써 역사상(歷史像)의 오류를 가져올뿐더러 학습자들의 혼란을 야기할 수 있다.

다음 등장인물의 전형성에 대한 비평이 따라야 한다는 점이다. 소설 속 인물은 소설이 추구하는 가치 있는 삶 혹은 참된 인생을 독자에게 제시하고, 인간과 인간의 삶에 대한 깊이를 우리에게 제공한다. 따라서 소설은 무엇보다도 작중 인물을 '살아있는 인물'로 형상화하여 우리들 주변에서 또는 당대에 흔히 볼 수 있을 것 같은, 그러나 어느 누구와도 닮지 않은 새로운 인간형을 창조해 내야 한다. 소설에서의 '살아있는 인물'이란 개성과 보편성, 그리고 전형성을 지닌 인물을 뜻한다. 개성이란 다른 어느 누구와도 차별되는 그 자신만이 가지는 독특한 성격을 말하고, 보편성이란 사람들이 공통적으로 가지고 있고 그래서 시공을 뛰어넘어 누구든지 쉽게 이해하고 공감할 수 있는 보편적 성격을 가리킨다. 그런데 역사에서 주목하는 대상은 인물의 전형성이다. 전형성이란 사회의 집단과 계층을 대표하는 성격을 말한다.[69] 근대 리얼리즘 소설에서 흔히 볼 수 있는 '사회적 인간'은 그 전형성을 강조한 인물일 것이다. 물론 이러한 전형성은 독자적으로 존재하지 않고 개성과 연계되어 있다는 점에서 역사학자와 역사교사는 전형성과 개성, 보편성을 분리해서 파악해야 한다. 전형적 인물을 창조한 대표적인 작품으로 꼽히는 염상섭의 『삼대』를 다시 보자. 이 작품은 한 가정의 문제를 다룬 것이 아니라 우리 민족의 근대사를 그리되, 주인공들의 가정에 역사적 제 문제를 투영시킴으로써 현실감 있게 그 주제를 형상화한 것이다. 가령 할아버지 조의관은 구한말을 살아온 구세대를 대표하는 인물인데, 자신의 가문을 빛내기 위해 족보를 조작하는 등의 봉건적 의식과 생활양태를 집약하여 제시한다. 그러나 전우용이 지적하고 있듯이 조의관은 봉건적 사고방식에 젖은 부르주아지이자 친일파이지만 식민지 부르주아지의 전형은 아니다. 서울에서 정미소를 경영하던 인물은 대개가 경강상인(京江商人) 출신이었고, 그들은 정치권력과의 관계에는 민감하였으나 봉건적 권위에는 상대적으로 무심하였다. 조의관 또한 본래 양반은 아니었다고 묘사된 이상 근대적 기업경영 방식에 민감한 인물로 설정되는 것이 적절하였다. 그러나 『삼대』는 부르주아지 조의관이 아니라 고루한 봉건세대 조의관만을 그리고 있다. 이와 같이 조의관이 전형성을 지닐 수 없다는 점에서 역사가와 역사교사들은 이 점에 유념할 필요가 있다.

이러한 전형성의 문제는 당대를 체험하지 못한 후대로 올수록 더욱 심해졌다. 역사소설의 경우, 더욱 그러한 양상을 보여준다. 즉 역사소설은 작품의 배경이 되는 시대보다 훨씬 이후에 쓰인 작품으로 사실 관계에서 오류가 많을뿐더러 작가의 당대에 대한 현실인식이 시대 배경이 다른 작품에도 그대로 반영되어 있어 시대상(時代相)과

---

69) 허만욱, 『현대소설의 이해와 비평적 감상』, 보고사, 2006, 66쪽 ; 조정래, 나병철, 『소설이란 무엇인가』, 평민사, 1991, 56쪽.

함께 인물의 전형성(典型性)에 왜곡을 가할 수 있다.[70] 정비석이 지은『민비』의 경우, 기쿠치가 쓴『대원군전』를 텍스트로 삼아 집필한 역사소설로서 그의 부정적인 명성왕후관이 그대로 투영되었다.[71] 특히 대원군과 명성왕후의 갈등을 극적으로 표현하기 위해 기초적인 사실마저 무시하였으며 나아가 사실인 양 왜곡하기까지 하였다.[72] 이 중 이데올로기의 개입이 심한 작품일수록 이 문제의 심각성은 적지 않았다. 1985년에 완성되어 출간된 박태원의『갑오농민전쟁』은 사회주의적 리얼리즘 문학의 대표 작품이다. 따라서 여기에 나오는 인물들은 비교적 선악의 구별이 뚜렷하다. 이는 곧 사회주의 리얼리즘의 전형적 인물과 반동에 놓이는 인물의 구별을 뜻하며 종교적 인물에 대한 비중이 약화되거나 가능한 한 등장시키지 않는다. 인물들의 행동이 '사회주의적 행동이나 사고'라는 큰 틀에서 제한되어 있는 셈이다. 결국 주인공 오상민은 사회주의 교시를 위한 전형적 인물로 묘사되고 있다. 오상민은『갑오농민전쟁』의 영웅이면서 사회주의 영웅이다. 이는 오늘날 사회주의의 관점에서 당시 농민들의 전형성을 해체시킨 비역사적 인물을 보여준 셈이다.

따라서 문학작품을 활용할 때 사실성을 제고하기 위해서는 후대에 집필된 역사소설보다는 화자인 작가의 경험을 투영하거나 시대를 관통하는 사상을 포착하여 역사적 사건을 묘사하거나 사회의 모순을 고발한 문학작품을 선정해야 한다. 특히 전형적인 인물을 추출하기

---

[70] 서지문,「역사의 사실과 문학의 진실」,『한국사시민강좌』41, 2007, 236~242쪽. 심지어 공임순은 "역사소설에는 역사가 없"는 대신에 "사실-효과에 의해 구성된 담론의 결과물과 그것을 전유해 해석하는 권력의 모든 관계망이 있을 뿐"이라고 주장하였다. 이에 관해서는 공임순,『우리 역사소설은 이론과 논쟁이 필요하다』, 책세상, 2007, 164~165쪽 참조.

[71] 鄭飛石,『閔妃』, 汎友社, 1980.

[72] 이태진,「역사 소설 속의 명성황후 이미지」,『한국사시민강좌』41, 2007, 126~133쪽.

위해서는 작품 속의 인물은 자료를 통해 수집되고 분석된 역사 속의 인물들과 비교할 필요가 있다. 나아가 이러한 인물의 언론행위(言論行爲)에 영향을 준 인소(因素)를 하나씩 하나씩 열거해야 한다.[73]

이처럼 문학작품에 등장하는 인물은 당대의 전형적인 인물이어야 한다. 그리고 역사가는 이러한 인물을 통해 '몸을 옛날의 시세에 두고 자기가 몸소 만난 것으로 삼은' 다음에 옛날의 시세는 눈앞에 펼쳐서 나타나게 된다.[74] 특히 역사상의 인물은 더욱 역사적인 상상에 의거하여 통해야 하는데 그럴 때 소설 속의 인물은 그 매개체 역할을 한다.[75]

그런데 역사적인 상상이 전주(轉注), 동정(同情), 물증(物證)의 자극과 학술적인 기초 등 매우 많은 조건에 의거하여 나타난다는 점을 염두에 둘 때[76] 문학작품 속의 인물도 역사가와 역사교사가 이러한 조건에 입각하여 그 전형성을 판단해야 한다. 즉 역사가와 역사교사는 직접 역사적 상황 속으로 들어가 당대 사회가 직면했던 과제를 파악한 다음 이를 해결하고자 하거나 번민하였던 여러 사회 세력들에 비추어 작품 속 인물의 전형성 여부를 판단해야 한다.[77]

이와 같이 역사교재에서 문학작품을 활용하기 위해서는 문학비평 방법 중에서 하나인 역사(주의) 비평 방법과 함께 수많은 작품 중 사료로서의 가치 여부를 분별하는 사료 비판, 그리고 인물의 전형성(典

---

73) 杜維運, 앞의 책, 213쪽.

74) 위의 책, 211쪽.

75) 19세기 낭만주의자 역사소설가인 월터 스코트가 콜링우드의 過去 思想의 再演 등에서 보이듯이 역사연구에 매우 큰 영향을 끼쳤다는 사실을 유의할 필요가 있다. 杜維運, 위의 책, 220~221쪽 ; 全昇惠, 「월터 스코트의 역사주의 : 『미드로시안의 심장부』를 중심으로」, 『영어영문학』 41-2, 1995, 359쪽.

76) 杜維運, 위의 책, 215~222쪽.

77) 이와 관련하여 劇畫學習을 통한 역사수업의 방법과 그 의미를 연구한 金煥秀, 「歷史에서 '親民'精神의 探究와 劇畫授業을 통한 摸索」, 서울大學校 博士學位論文, 2007, 27~28쪽 참조.

型性) 시비(是非) 등의 작업이 선행되어야 한다. 나아가 여기에 바탕하여 작가 소개(이력, 세계관 등), 작품의 의도, 당대 사회와의 관계 등을 포함한 해설이 제시되어야 한다.

따라서 역사교과서에는 이러한 과정을 거쳐 엄선된 문학작품 내용만이 수록되어야 한다. 이어서 학생들의 문학작품 이해도를 제고하기 위해 다음과 같은 순서대로 내용과 질문항을 배치할 필요가 있다.

첫째, 문학작품의 본문을 제시하기에 앞서서 작품이 창작된 당대의 역사적 상황과 당대의 가치관을 충분히 고려할 수 있도록 작가와 작품, 시대적 배경 등을 해설할 필요가 있다. 기존의 교과서에서는 작가와 작품을 소개하지 않고 작품의 일부 내용만 인용함으로써 내용의 맥락적 이해를 방해했기 때문이다. 특히 해당 작가나 작품과 대립되는 여타 작가 또는 작품과 대비하여 설명한다면 내용의 주관성을 상대화할 수 있다.

둘째, 수록 내용은 교과서 본문과 매우 밀접한 부분을 제시해야 한다. 이때 기존 교과서의 수록 방식과 달리 내용이 가능한 범위 내에서 장문이어야 한다. 기존 교과서의 경우, 짤막한 내용만을 제시함으로써 학생들이 문학작품의 사실성을 단편적으로 이해할뿐더러 그 의미를 심도 있게 다루지 못했기 때문이다.

셋째, 학생들이 문학작품의 내용 중 중점 사항을 유의할뿐더러 이해도를 측정하기 위해 작품 분석으로 이끄는 질문항을 만들 필요가 있다. 이때 질문은 구체적인 질문부터 추상적인 질문으로 점층시키면서 구성하는 한편 비판적 사고가 이루어질 수 있도록 질문항을 조직적으로 구성해야 한다. 즉 전자의 경우, 소설의 3요소인 주제, 구성(plot), 문체(style)에 대한 질문을 염두에 두면서 구성의 3요소인 인물, 배경, 사건에 대한 이해도를 측정할 수 있는 질문을 설정한다. 그리하여 학생들은 인물의 전형성, 배경의 역사성, 사건의 사실성 등을 판단할 수 있는 근거를 확보하게 된다. 다음 후자의 경우, 문학작품과 여타 사료의 내용과 비교·검증함으로써 당대의 역사상(歷史像)을 인식할 수 있도록 한다.

넷째, 문학작품 속에서 어려운 단어가 나오므로 이에 대한 이해를 돕기 위해 사전적인 설명이 부가될 필요가 있다. 아무리 좋은 작품이라도 학생들이 알기 어려운 어휘로 인해 이해도를 떨어뜨릴 수 있기 때문이다.

끝으로 교과서 본문과 연계하여 작품 내용의 사실성을 좀 더 시비할 수 있도록 토론거리를 제공할 필요가 있다. 특히 사실과 허구를 분별하면서 문학과 역사의 차이를 인식하도록 도와주어야 한다.

그 밖에 정규 수업과 별개로 특별 활동 시간을 확보하여 역사소설 쓰기를 권장할 만하다.[78] 물론 이러한 활동의 가능성이 현재의 교육 여건상 대단히 낮다. 그러나 이런 기회를 이용하여 그 가능성을 조금이라도 제고할 필요가 있다. 여기서 학생들은 역사소설을 쓰면서 소설의 배경, 인물과 구성을 사실적으로 만들기 위해 과거의 사실, 사건, 인물들을 찾고자 할 것이기 때문이다. 즉 이것은 과거의 더 넓은 범위의 특징에 초점을 둔 좀 더 양질의 탐구로 이끌 수 있다.

문학작품은 이처럼 신문화사 연구에서 볼 수 있듯이 새로운 방법론의 대두에 힘입어 역사수업에서 활용될 가능성이 점차 넓어지고 있다. 그럼에도 문학작품이 교과서에 수록되기 위해서는 엄격한 사료 비판을 거쳐야 한다. 아울러 일반 사료와 달리 허구와 사실을 구분할 수 있도록 인물의 전형성, 배경의 역사성, 사건의 사실성 등을 여타

---

[78] Dave Martin & Beth Brooke, "Getting Personal : Making effective use of historical fiction in the history classroom", *Teaching History* 108, 2002.

당대 사료와 상호 비교하도록 작품 소개와 함께 질문항을 설정해야 한다.

4. 결어

제7차 교육과정기 고등학교 『국사』와 『한국근·현대사』교과서에는 이전 교육과정과 달리 문학작품이 교과서의 본문과 연계되어 읽기 자료 등의 형태로 수록되어 있다. 비록 그 분량이 많지 않지만 학생들의 흥미를 유발하고 당시의 역사적 상황을 구체적으로 이해하는데 도움을 주고 있다. 이는 역사가 문학과 함께 내러티브를 공유할뿐더러 허구로서 표상되는 문학적 공간도 결국에는 시대성, 역사성을 반영하지 않을 수 없다는 인식에 기반하고 있다. 나아가 역사의 대중화라는 새로운 시도에 힘입어 문학작품이 역사연구자나 역사교사의 주목을 끌며 사료로서 계몽적인 국사 개설서에 수록됨으로써 문학작품의 활용 문제가 초미의 관심사로 떠올랐다.

그러나 역사학의 발달 과정에서 볼 수 있듯이 이러한 친연성에 못지않게 문학과 역사는 차별성을 지니고 있다. 즉 전자가 작가의식과 상상력으로 빚은 허구임에 반해 역사는 역사가의 상상력이 가미되었다고 하더라도 역사적 사실에 바탕을 두고 있다. 따라서 문학작품이 읽기자료나 참고자료 형태든 사료학습의 대상에서 벗어나지 않는 한 국사 개설서나 교과서에 수록된 문학작품의 내용은 반드시 사료비판을 거쳐야 한다. 하지만 제7차 교육과정에 입각하여 집필된 교과서의 경우, 문학작품의 제시문과 질문 내용을 분석했을 때, 이들 내용은 본문과 유기적으로 연결되어 있지 않을뿐더러 역사적 사실 및 맥락과 부합하지 못한 채 단지 흥미를 유발하기 위한 장치에 지나지 않았다.

특히 문학작품 자체에 담겨 있는 작가 의식, 세계관 등이 전혀 고려되지 않고 일부 내용만 단편적으로 제시되고 있어 학생들이 문학작품의 한계를 인식하기보다는 오히려 왜곡된 역사상을 기계적으로 수용할 가능성이 높아졌다. 이는 많은 교과서에서 활용하고 있는 박지원의『허생전』의 예에서 단적으로 드러난다. 즉 조선후기의 상업 발달을 생생하고 구체적으로 보여주기 위해 이 작품의 일부를 떼어 내어 사상도고(私商都賈)의 실상을 보여주려고 하였지만 결과적으로는 이런 상인을 매점매석(買占賣惜)하는 악덕 상인으로 묘사할 뿐이다. 대신에 작가 박지원이 이 작품을 통해 주장하였던 북벌운동비판(北伐運動批判)은 내용 어디에도 언급되고 있지 않다. 이는 작가 의식이라든가 세계관을 왜곡시키는 한편 사상도고의 역사적 의미마저 탈색시키는 결과를 초래하였다. 사실과 부합하지 않는 측면이 많을뿐더러 역사성이 애초부터 들어설 자리가 없어진 셈이다.

그러나 이러한 한계와 오류에도 불구하고 1990년대 이래 미시사와 신문화사가 우리 역사학계와 역사교육 현장에 영향을 미치면서 역사수업에서 문학작품의 활용 빈도는 오히려 늘어났다. 이는 미시사와 신문화사 연구에서 볼 수 있듯이 이른바 정통사료가 담아내지 못하는 인간의 일상생활과 내면세계를 문학작품을 통해 포착할 수 있다고 판단했기 때문이다. 따라서 역사학계는 물론 교육 현장에서도 이러한 논거와 방법론에 입각하여 소설을 통해 당시의 생활상과 문화를 복원하고자 하는 노력들이 경주되었다. 이러한 노력은 아직 시론적인 형태이지만 그 가능성은 매우 높다고 보겠다. 그러나 문학작품의 이러한 자료화 과정에서 반드시 점검해야 할 원칙과 기준은 여전히 시야에 들어오지 않고 단지 당시의 역사적 상황을 사실적으로 묘사했으리라는 전제 아래 그대로 활용하는 경향이 적지 않다. 이는 앞에서도 언급한 바와 같이 문학작품의 사료적 가치와 신뢰도를 떨어뜨릴뿐더러 작가의 상상력마저 간과하는 오류를 야기할 수 있다. 따라서 문학작품을 탐구활동 자료로서 활용할 때 부딪히는 문제를 염두에 두고 그 원칙과 기준이 마련되어야 한다.

우선 작가의 문학적 상상력에 의존하기보다는 본인 자신의 체험이나 기억에 근간한 문학작품을 선정해야 한다. 이 점에서 작가 당대의 사회를 직접적으로 다룬 작품을 가장 먼저 고려할 필요가 있다. 반면에 후대에 작가의 상상력에 의존한 역사소설(歷史小說)은 되도록 피해야 한다. 이는 당대의 사실과 부합되지 않을뿐더러 작가의 현실인식이 과도하게 반영될 수 있기 때문이다.

다음 문학작품의 내용을 여타 정통 사료에 비추어 사실성 여부를 판단해야 한다. 이 중에는 작가의 사실에 대한 오인이나 오해, 비전형적인 주인공을 내세운 문학작품은 당연히 제외시켜야 한다.

이처럼 문학작품을 문학비평과 사료 비판을 통해 선정한 뒤에는 교과서에 적절하게 수록하여 활용할 필요가 있다. 이때는 크게 5단계로 구분하여 설정할 수 있다.

첫째, 문학작품의 본문을 제시하기에 앞서서 작품이 창작된 당대의 역사적 상황과 당대의 가치관을 충분히 고려할 수 있도록 작가와 작품, 시대적 배경 등을 해설할 필요가 있다.

둘째, 교과서 본문과 매우 밀접한 내용을 제시해야 한다. 본문과 맥락이 닿지 않는 내용은 학생들의 혼란을 가중시키기 때문이다.

셋째, 학생들이 문학작품의 내용 중 중점 사항을 유의할뿐더러 이해도를 측정하기 위해 작품 분석을 하도록 질문항을 만들 필요가 있다.

넷째, 문학작품 속에서 어려운 단어가 나오므로 이에 대한 이해를 돕기 위해 사전적인 설명이 부가되어야 한다.

끝으로 교과서 본문과 연계하여 작품 내용의 사실성을 좀 더 시비할 수 있도록 토론거리를 제공할 필요가 있다.

이와 같이 국사교과서에서 문학작품을 탐구활동 자료로 활용할 때는 문학과 역사의 고유한 특성을 고려하여 원칙과 기준을 마련한 전제 위에서 작품을 선정할뿐더러 타당하고 의미 있는 탐구활동으로 이끌기 위해서는 질문항도 체계적인 절차에 따라 구성되어야 한다.

그러나 앞으로 다루어야 할 과제가 여전히 많다. 즉 본고가 교재에 수록된 문학작품의 자료화 문제를 중심으로 문학작품의 선정과 내용 구성에 중점을 둔 까닭에 문학작품의 교재화(敎材化) 전략(戰略)과 교실 현장에서의 교수학습방법론(敎授學習方法論)을 소루하게 다루었다. 이는 추후 학계와 더불어 문학작품을 적극적으로 활용하고자 하는 역사 교사들이 상호 유기적인 연계 속에서 심도 있게 다루어야 할 과제이다. 한편, 추체험과 감정이입이라든가 가다머의 이해(理解)를 둘러싼 논쟁들이 이제야 본격화되고 있어 문학작품이 이런 여러 기능과 어떤 관계를 맺는가에 관한 이론적인 접근을 시도하지 못하였다.79) 이 문제는 후속 연구의 과제로 넘기고자 한다.

---

79) 가다머의 해석학과 문학비평에 관해서는 김주연,「가다머」,『독일 비평사』, 문학과지성사, 2006 ; 김한종,「역사이해와 역사교육」,『역사교육의 이론』(양호환 외), 책과함께, 2009 참조.

〈부표 1〉 제7차 교육과정 교과서 『국사』, 『한국근·현대사』에 수록된 문학작품 현황

번호	제목	내용	위치와 기능	출전
1	새야 새야 파랑새야	농민전쟁과 전봉준의 비운에 대한 농민들의 마음을 담은 시	도움글(207쪽)	중학교 국사
2	전봉준이 마지막으로 남긴 시	전봉준이 사형되기 전에 지은 시	심화과정 (214쪽)	중학교 국사
3	재미 동포 리처드 김의 자전적 소설	일제의 창씨개명	학습정리	중학교 국사
4	허생전	조선후기 도고의 활동	읽기자료 (170쪽)	고등학교 국사
5	춘향전	옥중 춘향과 몽룡의 만남	심화과정 (315쪽)	고등학교 국사
6	하회 탈춤 대사	양반 풍자	심화과정 (315쪽)	고등학교 국사
7	지팡이를 짚고 새소리를 듣는다	국권회복운동 희망	역사자료실 (147쪽)	천재 한국근현대사
8	양반전	양반의 무능과 무위도식 비판	문학 속으로 (13쪽)	금성
9	춘향전	거지가 되어 내려온 이몽룡	문학 속으로 (14쪽)	금성
10	파랑새 민요	당시의 정세를 은유적으로 비난하면서 민중의 바람을 노래	문학 속으로 (20쪽)	금성
11	운현궁의 봄	대원군의 거지 행사	문학 속으로 (42쪽)	금성
12	금수회의록	한말 정치를 풍자	문학 속으로 (132쪽)	금성
13	네루의 편지	3·1 운동 소개	문학 속으로 (174쪽)	금성
14	심훈의 상록수	농촌계몽운동	문학 속으로 (207쪽)	금성
15	안수길의 북간도	한민족의 만주 생활	문학 속으로 (220쪽)	금성
16	이기영의 고향	일제하 농민운동	문학 속으로 (238쪽)	금성
17	채만식의 도야지	해방 정국 풍자	문학 속으로 (261쪽)	금성
18	현기영의 순이삼촌	제주 4·3 고발	문학 속으로 (262쪽)	금성

19	정비석의 자유부인	1950년대 윤리성 문제	문학 속으로 (348쪽)	금성
20	경복궁 타령	경복궁 중건 당시 민중의 정서	자료읽기 (37쪽)	법문사
21	신고산 타령	1930년대 국가 총동원	자료(157쪽)	법문사
22	현상윤의 실락원	무단통치 비판	문학 작품에 나타난 일제 수탈사(160쪽)	법문사
23	현진건의 고향	토지조사사업 비판	위와 같음	법문사
24	유치진의 토막	농민의 궁핍한 삶을 묘사	위와 같음	법문사
25	채만식의 논이야기	일제의 수탈 비판	위와 같음	법문사
26	심훈의 상록수	농촌계몽운동	탐구(228쪽)	법문사
27	귀국선	광복에 대한 기대와 희망	노랫말에 담긴 한국 현대사 (328쪽)	법문사
28	굳세어라 금순아	남북 이산 가족의 애환	위와 같음	법문사
29	진달래	4·19 혁명 추모	위와 같음	법문사
30	새마을노래	새마을 운동	위와 같음	법문사
31	임을 위한 행진곡	1980년대 민주화운동	위와 같음	법문사
32	안국선의 금수회의록	한말 사회 풍자	탐구활동 (141쪽)	중앙
33	화물차 가는 소리	1930년대 총동원 체제 풍자	탐구활동 (176쪽)	중앙
34	김수영의 푸른하늘을	4·19 혁명 노래	설명 없음 (298쪽)	중앙
35	정약용의 애절양가	지배층의 가혹한 수탈	도입부 설명없음(32쪽)	대한
36	신아리랑	만주 이주와 독립운동	설명 없음-자료읽기(103쪽)	대한
37	거국가	조국을 떠나는 노래	설명 없음-자료읽기(103쪽)	대한
38	아리랑타령	일제의 탄압과 수탈	설명없음-자료읽기(110쪽)	대한
39	이인직의 혈의누, 이인직의 은세계	이인직과 신소설의 친일 경향	소설로 보는 역사(121쪽)	대한
40	윤동주의 별헤는 밤	일제의 민족말살통치 비판	도움글(145쪽)	대한
41	송기숙의 암태도	암태도 소작 쟁의	213쪽	대한
42	채만식의 레디메이드인생	지식인 실업자 풍자	227쪽	대한
43	나는 알아요	4·19 혁명 당시 초등학생의 시	268쪽	대한
44	경복궁 타령	경복궁 중건에 대한 민중의 정서	읽기자료 (33쪽)	두산

45	동학 농민운동 당시의 민요	파랑새	읽기자료 (70쪽)	두산
46	황현의 절명시	국망에 대한 인식	읽기자료 (140쪽)	두산
47	국치추념가	국망에 대한 인식	읽기자료 (140쪽)	두산
48	네루가 딸에게 보낸 편지	아시아 각 지역에 울려 퍼진 3·1 운동의 메아리	읽기자료 (171쪽)	두산
49	동방의 등불	위와 같음	읽기자료 (171쪽)	두산
50	껍데기는 가라	4·19 혁명에 관한 시	읽기자료 (290쪽)	두산

* 비고 : 중학교와 고등학교『국사』의 경우, 1종 교과서(국사편찬위원회 편찬)이며 『한국근·현대사』는 검정교과서로 민간출판사에서 발행하였음.

『역사와경계』 77, 부산경남사학회, 2010 揭載, 2014 補.

제15장

역사교과 탐구활동과 수능 문제의 상관성 강화 방안*
: 제7차 교육과정 검정 『한국근·현대사』 교과서를 중심으로

1. 서언

현재 대학수학능력시험은 대학 입시에서 중요한 비중을 차지하고 있다. 비록 학생부 반영률을 높여 대학수학능력시험(이하 수능으로 줄임)의 비중을 낮추려고 시도하고 있지만 입시 현실에서는 수능의 비중이 결코 낮아지고 있지 않다. 그것은 학생부에 대한 신뢰도가 높지 않은 반면에 수능의 성적은 수험생의 수학능력을 반영하고 있다고 판단하기 때문이다. 나아가 학생부에 대한 신뢰도의 저하로 말미암아 논술 비중이 높아지는 가운데 본고사 부활 논의도 본격화되고 있다.

이러한 입시 현실이 곧 공교육을 약화시키고 사교육을 강화시킴은 자명하다. 따라서 학생부에 대한 신뢰도를 높이는 작업이 매우 중차대하다. 그러나 이 문제는 오늘날 지역 간, 계층 간의 불평등한 사회

* 이 글은 문지은 석사생이 참여하여 공동으로 집필되었다.

현실과 밀접하게 연관되어 있어 조기에 해결할 가능성이 매우 적을 뿐더러 사회적 합의가 전제되지 않는 한 문제 해결 노력에 따른 부작용도 만만치 않다. 반면 수능의 여러 문제점은 교육 현장과 학계의 개선 노력에 따라 근본적인 차원은 아니지만 다소나마 해소될 여지가 있다. 즉 수능 문제의 출제 방식을 개선함으로써 공교육의 교과 교수학습 현장을 활성화시킬 수 있다면 이는 공교육을 강화할 수 있는 기반을 제공할 것이다.

하지만 현재 수능 문제의 개선책 논의 과정에서 수능의 신뢰도를 높이기 위해 변별력의 제고에만 역점을 두고 있다. 물론 이러한 개선 방향은 수능의 주관기관이라 할 한국교육과정평가원으로서 당연히 수행해야 할 방향이며 이후에도 지속적으로 추진해야 할 방향임은 분명하다. 그러나 변별력 제고가 교육과정 범위와 학교 교육에 근간을 두고 있다는 막연한 명분만 내세우고 실제로는 교과 교육의 구체적 현실과 동떨어져 있다면 이 역시 공교육에 미치는 실효성이 낮을 뿐더러 공교육 강화와는 별개가 될 것이다. 심지어 이러한 방향은 오히려 사교육을 부추길 가능성이 높다.

따라서 수능의 문제점을 해소하면서 학교 교과 교육을 활성화시키려면 이 양자를 밀접하게 연계시킬 방안을 강구할 필요가 있다. 특히 학생들의 주교재라 할 교과서와 수능 문제의 상관성을 강화하는 방안은 개선 방안의 하나로 고려할 만하다. 물론 수능 문제가 늘 교과서 내용을 근간으로 출제되어야 한다는 점은 늘 강조되어 왔다. 그러나 실제로 어떤 원칙과 기준에 입각하여 수능 문제와 교과서 내용을 연계시킬 것인가에 대한 구체적이고 현실적인 방안은 제시하고 있지 못하다.

이에 본고는 이러한 점들을 염두에 두고 수능 문제와 교과서 내용

의 상관성을 높이는 방안을 제시하고자 한다. 특히 이 양자를 구체적
으로 연계시키기 위해 매개 고리로 교과서의 탐구활동 내용을 적극
활용하고자 한다. 다만 우리의 전공을 감안하여 역사교과 탐구활동에
초점을 두고 검정『한국근·현대사』교과서를 중심으로 이 주제를 다
루고자 한다. 이를 위해 우선『한국근·현대사』에서 보이는 탐구활동
의 특징과 문제점을 짚어보면서 수능 문제와의 연관성을 분석하고자
한다. 그리하여 검정교과서별로 탐구활동 내용을 분석한 뒤, 이들 내
용과 수능 문제의 연계성을 검토하여 그 의미를 도출할 것이다. 다음
2005년부터 2008년 현재까지 출제된『한국근·현대사』수능의 경향과
문제점을 논급하고자 한다. 이는 수능상의 이런 문제점을 탐구활동과
연계하여 해소할 수 있는 방안을 타진하기 위해서다. 또한 앞에서 검
토한 결과를 염두에 두고 구미권(歐美圈) 역사교과서에서 보이는 탐
구활동과 평가 방식을 검토하는 한편 우리나라 수능 문제와 교과서
탐구활동의 상관성을 높이는 방안을 제시하고자 한다. 비록 이 연구
가 한 개 과목에 국한되어 있어 수능 대상 및 교과 교육의 전 분야로
확대하여 일반화시키는 데는 한계를 지니고 있으나 수능에서 드러나
는 문제점을 일부나마 해소시킬 수 있는 기초 연구라는 점에서 탐구
활동의 체계화와 평가 방식의 개선을 통해 공교육을 강화할 수 있는
실마리를 제공하리라 본다.

2. 검정『한국근·현대사』교과서에서 탐구활동의 특징과 문제점

공교육 강화는 여러 가지 수준과 차원에서 논의될 수 있다. 그 가
운데 평가 방식 개선을 통한 공교육 강화 방안은 고려할 만하다. 수

업과 입시 문제를 연관시켜 학교 교과 교육만으로도 대학 입시를 치를 수 있게 된다면 사교육에 대한 의존을 줄일 수 있기 때문이다. 그런데 평가는 학습 활동 과정에 따라 결정되며, 학교 수업의 학습 활동은 교과서를 중심으로 이루어진다. 한편, 수능은 사고력을 중심으로 한 학력 측정에 중점을 두는 시험으로 자료의 해석, 원리의 응용, 현상이나 사실에 대한 논리적 분석과 판단력 등의 사고력을 측정한다.[1] 이때 공통의 학습 교재로 이용하는 교과서를 수능과 관련짓는 방안을 생각해 볼 수 있다.

제7차 교육과정 시기에 편찬된 검정『한국근·현대사』교과서에는 수능이 요구하는 사고력과 연관되는 탐구활동이 제시되어 있다. 교육부에서 배포한 '2종교과서 집필상의 유의점'에도 한국근·현대사 과목의 내용 조직 가운데 "학습 과제, 연구(탐구) 문제 및 학습 정리 등은 자율학습과 탐구학습에 알맞도록 하고, 단원의 기본 개념 파악과 역사적 사고력·문제 해결력을 기를 수 있도록 창의적으로 조직한다."는 규정이 들어 있다.[2] 따라서 기본 개념 및 역사적 사고력과 문제 해결력을 염두에 두고 마련된 교과서의 탐구활동이 수능과 연계된다면, 공교육을 통한 입시 대비가 충분할 수 있음을 예상할 수 있다.

그러나 현재 검정교과서의 탐구활동이 이상적인 방향으로 마련되었다고 하기는 힘들다. 이 장에서 6종의『한국근·현대사』교과서의 탐구활동이 어떻게 구성되고 있는지를 분석하고 이를 통해 교과서 탐구활동의 개선 방향을 찾는 이유가 여기에 있다.

이 글에서 탐구활동 분석 대상으로 삼은 제7차 교육과정 검정『한국근·현대사』교과서는 〈표 1〉과 같다.

1) 양정현, 「歷史敎育에서 평가 논의의 난맥상과 개선 방안」, 『歷史敎育』 80, 2001, 235쪽.
2) 교육부, 『제7차 교육과정에 따른 2종 교과용 도서 집필상의 유의점 (고등)』, 1999, 42쪽.

〈표 1〉 검인정『한국근 · 현대사』교과서 출판 현황

출판사	저자	검정일자	발행일	구분
금성출판사	김한종 外	2002. 7.30	2006. 3. 1	금성
대한교과서	한철호 外	2002. 7.30	2006. 3. 1	대한
두산동아	김광남 外	2002. 7.30	2007. 3. 1	두산
법문	김종수 外	2002.12.12	2006. 3. 1	법문
중앙교육진흥연구소	주진오 外	2002. 7.30	2006. 3. 1	중앙
천재교육	김흥수 外	2002.12.12	2007. 3. 1	천재

* 비고 : 순서는 가나다순. 이후 각 교과서는 구분으로 표기함.

분석 대상으로 삼은 검정『한국근 · 현대사』교과서는 제7차 교육과정 사회과에 근거하여 각 출판사에서 제작하고, 한국교육과정평가원의 검정을 거쳐 확정되었다. 제7차 교육과정에서는 총 6종의『한국근 · 현대사』교과서가 검정을 통과하였고, 일선 고등학교에서는 이들 교과서 가운데 하나를 자율적으로 채택하여 사용하고 있다.

먼저 검정교과서의 탐구활동이 공통적으로 갖는 특징이 무엇인지를 배치, 형식, 내용의 측면으로 나누어 살펴보겠다. 이를 통해 교과서 내 탐구활동이 갖는 목적, 의미, 기능을 확인해 볼 수 있을 것이다.

교육과정에 따라 검정교과서는 전부 4개의 대단원 아래 장 – 절(혹은 주제, 소단원으로 구성)로 구성되어 있으며 1개의 절 내에 대략 2~3개의 탐구활동이 배치되어 있다. 그리고 탐구활동은 대체로 다루려고 하는 핵심 내용의 뒷부분에 위치하는 경우가 대부분이다. 이러한 배치는 탐구활동이 이미 학습한 내용을 연습 또는 복습할 목적으로 마련되었음을 알려준다. 〈그림 1〉은 교과서 내 탐구활동 기본 배치의 예시이다.

〈그림 1〉 검정교과서 탐구활동 배치의 예시－'두산'

예외적으로 '금성'의 경우 일부 단원에서는 탐구활동이 본문 내용 없이 구성되거나 본문의 앞에 배치되기도 하였다. 이 경우 탐구활동 은 선수학습의 역할을 하거나 학습 활동 그 자체를 대신하는 역할을 한다.3)

탐구활동은 기본적으로 〈자료+문항〉 형태이다. 탐구활동이 위치하 고 있는 단원의 본문 내용과 관련한 사료나 도표 등을 제시하고 이를 바탕으로 해결할 수 있는 문항을 아래에 나열한다. 탐구활동에서 제 시되는 자료는 일반적으로 단독 혹은 복수의 사료로 구성되고 활동 형태는 사료를 통해 제시된 탐구과제를 해결하도록 하는 형태이다.

---

3) '금성', 11쪽, '상품화폐경제의 발달과 신분제의 동요－활동01 곳곳에서 싹트고 있는 자본주의' ; '금성', 299쪽, '사회주의 경제건설과 김일성 체제의 확립－활동01 북한 학생들의 이 모습, 저 모습'.

〈표 2〉는 검정교과서 탐구활동 가운데 사료제시형 문항이 어느 정도를 차지하고 있는지를 보여준다. 각 교과서마다 차이는 있지만 전체 문항 가운데 사료제시형 문항은 절반을 넘는다. 나머지는 사진, 지도, 도표 등을 자료로 제시하거나 혹은 여러 자료를 종합적으로 제시하는 형태이다.

〈표 2〉 검정 『한국근·현대사』 교과서 탐구문항 중 사료제시형 문항 개수

구분	전체 문항수	사료제시형 문항수
금성	217	137(63.1)
대한	352	109(30.0)
두산	195	124(63.6)
법문	129	83(63.4)
중앙	228	107(46.9)
천재	129	97(75.2)
계	1250	657(52.5)

* 비고 : 괄호 안 수치는 사료제시형 문항수가 전체 문항수에서 차지하는 비율(%)을 가리킴.

〈표 2〉에서 확인할 수 있듯이 사료제시형 문항이 전체 문항에서 차지하는 비율이 매우 높다. 출판사마다 그 비율이 약간씩 다르지만 평균 비율이 50%를 넘을 정도이다. 이러한 수치는 집필자의 사료학습에 대한 관심과 함께 역사교육 역시 모학문이라 할 역사학의 특성과 밀접함을 보여준다. 따라서 사료제시형 문항에 대한 분석은 탐구 문항의 전반적 성격을 파악하는 데 도움을 준다.

우선 탐구활동에서 묻고 있는 내용에 대해 알아보자. 여기서 '내용'이란 탐구활동의 문항이 탐구의 절차로서 '무엇을 묻고자 하는가' 혹은 '어떤 능력을 확인하려고 하는가', 그리고 '무엇을 배양하고자 하는가'를 의미한다. 이를 기준에 따라 구분하기 위해서는 역사교육목표의 구성 요소를 확인할 필요가 있다. 김한종은 기존 역사교육목표의

분류에 관한 여러 연구를 종합하여 역사교육목표의 구성 요소를 크게 네 가지 영역으로 제시하였다.[4] 이에 따른 역사교육목표 구성 요소는 〈표 3〉과 같다.

〈표 3〉 역사교육목표의 구성 요소

영역	구성 요소
A. 지식과 이해	A1. 역사적 사실 A2. 역사적 용어와 개념 A3. 역사학의 성격 A4. 역사적 자료 A5. 역사연구 방법
B. 지적 기능 – 일반적 탐구 기능	B1. 문제의 인식 B2. 자료의 소재 B3. 참조 기능 B4. 자료의 평가 B5. 번역 및 해석 B6. 자료의 분석 B7. 종합 B8. 전달
C. 지적 기능 – 역사적 기능	C1. 연대기 기능 C2. 감정이입 C3. 자료의 상상적 해석 C4. 역사적 판단
D. 가치 및 태도	D1. 역사적 관심 D2. 역사학습을 위한 반응 D3. 발전적 관점 D4. 자기 이해와 자아 의식 D5. 개방적 가치관 D6. 민족과 민족 문화에 대한 긍정적 인식

이 역사교육목표의 구성 요소를 기준으로 6종 검정교과서의 탐구 활동이 각각 어떤 목표와 연관되는가를 분석하였다. 〈표 4〉는 분석 결과이다.

---

[4] 김한종, 『역사교육과정과 교과서연구』, 5장 중·고등학교 국사교육목표의 설정, 선인, 2006, 175쪽.

〈표 4〉 검정교과서 탐구활동의 교육목표 영역별 구성

구분	A. 지식과 이해	B. 지적 기능－일반적 탐구 기능	C. 지적 기능－역사적 기능	D. 가치 및 태도	계
금성	29	126	61	1	217
대한	29	223	97	3	352
두산	68	87	38	2	195
법문	14	80	33	2	129
중앙	103	67	58	0	228
천재	38	39	52	0	129
계	281(22.5)	622(49.8)	339(27.1)	8(0.1)	1,250

* 비고 : 괄호 안의 수치는 전체 영역에서 차지하는 비율(%)을 가리킴.

대체로 분석 대상 교과서의 역사교육목표에 따른 탐구활동의 구성을 보면 '일반적 탐구 기능'이 약 50%를 차지하고 있고, 다음으로 '역사적 기능'이 약 27%를 차지하고 있음을 확인할 수 있다. 반면에 '지식과 이해'에 관한 문항은 낮은 비중을 차지하고 있으며, '가치 및 태도'에 관한 문항도 총 8개(0.1%)에 불과해서 가장 낮은 비율을 보이고 있다. 즉, 6종 교과서의 탐구활동 문항은 목표 영역 간 비율이 불균등하며 역사적 기능보다 일반적 탐구 기능을 요구하는 문항이 압도적 다수를 차지하고 있다. 이런 탐구활동으로는 역사교과의 특성을 살리기 어렵다.

한편, 검정교과서는 각자 개발 방향의 차이로 인해 '탐구활동'에서 개별적 특징을 보이기도 한다. 6종 교과서 각각이 다른 교과서와 구분되는 특징과 이에 따른 문제점을 정리해 보자.

사례가 많기 때문에 각 탐구활동 문항을 모두 나열하기에는 지면상 제약이 있다. 그래서 같은 주제에 대한 교과서별 탐구활동이 어떤 차이를 보이고 있는지를 드러내는 대표적 사례를 골라보았다.

〈표 5〉는 6종 교과서 탐구활동에 공통된 문항으로 흥선대원군의 개혁 정책에 대한 신분별 반응에 관한 내용이다.

〈표 5〉 검정교과서 탐구활동 문항 예시 1

구분	문항
금성	흥선 대원군이 실시한 정책 가운데 양반과 평민에게 긍정적인 평가를 받는 것과 부정적인 평가를 받는 것은 무엇이며, 그 이유는 무엇인지 설명해 보자.
대한	흥선 대원군의 개혁 정치 중에서 양반들의 불만을 샀던 정책은 무엇인가? 그리고 그 까닭은 무엇인가?
두산	흥선 대원군의 개혁 내용 중 특히 양반층의 불만을 초래했던 정책을 고르고, 그 이유를 설명하시오.
법문	호포제의 실시와 서원의 철폐에 반대한 사회 계층을 말해 보자.
중앙	흥선 대원군의 개혁 정치에 반발한 세력이 누구인지 말해 보자.
천재	대원군이 추진한 위의 여러 개혁 중 특히 양반층의 불만을 초래한 정책을 고르고 그 이유를 설명해 보자.

각 교과서의 탐구활동은 공통적으로 박제형(朴齊炯)의 『근세조선정감(近世朝鮮政鑑)』과 정교(鄭喬)의 『대한계년사(大韓季年史)』를 자료로 제시하고 있다. 이들 자료가 탐구활동 자료로서 적합하다고 판단했기 때문이다.

'금성'은 질문 범위가 포괄적일 뿐 아니라 제시하는 자료의 분량도 상대적으로 많았다. 편집상 1쪽에 걸쳐서 탐구활동을 제시하는 경우가 대다수이다.

'대한'은 탐구활동 형식이 다른 검정교과서와 차이가 있다. 다른 검정교과서가 〈본문+탐구활동(자료+질문)〉으로 구성된 데 반해서 '대한'은 본문 서술 없이 〈자료+질문〉으로 구성되어 있는 점이 독특하다. 그러나 이런 구성이 교과서 전체에 일관적이지는 않으며 〈자료+

본문+열린과제〉의 구성과 혼합되어 있기도 하다. 본문을 통한 설명을 대신하여 자료와 질문을 통해 역사 학습을 하도록 구성한 것이다.

'두산'은 질문의 답이 서술형보다는 단답형에 해당하는 경우가 다소 높은 비중을 차지하고 있다. 이와 함께 본문 서술을 보충하는 조사 활동을 요구하는 문항이 많았다. 그리고 다른 검정교과서에 비해 자료 제시 분량이 비교적 적어 편집상 탐구활동은 2/3쪽을 넘지 않는 경우가 대다수이다.

'법문'은 검정교과서 가운데 탐구활동 문항 수가 가장 적다. 문항 없이 관련 자료만을 제시하는 경우가 많고, 단답을 요구하는 경우도 많다. 탐구활동이 교과서 내용에서 차지하는 위상이나 비중이 가장 낮다고 하겠다.

'중앙'은 자료 제시 분량이 비교적 적어 편집상 탐구활동이 2/3페이지를 넘지 않는다. 이 가운데 역사에 대한 상상적 해석을 요구하는 문항이 많은 편이다.

'천재'는 일반적 탐구에 해당하는 지적 기능을 요구하는 문항의 비중이 높은 여타 교과서와 달리 역사적 기능에 해당하는 지적 기능을 요구하는 문항의 비중이 상대적으로 높은 편이다. 그러나 '법문'과 비슷하게 탐구 문항의 수는 적은 편이며 문항 없이 〈역사자료실〉로 자료만 제시하는 경우가 많았다.

〈표 6〉은 3단원 '민족 독립 운동의 전개' 아래 '무장 독립 전쟁의 전개'에 포함된 '의열단과 한인 애국단의 활동'에 대한 탐구활동 내용이다.

〈표 6〉 검정교과서 탐구활동 문항예시 2

구분	이용 사료	탐구활동 문항
금성	*조선 혁명 선언 *이승만의 위임통치론	1. 자료 1을 읽고 (가), (나)에 들어갈 말을 찾아 써 보자. 2. 조선 혁명 선언에 나타난 의열단의 투쟁 노선은 무엇인가? 3. 자료 2를 읽고 임시 정부의 외교론이나 준비론의 입장에서 의열단의 투쟁 노선을 비판해 보자.
대한	*님 웨일스 〈아리랑〉 *김익상과 나석주의 의열 투쟁 *조선 혁명 선언	1. 독립 기념관 홈페이지(www.independence.or.kr)에서 자료 2·3의 내용을 찾아보고, 강우규, 김지섭, 박열, 조명하 등 다른 애국지사들에 대해서도 조사해 보자. 2. 의열단이 자료 1과 같은 목표를 정하고 자료 2·3과 같은 의열 투쟁을 전개한 목적을 자료 4에서 찾아보자. 그리고 자신이 독립 운동가라면 어떤 방법으로 투쟁하였겠는지 토론해 보자. 3. 인터넷에서 '조선 혁명 선언'을 찾아 전체를 읽어 보고, 그 글에 나타난 의열단의 민중 직접 혁명론을 외교 독립론, 실력 양성론, 독립 전쟁론 등과 서로 비교해 보자.
두산	*조선 혁명 선언	1. 신채호가 생각한 독립 운동의 방법은 무엇인가? 2. 의열단이나 한인 애국단은 그 활동 과정에서 불가피한 폭력도 사용하였다. 이 경우 폭력의 행사가 정당화될 수 있는지 토론해 보자.
법문	*조선 혁명 선언	(조선 혁명 선언이 자료읽기로 제시되어 있으나 문항은 없음)
중앙	*의열 투쟁에 대한 가상 대화	다음은 의열 투쟁을 둘러싼 두 사람의 대화 내용이다. 이를 읽고 의열 투쟁의 장점과 한계점에 대하여 토론해 보자.
천재	*조선 혁명 선언 *의열단 격문	1. 조선 혁명 선언과 의열단의 격문에서 나타난 투쟁 노선을 외교론이나 독립 준비론의 입장에서 비판해 보자. 2. 일제 식민지 통치하에서 수많은 의사와 열사들의 의거 활동이 계속된 그 이유를 설명해 보자.

'금성'은 의열 투쟁을 독립운동의 방략으로 확대하여 사고하게 하는 탐구문항을 제시하였다. 한편, '대한'은 본문 서술이 없는 대신 주제와 관련된 자료를 대량으로 제시하였다. 문항 내용이 길지만, 조사활동을 제외하고는 '금성'의 문항과 다르지 않다. '두산'은 다른 교과서에 비해 문항이 비교적 간단하다. '법문'은 다른 교과서와 같이 〈조선혁명선언〉을 사료로 제시하고 있으나 문항은 없다. '중앙'은 가상 대화를 통해서 의열 투쟁에 대한 평가를 유도하고 있다. '천재'는 '금성', '대한'과 같이 독립운동의 방략을 묻고 있지만 그 내용이 소략한 편이다.

그 밖의 문제점은 다음과 같다. 이 역시 〈표 5〉와 〈표 6〉에서 드러난다.

우선, 탐구활동이 단원 영역 내 세부 주제에 얽매여 있는 문제이다. 이 때문에 한국근·현대사의 맥락 속에서 중요한 사건과 인간 행위의 역사적 의미 및 위치를 탐구하는 데 적절한 문항을 개발하기 어렵다.

둘째, 탐구활동 문항의 위계성 문제이다. 6종 검정교과서의 탐구활동은 문항의 수준을 학습의 위계나 단계에 비추지 않고 기준 없이 배열하였기 때문에 탐구문항 간의 논리적 연속성과 위계성이 대단히 취약하다. 단편적인 질문에 그치거나 '말해 보자', '토론해 보자'로 비약하고 있다.

셋째, 탐구활동 문항의 의미와 표현의 문제이다. 문항 가운데 일부는 질문의 내용이나 표현이 모호하여 그 뜻을 알기 어렵기 때문에 문항이 실제 요구하는 탐구 행위, 혹은 답이 무엇인가를 예측하기 어렵다. 다음은 의미가 모호하거나 표현이 부정확한 탐구활동 문항의 일부 예시이다.

〈사례 1〉　중앙 116쪽 : 일본 상인의 불법 행위로 커다란 타격을 입었던
　　　　　　　조선의 상인을 말해 보자.
〈사례 2〉　금성 279쪽 : 당시 집권층은 〈자료 1〉에 나타난 것과 같은 부
　　　　　　　정 선거가 어떻게 가능하다고 생각했을까.
〈사례 3〉　두산 343쪽 : 해외 동포를 만났을 때 우리가 가장 염두에 두어
　　　　　　　야 할 사항은 무엇인지 생각해 보자.
〈사례 4〉　두산 264쪽 : 좌우 합작 운동의 배경과 향후 좌우 합작 운동이
　　　　　　　어떤 방향으로 나아갈 것인지 토론해 보자.

〈사례 1〉은 조선의 상인의 처지를 묻는 것인지, 조선인 상인의 업종
을 묻는 것인지 불명확하다. 〈사례 2〉는 집권층의 의도와 목적을 묻는
문제로 수정해야 의미가 명확해 진다. 〈사례 3〉은 질문의 의도가 모호
하고 답을 찾기 어려운 경우이다. 〈사례 4〉의 경우, 좌우 합작 운동의
전개를 조사하거나 정리하는 것이어야지 토론하는 활동은 적절하지
못하다.

넷째, 탐구활동의 제목이나 질문 속에 답이 들어 있는 문제이다. 이
는 탐구가 지향하는 '과정의 수행'이라는 목적을 무색케 하는 것이다.

〈사례〉　중앙 296쪽 : 탐구활동 제목 - 이승만 정부의 반공정책과 독재정치
　　　　　1. 자료 1을 바탕으로 1950년대 이승만 정부가 국민을 이끌어
　　　　　　　가기 위하여 내세운 정책들을 추론해 보자.
　　　　　2. 자료 2를 바탕으로 이승만 정부의 성격에 대해 추론해 보자.

이 경우 1번 문항은 이승만 정부의 반공정책을, 2번 문항은 이승만
정부의 독재정치를 묻는 내용이다. 그런데 이 탐구활동은 '이승만 정
부의 반공정책과 독재정치'라는 제목에서 알 수 있듯이 탐구의 과정
없이 답이 도출되는 결과를 낳는다.

이상 6종 검정교과서 탐구활동 문항 분석을 통해 그 문제점을 살펴

보았다. 여러 측면에서 문제점을 지적하였지만 크게 나누면 두 가지로 집약할 수 있다. 하나는 탐구활동이 즉자적 접근으로 구성되어 일관성, 연계성, 단계성이 부족하다는 것이다. 다른 하나는 탐구활동이 교과서 내에서 갖는 위상이 모호하여 역사 수업에서 소홀히 취급된다는 것이다. 물론 교과서 별로 상이한 수준과 형식을 가진 탐구활동은 교과서의 특성을 살린다는 의미에서는 긍정적으로 생각할 수 있다. 그러나 이러한 특성은 교과서의 다양성에서 기인했다기보다는, 탐구활동의 위상이나 공통 기준이 제시되지 못한 데서 비롯된 문제점이다. 결국 이후 교과서 탐구활동 문항은 교과서 집필과 문항 개발 단계에서부터 체계적 접근을 모색하고, 탐구활동의 명확한 기준을 세우는 방향으로 진행되어야 할 것이다.

이상 검정교과서 탐구활동을 분석한 결과 앞으로 개발되어야 할 평가문항에 대한 시사점은 다음과 같다.

첫째, 역사교육목표 영역을 염두에 두고 문항을 고르게 배분하고 문항 배치에 위계성을 갖춘다.

둘째, 〈교육목표－내용목표－본문서술－평가문항(탐구활동)〉 간에 연계성을 확보한다.

셋째, 역사교과 고유의 지식, 기능, 가치 및 태도를 염두에 둔 문항을 개발한다.

넷째, 요구하는 활동이나 답을 분명하고 친절하게 제시하여 탐구활동을 적극적으로 유도한다.

다섯째, 교과서 탐구활동 문항과 학교 내신 시험 문항, 그리고 수능 출제문항 간의 유기적 연결을 유도한다.

3. 수능 기출 문제의 경향과 문제점

현재 학교 현장에서 사용하고 있는 검정『한국근·현대사』교과서의 내용은 1863년부터 현재까지를 크게 세 시기로 구성되어 있다. 즉 고종이 즉위하던 1863년부터 1910년까지를 '근대 사회의 전개', 1910년부터 1945년까지를 '한국 독립 운동의 전개', 1945년부터 현재까지를 '현대 사회의 발전'으로 각각 명명하고 해당 내용을 서술하고 있다. 그리고 한국근·현대사의 흐름과 경향을 알려주는 도론 단원인 '한국근·현대사의 이해'가 맨 앞에 배치되어 있다. 총 4단원인 셈이다. 아울러 단원 내 구성을 보면 대체로 1장, 2장, 3장이 정치 부문이라면 4장과 5장은 각각 경제와 사회 문화 부문이다. 그 점에서『한국근·현대사』는 시대순으로 배치된 가운데 분류사별로 구성되어 있다고 하겠다. 제7차 교육과정에 따르면 차례는 다음과 같다.

---

1. 한국근·현대사의 이해
   1) 근대 사회의 태동
      (1) 상품화폐경제의 발달과 신분제의 동요
      (2) 민중 의식의 성장과 실학의 대두
   2) 근대 사회의 특성
      (1) 자주적 근대화와 반외세 민족 운동의 전개
      (2) 민족사의 수난과 독립 운동
   3) 현대 사회의 이해
      (1) 광복과 남북 분단
      (2) 사회의 발전과 세계 진출
2. 근대 사회의 전개
   1) 외세의 침략적 접근과 개항
      (1) 19세기 후반의 세계
      (2) 통치 체제의 재정비 노력
      (3) 통상 수교 거부 정책과 양요
      (4) 개항과 불평등 조약 체제

---

2) 개화 운동과 근대적 개혁의 추진
   (1) 개화 세력의 대두
   (2) 개화 정책의 추진과 반발
   (3) 개화당의 근대화 운동
   (4) 근대적 개혁의 추진
3) 구국 민족 운동의 전개
   (1) 동학 농민 운동의 전개
   (2) 독립 협회의 활동과 대한 제국
   (3) 항일 의병 전쟁의 전개
   (4) 애국 계몽 운동의 전개
4) 개항 이후의 경제와 사회
   (1) 열강의 경제 침탈
   (2) 경제적 구국 운동의 전개
   (3) 사회 구조와 의식의 변화
   (4) 생활 모습의 변화
5) 근대 문물의 수용과 근대 문화의 형성
   (1) 근대 문물의 수용
   (2) 언론 기관의 발달
   (3) 근대 교육과 국학 연구
   (4) 문예와 종교의 새 경향

3. 민족 독립 운동의 전개

1) 일제의 침략과 민족의 수난
   (1) 20세기 전반의 세계
   (2) 일제의 침략과 국권의 피탈
   (3) 민족의 수난
   (4) 경제 수탈의 심화
2) 3·1 운동과 대한 민국 임시 정부
   (1) 3·1 운동 이전의 민족 운동
   (2) 3·1 운동의 전개
   (3) 대한 민국 임시 정부의 수립
3) 무장 독립 전쟁의 전개
   (1) 국내 항일 민족 운동
   (2) 의열단과 한인 애국단의 활동
   (3) 1920년대의 무장 독립 전쟁
   (4) 1930년대의 무장 독립 전쟁
   (5) 대한 민국 임시 정부와 한국 광복군의 활동
4) 사회·경제적 민족운동
   (1) 사회적 민족 운동의 전개

(2) 민족 실력 운동의 추진
(3) 농민 운동과 노동 운동의 전개
(4) 국외 이주 동포의 활동
5) 민족 문화 수호 운동
(1) 일제의 식민지 문화 정책
(2) 국학 운동의 전개
(3) 교육과 종교 활동
(4) 문학과 예술 활동
4. 현대 사회의 발전
1) 대한 민국의 수립
(1) 제2차 세계 대전 이후의 세계
(2) 8 · 15 광복과 분단
(3) 5 · 10 총선거와 대한 민국의 수립
(4) 6 · 25 전쟁
2) 민주주의 시련과 발전
(1) 4 · 19 혁명
(2) 5 · 16 군사 정변
(3) 민주주의의 시련과 민주 회복
3) 통일 정책과 평화 통일의 과제
(1) 북한 체제의 고착화와 북한의 변화
(2) 통일 정책과 남북 대화
(3) 국제 정세의 변화와 평화 통일의 과제
4) 경제의 발전과 사회 · 문화의 변화
(1) 경제 혼란과 전후 복구
(2) 경제 성장과 자본주의의 발전
(3) 사회의 변화
(4) 현대 문화의 동향

그러면 2005년 이래 2008년 현재까지 출제된『한국근 · 현대사』수능 문항의 경향과 특징을 추출하기 위해 기출 문항을 양적 분석과 질적 분석의 측면으로 나누어 검토하고자 한다.

우선 양적 분석을 위해 기출 문항의 경향을 시기별, 분야별로 구분하였다. 〈표 7〉은 이 시기 기출 문항의 영역별 경향이다.

〈표 7〉 2005~2008『한국근 · 현대사』수능 문제 영역별 경향

연도 문항	2005	2006	2007	2008
1	434	233	213	213
2	222	241	322, 421	241
3	253	213	223	223, 231
4	241	312	352	312
5	231, 412	312	233	223
6	315	233	241	314, 441
7	243	223	312	331
8	314	332	232	233
9	441	313	342	234, 321
10	232	234	234	252
11	315	331	334, 335	322
12	232	423	323	354
13	423	422	222	333
14	333, 334	242	314	341
15	223	422	414	313
16	341	432	331	312
17	441	342	331	421, 423
18	442	331, 412	334	422
19	421, 422	315	442	442, 443
20	443	315	412	434

* 비고 : 백의 자리는 단원, 십의 자리는 장, 일의 자리는 주제이다.
　　　두 항목이 기재되어 있는 것은 양쪽에 다 포함시킬 수 있다고 판단하여 분류함.

이를 다시 시기별로 분류하면 〈표 8〉과 같다.

〈표 8〉『한국근 · 현대사』수능 문제의 시기별 분포

연도	통합단원	근대 사회의 전개	민족 독립 운동의 전개	현대 사회의 발전
2005	1(5)	7(35)	5(25)	7(35)
2006	1(5)	7(35)	8(40)	4(20)
2007	1(5)	7(35)	9(45)	3(15)
2008	2(5)	6(30)	8(40)	4(20)
합	5(6.25)	27(33.75)	30(37.5)	18(22.5)

* 비고 : 괄호 안 수치는 전체 문항수에서 차지하는 비율(%)을 가리킴.

여기서 나타나는 시기 중심의 영역별 출제 문항의 경향은 다음과
같다. 우선 문항들의 대상 시기 빈도가 출제 연도에 따라 편차가 크
다는 점이다. 2005년도에는 민족독립운동의 전개가 25%를 차지하였
지만 2006년도에는 40%에 이르고 있으며 2007년도에는 무려 45%에
이르고 있다. 반면에 현대 사회의 발전은 2005년도에는 35%였지만
2007년도에는 15%에 지나지 않다.

한편, 기출 문제를 분야 중심의 영역별로 구분하면 〈표 9〉와 같다.

〈표 9〉『한국근·현대사』수능 문제의 영역별 분포

연도	정치	경제·사회	문화	통합영역
2005	11(55)	7(35)	1(5)	1(5)
2006	17(85)	3(15)	0(0)	
2007	16(80)	3(15)	1(5)	
2008	14(70)	4(20)	2(10)	
합	59(73.75)	17(21.25)	4(5)	1(1.25)

* 비고 : 괄호 안 수치는 전체 문항수에서 차지하는 비율(%)을 가리킴.

여기서 나타나는 분야 중심의 영역별 출제 문항의 경향은 다음과
같다. 우선 정치 분야의 기출 문제가 매우 많다는 점이다. 물론 교과
서 내용 구성과 분량에서 정치 분야가 차지하는 비중이 높다. 그러나
분량이나 내용구성에서 60%를 차지하고 있다는 점과 비교할 때, 정치
분야의 평균 75%는 매우 높은 수치이다. 심지어 2006년도의 경우에는
정치 영역이 무려 85%를 차지하고 있으며 2005학년도에는 일제의 식
민통치 정책과 관련하여 2개 문항이나 출제되었다. 다음 정치 분야의
비중이 60%에서 80%로 증가할 정도로 해마다 변동의 폭이 매우 크다.
반면에 경제·사회, 문화의 경우, 매우 낮은 비중을 보여주고 있다.
이는 국사, 세계사의 경우도 마찬가지여서 특정 단원의 편중이나 누

락이 매우 심하다.5)

　이러한 편향은 수능 문제가 학교 수업에 크게 영향을 끼친다는 점을 고려할 때 교과 내용 학습의 불균형을 초래할 가능성이 높아진다. 즉 학교 현장에서는 기출 문제의 경향에 맞추어 특정 내용을 강조하는 데 반해 여타 내용을 소홀히 취급할 수 있다. 이는 역사를 단편적인 지식으로 치부하여 역사를 체계적이고 구조적으로 이해하는 데 걸림돌로 작용한다.

　특히 〈표 7〉와 〈표 8〉에서 보다시피 통시기에 걸쳐 역사의 변화를 인지하고 있는가를 질문하거나 동시기 정치, 경제, 사회, 문화 여러 영역 사이의 상호 관계를 이해하고 있는가를 질문하는 통합문항이 매우 적다. 즉 통합단원 문항을 적극 개발하지 않고 소시기 내용 지식이나 개별 영역 내용 지식에 대한 인지 여부에 치우침으로써 역사의 발전 변화를 원리와 맥락에서 파악하고 여러 영역 사이의 상호 관계를 이해하는 차원으로 나아가지 못하고 있다.

　다음 질적 분석을 위해 문제의 유형과 특징을 검토하고자 한다.

　첫째, 문항 중에 내용 지식에 대한 암기를 경계한 나머지 탐구형 문제가 대다수를 차지하고 있다.6) 즉 지문의 역사적 사실 또는 사건에 대한 분석을 통해 그와 관련된 사실을 묻거나 역사적 의미, 개념을 도출하게 하는 유형이 주를 이루고 있다. 그런데 이러한 문제 중에는 연대기 기능, 감정이입, 자료의 상상적 해석, 역사적 판단 등 역사적 기능을 요구하기보다는 단지 역사 내용 지식에 바탕하여 일반적으로

---

5) 이재각, 「수학능력시험출제와 내용선정의 문제점-중등학교 교사의 입장에서」, 『역사와 역사교육』 12, 1996, 111쪽 ; 崔祥勳, 「대학수학능력시험 역사영역 문항의 문제점 및 개선방안」, 『歷史敎育』 103, 2007, 112~113쪽.
6) 도면회, 「수학능력시험출제와 내용선정의 문제점-대학 교수의 입장에서」, 위의 책, 116쪽.

수행하는 탐구 기능을 요구하고 있는 문항도 더러 보인다. 다음 예시는 이를 잘 보여준다.

예시 1

5. 다음 자료를 통해 추론할 수 있는 농민들의 공통된 목표로 가장 적절한 것은? [3점]

> ◦ 노비문서를 소각한다. / 무명 잡세는 일체 폐지한다. / 공사채(公私債)를 물론하고 기왕의 것은 무효로 한다. / 토지는 균등히 나누어 경작하게 한다.
>
> —동학 농민군의 폐정 개혁안—
>
> ◦ 당면한 토지·농지 문제의 해결 과정에서 일본 제국주의자와 친일파 민족 반역자의 토지는 몰수하여 농민의 노력과 가족 수에 비례하여 분배할 것을 주장한다. 그리고 기타 조선인 지주에 대한 소작료는 3:7제로 할 것을 결의한다.
>
> —전국 농민 조합 총연맹 대회 결정서—

① 신분 제도 개선　　　② 농가 부채 탕감
③ 농민 조합 설립　　　④ 토지 제도 개혁
⑤ 조세 제도 개혁

이 문항은 동학농민운동에서 보여준 농민들의 토지개혁요구와 해방 후 농민들의 토지개혁 요구를 연결시키는 문제이다. 그러나 역사 공부를 하지 않은 수험생도 제시문 자체로도 토지 개혁이 공통된 요구 사항이었음을 쉽게 추론할 수 있다. 더욱이 현상적으로 토지 개혁 요구라고 하여도 내면의 논리와 시대성은 매우 달랐다. 즉 전자의 경우는 경작권의 균등을 내포할 수 있는 여지가 있는 반면에 후자는 해방 직후 일제하 지주제의 청산이라는 과제 속에서 소유권의 균등을 의미하는 토지개혁이었다. 이처럼 일부 문항은 당대의 특색과 역사적 맥락을 알지 않고도 제시문 자체로도 풀 수 있는 문항이다.

둘째, 문항들이 역사적 사고력 단계에 입각하여 다양한 수준을 보여주어야 하는데 천편일률적인 수준으로 일관하고 있다. 즉 역사적 사고력의 단계에 입각하여 ① 용어, 개념, 일반화의 이해 ② 기본적 역사 지식의 암기 ③ 중요 사건의 이해 ④ 자료 분석과 해석 ⑤ 자료의 개념과 연결 ⑥ 자료의 평가 등 이런 평가 요소를 측정할 수 있는 문항이 적절하게 안배되어 있지 못하였다. 이는 시기별 대략적 안배와 인지, 기능, 가치·태도 영역 구분만 출제 기준에 반영될 뿐 평가 요소를 다양한 수준에서 적용할 수 있는 출제 지침의 부재에서 비롯되었다. 특히 변별력의 제고에만 중점을 둔 나머지 출제 과정에서 역사 일반 전공자의 주관적인 변별력 판단에 의존하기에 이르렀고 이는 매년 출제자의 선호와 세부 전공에 따른 불규칙적인 출제 경향을 초래하였다. 또한 출제 과정에서 기출 문제를 회피하고 일부 검인정 교과서에만 수록되어 있는 사료를 불용한다는 내부 출제 기준으로 말미암아 출제 범위가 한정됨으로써 교육과정 및 학교 현장과 연계하여 반드시 제시해야 할 사료들이 누락될 가능성이 높다는 점이다.[7] 즉 이들 사료는 그 시대, 사건을 역사적으로 사고할 수 있게 하는 자료임에도 불구하고 이러한 내부 출제 기준으로 말미암아 활용되지 못하고 있다. 이는 결국 교과서에 나오는 탐구활동 내용이 수능 문제와 연계되지 못함으로써 학교 교육을 공동화시킬 우려가 있다. 물론 특정 교과서의 탐구활동 내용을 수능에서 출제하기에는 출제의 공정성, 신뢰도를 떨어뜨린다는 어려움이 수반된다. 아울러 교과서에 실려 있는 탐구활동 내용이 1장에서 본 바와 같이 질문 구성이나 탐구 과정에서 많은 문제점을 가지고 있다. 그러나 이 문제점은 교과

----

[7] 2004학년도 대학수학능력시험 이래 2008년 현재까지 우연의 일치일 수 있으나 아직까지 갑오개혁기 개혁 조항들을 활용하여 출제하고 있지 못하다.

탐구활동 내용의 개선을 통해 보완할 수 있기 때문에 학계의 일반적인 견해나 대표 개설서를 통해 보증이 된다면 얼마든지 활용할 필요가 있다.

셋째, 특정 가치나 태도를 요구하거나 대안을 제시하는 문항들이 간혹 출제되고 있어 교과 교수학습을 더욱 어렵게 만들고 있다. 즉 교과서는 시사적인 내용과 관련한 가치·태도를 그때그때 반영할 수 없음에도 불구하고 수능에서는 간혹 출제되고 있어 교과서의 탐구활동을 약화시키고 있다. 예컨대 한·중·일의 역사 인식 차이를 해소할 방안의 제시를 요구하거나 '식민지근대화론'을 반박할 수 있는 근거의 추출을 요구하고 있다.[8] 이러한 문항은 막연한 근거 위에서 출제자의 가치·태도를 수험생에게 강요하고 있다는 점에서 문항의 타당성 논란을 초래할 수 있다.

요컨대 수능 문항의 이러한 문제점은 교과 교수학습 목표에 맞춰서 교과 내용 전반에 걸쳐 균형된 지식과 탐구활동을 적극 권장하기보다는 특정 내용 지식을 학습하는 데로 유도할 가능성이 높다. 심지어는 교과 교수학습 활동의 위상을 약화시키고 사교육의 위상을 더욱 높일 수 있다.

그러나 이에 대한 진단과 해결 방향은 각자의 처지와 인식에 따라 다르다. 고등학교 교육 현장에서의 현실과 대학에서의 요구가 괴리된다는 점에서 간극의 차이는 작지 않다.

우선 학교 현장의 이재각은 다음과 같이 문제점을 지적하고 있다.

다양하고 참신하면서도 학생들의 교수 학습 과정이 충실히 반영된 문항

---

8) 2005학년도 『대학수학능력시험』, 「한국근·현대사」 8번 문항과 2006학년도 『대학수학능력시험』, 「한국근·현대사」 20번 문항.

> 출제가 이루어질 수 있도록 해야 한다. 예측 불가능한 지엽적인 문항의 출
> 제는 학교 교육 현장에 엄청난 학습 부담이 뒤따르고, 난이도의 부적절성은
> 진학지도에 크나큰 변수로 작용한다는 사실이다.[9]

　이러한 지적은 결국 대다수 교사들이 입시 때문에 아무 것도 할 수
없다는 인식과 불평으로 폭발하였다. 그만큼 수능 문제의 출제 방식
과 경향이 학교 교육의 정상화를 가로막고 있다는 고언이다.
　한편, 대학의 일부 교수는 이러한 문제 지적에 대해 다른 진단을
내리기도 한다. 즉 도면회는 다음과 같이 반박하고 있다.[10]

> 　길은 앞으로 멀다. 그러나 현장 교사들이 불만을 터뜨리더라도, 진부한
> 사고방식에 의거한 출제 태도를 버리고 조금씩 인간 삶의 진실에 조금 더
> 가까이 할 수 있는 문항의 개발로 가다 보면 고교 역사 교육과 대학 역사
> 교육에 숨통이 터지지 않을까 한다.

　즉 그의 관점에 덧붙여 이를 부연 설명하다면 교과서의 민족주의
적인 역사관과 교과서 중심의 출제 방식에서 벗어나 새로운 경향에
맞추어 인간 개개인의 삶에 다가갈 수 있는 참신한 문제를 출제해야
한다는 것이다. 그러나 이러한 제안은 학교 교육 현실 및 교육과정과
동떨어져 있을뿐더러 역사적 탐구 기능보다는 가치 · 태도 영역에 중
점을 둔다는 점에서 학교 현장에서는 받아들일 수가 없다.
　그러면 양자의 이런 상이한 진단과 해법은 계속 평행선을 달려야
하는가. 그리고 그때그때 출제자의 성향과 주관적 의도에 따라 원칙
과 기준 없이 표류해야 하는가. 이는 결국 공교육의 약화와 사교육의
강화로 나아갈 것임은 분명하다는 점에서 사안의 심각성은 매우 크

---

[9] 이재각, 앞의 논문, 111쪽.
[10] 도면회, 앞의 논문, 135쪽.

다. 따라서 양자 사이의 이러한 간극을 메울 수 있는 노력이 경주되어야 한다. 우선 학교 현장의 불안과 불만을 해소하기 위해서는 수능 문제는 교육과정과 교과서 범위 내에서 출제해야 한다는 원칙과 함께 출제 지침이 구체적으로 마련되어야 한다. 아울러 대학 측의 요구를 반영하기 위해서는 현재 현장교사들이 사용하고 있는 교과서에서 탐구활동 내용의 구성 방식과 서술 체제를 역사적 사고력의 단계성에 입각하여 개선할 필요가 있다. 요컨대 변별력의 제고는 물론 교과 교육의 정상화를 위한 교과 탐구활동과 수능의 연계성을 강화하는 일이 절실하다. 이는 궁극적으로 제7차 교육과정에서 제시한 역사교육의 목표 즉 "각 시대의 특색을 중심으로 우리 나라의 역사적 전통과 문화의 특수성을 파악하여 우리 문화와 민족사의 발전상을 체계적으로 이해하며, 이를 바탕으로 인류 생활의 발달 과정과 각 시대의 문화적 특색을 파악한다."를 실현하는 방도이기 때문이다.

4. 구미권 교과서에서 탐구활동과 평가 방법

1) 역사적 사고력의 단계성에 입각한 평가 방법

2장과 3장에서 제7차 교육과정 『한국근·현대사』 교과서의 탐구활동과 현행 수학능력시험에 출제된 문제를 분석하여 각각 문제점과 개선방안을 모색해 보았다. 그런데 탐구활동 방식을 조정하고 이와 관련하여 수학능력시험 문제 출제방식을 개선하는 데 실질적 도움을 얻기 위해서는 이론적인 차원의 문제 제기와 대안 제시만으로는 부족하다. 보다 구체적이고 실질적 차원에서 개선 방안을 모색할 필요가 있는데, 이를 위해 외국의 사례를 분석해보는 것이 참고가 될 것이다. 먼저 미국의 역사교과서 탐구활동 문항과 대학입학시험인 SAT(Scholastic Assessment Test)에 대해서 살펴보고자 한다.

미국 역사교과서와 SAT는 1994년 출간된 미국의 국가 표준서(National Standards)를 기본으로 하고 있다. 미국은 1980년대 후반부터 전국 단위의 교육목표를 명시하고 합의를 도출하고자 하는 시도 속에서 국가 표준서 작업에 착수했는데, 이는 단순히 전국 단위의 학업성취를 평가하기 위한 기준을 제시하는 것이 아니라 높은 학문적 성취기준(academic standards)을 제시함으로써 학생들의 학업 성취를 고취시키려는 노력을 반영한 것이다.

우선 국가 표준서는 역사를 가르치기 위해 필요한 시대구분(periodi-zation)을 제시한다. 시대구분은 시간의 경과와 그에 따른 미국 사회 문화의 변화에 구조적 접근을 가능케 한다. 미국사의 경우 10개, 세계사는 8개의 주요 시대(Era)로 구분하였다. 각 시대에는 두 개의 하위 기준인 역사 이해와 역사적 사고 기술에 따라 학습 요소와 목표가 제시되어 있다.

역사 이해(historical understanding)는 역사에서 알아야 할 '무엇'을 규정한 내용 기준이다. 인간이 관련된 전 영역을 사회, 정치, 과학/기술, 경제, 문화의 다섯 가지 영역으로 범주화하여 학생들이 미국 현대사회의 이슈와 문제를 이해하는 데 필요한 내용을 선정하여 제시하고 있다.

이에 비해 역사적 사고 기술(historical thinking skills)은 역사학의 고유한 사고 기능을 의미한다. 즉 학생들이 역사적 증거를 분석·평가하고 비교와 인과관계 분석을 시도하며, 논쟁이나 관점을 건강하게 수립하도록 하는 사고 능력을 말한다. 역사적 사고 기술은 연대기적 사고, 역사적 숙지, 역사 분석과 해석, 역사적 탐구, 역사적 이슈 분석과 의

사결정이라는 다섯 가지 사고 양식으로 구체화되어 진술되고 있다.[11]

미국의 역사교과서들은 국가 표준서에 제시된 시대구분에 따라 역사 이해와 역사적 사고 기술 영역의 세부 내용을 구현한 내용을 서술하고 있다. 그리하여 교과서의 앞머리에서 교과서가 요구하는 사고 기능을 자세히 풀어쓰고 있다. 우리의 경우 교육과정에서 과목 목표 및 사고 기능을 설명하고 있기는 하지만, 교과서는 이를 전면에 드러내지 않으며 역사 서술만을 내용에 담고, 구체적 사고 기능을 풀어쓰는 경우는 없다. 이런 차이는 교육관이나 교과서관에 대한 차이로 인해 빚어지는 것이다. 다음은 9~12학년용인 미국 역사 교과서 *Holt World History*에서 제시하는 비판적 사고 영역(Critical Thinking Skills)의 예이다.[12]

- 정보 분석	- 추론과 결론 끌어내기
- 사건배열	- 관점 알아내기
- 범주화	- 관점 지지하기
- 비교와 대조	- 선입관 알아내기
- 주요 내용 찾기	- 평가
- 요약	- 문제해결
- 일반화와 예측	- 의사결정

*Holt World History*는 비판적 사고를 정보와 개념에 대한 이성적인 판단으로 보고 있으며 이 영역을 기준으로 부(Section)와 장(Chapter)의 연습문제(Review)를 구성하고 있다. 다음은 *Holt World History* 내

---

11) National Center for History in the Schools, *National Standards for United History : Exploring the American Experience*, 1994, University of California, LA ; 김민정, 「미국의 역사교육과 평가—SAT Subject Tests를 중심으로—」, 『역사와 역사교육』 12, 2006, 28~29쪽.

12) Laurel Carrington, *Holt world history ; The Human Journey*, Holt, 2005, S1.

의 각 장과 소주제에서 평가문항이 어떤 형식으로 구성되어 있는지
를 번역한 내용이다.

---

1. 정의와 의미 설명

   hominids   artifacts   culture   limited evidence   nomads
   agriculture   domestication   hunter-gatherers

2. 구별와 의미 설명

   Donald Johanson   Lucy   Mary Leakey   Neanderthals
   Cro-Magnons   Neolithic agricultural revolution

3. 원인과 결과 알기

   : 신석기 농업 혁명에 의한 주요한 변화를 제시하시오.

4. 주요 지식 찾기

   a. 인간이 신석기 농업 혁명의 결과로 얻은 좋은 점과 나쁜 점은 무엇
      입니까?
   b. 지구상에 출현한 이래 시간에 따라 발달한 인간종을 열거하시오.
   c. 네안데르탈인과 크로마뇽인은 초기 인류와 어떤 점이 다릅니까?
      그들 서로간에는 어떻게 다릅니까?

5. 쓰기와 비판적 사고

   - 결론 끌어내기 : 인류학자, 고고학자, 역사가, 지리학자들은 제한된
     증거에서 선사시대에 대한 결론을 어떻게 끌어냅니까?
   - 고려사항 : 증거 조사자의 방법. 각 증거의 한계점. 각 증거의 정보
     제공.

---

* 출전 : *Holt World History*, Chapter 1 ; Section 1 Prehistioric Peoples.

대단원 아래 중단원에 해당하는 장(Chapter)에는 몇 개의 소주제
(Unit)가 나뉘어 있는데 각 소주제의 앞에는 내용 소개와 목표가 제시
되어 있다. 본문 내용은 내용 서술과 사진 및 도표로 구성되어 있다.
그리고 소주제의 마지막에는 위와 같이 4~5개 내외의 평가문항이 배

치되어 있다. 이 평가문항은 *Holt World History*의 앞에 제시된 비판적 사고 영역의 항목에 따라 제시된다. 이렇게 비판적 사고 영역을 항목으로 두고 평가문항을 제시하는 경우, 단원 설정 단계에서부터 계획된 학습목표를 확인할 수 있다는 장점이 있을 것이다. 또 별도의 자료가 제시되지 않고 본문의 서술 내용과 자료를 이용하여 활동할 수 있도록 구성되어 있는 점이 특징이다.

---

1. 정의와 의미설명
   civilization   irrigation   division of labor   artisans   cultural diffusion

2. 결론 끌어내기
   : 아래와 같은 순서도를 만드시오. 여기에 잉여 식량이 4대강 유역의 사람들이 각자 다른 문명을 발전시키게 하였는가를 보여주는 내용을 덧붙이시오.
   food surplus → increase in population →

3. 주요 개념 찾기
   a. 4대 초기 문명의 공통적인 지리적, 문화적 공통점은 무엇입니까?
   b. 달력과 문자 사용으로 해결된 문제는 무엇입니까?
   c. 다음 시대 양상을 구분하고 관련 있는 연대순으로 나열하시오 : 철기시대, 석기시대, 청동기시대

4. 쓰기와 비판적 사고
   - 일반화하기 : 당신이 문자가 사용되기 이전에 살고 있다고 상상하시오. 매일의 생활이 어떤가를 묘사하시오.
   - 고려사항 : 어떤 인간 행동이 문자를 사용하게 했을까? 이 같은 행동들은 문자 없이 어떻게 이루어질 수 있었을까?

---

* 출전 : *Holt World History*, Chapter 1 ; Section 2 The foundations of Civilization.

위는 *Holt World History*, Chapter 1의 두 번째 소주제에 제시된 평가

문항이다. 첫 번째 소주제에서 제시된 연습문항과 기본 형식은 같으며 일부는 다른 사고 영역을 다루는 문항을 제시하고 있다. 사고 영역을 기준으로 구분될 경우 소주제의 목표를 빠짐없이 평가하는 데도 유리하지만, 같은 장 아래 배치된 소주제 평가문항이 서로 연관성을 가질 수 있게 된다.

소주제뿐만 아니라 하나의 장이 끝나면 다음과 같은 연습문제(Review)가 제시된다. 이 연습문제는 활동 내용과 사고 영역을 복합적으로 활용하여 문항을 제시하고 있다.

〈연대표 만들기〉
종이에 아래 연대표를 옮기시오. 당신이 중요하다고 생각하는 장에서 사건, 개인, 날짜를 가져다가 연대표를 채워 완성하시오. 세가지 사건을 선정하고 이것이 중요하다고 생각하는 이유를 설명하시오.

기원전 3,700,000	기원전 300,000	기원전 20,000	기원전 1,200

〈요약문 쓰기〉
표준 문법, 맞춤법, 문장 구조, 구두점을 사용하여, 그 장의 사건들을 개관하여 쓰시오.

〈인물과 개념 파악하기〉
다음 용어나 인물들을 파악하고 그 의미를 설명하시오.
1. hominids 2. artifacts 3. culture 4. limited evidence 5. Lucy
6. Neanderthals 7. Cro-Magnons 8. Neolithic agricultural revolution
9. civilization 10. division of labor

〈주요 개념 이해〉
section 1 : prehistioric peoples
1. 인류학자, 고고학자, 역사가, 지리학자들이 선사시대를 탐구하는 데 사용하는 방법은 무엇입니까?

2. 네안데르탈인들의 중요한 특성은 무엇입니까?
3. 크로마뇽인들의 중요한 특성은 무엇입니까?
4. 신석기혁명이 인간생활에 준 영향은 무엇입니까?

section 2 : the foundations of civilization
5. 문명의 세 가지 중요 특성은 무엇입니까?
6. 도시 발전과 국가는 어떻게 관련됩니까?
7. 문명을 나타내는 다른 두 가지 특성은 무엇입니까?
8. 어떤 금속 기술 발달이 초기 문명을 만들었습니까?

〈주제 연습〉
1. 문화 : 초기 호모사피엔스가 이전 인간 종(種)과 구분되는 가장 큰
   특징은 무엇입니까?
2. 지리 : 초기 문명이 공유하는 물리적 환경의 유사성은 무엇입니까?
3. 경제 : 농사는 어떻게 문명의 발달을 끌어내었습니까?

〈비판적으로 사고하기〉
1. 비교 : 초기 문명을 이끈 경제, 사회, 지리적 요소를 설명하시오.
2. 결론 도출 : 거주지와 도시의 발달은 선사 시대인들에게 어떻게 영향
   을 미쳤습니까?
3. 평가 : 청동기와 철기 발달은 왜 중요합니까?
4. 원인과 결과 구별 : 강 유역의 문명들에서 농업 발전은 여성의 지위
   와 권력에 어떻게 영향을 주었습니까?

〈역사 글쓰기〉
정보분석 : 당신이 고고학자라고 상상해보시오. 당신은 초기 인간 문명
의 한 유적을 발굴하고 있습니다. 당신이 찾게 될 유물과 그 문화를 나
타내는 글을 쓰시오. 글을 쓰기 전에 당신의 생각을 조직화시키도록 아
래의 표를 이용하시오.

도구	유물이 문화에 시사하는 점

* 출전 : *Holt World History*, Chapter 1 ; Review.

이 연습문제는 앞의 소주제에서 제시한 평가문항과 연계되면서 다양한 내용 영역과 활동을 요구하고 있다. 소주제 평가문항이 비교적 본문 내용을 확인하는 수준이라면, 이 연습문제는 여러 사고 기능을 복합적으로 동원하여 해결해야 하는 수준으로 구성되어 있다. 한 단원 내 평가문항이 연계성과 위계성을 갖고 유기적으로 연결되었다고 볼 수 있다.

한편, 장의 마지막에는 연습문제와 함께 사회 과목 능력을 배양하기 위한 문항이 별도로 제시되고 있다. 이 문항은 앞의 검정교과서 분석에서 제시한 역사교육목표 가운데 일반적 탐구 기능과 관련되어 있다고 볼 수 있다.

〈역사 이해에 예술 활용하기〉
 : 프랑스 라스코 동굴 벽화를 보고 아래 질문에 답하시오.

1. 이 그림을 그린 사람을 가장 잘 추론한 것은?
   a. 작가는 식량을 위해 이같은 동물을 사냥했다.
   b. 작가는 지식층이며, 물감을 섞고 도구를 사용할 줄 알며, 주위 환경을 조심스럽게 관찰하였다.
   c. 작가가 그리던 당시에 거대한 무리의 동물들이 있었다.
   d. 작가는 동굴 벽을 장식하기 위해 동물을 그렸다.

2. 예술작품은 역사가들이 그것을 만든 사람들을 잘 이해하도록 돕습니다. 이 그림을 근거로 당신은 크로마뇽인들에 관해 어떤 결론에 도달하였습니까?

〈원사료 분석하기〉
인류학자인 Alan Walker와 Pat Shipman이 쓴 다음 글을 읽으시오. 그리고 아래 질문에 답하시오.

    "먼저 우리는 Kamoya가 유물을 찾은 넓은 지역의 모든 가지와 낙엽,

바위를 치워야 했다. 그 다음 모든 사람들이 올두바이 피크(pick)를 박고
—6인치의 못을 굽은 나무 손잡이에 박아서—꼭대기에 쌓인 자갈과 퇴
적물을 깼다. 얼마나 깊이 파는가는 퇴적물의 단단한 정도와 그 과정에
어떤 것들이 발견되는가에 달려 있었다."

3. 발췌문을 가장 잘 요약한 문장은?
   a. 고고학자들은 올두바이 피크(pick)라는 도구를 사용하였다.
   b. 발굴자들은 넓은 지역의 가지, 낙엽, 바위들을 치웠다.
   c. 인류학자들은 유물이 발견된 지역의 토양을 파보았다.
   d. 발굴자들은 유적 주변의 땅을 깨끗이 하고 다른 유물을 찾기 위
      해 토양을 조심스럽게 파보았다.

4. 발췌문을 다시 읽으시오. 그러면 당신이 인류학적 발굴이 필요하다
   고 생각하는 곳을 결정하시오. 그 이유는?

* 출전 : *Holt World History*, Chapter 1 ; Building Social Studies Skills.

이상에서 살펴본 결과 미국의 역사교과서 내 평가문항의 특징을
다음과 같이 몇 가지로 정리할 수 있다. 첫째, 비판적 사고 영역을 세
분하여 평가문항을 제시하고 있다. 둘째, 단원 내 평가문항 간 연계성
이 확인된다. 셋째, 평가문항이 반복되면서 위계성을 갖고 제시된다.
넷째, 별도의 자료 없이 본문에 제시된 서술 내용과 자료를 활용하여
문항을 제시하고 있다. 이 가운데 특히 미국 교과서가 사고 기능을
세분화하거나 위계화하여 평가문항을 제시하고 있는 것은 SAT와의
관련성 속에서 생각할 수 있다.

SAT는 미국대학위원회(The College Board)와 ETS(Educational Testing
Service)가 공동으로 주관하는 일종의 대학입학시험이다. 우리나라의
수학능력시험과 달리 대학입학시험 중 하나라고 부르는 이유는 대
학에 따라 SAT 점수 요구 여부나 반영 비율이 다르기 때문이다. 본
래는 적성검사의 기본 목적인 일반적인 사고능력을 평가하는 문항

이 다수 출제되었는데 변별력이 없다는 비판이 제기되면서 교과목 내용지식에 초점을 맞추어 평가하는 쪽으로 개편되고 있다. 즉, 학업적성 여부를 판가름하는 적성검사의 성격뿐 아니라 고등학교 수학능력에 따라 좌우되는 학업성취검사(academic achievement test)의 성격을 지니게 되었다. 2005년 이후 SAT는 Reasoning Test와 Subject Test로 나뉘는데, 역사는 Subject Test의 5개 교과 가운데 하나이며 미국사와 세계사 과목 시험을 선택해서 응할 수 있다.[13]

SAT Subject Test의 역사 과목 아래 있는 미국사와 세계사의 평가 요소는 〈표 10〉과 같다.

〈표 10〉 Subject Tests 역사 과목 평가 요소

	미국사	세계사
평가요소	1) 용어, 개념, 일반화의 이해	1) 역사적 사실과 용어 이해
	2) 기본적 역사 지식의 암기	2) 인과관계의 이해
	3) 미국사에 있어 중요 사건의 이해	3) 주요 역사적 발전을 이해하는 데 필수적인 사건과 지리적 지식
	4) 자료 분석과 해석	4) 역사적 분석에 필요한 개념의 이해
	5) 자료와 개념의 연결	5) 예술적인 자료의 해독과 문서화된 자료 전거의 평가 능력
	6) 자료의 평가	

* 출전 : 김민정, 「미국의 역사교육과 평가―SAT Subject Tests를 중심으로―」, 『역사와 역사교육』 12, 2006, 〈표 4〉에서 인용.

미국사 문항은 〈표 10〉에서 제시된 여섯 가지 평가 요소를 측정하도록 고안된다. 첫 번째부터 세 번째까지의 평가 요소는 내용과 관련된 평가 요소이고, 네 번째에서 여섯 번째까지의 평가 요소는 자료를

---

13) 김민정, 앞의 글, 30~31쪽.

국사교육의 편제와 한국근대사 탐구

다루고 해석하는 능력과 같은 역사적 테크닉을 측정하는 것이다. 세계사 문항에서도 유사한 평가 요소를 찾을 수 있다.[14] SAT 평가 요소는 앞서 살펴본 미국 역사교과서의 사고 기능 구분과 거의 유사하다. 이는 미국 역사교과서와 SAT가 밀접하게 연관되어 있으며 역사교과서를 통해서 대학입학시험을 준비할 수 있도록 안내되고 있음을 보여준다. 이러한 교과서와 입시의 연관은 자칫 역사교과와 수업이 대학입학시험을 대비하는 데만 치우치게 되거나, 역사의식을 단순 사고 기능으로 한정시킬 수도 있다. 하지만 교과서 학습과 학교 수업만을 통해서도 충분히 대학입학시험을 준비할 수 있는 방안으로서 장점을 갖고 있다고 보인다.

2) 역사학적 탐구 방식에 입각한 평가 방법

영국과 프랑스 등 유럽의 역사교과서는 학생들에게 스스로 가설을 제기하고 자료를 통해 검증하도록 하는 탐구자세를 배양하는 데 중점을 둔다.[15] 따라서 이는 교과서에 그대로 반영되어 탐구활동이 역사연구자들이 작업하는 방식을 그대로 따른다.

영국의 경우, 대표적인 교과서 출판사인 맥밀란교육 출판사의 *History In The Making*(발달하는 역사)을 통해 제반 특징을 살펴보자.[16]

우선 미국 교과서와 달리 교과서의 앞머리에 학습목표와 교과서가

---

14) 김민정, 앞의 글, 34쪽.

15) 이에 관해서는 김한종, 「영국 역사교육의 변화와 국가교육과정」, 『역사교육과정과 교과서연구』, 선인, 2006 ; 이성재, 「프랑스 역사교육 평가의 동향」, 『역사와 역사교육』 12, 2006 참조.

16) 맥밀란 교육(Macmillan Education) 출판사는 영국의 교과서 대형출판사로서 교과서와 함께 학습자료집, 도서실용 책들을 출간하고 있다. 필자가 검토한 판본은 1979년 초판본이다. 이에 관해서는 김한종, 위의 책, 818쪽 참조.

요구하는 사고 기능을 소개하고 있지 않고 단원 전체가 역사 서술과 증거 학습으로 구성되어 있다. 이 점에서 우리의 교과서와 유사한 구성 방식을 보여준다. 그러나 내용을 구체적으로 검토하면 탐구학습이 대단히 조직적으로 구성되어 있음을 확인할 수 있다. 총 5권 중에서 4번째 권인 'BRITAIN, EUROPE AND BEYOND 1700-1900'에서 19세기 단원 중 한 주제인 '혁명 전야의 프랑스'는 1절 자크와 마리, 2절 프랑스는 어떻게 통치되었는가, 증거 이용 : 외국에 돌아다니는 영국 여행자, 질문과 심화 학습으로 구성되어 있다.

다음 증거 활용, 질문과 심화 학습이 매 소단원마다 설정되어 학생들의 본문 이해력과 증거 활용 능력을 평가하고 있다. 증거 활용의 경우, 본문과 관련된 사료를 제시하고 있다. 이 경우, 여행자 편지의 활용 필요성과 의미, 한계를 다음과 같이 서술하고 있다.

> 외국 여행은 18세기의 추이 속에서 부유층에게는 유행이 되어서 영국, 프랑스, 독일과 이탈리아에 들렸던 방문자들이 쓴 편지와 기사는 이 당시 유럽의 생활에 관한 정보의 귀중한 원천이다. 그러나 이들 보고서가 늘 정확한 것은 아니다.
> 오늘날처럼 18세기에도 몇몇 여행자들은 그들이 외국에서 발견한 모든 것들을 매우 싫어한 것처럼 보인다. 이러한 보고서 중 소설가 토바이스 스몰레가 그러하다.

교과서의 이러한 서술은 학생들이 프랑스혁명 전야의 생활을 이해하는 데 필요한 사료가 무엇이고 이를 어떻게 활용할 것인가를 제시하는 내용이다. 특히 사료 비판의 중요성을 강조하고 있다는 점에서 학생들의 탐구 능력을 역사학적 연구 방법과 연계하여 평가하고 있다. 이는 질문과 심화 학습을 통해 다음과 같이 구체적인 질의로 표현된다.

질문과 심화 학습

본문 내용
 1. 자크와 마리가 가난한 이유 5가지를 들어 보시오.
 2. 18세기에 프랑스 정부가 어떤 방법으로 너무 많은 돈을 소비했습니까?
 3. 프랑스의 조세 체제는 왜 개혁될 필요가 있었나. 왜 개혁 시도가 성
    공하지 못했습니까?

증거활용 : 외국을 돌아다니는 영국 여행자
 4. 자료 1에서 어느 부분이 스몰레의 의견이 진술된 것입니까? 그리고
    파리와 리용 사이의 여행에 관한 실제의 정보를 제공합니까?
 5. 당신은 스몰레가 프랑스에서 발견했던 것을 그렇게 별로 좋아하지
    않는지 그 이유의 실마리를 찾을 수 있겠습니까?
 6. 자료 2와 3은 각각 여행객들이 방문한 나라들에 관해 조금 밖에 배
    우지 못한 이유를 보여 주고 있습니다. 이런 이유는 무엇입니까? 당
    신은 다른 어느 것들을 제안할 수 있습니까?
 7. 자료 4와 5에서 파리에 관한 기술이 어떻게 다릅니까? 그들은 어떤
    점에서 동의했습니까? 당신은 두 사건의 신빙성에 접근하기 위해
    저자와 그들의 방문에 관해 어떤 질문을 던지겠습니까?
 8. 자료 1, 4와 5 중에서 어느 것이 자료 2의 존 더글라스에 의해 기술
    된 여행자에 의해 저술되었습니까? 당신의 선택을 설명하시오.

* 출전 : *History In The Making* 4, The eighteenth century, p.65.

  우선 문항 1, 2, 3이 본문과 관련된 질문으로 이를 통해 학생들이
본문 서술 내용을 제대로 이해하고 있는가를 매우 구체적으로 묻고
있다. 그리고 나머지 다섯 개 문항은 모두 앞에서 제시된 사료에
대한 이해력, 분석력과 종합력을 평가하기 위해 구체적인 질문의
형태를 띠고 있어 다양한 수준에서 사료 비판과 체계적인 탐구 학
습을 가능하게 하고 있다. 이 경우, 교과서는 다양한 성격을 지닌
여러 계통의 사료를 제시한 뒤, 학생들의 사료 비판을 거쳐 프랑스

혁명 전야의 일상생활을 구체적이고 종합적으로 파악하도록 하고
있다.

또한 여타 단원에서 드러나고 있듯이 이러한 탐구 대상의 범주에
는 문헌처럼 일반적인 사료와 함께 지도, 사진, 통계자료, 일러스트레
이션 등이 포함된다. 또한 질문 방식도 서술형을 주로 하면서도 객관
식 문항도 상당히 보인다.

이러한 탐구활동은 입시에도 일부 반영되어 활용되고 있다. 예컨
대 평가 방식과 요소가 다양하기 때문에 일률적으로 논할 수 없지만
개인 과제를 통한 평가방식이 경시되지 않는 점을 주목할 필요가 있
다. 이 경우, 학생들의 자료 조사와 이용 능력 등을 평가하고 있다.
또한 중등교육 수료자격시험(CSE)의 경우, 학생들이 각종 자료를 활
용하도록 함으로써 마치 역사연구자의 연구 방식과 유사하게 되었으
며 이를 역사교육의 목표에 부합하는 것으로 평가하고 있다.[17]

프랑스의 경우도 사정은 유사하다. 우선 중학교 1학년의 경우는 제
외되지만 2, 3, 4학년의 경우, 다양한 사료를 통해 학생들이 주어진 과
제를 해결하는 활동들을 수록하고 있다. 경우에 따라서는 사료를 활
용하는 방법을 학습법으로 제시하기도 한다.[18] 특히 근래에 들어와
사료가 교사의 설명을 이해하기 쉽도록 하는 보조 수단에 머무르고
있다는 점을 비판하면서 학생들의 역사적 사고력을 배양하기 위해서
는 역사가의 연구 방식과 마찬가지로 사료 비판이 역사 교수학습에
서 매우 필요하다는 점을 강조하고 있다.[19]

그러나 프랑스 역사교육이 온통 탐구활동에만 집중하는 것은 아니

[17] 김한종, 앞의 책, 833쪽.
[18] 김한종, 앞의 책, 「프랑스 역사교육의 현황」, 900쪽.
[19] 김한종, 위의 논문, 905쪽.

다. 초등학교 전 학년과 중학교 1학년에서는 내용 서술 위주로 구성
되어 있어 역사의 기초 내용 지식을 암기하고 이해하는 데 중점을 두
고 있다.[20] 또한 고학년 역사수업의 경우에도 학생들이 역사적 개념
들을 잘 이해하고 있는가가 평가의 중요 요소이다. 즉 프랑스에서는
암기식 위주의 역사교육을 결코 배제하지 않고 오히려 기초 학년에
서 반드시 거쳐야 할 과정으로 인식하고 반드시 알아야 할 역사 사실
과 개념을 익히게 하는 것이다. 이 점에서 미국이 역사적 사고력을
강조하면서도 역사적 사실, 개념을 익히는 데 할애하듯이 프랑스 역
시 여기에 중점을 두고 있음을 확인할 수 있다.

프랑스 역사교육은 이처럼 사료를 바탕으로 하여 구체적 사실을
추출한 뒤, 이에 입각하여 개념화, 일반화를 이끌어 내고 있다. 이 점
에서 탐구활동이 결코 개별적인 구체 사실이나 개념들과 별개로 분
리되어 있지 않고 여러 단계와 과정을 거쳐 추상 단계에 도달하고 있
다. 그리고 이러한 탐구활동 수업은 바칼로레아 평가 방식을 지탱하
는 중요한 토대가 됨으로써 탐구활동과 평가가 매우 긴밀하게 연계
되어 있음을 확인할 수 있다.[21]

구미(歐美) 역사교육은 이처럼 탐구활동을 강조하는 한편 기초 사
실과 개념에 대한 이해를 매우 중시하고 있다. 아울러 이러한 제반
특징을 평가 방식과 긴밀하게 연계시킴으로써 학교 현장 교육의 활
성화를 도모하고 있다.

---

[20] 이성재, 앞의 논문, 18쪽.

[21] 독일의 역사교육에서도 사료 연구가 역사수업의 핵심임은 주지의 사실이다. 다만
역사교육과 대학 입시가 연계되어 있지 않아 여기서는 제외한다. 이에 관해서는
정현백, 「독일의 역사문화와 역사교육」, 『역사와 현실』 20, 1996, 123~125쪽 참조.

3) 교과 탐구활동과 대학 평가 방식의 연계성 강화
    : 미국 교과서를 중심으로

우리는 앞 절에서 구미 국가의 역사교육에서 탐구활동과 평가 방식을 검토하였다. 그러면 우리 현실에서 이런 문제를 염두에 두면서 미국에서 탐구활동과 표준화 시험의 연계 문제를 고찰해 보고자 한다. 이는 우리 교과 탐구활동과 수능 문제의 연계성을 강화하는 데 시사점을 제공할 것이다.

우선 미국 교과서 해당 장(chapter)과 부(section)에서 보이는 평가문항과 표준화 시험의 비교를 통해 양자의 관계를 검토해 보자. 여기서 사례로 삼은 대상은 Rinehart and Winston, *Holt United States History*, 2007에 서술되어 있는 제13장 '남부 1790-1860'이다.

이미 3장 1절에서 언급한 바와 같이 부마다 평가문항이 있으며 장마다 평가문항이 다시 들어 있다. 제13장의 경우도 구성 방식이 동일하다. 이들 내용은 본문 서술 내용과 관련하여 개념, 용어, 요약, 설명 등을 정의하고 기술하고 있다. 나아가 인과관계의 파악, 대비와 대조, 평가, 본문 내용의 기술 등을 요구하고 있다. 이어서 장(chapter) 말미에 다시 연습문제를 설정하여 부(section)마다 요구하였던 과제 내용을 종합적으로 확인하고 있다. 여기서는 어휘, 용어와 인명 검토, 이해와 비판적 사고, 독서능력, 인터넷 활용, 타 영역과의 연계 그리고 사회교과 능력 측정 등이 제시되어 있다. 그리하여 이 장의 학습목표를 확인하는 동시에 표준화 시험에 응할 수 있는 능력을 점검하고 있다. 그리하여 장의 말미에는 표준화 시험문제를 붙이고 있다.

다음은 표준화 시험 연습문제(standardized test practice)를 번역한 내용이다.

지시 : 각 질문을 읽고 가장 좋은 반응의 글을 쓰시오.

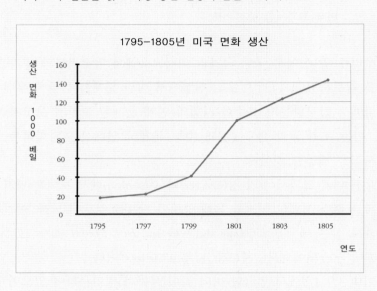

1795-1805년 미국 면화 생산

1. 그래프에서 보이는 변화의 주요 이유는?

    A. 씨아의 발명과 사용

    B. 노예수의 감소

    C. 국제노예무역의 종말

    D. 식품곡물에서 현금곡물로의 변화

2. 다음 중 어느 것이 노예로 전락된 아프리카 미국인이 노예제를 견디고 살아남는 데 도움을 주었는가?

    A. 그들의 작업

    B. 흑인 영가

    C. 노예법

    D. 반란

3. 일부 남부 주민들은 농부들이 지나치게 면화에 의존하게 됨을 우려하였기 때문에 그들은 농부들에게 _____할 것을 격려하였다.

    A. 씨아 사용의 중지

    B. 다양한 현금 작물을 재배하는 것에 노력

    C. 더 높은 관세를 부과하는 것

    D. 면화와 노예제를 서부에 소개하는 것

4. 어떤 진술이 1800년대 중반 남부 사회를 정확하게 기술하고 있는가?

    A. 극히 일부의 백인 남부 주민들만 노예를 소유하고 있다.

    B. 극히 일부의 백인 남부 주민들만 그들이 농사짓는 땅을 거의 소유
       하고 있다.

    C. 남부의 많은 아프리카 미국인이 땅을 소유하고 있다.

    D. 대부분의 백인 남부 주민들은 영세(small) 농부였다.

5. 남부의 자유로운 아프리카 미국인은 1880년대 초중반에 _____.

    A. 백인 남부 주민처럼 똑같은 권리와 자유를 가졌다.

    B. 권리와 자유를 거의 갖지 못하였다.

    C. 일반적으로 노예제로부터 탈출했다.

    D. 본래 주에서 자유롭게 여행할 수 있었다.

6. 조지아주에 체류했던 북부 여성의 일지로부터 인용한 다음 단락을 검토
하고 다음 질문에 답하는 데 이용하시오.

>   강으로부터 돌아오는 중에 나는 테레사(해산과 야외 작업으로 지쳐버
> 린 노예로서 작가에게 그녀의 작업량을 줄여주도록 노력해 줄 것을 요구
> 했다)에 대한 채찍질에 관해 부틀러 씨와 길고도 고통스러운 대화를 나
> 누었다. 이런 논의들은 끔찍하였다. 그들은 나를 그들의 위치가 완전히
> 희망없음에 관한 비탄[걱정] 속으로 던졌다. 혼자 힘으로 그들이 그들을
> 위해 시도하는 노력이 가끔 나에게 쓸모없는 것보다 더 안 되어 보였다.
> 그리고 부틀러 씨에 관해서는 이런 끔찍한 체제에서 그의 역할이 나를
> 분노와 연민으로 번갈아 가득 차게 하였다.
>   －프란시스 앤 켐블, 1838-1839년 조지아 플랜테이션 거주의 일지로부터 개작

자료에 기반한 질문 : 노예제의 논제를 둘러싼 켐블과 부틀러 사이의 차이
점이 무엇이었을까요?

* 출전 : Rinehart and Winston, *United States History*, Holt, 2007, p.433.

이 표준화 시험문제는 두 가지 측면에서 검토할 필요가 있다. 즉 각 문항에 내재되어 있는 평가 요소와의 관계를 염두에 두고 질문하는 한편 문항과 문항의 상관성이다.

전자의 경우이다. 우선 표준화 시험 2번 문항부터 5번 문항까지는 본문 내용을 좀 더 심화시켜 출제한 문항들이다. 그럼에도 교과서에 수록되어 있는 역사적 기본 사실에 바탕하여 출제하였음을 확인할 수 있다. 이는 평가에서 탐구력 측정을 최종 목표라고 하여도 사실, 개념에 대한 선지식이 매우 필요함을 보여주고 있다. 한편, 6번 문항은 사료 비판을 통해서 쓰기와 비판적 사고 능력 여부를 측정하고자 함을 보여주고 있다. 또한 문항 1번의 그래프는 연습문제에서 사회교과 능력을 평가하기 위해 이미 제시한 그래프와 매우 유사하다는 점에서 교과서의 탐구활동과 표준화 시험문제가 매우 밀접함을 보여주고 있다. 그런데 문항이 유사함에도 불구하고 질문의 수준은 매우 다르다. 연습문제는 그래프를 보고 면화 생산량이 가장 많이 증가한 시기를 맞추거나 시기별 생산량을 확인하는 문제인 데 반해 표준화 시험문제는 선지식과 함께 경제학 이론이 수반되는 문제이다. 끝으로 말미에 사료 비판 능력을 측정함으로써 자료 분석과 해석 등 역사 고유의 지적 기능을 측정하고 있다.

후자의 경우이다. 1번 문항은 노예제 확대의 배경을 질문하고 있다. 2번과 3번 문항은 노예들과 남부 백인 각각의 처지에서 노예제와 면화 재배가 당시 자기들에게 미친 영향을 이해하는가를 질문하는 문항이다. 4번 문항은 고정된 관념에 메이지 않고 남부 사회를 정확하게 알고 있는가를 질문하는 문항이다. 5번 문항은 노예 해방 선언에 따른 노예제의 변동을 맥락 속에서 이해하는가를 질문하는 문항이다. 그리고 6번 문항은 원사료를 통해 앞의 문항들을 재확인하는 동시에 노예제를 다르게 인식하는 여러 계층과 지역민의 존재를 알 게 하고 있다.

이처럼 미국의 표준화 시험문제는 교과서의 평가문항과 매우 밀접 하게 연계됨으로써 교과 교수학습 활동을 강화하는 동시에 역사적 사고력을 위계성과 연속성에 입각하여 배양할 수 있는 기반을 제공 하고 있다.

5. 제언 : 탐구활동 방식의 조정과 수능 문제 출제 방식의 개선

그렇다면 우리 교육 현실에서 역사교과 탐구활동과 수능 문제의 연계성을 어떻게 강화할 것인가.

우선 학교에서 탐구활동을 비롯한 제반 평가 기능을 확충해야 한 다. 이를 위해서는 수행 평가 기능을 강화할 필요가 있다. 그러나 우 리 입시 현실에서 이러한 기능의 강화에는 한계가 따른다. 학생들의 부담 증가, 절차상 공정성의 논란, 대학 입시제도와의 부적합성 등이 이를 크게 제한한다.[22] 따라서 시급한 사항은 교과서의 탐구활동을 비롯하여 평가 기능을 확충하는 한편 이러한 평가 기능을 역사적 사 고력의 단계성에 입각하여 위계화하여 배치하는 것이다. 물론 역사 지식 및 이해, 개념·원리의 이해가 역사적 사고력의 인지적 기반이 라는 점에서 중시되어야 한다. 아울러 이러한 체계의 연속선상에서 사료 활용 능력, 역사적 분석 및 해석 등 역사적 탐구력의 측정을 통 해 역사적 사고력의 단계를 평가할 수 있는 방안을 적극 모색해야 한

---

[22] 신영창, 「중등학교 역사교육에서 평가의 실제와 문제점」, 『역사와 역사교육』 12, 2006, 67~68쪽.

다.[23] 덧붙여 이러한 평가 기능의 일관성, 연계성, 단계성 강화에는
교과서 발행제도에 대한 전면적인 개정이 수반되어야 한다. 왜냐하면
현재의 교과서 분량으로는 이러한 다양한 요소가 적용되는 평가 기
능을 수행하기 어렵기 때문이다.[24] 그러나 이러한 노력이 무엇보다
실효를 거두기 위해서는 수능 문제와의 연계성이 강화되지 않고는
사상누각에 불과하다. 수능 출제 방식을 재검토해야 하는 이유가 여
기에 있다.

다음 수능 문제는 구미권의 역사교과서에서 보다시피 교과서의 평
가문항 및 탐구활동과 매우 밀접하게 연관되어야 한다. 그리고 이를
제도상에서 뒷받침하기 위해서는 수능 출제 문항 전반을 관리하고
조정하는 데 근거가 될 구체적 지침서 즉 각 교과목의 특성에 맞는
세부적인 출제 지침서(매뉴얼)를 마련해야 한다.[25] 이제는 출제자의
전공, 개인적인 선호와 임의적인 판단에만 의존하지 않고 교육과정,
전공 지식의 학문적 논리, 역사교육적 요구 등이 구체적인 수준에서
결합되어 출제 지침서에 반영될 필요가 있다. 물론 수능 문항의 시기
별·영역별 분포가 균형 있게 자리 잡도록 지침서에는 이에 대한 규
정이 포함되어야 함은 말할 나위도 없다.

끝으로 『한국근·현대사』의 경우, 다른 교과의 경우에도 마찬가

---

[23] '歷史的 探究力'이란 사료의 의미를 이해하고, 사료를 분석하고 해석하며, 사료를
근거로 결론을 도출하는 행위이다. 이에 관한 상세한 논의는 崔祥勳, 「歷史的 思考力
의 學習 및 評價方案」, 서울大學校 博士學位論文, 2002, 100쪽 ; 崔祥勳, 「대학수학능
력시험 역사영역 문항의 문제점 및 개선방안」, 『歷史敎育』 103, 2007 참조.
[24] 교과서 평가 기능 확충과 관련한 교과서 발행 문제는 주제의 범위상 추후에 별도로
다룰 예정이다.
[25] 물론 한국교육과정평가원에서는 2004년도 『대학수학능력시험 출제 매뉴얼』을 작성
한 바 있다. 그러나 이 지침서는 역사 교과목의 특성보다는 사회과 일반의 특성에
초점을 맞추어 역사과 문항 출제에 정교하게 적용될 수 없었다. 이에 관해서는 최상
훈, 앞의 논문, 2007, 126~127쪽 참조.

지이겠지만 여기서도 문제은행을 개발할 필요가 있다.[26] 현재 여러 종의 검인정 교과서가 발행되어 있어 일부 교과서에만 수록되어 있는 탐구활동 내용을 수능에서 활용하기에는 공정성, 신뢰성 등을 둘러싼 논란이 따른다는 점을 고려해야 하기 때문이다. 그럼에도 이러한 문제은행이 여러 종의 교과서 평가문항과 연결될뿐더러 수능 출제의 지침서에 준하는 문항을 수록함으로써 양자의 상관성을 강화할뿐더러 수능 문제 출제의 경향을 일관되게 규율하고 문항의 수준을 조정할 수 있는 근간이 된다는 점에서 예상되는 문제점을 최소화하여 구축될 필요가 있다. 물론 여기에는 기출 문제 중에서 역사적 사고력을 측정하는 데 타당한 문항으로 인증되면 얼마든지 포함될 수 있다.

오늘날 우리나라 중등교육은 공교육의 붕괴와 사교육의 팽창이라는 대세 속에서 위기를 맞고 있다. 그리고 이러한 위기에 대한 방책들이 여러 방면에서 제출되고 있다. 이 가운데 입시제도와 관련하여 여러 대책들이 나오고 있음은 주지의 사실이다. 그러나 이런 대책들이 실효를 거두기 위해서는 평등성과 수월성을 둘러싼 교육관의 차이, 사회적 불평등성, 경제적 이해관계의 대립 등 수많은 요인들에 대한 조정이 선결과제로 부각되고 있음도 부인할 수 없는 현실이다. 따라서 이러한 위기에 대한 중장기 대책이 수반되어야 함은 물론이고 현실적이고 점진적으로 이 문제를 해결할 수 있는 방안을 차분히 모색해야 한다. 이 점에서 탐구활동을 비롯한 교과 교수학습과 수능 문

[26] 대학수학능력시험을 개선하기 위해 문제은행을 구축해야 한다는 주장이 일찍부터 제기되었다(한국교육과정평가원·한국교육개발원, 『대학수학능력시험 개선 방안 연구』, Ⅷ. 대학수학능력시험의 문제은행식 출제 방안, 2004). 그러나 각 교과 교수학습의 차원에서보다는 일반적인 문항 관리의 차원에서 접근하고 있어 각 교과의 개별 특성을 충분히 고려하지 못할뿐더러 구체적인 차원에서 위계적인 문항 개발까지 나아가지 못하고 있다.

제의 연계성을 강화하는 방안은 이러한 위기의 해소와 공교육 정상
화에 조금이나마 일조하리라 본다.

『사회과학교육』 11, 서울대학교 사범대학 사회교육연구소, 2008 揭載, 2014 補.

찾아보기